本书获吉林省社会科学院出版补贴资助

URBAN CRITICISM
AND CONTEMPORARY VALUE

马克思主义视阈中的
城市批判与当代价值

赫曦滢 / 著

IN THE PERSPECTIVE
OF MARX

社会科学文献出版社
SOCIAL SCIENCES ACADEMIC PRESS (CHINA)

序

中国古代思想历来有"变"的智慧。《诗》曰："周虽旧邦,其命维新。"斗转星移,上下几千年,"故夫变者,古今之公理也"(梁启超)。按照史学的说法,变可以分为三个层次:第一个层次为十年期的时尚之变;第二个层次为百年期的缓慢之变;第三个层次不可以用时间的维度来衡量,是一种巨变或者说是突变。这种变化是对根本性的一种撼动与创新,它动摇乃至颠覆了我们最坚定、最核心的信念与规则。如果以此来透视中国的历史巨变,近代以来的经济、社会、文化变革就可以归结为第三个层次。近一百年来,马克思主义理论与城市学飞速发展,各种理论精彩纷呈,学派林立,每一次理论上的重大发现,都深刻地影响和指导着城市社会的发展轨迹。也正因为如此,城市学与社会学及其相关领域的研究极为活跃,充分体现着人类社会文明的最新进展。

马克思学与城市学是两门历史悠久但在中国却很年轻的社会科学理论。之所以说它"历史悠久",是因为从马克思主义在中国传播开始至今已经有百年历史,我们不但引介了马克思主义的思想,并且还将它运用于中国革命与建设的实践中,形成了有中国特色的社会主义理论;之所以说它还很"年轻",是因为在以往的研究中,我们忽视了马克思主义研究的空间维度,只是将城市作为研究的客体而并非引领社会进步的主体。这使得我们对时间与空间、自我与他者、生活的可能性与危难的体验发生了偏移,导致了体验的"超现实"。

2015年12月20日是一个有历史意义的时间点,因为时隔37年后,中央于这一日再次以高规格召开中央城市工作会议。会议明确提出,做好城市工作,要坚持以人民为中心的发展思想,坚持人民城市为人民。中央再次重复"以人为本"的城市发展理念,无疑具有很强的现实针对性和指导性。城市,是人类文明的结晶,是人类群居生活的高级形态。改革开放30多年来,我国经历了世界历史上规模最大、速度最快的城镇化进程。今天，全国一半以上的人口居住在城市，亿万人民的生活时时刻刻都在与城市发生交集。特别是随着我国经济进入新常态，城市化既是必然之路，也隐藏着经济发展的持续动力，在地产去库存化、经济增长相对乏力之时，挖掘城市本身的发展潜力，不啻为一个优先选项。可以说，城市发展事关人民福祉和发展全局，当下出现的新形势、新情况，为本就重要的城市工作提出了更高要求。站在这一时间节点，开展马克思主义城市学理论的研究有着特别重大的理论与现实意义。一方面，西方马克思主义者对城市的研究不断翻新，形成了具有巨大发展潜力的交叉学科；另一方面，这一学科自身的发展也迫切需要进行系统的梳理与理论化，使自身成为一个完整的学术体系。

赫曦滢的《马克思主义视阈中的城市批判与当代价值》是马克思主义城市学研究的最新成果，填补了相关研究的空白，具有一定的学术价值和重要性。第一，本书梳理了"一盘散沙"式的学术见解，对马克思主义城市学重点人物的主要观点进行了主动的"盘点"，使之成为更加规范的学术理念。事实上，西方马克思主义理论家对城市问题的研究从未间断过，而马克思主义城市学也已经兴起半个世纪之久。然而，不同学术见解和政治目标的理论家都偏重于沿着自己的学术传统和研究领域进行论述，给人一种凌乱、散漫的感觉。因此，马克思主义城市学一直并未形成一个成熟的研究流派，而仅仅停留于对城市现象的剖析。而这部著作注重对思想家的研究成果进行主动的分析、对比和认真总结，既找出规律性的研究成果，又能突出差异性，从而引导读者全面理解马克思主义城市学，具有一定的创新性和理论性。

第二，这部著作使我们对马克思主义城市学的研究从盲从、欠反思的阶段转向自觉的、反思的阶段。以往的研究只是不断地向外扩展、开拓新的研究领域，却较少对研究活动本身存在的问题进行系统的、创造性的反思，因而具有盲目性。而这部著作的重要目的之一就是弥补前人研究的这一缺陷，对马克思主义城市学研究中存在的问题进行自觉的、批评性的反思，从而不断提高我们的研究水平和思维境界。

第三，这部著作使我们在马克思主义城市学研究中，以更加积极、更有效的方式与西方学术界进行对话。众所周知，在一个全球化时代，"独白式"或者"自说自话"的研究模式是没有出路的。我国的马克思主义研究一直存在与国外不对接的现象，研究成果在国外的认可度不高。针对这样的现状，我们更需要参与国外重要命题和前沿思潮的研究，在批判的同时吸收国外马克思主义研究的最新成果，使自己的理论更有说服力，能够有效地开展与西方学术界的对话。

  作为一个空间意义上的概念，城市总是和工业化、科层化、世俗化、殖民主义、民族主义等历史进程密不可分，现代化的种种指标都与城市建设的成败相关。城市化涉及了政治、经济、社会和文化四种历史进程之间复杂的互动关系。世俗政治权力的确立与合法化，现代民族国家的建立，市场经济的形成和工业化进程，传统社会秩序的衰落和社会的分化、分工，以及宗教的衰微与世俗文化的兴起，这些进程都深刻地反映了城市社会的形成。诚然，城市化并非一个单一的过程和结果，它处处充满了抵抗和冲突，而建立一个全新的城市世界也需要漫长的抗争。因此，作为理想的"可能性的世界"要想得到广泛的认同，就需要获得发展的合理性，而这种合理性并不是学者们关在书房里冥思苦想出来的，而是来自他们对现实生活严谨的、批判性的思考。马克思曾在 1843 年致卢格的信中写道："新思潮的优点就恰恰在于我们不想教条式地预料未来，而只是希望在批判旧世界中发现新世界。"这段重要的论述提示我们，"另一个世界"或者"新世界"只能在批判旧世界的过程中才能被发现。在这个意义上说，科研工作者只有深入地研究资本主义社会的现实生活，尤其是由资本主义制度引发的各种重大的政治、经济、社会问题和危机，把握资本主义社会运行的客观规律，才能提出关于另一个世界或者新世界的合理模型。

  城市化问题虽然发轫于西方，但是随着全球化和网络化进程的步伐加快，它已经跨越了民族国家的界限而成为一种世界现象。在中国思考城市化问题，要始终坚持两个原则：一是保持清醒的"中国问题意识"；二是要确立一个广阔的跨文化和全球化视野。确立中国特色的马克思主义城市学并非易事，要持之以恒地把这项系统性工程做好需要付出时间与耐心。因为这项工作不但涉及对浩如烟海的研究资料进行梳理、概括和提炼，也涉及我们自己如何以创造性的、批判性的眼光去对待这项任务，并逐步形成自己的思想观点、学术风格和学术流派。

衣俊卿
2016.12.22.

目　录

引　言 ··· 001

第一章　大卫·哈维城市研究的理论基础追问 ···················· 010
　第一节　马克思和恩格斯的城市阐释 ······················· 010
　第二节　卢森堡和列宁的城市阐释 ························· 024
　第三节　芝加哥学派的城市阐释 ··························· 031
　第四节　新马克思主义城市学派的城市阐释 ················ 035

第二章　大卫·哈维城市理论的诞生脉络 ························ 051
　第一节　大卫·哈维城市理论的形成阶段 ·················· 052
　第二节　大卫·哈维城市理论的概念阶段 ·················· 054
　第三节　大卫·哈维城市理论的规范阶段 ·················· 058

第三章　大卫·哈维城市理论的逻辑演绎 ························ 070
　第一节　大卫·哈维城市研究的主线与逻辑框架 ············ 070
　第二节　大卫·哈维城市研究的方法论取径 ················ 078
　第三节　城市的历史唯物主义解读 ························· 083
　第四节　辩证法的城市批判 ······························· 088
　第五节　"社会过程决定空间形式"的范畴阐释 ············· 094
　第六节　思考与启示 ····································· 098

第四章　大卫·哈维的城市经济批判理论 ························ 103
　第一节　城市土地使用理论的马克思主义批判 ·············· 104

第二节　城市生产方式的马克思主义批判 …………………… 114
　　第三节　城市危机理论的马克思主义批判 …………………… 123
　　第四节　空间布局与建成环境的马克思主义批判 …………… 144
　　第五节　垄断资本主义的马克思主义批判 …………………… 158
　　第六节　资本城市化的马克思主义批判 ……………………… 161
　　第七节　思考与启示 …………………………………………… 172

第五章　大卫·哈维的城市政治批判理论 ………………………… 177
　　第一节　劳动力的地理学与资本主义景观 …………………… 177
　　第二节　劳动力的空间分配与城市革命 ……………………… 183
　　第三节　阶级联盟与城市政治 ………………………………… 200
　　第四节　抽象力量与城市群体意识的批判 …………………… 213
　　第五节　思考与启示 …………………………………………… 226

第六章　大卫·哈维的城市社会批判理论 ………………………… 232
　　第一节　城市与空间的社会属性 ……………………………… 232
　　第二节　城市权利不平等与城市贫困 ………………………… 237
　　第三节　社会正义和空间正义 ………………………………… 245
　　第四节　后现代的城市文化 …………………………………… 255
　　第六节　思考与启示 …………………………………………… 262

第七章　大卫·哈维城市研究的当代价值 ………………………… 271
　　第一节　大卫·哈维城市研究与当代西方哲学的"空间转向" …… 271
　　第二节　大卫·哈维城市研究与当代人类的城市实践 ……… 280
　　第三节　大卫·哈维城市研究与中国城镇化实践 …………… 290

后　记 ……………………………………………………………… 300
参考文献 …………………………………………………………… 302
附录一　大卫·哈维出版和公开发表的书籍与文章 …………… 307

引 言

> 在我们生活的世界里,资本主义社会关系起着主导作用,因此生产的逻辑依然是追逐利润,阶级和阶级不平等依然存在,财富分布亦至关重要,明白这一点非常重要。
>
> ——雷·赫德森(Ray Hudson)
> 《生产的地方》(*Producing Places*, 2001)

城市作为人类社会组织的基本形式,已成为社会科学研究的重要对象。它不仅是一系列物质形态的空间分布,还是生产力、生产关系与上层建筑的综合体,包含着复杂的经济社会关系,已经成为当今社会发展不可或缺的重要载体。它像血液一样在资本主义社会中流淌穿行,有时似涓涓细流,有时则波涛汹涌,并逐渐蔓延,不放过这个世界上的任何一个角落与空隙,对阶级关系、社会关系的性质具有特殊影响。正因为如此,当今的社会学科有必要加深对城市现象的理解。而作为社会主义国家的中国,以历史唯物主义和辩证法指导城市发展则具有更加深远的意义。

城市是充分表达人类创造力和创新理念的载体,既是一个经济与社会存在,也是人类活动的载体。城市的主体是人,城市的发展,归根结底是实现人的发展。21世纪是一个"城市时代",发展城市就是发展世界,世界的命运由城市的命运主宰。关注城市发展,就是关注国家命运,关注国家兴衰。因此,必须重视对城市问题的研究。改革开放以来,中国的发展中轻视"人的发展",过分重视"物的积累",久而久之忽略了城市的非物质属性,忽略了"人"的关键作用。随着中国经济步入新常态,更好地处理城市与人、城市与城市、城市与自然的关系已经成为未来城市发展的核心,"人"应当被提到战略高度加以考量。目前,中国尚无一部系统完整的马克思主义城市理论方面的研究专著,相关论述分散在不同的书籍中。

从国外马克思主义城市理论中吸收养分，使其"为我所用"，既是发展中国特色城市理论的必由之路，也是我们研究城市哲学，研讨城市转型模式的重要基础。本书试图抛砖引玉，希望能够引起更多学者参与这方面研究的兴趣。

一　寻求空间的逻辑与城市的生命力

毫无疑问，用笼统的社会理论来分析城市问题是不会成功的。几乎所有的社会理论都没有关注过空间问题。在学界的研究中，对历史的维度始终保持着热情，而对空间一直持冷漠的态度，时至今日，这种态度仍旧占据着现代社会理论研究的中心。大多数的社会研究都没有关注到社会进程发生在何种基础之上，好像这样的研究没有意义和价值。对于城市，普遍的理解是城市社会进程发生的"容器"，或一种外部条件。这种理解城市的方式，将城市的概念置于社会进程之外，阻碍了人们对社会和空间关系的辩证理解。在笔者看来，当前席卷全球的空间转向标志着所有哲学领域和思想意识的一次有着非凡意义的大转型，它将会对人类世界的走向产生深远的影响，颠覆以往知识生产的方式，从存在论与认识论的争论到理论形成的抽象领域，再到经验分析与实践应用的具象方面都将受其影响。空间转向的跨时代意义在于它结束了空间思维从属于历史思维的时代，空间与历史的重要性被同等看待，空间与历史视野的再平衡成为城市实践的前沿领域。

目前，学术界有七种研究城市的方法，从主流角度看，城市生态学、地理学和经济学构成了西方社会压倒多数的传统城市分析方法。其余的视角相对而言追随者会少一些，如结构主义的马克思主义、新韦伯学派、城市政治经济学和空间角度的生产。尽管如此，这些研究还是充分显示了过去半个世纪以来密集的城市反思和研究是广泛存在的，同时也暴露出主流城市科学的不足。受意识形态和现有认知的束缚，后面的四种城市构想是作为所谓的替代性构想而存在的，是对主流倾向的一种否定和对新的可能性的尝试。随着学界对替代性选择研究的深入，这些所谓的替代性选择已经从一种独特视角的学术争辩向一种广泛的学术批判发展，越来越多的人参与其中，并对主流观点构成挑战。其中，大卫·哈维就是其中的代表之一。他认为受到顽固的技术决定论的影响，城市去中心化被广泛认为是交通和通信模式的变革带来的重要后果。其实，这种以偏概全的认识正是城市生态学和地理学研究的重要缺陷之一。

当前，城市的政治经济学家正在探索引入马克思主义理论以阐释城市进程，用一种特有的功能主义取代生态学的意识形态。城市生态学家嘲笑这些马克思主义者的努力，而他们反过来把生态学家视为统治阶级意识形态的仆人。从本质上看，这两种观点都是实用主义范式的，通过共享一种对经济学因素的过分强调解释城市发展的缘由，都有同样的过失。所以，我们需要通过构建替代性选择的方法来探索城市本质，但是在实践中，研究的展开非常缓慢，它们不得不与制度的束缚相抗争，因为它们都是来自域外的"他者"。①

尽管处于理论研究上的劣势，但是马克思主义还是发挥了理论特长，给城市和资本以完美的解释，完成了对选择性替代的合理化构想。在最初，马克思主义处理空间的方法和其他社会理论一样。马克思主义对空间保持了长时间的沉默，直至恩格斯出版了《英国工人阶级的状况》一书后，人们才惊讶地发现空间问题域的存在。毫无疑问，恩格斯开创了空间马克思主义研究之先河，但是他并未始终坚持这一道路。马克思和恩格斯后期的研究转向了其他领域，当他们提及空间时，只是将其当作一种临时的方法加以使用。对于马克思而言，城市的空间问题不是一个直接的关切。空间只是作为劳动分工问题的一部分被提及，比如城乡对立问题和城市起源于从原始到封建社会的过渡等。对于马克思和恩格斯来说，城乡对立只是社会进程的某种附带现象，并没有某种力量塑造城市空间本身。后来，马克思对于社会关系组成中的空间动力采取了沉默的处理方式。但是，在马克思之后，列宁和托洛茨基都关注到了空间维度。但是，他们做出了武断和草率的结论而没有进行深入的分析，直到20世纪60年代。

亨利·列斐伏尔（Heri Lefebrve）是第一个打破这种沉默并探讨空间马克思主义的人。列斐伏尔并没有过分纠结于为什么资本主义没有如马克思所预言的那样发生危机并最终解体，反而维持了长期发展的问题，相反他另辟蹊径，回答了空间在经济和政治策略中所扮演的角色问题。在列斐伏尔看来，空间不能仅仅被归为一种区位或者财产所有者的社会关系，它

---

① 马克·戈特迪纳：《城市空间的社会生产》，江苏凤凰教育出版社，2014，第17页。

还表达了多方面的社会问题。空间不但是一个物理位置，而且也是一种存在自由和精神的表达，有着结构层面的多重属性。空间是社会生产力，也是一种生产方式，同时还是消费对象、政治工具和阶级斗争的因素。城市不能被归类为马克思主义政治经济学的生产、交换和消费的三个领域，城市行为和区位叠加在一起，可以构成第四个领域的社会关系——财富和剩余价值的生产。换言之，城市自身必须被思考为社会生产力的一个因素。传统的政治经济学只承认作为生产方式的土地以及资本和劳动力的重要性，这种认识是片面的，城市作为社会生产力的一部分，也与技术、知识和劳动力一样是对我们"生产潜力"有重要贡献的组成。在列斐伏尔看来，针对城市研究，马克思主义者分析的主要贡献是由恩格斯创造的，而不是马克思。恩格斯提出了政治经济学的范畴——地租、利润、价值、资本有机构成等概念，这些概念都被列斐伏尔用于针对城市的动态分析上，但他认为这种动态学不能独立地反映工业化生产的逻辑。资本的二次循环处于大都会环境变化的前沿，其必然产生的原因是来自初级生产的逻辑中的相对自主性。其结果是，资本的二次循环投资的流入和流出加深并恶化了第一次循环的危机周期。同时，列斐伏尔认为空间的关系就是阶级关系，马克思主义不是被废除了，而是通过城市的占有提升到了一个全新的水平。空间之所以成为一个重要的概念，是因为空间是一种建成环境而非自然环境，包括空间的生产和消费，对日常生活的变化来说这些都是至关重要的，而不是因为它包含了某些新的生活形式。社会空间一词是列斐伏尔使用价值理论的源泉，而交换价值则源于日常生活的空间。因此，城市在列斐伏尔看来是一个多维的概念，既是经济的、政治的，也是符号学的。它具有双重的特征，不仅是社会关系的产物，也是社会关系的生产者。关于空间与城市的思考一直是相互构建的。这种新现实主义的理解方式，被很多马克思主义者所关注和研究，并成为马克思主义城市学研究的理论起点。

曼纽尔·卡斯特（Mannel Castell）是新韦伯马克思主义的代表人物，他摒弃了那种落后于时代的城市社会学研究，用一种新韦伯主义的方法进行研究，这一方法是对结构主义马克思主义局限性的回应。"他一直试图把社会生产历史过程的空间联系起来，并贯彻以国家权力（政府干预）。他创造性地把列斐伏尔关于空间与革命的写作，阿兰·杜兰的社会运动理论和阿尔都塞的结构主义综合到自己的理论中,其中列斐伏尔对他的影响最为深远。他把基本社会进程关系的定义进行了空间化,生产等同于'生产手段的空间表达'(住房、公共娱乐);交换起源于'生产和消费之间转换的空间化'(交通、商业);管理是'政治和制度系统与空间的结合'(市政管理、城市规划)。"① 他还把意识形态加了进来,意识形态是"用符号网络来组织空间,符号的意义由空间形式组成,它所指的是意识形态的内容。卡斯特紧紧围绕'集体消费'(collective consumption)这个主题,沿着'消费—集体消费—政府干预'的模式进行分析,只是附带地提到了空间因素的运动和政治。他敏锐地发现资本主义社会越来越依赖于国家提供的公共消费品以维持劳动力的再生产,'集体消费'广泛地适用于居住于一定区域的人,因此具有了城市的意义。当代资本主义社会,城市社会运动往往是由集体消费不足所导致的劳资斗争,所以消费问题已经成为资本主义城市的核心问题,劳动力的再生产与必需消费品供给的矛盾是资本主义基本的结构性矛盾。卡斯特的独到之处在于他强调劳资斗争的焦点并不在于工作场所之中,而是在于劳动力的再生产和集体消费资料的提供。这表明当年马克思所关注的起源于劳动过程的阶级斗争已经让位于围绕'集体消费'所展开的各种社会运动"②。对于卡斯特来说,城市空间的特殊性体现在集体消费的过程中。卡斯特对城市研究的贡献主要体现在三个方面:第一,他提升了马克思主义的城市分析。他的研究呈现了对主流城市科学的批判态度,用一种明确定义的方式陈述了对城市的不满。第二,卡斯特为城市政治和社会运动的研究提供了一种马克思主义的框架,在他之前,这些领域中只有一些庸俗的马克思主义的陈词滥调大行其道。第三,他详细阐述了"城市的概念"和马克思主义国家观之间的理论联系。通过研究集体消费理论与国家和城市之间的特殊性关系,他将城市社会运动和城市社会学批判纳入研究的框架,梳理了城市与主要社会进程的关系。

相比之下,大卫·哈维更加认同列斐伏尔的观点,认为资本主义的生存依赖于城市空间的使用策略。像列斐伏尔一样,哈维关注到了发生在资本积累领域的各种变化,经过哈维的加工,列斐伏尔抽象和哲学的城市观

---

① 赫曦滢:《历史的解构与城市的想象》,社会科学文献出版社,2015,第28页。
② 赫曦滢:《历史的解构与城市的想象》,社会科学文献出版社,2015,第25、26页。

获得了更多的阐述和发展，并且通过插入政治经济学的概念，空间的特征从枯燥的理论中得到了活化和升华。但从另一角度看，如果单纯地追随列斐伏尔的观点也是错误的，事实上哈维规避了列斐伏尔的理论缺陷，将空间视为资本主义社会关系的一部分。笔者关注大卫·哈维这个人，一个主要原因在于，他是依托传统马克思主义，并将其理论化为社会和空间关系最成功的人物，相比之下列斐伏尔和卡斯特则不值得一提。但是哈维在分析中到底支持什么样的马克思主义传统呢？这还是需要关注的问题，在一次采访中，哈维坚定地表示，他的目的不只是构建空间马克思主义，而是创造历史—地理唯物主义。如上面提到的，马克思主义有众多分支，它们之间有相通之处，但区别又十分明显，是不是马克思主义有一种内在的核心凝聚力可以使不同的方法论得以统一呢？这个问题值得思考。在本书中，笔者首先分析了大卫·哈维城市研究的理论渊源，并且集中于论述哈维对马克思主义理论的理解和运用。在笔者看来，哈维的主要分析框架都得益于他对马克思主义概念的理解，马克思主义的方法比其他任何概念和论述都更加开放。在此基础上，本书深入研究了大卫·哈维城市思想的诞生脉络、研究的核心问题和基本逻辑，寄希望于完整地反映其城市理论的轮廓与灵魂。

二 马克思主义发展的两条主线对城市本质的遮蔽

哈维将自己的方法描述为相关的马克思主义。为了理解相关马克思主义的主要轮廓和特殊性，有必要将其与马克思主义理论中的上层建筑相联系。马克·戈特迪纳（Mark Gottdiener）"两个马克思主义"的论断为我们提供了一个便利的起点。戈特迪纳认为在马克思主义中存在着两个选择，"科学的马克思主义"（scientific marxism）和"批判的马克思主义"（critical marxism）。科学的马克思主义以社会决定论为特征，经济结构是对社会起决定意义的元素，但在社会变迁中起的作用并不大。从斯大林（Stalin）到阿尔都塞（Althusser）都对这种马克思主义冠以很多名称和方法。另外，批判的马克思主义强调以结构元素为基础的人类力量。在这种方法论中，机械论的上层建筑模式被放置一旁，而更倾向于以具体情况和动态的方式理解社会的不同构成元素。葛兰西（Gramsci）、卢卡奇（Lukacs）和汤普森（Thompson）都是这一阵营的代表人物。笔者认为当戈特迪纳指出马克思主义发展的这两条主线时，他的观点是正确的，他关于每个阵营的说明描述了马克思主义内部分裂的途径，这反映了一种真实的趋势，有一个方向决定了马克思主义发展的潮流，而另一个线索则指向了唯意志论。马克思主义未能解决的紧张关系导致了这种二元论，换言之，马克思主义和其他可选择的传统不断融合，如多元主义和韦伯主义，在决定论和唯意志论之间不断游走，并且在结构主义和科学主义的博弈中不断发展。

哈维认为马克思主义发展的路径遮蔽了城市的本质，因此他另辟蹊径，选择了不同于以上两种中的任何一种，并成功地绕开了唯意志论和决定论之间的持久斗争。通过追随奥尔曼（Ollman）的研究方法，哈维克服了马克思主义的二元论传统，开辟了第三条道路，成功地找到了他者，从而超越了二元论的限制。在这种研究方法的形成过程中，哈维的灵感来自奥尔曼。奥尔曼研究的基础是总体性的概念。要辩证理解部分与整体的构成，我们认为部分的改变影响了整体，反之亦然。但哈维不是将整体和部分看成某种东西、元素或结构，他强调进程、流动关系和连续改变的元素、结构和物体。对于哈维而言，资本也不能被看作一种物品，而应该被理解为社会关系，与国家和其他社会关系应一视同仁。所谓的整体是流、进程和关系的整合，运行于结构系统或整体的各个领域。在这个概念中，简单的经济基础和上层建筑模式最终崩塌并引发出新的辩证理解。空间本身成为社会关系组成要素的一部分，这种分析方法在哈维看来就是将空间视为一种相关性的存在，空间不再是社会关系之外的实体，而是社会进程和关系的一部分。没有这些关系，空间就不复存在，但是一旦这些关系形成，空间就不能够再被简约为仅仅是社会关系的组成部分。

笔者认为，哈维的这种分析方法与其他马克思主义理论家，如卡斯特和列斐伏尔有很大差别。本书中，笔者通过探讨一些关于马克思主义社会空间的问题，回答了其他马克思主义城市学家的疑问，之所以以这种方式开头，是因为希望提供一个独一无二的分析框架，理解哈维对城市的研究及其对马克思主义发展的巨大贡献。

三　城市研究的统一与分裂

这本书的主要研究对象是大卫·哈维的城市社会理论，通过对其进行系统分析和评价，探讨哈维对马克思主义社会理论的卓越贡献。笔者选择哈维的城市社会理论作为研究对象的原因是哈维的著作提供了关于资本主义城市空间的最全面和成熟的分析模式。另外，他提出的相关性分析模式为我们提供了方法论依据去认识社会和空间两种方法论之外的第三种可能性。当笔者深思20世纪50~60年代城市领域种类繁多的著作时，感触最深的是它们大多基于统一概念的统一观点，城市领域——社会学、政治学和地理学这些分类的学科——有很多共性，这种统一性使得城市研究逐渐成为一门有统一研究对象和研究方法的显学。但是，城市社会学受到有机体的隐喻表述这一保守意识形态的局限，既忽视了阶级关系，也忽视了晚期资本主义的特殊性。因此，这种研究是意识形态的，而哈维却拒绝了这种城市社会学的研究方法，这正是其与传统城市研究的分裂之处。对于哈维而言，城市可能成为一种基于空间、文化、民族、新的城市运动和资本主义发展的内在关系的研究，而这正是其吸引笔者的地方。

当今社会处于一个学科激烈竞争和专业分裂的时期，狭隘和新奇成为当代城市研究最显著的特征。为了保护学科的阵地，每一个领域都把自己封闭起来，并围绕自己特定的内容组织讨论，城市科学的交流和互动被逐渐摒弃。而在哈维的研究中，笔者却看到了分裂的力量，一种"重生"的希望。他的研究方法致力于通过将当代社会问题作为一种空间的本质来进行观察，以寻求统一城市分析的领域。他试图回答一些别人无法回答的问题。如果城市越来越重要，为什么会如此？社会中空间和领土的关系意味着什么？聚落空间的当代形式是如何产生的？我们怎样去理解当代城市的去中心化现象？空间和阶级斗争之间、经济和空间之间、国家和空间之间的关系是什么？城市科学是如何失效的？城市是如何用一种意识形态来展现的？在何种意义上马克思主义的方法有着同样的局限？我们如何具体描述社会、政治、经济行为与城市的相互关联？这些问题在本书的研究中将会得到一一解答。

最后，笔者希望至少提供一种试探性的回答，哈维著作中提出用辩证法框架将空间与城市研究相结合的研究方法是否可行，更重要的是探讨历史唯物主义是否可以像哈维所分析的那样将历史唯物主义转化为历史—地理唯物主义。笔者相信，如果这些问题能够得到全面的回答，我们就增强了马克思主义城市理论在理解和改造世界方面的说服力。

在接下来的各个章节中，笔者分析了大卫·哈维城市理论的主要问题，要将城市作为马克思主义理论研究的核心来看待，这是笔者分析的根本出发点和中心。因为，在全球化时代我们已经不可能将马克思主义仅仅作为一种思想流派来理解，那样便降低了马克思主义理论对现实的指导意义。正如我们所熟知的，在历史上存在着无数对马克思主义的理解方法，大部分垄断了马克思主义的真意。它们为马克思主义冠以各种头衔，如传统马克思主义、分析的马克思主义、结构的马克思主义、斯大林的马克思主义等。所以，笔者经常思考当哈维提及空间马克思主义的时候他所采取的立场是哪种马克思主义。接下来的章节，笔者首先会探讨马克思主义与城市问题的关系，然后转而分析哈维马克思主义城市学的基本立场。

第一章 大卫·哈维城市研究的理论基础追问

城市研究的范围广阔无边,从城市出现之初到现在,出现过一大批有关城市定义与类型、研究对象与分类的学说。城市仅仅是大范围的人口集结、凝聚于空间的特殊功能、司法的单元、有界限的地域,或者是这些东西甚至更多东西的集合体吗?回答是否定的。正如芒福德(Mumford)在《城市文明》(*The Culture of Cities*)中所说的,城市是"大地的产物",是"时间的产物",是"一个自然的事实,像一个洞穴,像一串鲭鱼,像一个蚁冢","一件有意识的艺术品",是"人的社会需要的"表达。城市研究如同人类文明研究一样有着广阔的研究领域,因此,在这浩瀚无际的范围中寻找对这一主题有用的理解并非易事。哈维在这里遇到了马克思主义,同时吸收了卢森堡、列宁等马克思主义理论家思想的精髓,以及当代西方主要的城市研究思潮的理论成果,发展出了独具特色的城市思想。

第一节 马克思和恩格斯的城市阐释

在新马克思主义城市理论研究界,学者们广泛认为,马克思忽视了地理因素的重要性。正如大卫·哈维所指出的:"马克思经常在自己的作品里接受空间和位置的重要性,但是地理的变化被视为具有'不必要的复杂性',而被排除在外。他未能在自己的思想里建立起一种具有系统性和明显的具有地理和空间的观点。这因此破坏了他的政治视野和理论。"[①] 爱德

---

① 戴维·哈维:《后现代的状况——对文化变迁之缘起的研究》,商务印书馆,2003,第143页。

华·索亚也认为:"社会行为的空间偶然性主要被简化为拜物教化和虚妄的意识。在马克思那里从未得到过一种有效的唯物主义解释。"① "《资本论》中的第一卷和第二卷一直被包裹于各种简单化的假定,一种封闭的民族经济和一种本质上是无空间的资本主义。"② 在这一思想的指导下,人们普遍认为马克思对城市的认识是一个"空间空场"。但是,在笔者看来,马克思是否真正存在"空间空场"之说还需要经过反复的学术论证,对马克思城市及空间思想还需要进行深入的研究。因此,在研究哈维的著作之前,笔者将从城市的角度回顾马克思的经典著作,解读包括商品生产、资本主义基本矛盾、劳动价值、剩余价值学说,以及城乡对立理论、阶级斗争理论和地租理论在内的理论问题,寄希望于引发当代学界对马克思主义经典学说对当代价值的讨论和关注,找到当代城市批判的理论基础。

但是,回顾马克思的经典理论的目的绝不仅仅是给马克思主义城市理论找到有关城市问题的直接论证基础。事实上,相对于有关城市问题的直接阐述,马克思主义对新马克思主义城市批判理论所做出的杰出贡献更在于其广博深厚的理论基础,犀利有力的批判武器,理性思辨的方法论以及对共产主义的坚定信念。正如马克思本人实际上没有撰写过任何关于城市的著作,但却极大地影响了 20 世纪 60 年代以后的城市研究一样。③

大卫·哈维的城市思想在很大程度上借鉴、延伸了马克思主义学说。基于对经济基础决定上层建筑这一学说的认同,哈维广泛地吸收了马克思关于资本、价值、劳动、阶级斗争和国家等方面的精辟见解,将《资本论》作为自己研究的基本脉络,将马克思对工业资本主义的关注与当代资本主义的发展相联系,通过重现和再定义马克思的核心概念,批判了当代资本主义城市。因此,马克思的经典理论是哈维城市批判的基本出发点和理论基石。

---

① 爱德华·索亚:《后现代地理学——重申批判社会理论中的空间》,王文斌译,商务印书馆,2004,第 192 页。
② 爱德华·索亚:《后现代地理学——重申批判社会理论中的空间》,王文斌译,商务印书馆,2004,第 130 页。
③ 安东尼奥·罗姆:《城市的世界——地点的比较分析和历史分析》,陈向明译,上海人民出版社,2005,第 38 页。

一 城市的内涵与本质

马克思和恩格斯始终将历史性作为研究的基本脉络，因此并未专门出版过城市研究方面的著作，他们有关城市与社会的观点散见于一些经典著作中。如《英国工人阶级状况》、《德意志意识形态》、《共产党宣言》、《资本论》、《论住宅问题》、《反杜林论》和《家庭、私有制和国家的起源》等。通过对马恩的城市思想进行解读，我们可以清晰地看到一条从萌芽、发展到完善的城市认识脉络，他们关于城市及城乡关系的认识总是在不断深化和完善的，"进化"是马恩城市思想的重要特点。考察这个不断变迁的认识过程，将有助于我们认识城市的本质，理解城市的精髓，并在实践中正确把握和运用城市理论。

对于城市的起源问题，很多学者从不同的角度加以分析，主要有以下几种观点。第一种观点是防御说，认为古代城市最早兴起于防御上的需要。在居民集中的村落、乡镇或氏族首领、统治者居住地修筑高墙和瞭望台，形成要塞，避免别的部落、氏族、国家的骚扰，保护居民的人身和财产安全。第二种是分工说，认为城市是社会分工的必然产物。随着社会大分工的形成，空间被分割为城市和乡村两个组成部分。第一次社会大分工是原始社会末期的农业与畜牧业的分工，这一分工不仅产生了以农业为主的固定居民，而且出现了产品剩余，创造了交换的前提。第二次社会大分工与金属工具制造和使用相伴而生，在这次分工中形成手工业和农业的分离，产生了直接以交换为目的的商品，使农村的居民脱离了土地的束缚。随着商品生产的发展和市场的扩大，第三次社会大分工形成，专门从事商业活动的商人应运而生，从而引起工商业劳动和农业劳动的分离，并形成城市和乡村的最终分离。第三种观点是私有制说。城市被看作私有制的产物，是奴隶制国家的附属产品。第四种观点是阶级说，认为城市本质上是阶级社会的产物，由于商品经济得到长足发展，集市贸易渐成规模，促使了居民和商品交换活动的集中，从而出现了城市。城市是统治阶级，如奴隶主、封建主压迫被统治阶级的工具。第五种观点是集市说。第六种观点是地利说。"用自然地理条件解释城市的产生和发展。认为有些城市的兴起是由于地处商路交叉点、河川渡口或港湾，交通运输方便，自然资源丰富等优越条件的原因。"① 马克思和恩格斯也关注到了城市起源的问题，他们认为经济基础是决定上层建筑的核心力量，由此也认为城市起源于生产力的发展，生产力的不断发展引起了社会分工，分工的加剧导致了城乡分离，进而出现了城市。这是典型的经济决定论观点。马克思和恩格斯从两个角度论证了城乡的分离和城市的产生。一是从生产力发展和社会分工的角度；二是从近代工业的高速发展来看待资本主义城镇的出现。

马克思和恩格斯并没有明确阐述城市的本质，但是回顾他们对未来城市世界的展望，可以发现，他们对城市本质做了很好的规划与诠释。城市社会将是一个废除私有制、消灭剥削、消除城乡对立，实现城乡融合的社会。城市社会是一个以人为本的社会，是实现人的自由而全面发展的社会。城市社会的本质，是以"人"的发展需要为根本发展动力的社会。

城市的本质有三个重要的表现：首先，城市的建立是为了满足人的生存和发展需要。城市是财富和人口高度聚集的场所，城市的首要功能就是满足人们生存的需要。在此基础之上，城市还要满足人精神上的需要和追求，给人带来愉悦和精神享受。马克思曾一针见血地指出，在满足物质需要以后，人们开始追求精神需要，诸如对科学的向往、知识的渴望、道德的提升和对自身发展不倦的要求等。这些都是城市本质的应有之义。其次，城市为了满足人类发展的需要，就必须处理好人与城市的关系。人类在改造自然的同时，创造了城市，城市作为一种建成环境，对人的发展起到了制约的作用。城市与人的发展之间是一种相互依存、相互制约、共同发展的统一体。随着经济社会的发展，人改造城市的能力越来越强，同时城市为人类提供的便利也越来越多，但是结果是城市危机一触即发，人地矛盾空前尖锐。因此，城市的本质，应该体现人与城市的和谐发展，只有这样才能实现可持续的发展，实现人更好的发展。最后，城乡和谐是城市本质的重要体现。马克思和恩格斯十分关注城乡关系问题，他们在肯定城市重要性的同时，也提出了城乡二元对立的重大危害，指出城乡协调发展才是可持续发展的重要出路。因此，城市社会的本质是城乡均衡发展的社会，是克服城市异化的社会。

---

① 朱铁臻：《城市现代化研究》，红旗出版社，2002，第67页。

二 马克思恩格斯城市理论的核心是资本主义城市批判

马克思认为，城市的产生与资本主义的发展是密切联系的。资本主义大工业"建立了现代化大工业城市（它们像闪电般迅速地成长起来）来代替从前自然成长起来的城市。凡是它所渗入的地方，它就破坏了手工业和工业的一切旧阶段，它使商业城市最终战胜了乡村"①。城市是资本主义赖以生存的场所，城市化是资本主义大工业的必然产物。资本主义的胚胎出现在中世纪的城市中，马克思和恩格斯在《德意志形态》中重点考察了城市的发展对资本主义产生的重要影响。中世纪的城乡分离和对立使以乡村庄园制经济关系为中心的封建制度逐步瓦解，资本主义在欧洲孕育出来。"分工的进一步扩大是生产和交换的分离，使商人这一特殊阶级形成。这种分离在随历史保存下来的城市（其中有住有犹太人的城市）里被继承下来，并很快就在新兴的城市中出现了。"② 商人的出现，使远距离建立贸易联系成为可能，由于交通工具不断发展，社会治安状况有所改善，全世界的文明程度不断提高，贸易成为当时城市的显著特征。"随着交换集中在一个特殊阶级手里，随着商人所促成的同城市近郊以外地区的通商的扩大，在生产和交换之间也立即发生了相互作用。城市彼此建立了联系，新的劳动工具从一个城市运往另一个城市，生产和交换间的分工随即引起了各城市间在生产上的新的分工，不久每一个城市都设立一个占优势的工业部门。最初的地域局限性开始逐渐消失。"③ 城市的分工使超出行会制度范围的生产部门产生，也就是我们常说的工场手工业得以出现。初次繁荣的工场手工业使世界市场近一步开放，国内市场也不断扩大。"随着摆脱了行会束缚的工场手工业的出现，所有制关系也立即发生了变化。越过自然形成的等级资本向前迈出的第一步，是受商人的出现所制约的，商人的资本一开始就是活动的，如果针对当时的情况来讲，可以说是现代意义上的资本。第二步是随着工场手工业的出现而迈出的，工场手工业又运用了大量自然形成的资本，并且同自然形成的资本的数量比较起来，一般是增加

---

① 《马克思恩格斯全集》（第3卷），人民出版社，1958，第68页。
② 《马克思恩格斯选集》（第1卷），人民出版社，1995，第68页。
③ 《马克思恩格斯选集》（第1卷），人民出版社，1995，第103页。

了活动资本的数量。"① 资本的增加为资本主义的发展提供了经济保障。同时，各国间的商业斗争也愈演愈烈，这种斗争从原来的平等交易演化为战争和各种禁令，商业也随之显现出政治意义。因此，从某种意义上来说，资本关系成为驾驭资本主义工业城市的灵魂。"资本主义生产使它汇集在各大中心的城市人口越来越占优势，这样一来，它一方面聚集着社会的历史动力，另一方面又破坏着人和土地之间的物质变换，……但是资本主义生产在破坏这种物质变换的纯粹自发形成状况的同时，又强制地把这种物质变换作为调节社会生产的规律，并在一种同人的充分发展相适合的形式上系统地建立起来。"②

马克思认为近代城市的各种景象都应该从资本主义生产方式中去寻找根源。这一命题被恩格斯完美地诠释了。恩格斯指出，是大工业的发展，促进了工业城市的产生与发展。在资本主义发展的初期，每一个工厂的出现就是一个工厂城市的萌芽。各种机器的不断使用，犹如给工业的发展插上了翅膀，大量的工厂不断集中，且工业集中的趋势越来越明显。人口由于工业的聚集而聚集，大工业要求许多工人在一起共同劳动，他们必须集中居住，逐渐形成一个村镇。他们的各种需求，会吸引其他手工业者如裁缝、鞋匠、面包师等集聚于此。于是村镇变成小城市，小城市变成大城市。工业城市就以惊人的速度发展起来。这就是工业化的根本，它使各种要素集中于城市。城市的飞速发展带来了双重结果。一方面，经济的发展带动了城市的腾飞和人民生活水平的提高；另一方面，资本主义生产方式的盲目扩张也给城市带来了毁灭性的打击。城市化对现代性空间以及日常生活进行战略性的规划，为了使资本主义得以延续，得以成功地再生产其生产关系，空间被抽象地赋予生产资料和控制手段的二重性，进入资本主义生产，而资产阶级的地理"使命"便是在逐步扩大的地理规模上再生产阶级和生产关系。也就是说，空间沿着有利于资本生产与再生产的轨迹被创造。正如马克思认为资本主义发展的主要趋势是借助霸权，追逐自身利益一样。很多学者也认为空间的组织形式同样是牺牲劳动者利益，有利于资本家的个人利益，城市中建筑空间格局的形成是以增强统治阶级权力为

---

① 《马克思恩格斯选集》（第 1 卷），人民出版社，1995，第 104 页。
② 《马克思恩格斯全集》（第 23 卷），人民出版社，1972，第 552 页。

前提的。城市中心区位提供给最富有的资本家控制社会其他部门的机会,在这个简单的事实中体现着中心位置与权力的集聚。

马克思和恩格斯对工业城市中出现的许多问题进行了批判,城市的迅速发展需要大量的劳动力和生产资料,扩张反映了城市的本性。在资本主义初期,大规模的圈地运动将生产资料和劳动者强行分离,这不仅为资本主义工商业的发展提供了必要的土地资源,而且为资本主义雇佣劳动提供了一无所有的劳动者。破产的农民被迫进入城市,成为城市的建设者。佛希特(Britisn)曾经叙述了1921年英国城市的基本状况和城市化运动的具体过程。他说:"在过去几十年中,世界上较发达国家的城市人口发展增加的一个最重要、最突出的表现形式,是出现了一批巨大的城市聚集体,这类城市较之过去任何历史时代出现的城市,规模大、数量多。这种现象往往是由于若干个邻近的城镇同时发展、相距越来越近,最终连成一片广大的城镇地区。这样的城市群,每个内部仍然包含许多较为密集的城镇发展核心。这些核心又大多是城市群所赖以发展形成的原有城镇的中心地带;这些核心地带现在又与人口较为稀疏的城郊地区相毗连。这类城郊地区(现在是不太密集的城市化地区)中,建筑物比较少,且有较多的开发空间。"① 马克思和恩格斯对资本主义和城市之间相互关系的论述在其著作中并不少见,恩格斯在《反杜林论》中更为明确地指出:"如果说水力必然存在于乡村,那么蒸汽力却绝不是必然存在于城市。只有蒸汽力的资本主义的应用才使它主要地集中于城市,并把工厂乡村转变为工厂城市。……因此,虽然向城市集中是资本主义生产的基本条件,但是每个工业资本家又总是力图离开资本主义生产所必然造成的大城市,而迁移到农村地区去经营。……在那些地方,资本主义大工业不断地从城市迁往农村,因而不断地造成新的大城市。"② 城市化是资本主义大工业时代的必然景观,也体现了城乡对立的社会本质。美国社会学家塞缪尔·亨廷顿(Samuel Phillips Huntington)说:"现代化的发展是以城市的发展来衡量的。新的经济活动、新的社会阶级以及新型的文化和教育都集中在城市,这使得城市从根本上不同于更受传统束缚的农村。与此同时,现代化还可

---

① 《马克思恩格斯选集》(第1卷),人民出版社,1995,第106页。
② 《马克思恩格斯全集》(第3卷),人民出版社,1958,第255页。

能会将一些新的要求强加给农村,从而加深农村对城市的敌意。"①

工业城市的巨大发展也给生态环境带来了负面影响。恩格斯曾经感慨:资产阶级创造了巨大的生产力,最大限度地增加了财富,大工业将世界相互联系起来,把地方性的小市场联合成一个世界市场,大工业使得整个城市的面貌发生巨大改变。同时,工业的发展,使城市经历了从未有过的极端恶化的环境污染。马克思曾经描述了英国的河流污染情况,流经利兹的艾尔河,"这条河像一切流经工业城市的河流一样,流入城市的时候是清澈见底的,而在城市另一端流出的时候却又黑又臭,被各色各样的脏东西弄得污浊不堪了"②。同时,由于机器大工业发展的动力来源主要是煤炭,燃烧煤炭,使得空气污染严重,英国的许多城市都出现空气污染的问题。"伦敦的空气永远不会像乡村地区那样清新,那样富含氧气。250万人的肺和25万个火炉挤在三四平方德里的面积上,消耗着大量的氧气,要补充这些氧气是很困难的,因为城市建筑形式本来就阻碍了通风。呼吸和燃烧所产生的碳酸气,由于本身比重大,都滞留在街道上,而大气的主流只从屋顶掠过。"③曼彻斯特周围的一些工业城市,"到处都弥漫着煤烟,由于它们的建筑物本来是鲜红的,但时间一久就会变黑的砖"④。水与空气的污染,加上工人阶级的居住环境恶劣,卫生条件差,使疾病极易在工人阶级的居住区大面积传播。这些描述真实地反映了工业城市的阴暗面,反映了资本主义生产方式与生态环境的尖锐矛盾,成为马克思和恩格斯批判资本主义的有力证据。

三 马克思恩格斯城市理论的主要内容是乡村城市化

城市的发展经历了从"城市乡村化"到"乡村城市化"的转变过程。马克思曾说:"古典古代的历史是城市的历史,不过这是以土地财产和农业为基础的城市;亚细亚的历史是城市和农村无差异的统一;中世纪是从乡村这个历史的舞台出发的,然后,它的进一步发展是在城市和乡村的对

---

① 塞缪尔·亨廷顿:《变革社会中的政治秩序》,李盛平等译,华夏出版社,1988,第71~72页。
② 《马克思恩格斯全集》(第2卷),人民出版社,1958,第320页。
③ 《马克思恩格斯选集》(第1卷),人民出版社,1995,第409页。
④ 《马克思恩格斯全集》(第2卷),人民出版社,1958,第323~324页。

立中进行的；现代历史是乡村城市化，而不像在古代那样，是城市乡村化。"① 当代的城市化发展，从本质上看是乡村不断被城市吞噬的过程，人类的生产方式从农耕转向了工业大生产。在这个过程中，马克思和恩格斯关注到乡村城市化有以下几个特点：第一，城市的地域范围不断扩大，土地城市化是工业城市的重要特点。在资本主义时代，农业在经济中所占的比例越来越低，取而代之的是工业生产和服务业主导了世界的发展方向，农村让位于城市，成为城市的附属品。第二，工业将劳动力不断向城市聚集，人口城镇化是城市化的重要特征，越来越多的农民到城市求生，农村的生产和生活方式逐渐城市化。

马克思关于劳动分工的理论和资本全球扩张的分析是马克思的著述中跟乡村城市化最直接相关的部分。在资本逻辑推动下，资本运行逐渐从城市内部延伸到不同的城市之间，最终扩展到全球。从内部来说，大城市的兴起和快速的工业化使得城市统治了乡村。"资产阶级使农村屈服于城市的统治，它创立了巨大的城市，使城市人口比农村人口大大增加起来。因而使很大一部分居民脱离了农村生活的愚昧状态。正像它使农村从属于城市一样，它使未开化和半开化的国家从属于文明的国家，使农民的民族从属于资产阶级的民族，使东方从属于西方。"② 在马克思的论述中，城乡之间的对立固然造成了社会大分工及资本和劳动、地产分离等众多异化状况，然而这一过程也被他认为是一个无法绕开的，通向更高级社会的必然路径。在《德意志意识形态》中马克思认为，"物质劳动和精神劳动的最大的一次分工，就是城市和乡村的分离。城乡之间的对立是随着野蛮向文明的过渡、部落制度向国家的过渡、地方局限性向民族的过渡而开始的，它贯穿着全部文明的历史并一直延续到现在"③。

第二次城乡分离伴随着产业革命而出现，现代意义上的城市化过程由此展开，资本主义的快速发展翻开了世界历史的新篇章，城市经过奴隶社会、封建社会的脱胎换骨，有了质的飞跃。城市在政治、经济和文化上都取得了独立，在国家生活中扮演着越来越重要的角色，城乡空间关系逐步清晰。这一时期，商业和工厂手工业在英国十分兴盛和集中，这种集中使

---

① 《马克思恩格斯全集》（第46卷），人民出版社，1979，第480页。
② 《马克思恩格斯选集》（第1卷），人民出版社，1995，第276页。
③ 《马克思恩格斯全集》（第3卷），人民出版社，1958，第68页。

英国成为相对意义上的世界市场，造成了英国对工场手工业产品的大量需求。生产力的飞速发展引起中世纪以来私有制最快速的发展，随之产生了机器大工业生产，自然力被用于工业的目的，机器生产以及最广泛的分工逐渐产生。马克思对现代商业城市的形成、特征和结构进行了深刻的经济分析，指出："大工业在农业领域内所起的最革命的作用，是消灭旧社会的堡垒'农民'，并代之以雇佣工人。因此，农村中社会变革的需要和社会对立，就和城市相同了。最陈旧和最不合理的经营，被科学在工业上的自觉应用代替了。农业和工场手工业的原始家庭纽带，也就是把二者早期未发展形式联结在一起的那种纽带，被资本主义生产方式撕断了。"① 工业城市的出现，也是生产力发展到一定阶段的产物，是资本主义大工业发展的必然结果。"城市彼此发生了联系，新的劳动工具从一个城市运往另一个城市。随着生产和商业分工，产生了各城市间再生产上的新的分工，在每一个城市中都有自己的特殊的工业部门占着优势。最初的地域局限性，开始逐渐消失。"② 同时，马克思也认识到城市的发展是社会历史的一大进步，城市可以利用自然力和许多其他的生产力创造更大的惊喜。城市开创了新的世界历史，"因为它使每个文明国家以及这些国家中的每一个人的需要都依赖于整个世界，因为它消灭了以往自然形成的各国的孤立状况"③。

马克思还对资本的扩张性进行了精当的阐释。他在《1844年经济学哲学手稿》中就曾明确指出："资本按其本性来说，力求超越一切空间界限。因此，创造交换的物质条件——交通运输工具——对资本来说是极其必要的；力求用时间去消灭空间。"④ "资本一方面要求摧毁交往，即交换的一切地方限制，夺得整个地球作为它的市场；另一方面，它又力求用时间去消灭空间。也就是说，把商品从一个地方转移到另一个地方所花费的时间缩减到最低限度。资本越发展，资本借以流通的市场，构成资本空间流通道路的市场越大，资本同时也就越是力求在空间上更加扩大市场，力求用

---

① 《马克思恩格斯全集》（第23卷），人民出版社，1972，第551页。
② 《马克思恩格斯全集》（第3卷），人民出版社，1958，第68页。
③ 《马克思恩格斯全集》（第3卷），人民出版社，1958，第68页。
④ 《马克思恩格斯选集》（第4卷），人民出版社，1995，第16页。

时间去更多地消灭空间。"① 詹姆逊指出:"正如马克思在《纲要》中所揭示的:资本必然倾向于一种全球范围的市场。这一学说今天对我们远不像在现代时期那么抽象,它指出了一种观念上的现实,不论是理论还是文化,都必须马上提到自己的日程上来。"② 从资本的逻辑出发,詹姆逊将资本主义的全球扩张分为"古典或市场资本主义"、"垄断资本主义"、"跨国或晚期资本主义阶段"三个阶段。哈维指出:"通过时间消灭空间,深深地嵌入资本积累的逻辑中,并伴随着空间关系中虽然常显粗糙但却持续地转型。"③

四 马克思恩格斯城市理论的目标是通过阶级斗争走向城乡融合

马克思指出,城市的聚集效应使得工人阶级有了共同的利益和追求,反抗的意识逐渐觉醒。人类社会的历史从某种意义上来说就是社会冲突不断激化、被压迫群众不断反抗的历史。从奴隶社会到封建社会,压迫者与被压迫者始终处于剑拔弩张的对立状态,无论是自由民和奴隶,还是贵族和平民,抑或领主和农奴都是冲突不断的,阶级间的斗争有时是公开的,有时是隐蔽的,而每一次斗争的最终结果都是旧时代的终结和新阶级的出现。"当每一民族的资产阶级还保持着它的特殊的民族利益的时候,大工业却创造了这样一个阶级。这个阶级在所有的民族中都具有同样的利益,在它那里民族独特性已经消灭,这是一个真正同整个旧世界脱离并与之对立的阶级。大工业不仅使工人与资本家的关系,而且使劳动本身都成为工人所不堪忍受的东西。"④ 城市不仅是工人阶级工作和生活的聚集地,也是社会斗争的主要场所,城市中充斥着不断激化的各种矛盾,社会冲突一触即发。"大城市是工人运动的发源地:在这里,工人第一次开始考虑到自己的状况并为改变这种状况而斗争;在这里,第一次出现了无产阶级和资产阶级利益的对立;在这里,产生了工会、宪章运动和社会主义。社会机体的病患在农村中是慢性的,而在大城市中就变成急性的了,从而使人们

---

① 《马克思恩格斯选集》(第4卷),人民出版社,1995,第33页。
② 詹姆逊:《文化转向》,胡亚敏等译,中国社会科学出版社,2000,第66页。
③ 大卫·哈维:《希望的空间》,胡大平译,南京大学出版社,2008,第34页。
④ 《马克思恩格斯全集》(第3卷),人民出版社,1958,第68页。

发现了这种病的真实本质和治疗方法。如果没有大城市,没有它们推动社会意识的发展,工人绝不会像现在进步得这样快。"①

对于无产阶级和资产阶级的对立,马克思认为随着世界市场的开拓,资产阶级为了扩大再生产谋取更多的利润企图将所有的民族都卷入工业化大生产中,迫使一切民族都接受资本主义生产方式,同时使农村屈从于城市,使一大部分农民脱离乡村生活,把他们变成雇佣劳动者。资产阶级不断消灭生产资料、财产和人口的分散状态,建立巨大的城市,使越来越多的人成为无产者,于是现代工人便出现了。随着资产阶级的发展,无产阶级即现代工人阶级愈加壮大。"由于推广机器和分工,无产者的劳动已经失去了任何独立的性质,因而对工人也失去了任何吸引力。工人变成了机器的单纯的附属品,要求他做的只是极其简单、极其单调和极容易学会的操作。因此,花在工人身上的费用,几乎只限于维持工人生活和延续工人后代所必需的生活资料。但是,商品的价格,从而劳动的价格,是同它的生产费用相等的。因此,劳动越使人感到厌恶,工资也就越减少。不仅如此,机器越推广,分工越细致,劳动量也就越增加,这或者是由于工作时间的延长,或者是由于在一定时间内所要求的劳动的增加,机器运转的加速,等等。"② 于是,资产阶级和无产阶级的对立更加明显。

由于资本主义的快速发展,越来越多的人涌入城市,为城市提供了大量的劳动力后备军。同时新机器的使用,也排挤了工人的劳动。在资本主义社会中,整个社会的财富聚集在少数的资产阶级手中,无产阶级始终处于被掠夺、被剥削的劣势地位,生活状况每况愈下。面对资本家变本加厉的压榨,工人阶级只有通过团结起来进行反抗,才能使工作和生活条件得以改善。一开始,工人运动的响应者并不多,运动的形式也简单粗暴。随着工业化和城市化的大发展,工人阶级的反抗意识逐渐觉醒,阶级的意识逐渐形成,于是他们通过组织工会,来维护合法权益,通过谈判、罢工等形式争取自身的利益,这种斗争在城市中更加普遍而且多样化,而克服这种阶级斗争的重要手段就是实现城乡融合,从根本上消灭阶级对立。

城乡融合,是马克思和恩格斯对未来社会的伟大愿景。在他们看来,

---

① 《马克思恩格斯全集》(第2卷),人民出版社,1958,第408页。
② 《马克思恩格斯选集》(第1卷),人民出版社,1995,第113页。

消灭城乡分离和对立是历史的必然。在《共产党宣言》中马克思和恩格斯指出:"把梦魇和工业结合起来,促使城乡之间的对立逐渐消灭是历史的趋势。"他们认为只有通过阶级斗争方式,才能使工人获得更多的社会权利,只有实现人的全面发展,才能消除城乡对立,进而构建理想社会。对于构建未来城市的终极目标,马克思和恩格斯的描述为:"代替那存在着阶级和阶级对立的资产阶级旧社会的,将是这样一个联合体,在那里,每个人的自由发展是一切人的自由发展的条件。"①

五 大卫·哈维对马克思与恩格斯城市观的重新审视

从以上分析可以看到,马克思和恩格斯将资本主义城市看作发生在不同时期的资本主义社会进程的说明或者缩影。另外,还将其看作社会中特定发展过程的重要表现,是资本主义进程中最清楚的形式。但是,对于他们而言,城市不仅仅是资本逻辑的反映,而且是社会革命的对象和向社会主义过渡的形态。城市的不断发展,创造了无产阶级。无论是资本主义理论还是社会主义革命,都不需要创造特殊的城市理论。城市化只是分析封建制度的有效概念,而且只有在封建社会,城市才是历史的主题。

这样的传统一直没有改变,直到列斐伏尔的著作问世,后来的哈维和卡斯特发扬了列斐伏尔的主要观点,在哈维看来马克思主义理论的空间分析发端于劳动分工概念中占主导地位的形式。马克思和恩格斯使用城乡对立的概念作为对农业和工业生产劳动分工的表达,同时国家经济框架中的体力和脑力劳动的区分也是城乡区分的重要手段。随后,城市的概念扩展到了分析资本主义不同地区或国家的劳动分工方面,这种劳动分工的不同被视为不平衡地理发展的结果。在这方面研究中,恩格斯关于资产阶级住房问题如何解决和 19 世纪英格兰城市中无产阶级居住状况的研究应该得到重视。但是,最重要和简洁的空间关注发生在马克思《资本论》第三卷对土地地租的分析中。笔者认为,马克思特别添加了对地租的分析,特别是对劳动价值理论中绝对地租的阐述,为城市理论的发展做出了巨大贡献。但是,笔者也认为地租理论不单纯是实现资本积累和循环的一般理论,还另有深意。虽然对空间的关注和空间维度在恩格斯的理论著作中很容易被

---

① 《马克思恩格斯全集》(第 2 卷),人民出版社,1958,第 380~381 页。

找到，但并不是说空间现象已经成为他的社会理论的组成部分。但是，不能否认，马克思已经观察到了城乡二分法的重要性，他发现资本主义城市的功能、剩余价值的产生和消费、交通运输业的发展逻辑、工业主义地区化方式等都不断向大城市集中。但是，他并没有成功地抓住城市分析的要害，而是将所有资本主义发展矛盾集中到了生产方式方面。马克思和恩格斯将资本主义发展的进程、矛盾、连续性和不平衡发展等问题与资本主义自我改造和转变的现象相联系，因此用历史的方法分析这些快速的变化。也正因为如此，很多社会主义者认为马克思和恩格斯使用了历史唯物主义的方法。在他们的影响下，詹姆士一世（Jacobeans）使用马克思的方法论作为法国政治历史研究的模式，以此来说明一百多年来法国所经历的剧烈的阶级斗争，以及由此带来的革命和反革命的连续摆动。这种矛盾和快速的变革不仅仅发生在经济领域，也深刻地影响了社会的政治和文化结构。

马克思和恩格斯给予时间优先于空间的言论对我们来说并不陌生，他们的这种态度改变了很多人对历史变革的认识。正如我们所熟知的，他们将人类的历史以不同的时间为起点和终点划分为五个历史阶段，分别是原始社会、古代社会、封建社会、资本主义社会和社会主义社会。这样的分类虽然有其合理性，但是却忽略了从地理角度分析早期人类历史究竟发生了什么。社会历史的革命和变革存在于生产方式的发展和转换中，发生于资本主义不断加剧的激烈斗争中，包含于社会生活、生产环境和人类生存的每个细胞中，在生产、生活和娱乐活动的每个时刻中。并且后者也暗示了一些重要的改变社会面貌的变革力量，不是在时间中产生，而是在时间维度之外或之前就存在，包括工人阶级本身。一种生活的新方式和新意识需要被挖掘和展示，这也是我们要研究城市、经济和空间现象之间关联性的原因。在对空间和空间现象进行分析后，哈维试图给马克思的理论以恰当的定位，并且对20世纪早期的空间革命进行梳理，回应20世纪六七十年代欠发达国家空间研究和其他研究者对空间研究的贡献，并且试图说明空间关注和社会理论之间关系中存在的主要问题。

可以说，哈维的城市思想很大程度上继承了马克思历史唯物主义的世界观和方法论，发展了马克思关于资本主义生产方式对外扩张的基本论述。并且，哈维还纠正了马克思理论中的不足，完善了关于资本积累和地理空间的认识，升华了马克思和恩格斯的思想。

第二节　卢森堡和列宁的城市阐释

19世纪70年代，资本主义逐步过渡到帝国主义时期，资本积累和阶级斗争出现了新的情况。因此，马克思和恩格斯之后的社会主义理论家针对不同时代的资本主义积累的空间形态和特征阐述了资本主义发展的不平衡状况，形成了不同的理论和实践。其中卢森堡的资本积累理论和列宁的帝国主义理论是最有代表性的，对大卫·哈维城市理论的形成起到了积极的推动作用。

一　资本积累的过程与本质

罗莎·卢森堡是19世纪马克思主义理论家中的成功代表，她主张资本积累不仅仅需要资本主义社会特定历史时期的内部发展动力，还要依赖于资本主义空间对非资本主义空间的不断渗透、蚕食和破坏，使之最终"臣服"于资本主义的规律之下。1907～1914年，她写作的《政治经济学导论》一书，至今仍然是关于阶级与社会，特别是说明资本主义社会历史发展进程的一部佳作。"它（这本书）包含了一系列关于资本主义试图对发展中国家的非资本主义世界的渗透和破坏的精辟分析——从法国对阿尔及利亚阿拉伯人和卡尔拜人的镇压运动，以及英国对中国的部分占领，到西班牙对南美印加人的破坏，以及殖民主义对中非阿卡人、特佤族人、切瓦人的毁灭性影响。从她的著作中可以发现她坚持强调资本主义的内在动力是消费和不断破坏本土社会形态，都是为了努力揭示帝国主义和资本主义的融合。"[①]

众所周知，卢森堡的《资本积累论》发表之后，她与马克思思想中的矛盾——尤其是与《资本论》第二卷末尾关于扩大再生产方式方面的矛盾愈加凸显。她认为在完全封闭的理想资本主义社会，如何实现剩余价值在

---

① 彼得·胡迪斯文:《资本空间决定论的辩证法——关于罗莎·卢森堡〈资本积累论〉的再思考》，马俏儿、许小杰译，《马克思主义哲学研究》2014年第1期。

抽象模式上的构建，马克思没有考虑对外贸易的因素，这在卢森堡看来是一个致命缺陷，这一理论缺失不能说明资本积累的现实性，因为资本存在之初就是依靠渗透、吸收和破坏非资本主义阶层才得以存在和持续发展的。同时，卢森堡也认为马克思提出的资本主义的"运动规律"是一种时间决定论，"马克思对于异化劳动、社会不公以及价值生产的批判主要集中在某类特定时间，即抽象的普遍原则对时间的支配上"。① 因此，卢森堡一针见血地指出"马克思必须从动态的历史过程中把商品生产者从单纯劳动者中区别开来。在他能够洞悉资本主义的奥秘之前，他必须发现商品生产是社会生产的一个特定的历史形态"②。这也暗示着卢森堡开始对时空关系进行新的审视。

在资本积累的问题上，卢森堡认为马克思并没有对资本积累给出满意的回答，而是逃避了现实的危机，在论述中极力要表现一种平衡增长的趋势，而现实中这种情况并不存在，她指出"复杂的积累问题这样被转化为极端简单的图式而前进。我们可以无尽地把上述方程式的锁链继续写下去，只要……第一部类不变资本的某种增加总是要求可变资本的某种增加"③。"她发现这样的可能结果是让人深感不安的，出于一些相同的原因，许多经济学家认为，它所显示的资本主义的无限扩张的可能性是很有吸引力的。"④ 她将自己论证的重点放在了扩大再生产的途径上，她努力回答这样一个问题，即为了购买更多的生产资料和不断扩大资本积累的规模来实现剩余价值，商品是否需要"摆脱"它的使用形式而转化成纯价值（货币）呢？她的回答是肯定的，她认为马克思的扩大再生产理论把货币"看作次要现象——看作在商品流通中不同阶段的外面和表面的表现"⑤。她批判假定"货币本身并不是现实再生产的要素"⑥。相反，她认为资本主义并不需要把剩余价值都销售出去，而可以直接将它纳入生产资料中去，从而使部

---

① 彼得·胡迪斯文：《资本空间决定论的辩证法——关于罗莎·卢森堡〈资本积累论〉的再思考》，马俏儿、许小杰译，《马克思主义哲学研究》2014 年第 1 期。
② 卢森堡：《资本积累论》，彭尘舜、吴纪先译，生活·读书·新知三联书店，1975，第 33 页。
③ 卢森堡：《资本积累论》，彭尘舜、吴纪先译，生活·读书·新知三联书店，1975，第 76 页。
④ 梅格纳德·德赛：《马克思的复仇——资本主义的复苏和苏联集权社会主义的灭亡》，汪澄清译，中国人民大学出版社，2006，第 124 页。
⑤ 卢森堡：《资本积累论》，彭尘舜、吴纪先译，生活·读书·新知三联书店，1975，第 64 页。
⑥ 卢森堡：《资本积累论》，彭尘舜、吴纪先译，生活·读书·新知三联书店，1975，第 62 页。

分剩余价值转化为不变资本。她坚持认为,"新资本及其创造的剩余价值必须摆脱自己的商品形态,重新采取纯价值形态,从而作为货币复回到资本家的手里……对于资本积累绝对必要的,就是要有新资本所创造的、足够数量的商品在市场上获得一席地位,并得到实现"①。

卢森堡认为,剩余价值并不是在资本主义体系内实现的,而是由于非资本主义环境的存在,为资本主义国家提供了充足的劳动力、丰富的生产资料和剩余价值的销售市场,进而保障了资本积累的顺利进行。正因为如此,与其他任何类型的经济形态相比,资本主义都有更强的侵略性和扩张性。世界资本主义为了实现扩大再生产,会不顾一切地向非资本主义区域渗透和扩张,掠夺地球上一切的自然财富和劳动力,争夺殖民地和对不发达国家进行控制和干预。资本积累的过程必然是资本主义扩张的过程,而资本积累的逻辑预示着帝国主义必然会代替自由资本主义成为资本主义国家实现资本积累,追求高额利润的主要工具。"因为根据经验常识,作为一个整体的帝国主义只不过是一个特定的积累方法。"② 帝国主义最主要的表现是通过殖民政策、国家借款制度、势力范围政策和战争等方法在全球范围内大肆掠夺资源、劳动力和市场,使全球卷入资本主义生产体系,进而成为资本主义世界的附庸。"虽然资本主义积累,是无条件地需要非资本主义环境,但它的所谓需要,乃是牺牲非资本主义环境,从它那里吸收养分,以养肥自己。"③ 这也从一个侧面印证了马克思的观点,资本主义对欠发达国家和地区的掠夺和侵害才是造成落后和贫富差距巨大的罪魁祸首。在这一点上,哈维和卢森堡有着相同的认识,卢森堡从地理发展不平衡的角度出发,从经济上论证了资本主义必然崩溃。在她看来,资本积累的本性是为了无限扩张,从而获得无限的利润,这就决定了它只会不断向新的领域和新的地域掠夺和入侵,长此以往,可供资本投放的地点越来越少,对非资本主义体系的压迫会越来越重。这种态势会激起一些地方国家和人民的反抗,导致全球范围内的反资本主义运动和战争,以及经济危机。当资本主义世界无法再通过资本积累维持自身的高速发展时,资本主

---

① 卢森堡:《资本积累论》,彭尘舜、吴纪先译,生活·读书·新知三联书店,1975,第12页。
② 卢森堡、布哈林:《帝国主义与资本积累》,柴金如译,黑龙江人民出版社,1982,第69页。
③ 卢森堡:《资本积累论》,彭尘舜、吴纪先译,生活·读书·新知三联书店,1975,第333页。

义体系就会最终崩溃。虽然这一言论存在很大争议，但是卢森堡关于资本积累的实现在"一切方面是依存于非资本主义的社会阶层和社会结构形态"的论断在现实中得到了印证。

二 帝国主义理论的特征与发展趋势

19世纪末20世纪初，资本主义经过了跨越式的发展进入了帝国主义阶段，列宁依据马克思《资本论》中所阐述的基本原理，对资本主义的新现象、新变化进行了深入浅出的剖析，并于1916年发表了自己的著作《帝国主义是资本主义的最高阶段》。书中列宁深刻地揭示了帝国主义的本质特征、内在矛盾、历史地位和发展趋势。他主要是从生产领域和生产的内部条件出发来理解帝国主义。

从帝国主义的定义上看，列宁抓住了"垄断"这个帝国主义的主要特征，从三个不同的角度给帝国主义做出了定义。列宁指出："如果必须给帝国主义下一个尽量简短的定义，那就应当说，帝国主义是资本主义的垄断阶段。"① 但是，这个定义过于简短，还不能全面地反映帝国主义的主要特征，因此列宁归纳了帝国主义的五大特征，把帝国主义更加细化地定义为："①生产和资本的集中发展到这样高的程度，以致造成了在经济生活中起决定作用的垄断组织；②银行资本和工业资本已经融合起来，在这个金融资本的基础上形成了金融寡头；③和商品输出不同，资本输出具有特别重要的意义；④瓜分世界的资本家国际垄断同盟已经形成；⑤最大资本主义大国已把世界上的领土瓜分完毕。"② 以上定义概括了帝国主义的经济实质。随后，列宁归纳了帝国主义在整个资本主义发展史中的地位，他指出："帝国主义是资本主义的特殊历史阶段。这种特殊性分三个方面：①帝国主义是垄断的资本主义；②帝国主义是寄生的或腐朽的资本主义；③帝国主义是垂死的资本主义。"③ 这三个定义从不同的层面和深度给帝国主义做出了详细的论述，为接下来的论述奠定了坚实的基础。

列宁观察了19世纪末出现的三次世界性的经济危机，大企业会利用危

---

① 列宁：《帝国主义是资本主义的最高阶段》，人民出版社，2001，第77页。
② 列宁：《帝国主义是资本主义的最高阶段》，人民出版社，2001，第78页。
③ 列宁：《帝国主义是资本主义的最高阶段》，人民出版社，2001，第112页。

机趁机吞并中小企业。大企业间的联合程度加大，生产资料和资本大量集中到少数企业手中，资本主义国家之间的竞争也更加激烈。生产社会化程度的提高是生产集中的重要结果，于是导致了生产力的社会化同资本主义私有制之间的冲突不断加剧。面对这样的情况，资本家为了缓和这种矛盾，采取了调整生产组织的措施，于是出现了股份公司和联合企业以及在此基础上形成的各种垄断同盟，不但使企业的竞争力提高，而且为企业挣得了高额的垄断利润。列宁认为正是这种自由竞争造成了生产的集中，而当集中达到了一定程度时就会形成垄断。20世纪初，垄断已经成为各主要资本主义国家占主导地位的生产方式，这种垄断资本造成了金融寡头和金融资本的出现，而"帝国主义的特点，恰好不是工业资本而是金融资本"①。列宁指出："随着银行业的发展及其集中于少数几个机构，银行就由普通的中介人变成万能的垄断者，他们支配着所有资本家和小业主的几乎全部的货币资本，以及本国和许多国家大部分生产资料和原料来源。许许多多普通的中介人变为极少数垄断者，这就是资本主义发展成为资本帝国主义的基本过程之一。"② 在对垄断的概念进行解读后，列宁又给出了资本输出是帝国主义对外剥削和压迫的基础，以及国际垄断联盟等论断，用"不平衡发展理论"考察了资本主义空间扩展的过程，中心—边缘交换不平等的现实和帝国主义战争的必然性。

三 大卫·哈维对卢森堡和列宁城市思想的批判性吸收与发展

卢森堡的资本积累和帝国主义的论断在一个多世纪后，得到了哈维的关注，哈维在此基础上发展了自己的帝国主义理论，他曾肯定卢森堡对于资本主义生产和非资本主义需求之间关系的论断，认为"与非资本主义社会形态之间的贸易为保持资本主义体系的稳定提供了唯一系统的方法。如果那些社会形态或地域不愿意与之进行贸易，那么就必须通过暴力和武力迫使他们这么做。在她看来，这就是帝国主义的核心所在"。③ 在此基础上，哈维还阐述了帝国主义发展的领土逻辑和资本逻辑，将空间的视角植

---

① 列宁：《帝国主义是资本主义的最高阶段》，人民出版社，2001，第810页。
② 列宁：《帝国主义是资本主义的最高阶段》，人民出版社，2001，第753页。
③ 大卫·哈维：《新帝国主义》，初立忠、沈小雷译，社会科学文献出版社，2009，第112页。

入了资本积累的内核。哈维将全球化时代的帝国主义理解为一种"资本帝国主义"。顾名思义，当代的帝国主义已经将资本策略与强权政治相结合，在经济优势的庇护下进行政治和军事的扩张。哈维认为"资本帝国主义"首先仍然是资本主义国家或国家联合体的帝国主义政治。西方资本主义国家利用其拥有的领土和金钱优势，充分调动全球范围内的劳动力和自然资源，以维护自身利益和实现扩张为最终目标，提出其政治、经济和军事的战略。其次，"资本帝国主义"与资本积累过程密不可分，在资本积累的过程中，哈维主要关注了经济权力在连续空间中不断流动，"即资本通过日常的生产、贸易、商业、资本流动、资金转移、劳动力迁移、技术转让、货币投机、信息流通和文化冲击等，以不同方式流入和流出不同领土的方式"①。他将自己的理论评价为"是对资本积累内在时空动力有关的帝国主义问题的重新概念化"②。最后，他发展了一种"时空修复"理论来补充卢森堡对消费不足理论的阐述。但是哈维对卢森堡的观点也并非全盘接受，他并不赞同将资本积累看作一个以某种方式外在于资本主义的封闭的系统。他认为，"资本原始积累过程中的掠夺行为在当今仍然发挥着作用和影响力。在资本主义历史地理学之中，马克思所提及的有关原始积累的所有特征仍然强有力地存在着，而且经过调整，比过去发挥了更为强大的作用"③。

哈维十分看重列宁关于资本主义发展不平衡的理论，并以此为依据发展了自己的"新帝国主义概念"。他说："帝国主义的最后一个方面必须理解为资本主义在世界范围内不可避免地不平衡发展及其相应的阶级斗争的不平衡发展所共同导致的结果。资本为了逃避在特定地方与时间发生的阶级斗争，它必须变得具有流动性，否则，它必须耗费一部分超额利润来收买国内劳动阶级以提高其物质条件。在这种情况下，持续的地理扩张必然发生。"④ 有学者认为，"资本帝国主义"理论正是"新"在于此，它是通过"对与资本积累内在时空动力有关的帝国主义问题的重新概念化"，对

---

① 大卫·哈维:《新帝国主义》，初立忠、沈小雷译，社会科学文献出版社，2009，第112页。
② Harvey, D., "In What Ways is 'The New Imperialism Really New?'", *Historical Materialism*, 2007, vol. 15 Issue 3: 57-58.
③ 张佳:《大卫·哈维的历史——地理唯物主义理论研究》，人民出版社，2014，第38页。
④ David Harvey, *Space of Capital: Towards a Critical Geography*, Edinburgh University Press, 2001, pp. 263.

"物质条件和帝国主义实践随时间的推移而发生的巨大变化"① 做出新的解释。新帝国主义的主要特征是通过一种潜在的"非对称性"关系来积累资本。简而言之，就是发达的资本主义国家通过开拓非均衡性的地理环境，利用空间交换进行资本积累的一种方式。非均衡性的地理环境不仅仅是指由自然资源禀赋的不均衡分布以及地理位置的优劣所造成的地理环境的差异，更重要的是指由于财富和权力本身通过非对称性交换，日益高度集中在某些地区所造成的不均衡。

同时，哈维也关注到列宁对资本积累的看法，将研究的重点也指向了列宁提到的金融资本上，并对列宁关于金融资本的看法进行了深化研究。他认为，当今时代金融资本对国家经济和国际关系的控制不但没有改变，反而随着资本的高度集中和生产社会化愈演愈烈。资本积累的全新机制已经开启，信贷体系和金融基本已经成为资本主义掠夺、诈骗和盗窃他国资源和劳动力的重要手段。近年来，不发达和发展中国家的自然资源被大规模商品化，席卷全球的私有化浪潮为过度积累的资本打开了广阔的盈利空间，同时也开启了新一轮的"圈地运动"。所谓的"剥夺性积累就是以极低的价格释放一系列资产，使过度积累的资本得以进行赢利活动，以达到剥削不发达地区而获得更多资源和劳动力的目的。在一些国家，为了便利国外资本进一步渗透而避免产生债务危机，资本可以被用来重组其国内的社会生产关系。"② 通过这种方式，美、日、欧等国家和地区的公司接管了这些国家的金融机构、产品市场。通过从海外攫取高额利润，中心地区的低额利润得到有效补充。而债务国的普通民众则不得已承担大量债务，生活陷入贫困中。这种剥夺性积累的行为已经成为全球资本主义的核心特征。随着一个接一个的"时空修复"不断开启，剩余资本得到暂时吸收，同时危机也从一个地区流向另一个地区。与此同时全球体系内霸权也随之转移。因此，各国对华尔街——财政部——国际货币基金组织复合体上的世界金融体系的反抗，已经开始取代由于扩大再生产而导致的劳工斗争，成为反资本主义和帝国主义运动的核心，阶级斗争开始围绕诸如国际货币基金组织强加的结构调整，金融资本的掠夺性行为，以及私有化所带来的

---

① 田世锭：《戴维·哈维的新帝国主义理论探析》，《江海学刊》2010 年第 4 期。
② 彼得·高恩：《华盛顿的全球赌注》，江苏人民出版社，2010，第 49 页。

权利缺失等问题展开。

第三节 芝加哥学派的城市阐释

19世纪的学界对于作为唯一聚落空间的城市的学术研究寥寥无几，德国社会学家马克斯·韦伯（Max Weber）打破了这一状态，开启了芝加哥学派的研究旅程。20世纪40年代，以芝加哥大学社会学系为主体的芝加哥都市社会学派已经发表了数量丰硕的研究论著，包括由专业社会学家撰写的体系化的田野研究和人种学研究著作，在城市研究领域首屈一指。

一 城市面貌与生活方式的变迁

要想真正理解芝加哥学派思想的由来，必须要对当时的社会经济政治状况有所了解，这样才能深刻理解城市研究的必要性和紧迫性。时间倒退回一个世纪前，那时根深蒂固的生活方式和社会关系模式正在城市中悄悄发生着改变。城市成为一个迅速增长的区域和使用新工业技术的主要场所。工作的含义和劳动过程的性质都发生了颠覆性的改变，其中最典型的是手工业退出了历史舞台，技术重新组合，现代工薪阶级数量明显增加。外来移民越来越多地扎根于城市，刺激了城市对非熟练劳动力需求的增加，外来者成为城市人口新的生力军。同时，城市处处充满了不平等，产生了一种全新的职业结构——这一结构所折射的正是新的阶级和文化的劳动分工。

城市的这种急剧变化镶嵌于城市形式的基本重组之中，并从中表现出来，其最具标志性的转变是工薪工作基本脱离家庭，并转而脱离居民区。这种分化至少形成了三个相互联系、相互重叠的历史进程。第一，家庭不再是生产的主要单元或地点。第二，大城镇和城市的整个区域逐渐地或用于居住，或用于工厂生产。第三，城市的居住区既在马克思主义的阶级意义上，也在韦伯的阶级意义上，变得越来越同质化。随着城市空间被划分为按其功能来区分的相互独立的区域，并且随着居住区的同质化逐渐扩大，城市逐渐被划定，并且其居民也逐渐被划定，划分的依据是他们与当下日益自主的劳动力市场和住房市场之间的联系。工作和住房成了按照货币和市场——土地的规则和逻辑进行买卖的独特商品。① 城市的变化是芝加哥学派研究的起点，也正是从这时开始，城市作为一个重要的研究对象正式登上了学术界的中心。

二 人类生态学与城市生活

芝加哥学派的代表人物一般的关注焦点都是城市生活，他们将自己的研究方法称为人类生态学（Human Ecology）。这一倾向受到了达尔文主义的影响，认为"人类对于城市环境的社会适应类似于动物植物物种自身适应其更加自然的空间的方式"②。这使得他们更倾向于以生物学而非新城市社会学作为研究基础，反映人与人的互动关系，而非社会的政治经济特征。因此，他们回避了对资本主义的研究，认为经济所体现的是地球上所有物种联合在一起的普遍的生存挣扎，人类的社会组织正是围绕这种匮乏的资源而展开挣扎的重要结果之一。这导致了劳动力的分化和分工，人们必须要为了生存去参与某种竞争，使自己不断适应和征服那种建立在生物学基础上的竞争环境。这种观点被哈维猛烈地抨击，因为这些生态学家避而不谈属于资本主义后期分析的社会分类，如阶级和种族等问题，而是为了维护生态学的基本论调将社会互动仅仅视为一种不断适应环境的过程，而非如社会空间概念所认为的那样，社会互动是源于经济、政治和文化组织中的强大因素关系的产物。同时，他们"还无视政治制度在一种以市场为基础的资本主义经济中在引导资源和调节围绕稀有资源而展开的竞争方面的作用。对于后者，他们聚焦于强调个体决策的市场需求方的观点，而不是供应方的观点，后者凸显了强大的行动者为了获得期望中的结果而在操纵市场方面所扮演的角色。"③ 因此，他们在自己的论述中强调了"社会"的概念，将人和自然都视为某种意义上的社会关系，进而展开了对国家、决策和阶级等问题的探讨。

但是，芝加哥学派的一部分学者采用了对空间更加敏感的研究方法。在重视环境问题的同时，对非政治经济力量更加关注。罗德里克·麦肯齐

---

① 艾拉·卡茨纳尔逊：《马克思主义与城市》，江苏教育出版社，2013，第 13～14 页。
② 马克·戈特迪纳：《城市空间的社会生产》，江苏凤凰教育出版社，2014，第 246 页。
③ 艾拉·卡茨纳尔逊：《马克思主义与城市》，江苏教育出版社，2013，第 16 页。

（Roderick Mckenzie）对区位进行了细致的研究，认为在环境中占据一个有利的空间位置是十分重要的，经过实证和历史的分析，他发现很多成功的人和经济高度发达的国家都占据了城市中的最好区位，例如较高的地势、高品质的邻里街区或者最佳的商业地段等。那里有空间竞争的优势，因此会导致资本和交通运输条件、通信设备的聚集，而人口也会在环境内根据这个过程的结果自行分类，他还分析了这种因社会群体和行业而产生的空间分类模式。欧内斯特·W. 伯吉斯（Ernest W. Burgess）也对空间竞争进行过论述，他认为因生存而导致的斗争会引起空间竞争，进而出现一种土地使用模式，它由围绕在已中心化的商业区周围的向心居住圈构成。

作为社会学的一个分支，将城市与社会相联系是芝加哥学派研究的特色所在。很多学者围绕社会群体和阶级展开研究，将城市形式和社会地理学的巨大变化放在一起，进而完整地阐述城市新秩序、群体团结、社会控制原则等问题，为新的城市与社会空间模式构建提供了重要的依据。滕尼斯（Toennies）强调市场对城市分化的重要性，认为"对一个类聚合体的人工建构，在个人一起和平生活与共处的范围内，社会表面上像共同体。然而，在共同体中，他们尽管有所有分离的因素，但本质上依然是团结的，而在社会中，他们尽管有所有团结的因素，但本质上依然是分离的……每个人都是独立的和孤独的，这里存在一种与其他所有人敌对的前提……没有人想向另一个人授予或生产任何东西，他也不会倾向于慷慨地向另一个人付出，假如不是在互换礼物或互换劳动中对等的话"①。相比之下，涂尔干（mile Durkheim）对新秩序的论述依据和滕尼斯完全不同，他崇尚一种从强制的关系到产生在新分化城市背景下的本真合作形式的关系运动。团结以差异的凝聚为基础，而不是共同的价值观。这些研究的共同点都是发现了城市的社会分化与空间分化的关系，并且致力于根据一种貌似有理的对资本主义社会基本动力的陈述来解读这种分化，从而创造出对城市丰富多彩、富有洞察力的解读。

芝加哥学派对城市的研究还延伸到了文化和政治领域。齐美尔（Simmel）在《大都市与精神生活》中对柏林大都市文化进行了解读，对以都市为基础的现代文明的潜在意义进行了分析。而路易斯·沃斯（Louis

---

① 艾拉·卡茨纳尔逊：《马克思主义与城市》，江苏教育出版社，2013，第16页。

Wirth）对政治社会学进行了研究，认为城市不只是一种四分五裂的社会秩序，也是一种分化的和无组织的道德秩序。城市分化及其负面后果可能随时间的流逝变得更坏，因为空间的碎片化和一个完整的标准系统会受到新城市基本特征的驱使而彻底崩溃。因此，要通过市政的政策，为社会整合的首要机制的丧失寻找次要的、机械的替代。

三 大都会扩展理论

当代资本主义城市的形态是怎样的，这一问题一直为城市生态学家们所探讨。芝加哥学派的很多思想家也就大都市的形成与扩展的模式、规律等问题形成了自己的理论，给哈维提供了重要的借鉴。他们认为中心城区的变化与各处空间模式的运行机制有着重要的联系。伯吉斯曾指出，城市是作为一个单一的集中化的核心开始启程的，包含了所有的大都会功能上区分的元素。[①] 随着郊区化的不断发展和去中心化进程的推进，城市的功能划分更加复杂，中心地带逐渐形成了城市中心商业区，而围绕着中心地带会形成若干个副中心和居民社区。伯吉斯对都市区形成的研究遵循的是一种水平的、二维的关系构型，这种认识论至今仍被很多生态学家所使用。在伯吉斯看来，城市的发展和演进往往需要借助外部力量，每一个地区的扩展都需要横跨边缘和入侵它周围的地区才能实现。城市的扩张正是通过这种演替，迫使外缘地带不断向郊区扩展而实现。伯吉斯还曾经用这种演变理论解释了中心商业区的形成，他的"解围"（deus ex machina）式的模型解释了人口增长的原理，通过"自发活动"的激活，能够产生更加广泛的经济竞争和功能分区。这一进程的最终结果是促进竞争的发展，导致大都市自身的区域不断扩展。

伯吉斯的理论也存在一定的缺陷，由于过分依赖生物学类比的解释能力，采用入侵—演替周期来解释城市现象，他的构想为我们解释了城市扩展的具体方式，但是却无法解释这种扩展为何会发生，以及为什么会以扩展的形式来表达城市的发展。这主要是由他提出的模型无法支持比较研究导致的。因此，在他之后，伯恩（Bourne）、贝里和卡萨达（Berry and Kasarda）、斯莱和泰曼（Sly and Tayman）等人对其思想进行了补充，用功

---

① 马克·戈特迪纳：《城市空间的社会生产》，江苏凤凰教育出版社，2014，第246页。

能性的整合取代了空间主导的观念,而且在城市中心和外围之间保留了同一阶层的拓扑关系。

传统的都市扩展理论往往是一种城市的功能主义解读,一种单一的因果阐释模型。随着大都市扩展理论的发展,出现了两种新的研究思潮。一种是非理论化的方法,主要通过对人口普查数据进行描述性的分析来阐述城市发展的特点和动向。人口被看作独立的变量,可以影响城市的发展和社会变化。另一种是利用霍利的战后传统理论,认为界定城市形式需要借助技术的革新。特别是,这种革新已经导致了人口向外迁移,包括大都市社区的一种能力,这种能力能够协调和整合不断增强的复杂性,这一复杂性源于逐渐蔓延至更广大地区的各种行为。在霍利看来,不断克服空间摩擦中技术上的变化是机构扩展的主要原因,人口社区只能通过其"核心"范围内的集中协调才能得到扩展。① 虽然很多人反对这一论断,但是这种思想深刻地影响了城市学的发展。哈维在研究中关注到了当代城市研究的最新理论成果,他尝试将各种分析方法融入自己的城市研究中。

总之,芝加哥学派都市社会学作为 20 世纪重要的城市学研究流派影响了全世界对城市的看法,其中也包括大卫·哈维。但是,芝加哥学派人物众多,观点各异,其著作具有很大的差异性,但同时也表现出一些共同的研究基础。哈维在构建自己论域的时候也借鉴了芝加哥学派的做法,将城市文化和政治都纳入了研究视野,同时将社会分化归纳为一种新的阶级斗争,作为自己城市研究的主线进行考察,开辟了城市研究的新视野。同时,哈维对芝加哥学派对货币和资本的研究进行了猛烈抨击,进而引出了自己对资本积累的看法。可以说,这种批判式吸收的研究方法使哈维的研究视野更加宽阔,观点也更加鲜明,更具针对性。

第四节 新马克思主义城市学派的城市阐释

由于主流研究方法存在诸多不足,很多学者开始转向用马克思主义的方法论分析"二战"后的重要城市事件,形成了一股新马克思主义城市学

---

① 马克·戈特迪纳:《城市空间的社会生产》,江苏凤凰教育出版社,2014,第 248 页。

研究的热潮。斯大林主义者认为经济生产模式或者基础决定了政治和文化进程，在这个模式中，国家已经成为资产阶级的代言人。20世纪30年代，法兰克福学派用辩证推理取代了决定论、庸俗唯物主义的因果模式，力图从一种更加互为支撑的角度展开马克思主义政治经济学研究。尤其是它们强调的"新黑格尔学说"（Neohegelian）的批判性思维，提出了"整体"分析的概念。这一社会行为及其所有的因素都作为总体或者辩证法的"契机"（Moment），将经济与政治和文化联系到了一起。同时，法兰克福学派阐述了作为一种资本主义制度存在的社会形态，通过某种方式揭示上层建筑像经济基础一样运行，刻画了社会形态的整体特征。自我解放的个人行为被整体地封装进资产阶级的生产模式并不断被迫转型，支配性的运作不仅通过生产关系，而且通过意识形态，通过机制的异化抽取了可能威胁到制度运行的潜在风险，进入个人化破坏形式的日常生活。这种全新的地理学研究方法和帝国主义理论中重要的地理关注主要是被列宁发现的，但是被葛兰西在《监狱笔记》中发扬光大。他的作品围绕着意大利的地区委员会的发展，强调日常生活和20世纪二三十年代西方资本主义社会的文化水平。一方面，城市可以提供"再生产"或合法地确立资产阶级的生产关系；另一方面，市民可能通过集体斗争的行动来战胜制度。随后，阿尔都塞学派主张当前的城市发展契机能够通过思想并能以基于这种分析的彻底干预来把握，他们倾向于用历史主义的意识形态来考虑城市问题。在他们之后，20世纪60年代的依附理论（Dependency Theory）关于国际政治经济学的研究和恩赛·曼德尔（Ernset Mandel）关于晚期资本主义政治经济学的地区不平等分析都代表了20世纪马克思主义的主要空间维度。但他们的研究并没有将研究的对象直指城市问题，真正关注到这一问题的是亨利·列斐伏尔。他在"二战"后开始关注对日常生活的批判，随后将研究的重点转向农村社会学，20世纪60年代后，他最先关注到了特定的城市空间问题和资本主义空间生产，并将生产关系的再生产视为资本主义生存和发展的核心问题。这个问题直到今天仍然是卡斯特、哈维以及其他理论家争论的焦点。这些早期理论在苏联加入了"新社会空间组织"的讨论，福柯（Foucault）将之加入了结构主义的"空间力量"，建立了"地点和关系的异质空间"，构建了"异托邦"思想。安德森（Anderson）和阿郎索（Alonso）两人通过对城市和系统城市的研究都意识到传统空间崇拜思想的主要特点。因此，马克思主义者认为，城市分析与资本积累和阶级斗争所驱动的社会生产的演变有着直接密切的联系。这种方法可以把一种空间分析具体阐述为"一种社会结构的表达"，而不是作为一种独立的或相对独立自主的一系列空间关系来理解。

一 空间与城市化

在当今世界，任何社会空间辩证法的观念，任何试图空间化当前理论或者任何将自己的理论包含进空间关注的社会理论都不能被简单认为是某种理论的合成或者叠加，空间分析已经成为城市理论重要的组成部分。如果空间的隐喻和属性被广泛使用，并且将它构想成为只是一个社会进程的容器或者表面，那么不同空间的差别不再重要，人类活动所扮演的角色会被历史辩证法的时间进程所定义，空间只不过是理论整合的一个部分。这种处理方法会使空间现象被处理成社会进程和社会变革的重要知识和实践，而时间才是一切社会进程的逻辑起点。相反，如果一个理论将空间放在主导地位，这意味着空间最小化理论会被转化为另一个理论，那就是哈维所说的历史唯物主义和历史—地理唯物主义的关系。如果我们认同这种做法，那么无论是当前社会理论的空间解释还是存在的理论延伸进入空间都已经为解决马克思主义的空间问题提供了足够的理论依据。

1968年的法国五月事件后，皮克万斯（Pickvancel）通过一系列论证解释了城市起义的缘由与结果，从而激起了新马克思主义研究学者对城市社会学的极大兴趣。城市功能的不断完善和法国政府的财政支持，使城市问题的研究逐渐发展，进而使城市社会学批判的研究方法得到长足的发展。

20世纪60年代末70年代初，卡斯特介绍了自己对城市问题感兴趣的原因，给出了一个更有解释力的说法。1968年的历史断裂和政治运动的兴起使大学和研究院所都被抗议运动波及，左翼资产阶级的阶级霸权逐渐兴起，并获得了广泛的政治自由。能够获得政治自由的主要原因是国家为了理解社会起义的原因对这股力量进行了金融上的大力扶持，最终使左翼政党、财团和激进左派获得了利益，而马克思主义城市思想发展的主要原因也正是由于城市发展及其可选择道路的多样性取代了技术城市主义的思想，并成为理论界广泛认同的观点。最后，有力和有效的经验和理论调查通道被打开，使城市研究获得了便利的条件。卡斯特认为这种新的研究范式为有效解决政治行动的问题打开了大门，城市研究开始关注政治领域，尽管这种研究是独立于政治活动的。卡斯特把空间作为一种既定社会形态的物质产品来进行分析，这种对空间的强调架构了马克思主义的空间方法。在研究之初，卡斯特评价了芝加哥学派的理论，通过对"有机进化论"（Evolutionary Organicism）进行研究，他发现了其理论上的缺陷，卡斯特认为空间是由生产力和生产关系所决定的，因此研究空间不是要摒弃历史唯物主义而是发展它，通过更加具体地阐述芝加哥学派庸俗马克思主义唯物主义的观点，概念化其他社会组织的因素，厘清这些因素与社会经济方面的关系。空间理论是由社会组织一般理论的特殊性所构成的，"并没有一门专业的空间理论，但为了说明这一特殊的社会形式——空间的特点，以及它与其他形式的联系，它被历史性地赋予了力量"①。因此，卡斯特发展了一种马克思主义的空间理论，希望将结构理论放在研究的首位。

20 世纪 70 年代初的资本主义财政危机在学界引起广泛争议，这也是马克思主义关注城市问题的一个重要原因。一方面，马克思主义学者对危机在城市中的产生和发展过程进行了细致研究；另一方面，在发达资本主义国家中，工人阶级因为改变实际工作场所的失败所产生的不满情绪逐渐转变为城市政治革命的动力。这是马克思主义关注城市问题的另一个重要原因，它使马克思主义理论家的研究视域转移到了生产关系之外。

卡斯特还指出早期马克思主义著作的诸多不足，主要表现在处理具体关系和资本主义社会结构方面存在缺陷，形成了相对僵化的理论架构。卡斯特认为当下必须要做的事情不是用马克思主义理论解释历史，而是马克思主义理论必须通过历史分析得到再定义和再诠释。他通过求助于阿尔都塞的结构主义理论框架解释城市问题，而埃德蒙·普雷特希尼（Edmond Preteceille）和法蓝（Topalov）通过使用国家垄断理论增强自己论断的说服力。

二 人文主义与结构主义之争

20 世纪 50～60 年代，正统马克思主义者声称要把马克思主义者转向

---

① Manuel Castells, *The Urban Question*, Cambridge, Mass：MIT Press, 1977, pp. 124.

黑尔格哲学，以此来回击法兰克福学派。尤其是马尔库塞（Marcuse）、霍克海默（Horkheimer）、阿多诺（Adorno）、本杰明（Benjamin）等人。他们声称，要通过确认社会中自主意识行为者的个体意识，把达尔文主义的动力推到马克思主义者研究的必然规律中。这种批判主要是由结构主义的优势地位造成的。自20世纪50年代以来，一场社会科学方面的哲学运动成为法国知识界的主要潮流，在结构主义的影响下，一股反人文主义、反历史主义的马克思主义思潮不胫而走，并大肆发展。结构主义用一种依靠与个人的行为处境、与存在主义主题不同的方式来解释社会现象，分析社会事件的思潮。他们中的杰出代表是阿尔都塞，他通过保护法兰克福学派的整体观念，以及有关经济和意识形态因素相对独立的批判性理论洞见，使城市免遭政治经济学的伤害。另外，由于辩证法聚焦于矛盾，结构主义者也往往追随正统马克思主义者对资本主义危机基础的重视。这场旷日持久的结构主义和人文主义之争影响广泛，渗透到了社会科学研究的方方面面，也在城市学研究界形成了人文主义和结构主义研究方法的分野。

自从资本主义批判进程开始后，西方马克思主义者就开始将城市现象看作一个理论问题，并且和马克思主义的创始人持不同的观点。城市理论的发展过程可以分为几个阶段：第一阶段，存在主义的城市理论阶段，如人类生态学和城市实践将城市规划批判为是意识形态的；第二阶段，在占主导地位的阶级和代表思想之外创造理论阶段。在这些争论中，批判指向存在主义的城市理论和城市实践，主要围绕着决定论和人文主义两个方向展开。在人文主义方法论中，法国马克思主义哲学家列斐伏尔是最有代表性的人物，他将城市危机看作发达资本主义国家社会问题的核心。另外，决定论的方法论以卡斯特的思想作为起点，他在研究中首先关注到了阶级斗争。两种研究方法的侧重点各有不同，前者主要关注了空间生产和日常生活，而后者则将工人运动与城市斗争的关系摆在了分析的首位。但是，两种研究方法也有共同点，它们都反对在马克思主义传统之外寻求理论基础，并且一方总是将另一方批判为意识形态。

1. 列斐伏尔的人文主义城市观

自1968年以来，列斐伏尔发表了大量有关城市状况的作品。对他而言，现代社会转变进入了一个人文主义的社会，必须发生一次"城市革命"——就像围绕着未疏离的日常生活来组织空间设计的革命一样。因此，在对列斐伏尔的思考中，"空间实践"被提升到与重组社会关系的努力并列的重要位置上，而且他支持这种马克思主义者的城市理论观点。列斐伏尔城市思想的特点是不单考虑了城市是什么，而且展望了它可能成为什么。这种思维方式具有典型的历史主义色彩，因此他的著作没有受到阿尔都塞的欢迎。更进一步说，大多数马克思主义者认为他错了，他假设了一种分析模式，空间关系被视为城市社会中一种独立的阶级关系，这种判断受到普遍抨击。但在后期的作品《空间的生产》中，列斐伏尔修正了自己的观点，进而奠定了他在马克思主义城市学研究中不可撼动的重要地位。

列斐伏尔认为任何表现都是意识形态的，如果它直接或间接对生产关系的再生产起到作用，那么意识形态与实践密不可分。他还将决定主义的马克思主义看作意识形态的，因为无论思想路线怎样，它都对革命行动的发展产生实际影响。列斐伏尔反对区分科学和意识形态，在他看来，马克思主义在科学方面也没有特权，因为马克思主义也混杂着真理、错误和虚伪。列斐伏尔认为意识形态与有关革命实践影响的理论和那些保护政治一致性和相互牵制的理论有一定关联。根据他的观点，马克思主义不是一门科学，而是一门社会实践的政治理论。他反对仅仅用学术和分析的方式对待马克思主义。正如卡斯特坚持用集体消费的分析方式理解马克思主义一样，他始终坚持马克思主义乌托邦和策略，首先思考什么是人类社会存在的必需品，另外将马克思主义思想运用于政治中。

在城市主义方面，列斐伏尔试图建构一系列思想来鼓励激进的行动，进而反对他认为是包括日常生活在内的新的占主导地位的资本主义生产方式。存在主义的城市理论和城市规划有着技术性特征，将空间视为纯粹的科学对象。城市理论及实践和规划，反对包括空间在内的政治力量，并将政治看作不合理的存在，而仅仅是基本空间形态的生产。因此，存在主义也是意识形态的，因为它坚持要通过空间的非政治问题和空间的使用来维持现状，并且作为一种意识形态，它通过使用城市空间和空间蔓延产生的政治斗争所造成的社会影响不断渗透到生活中的方方面面。但列斐伏尔认为"城市、城市空间，以及城市的现实不能简单地被构想为生产和消费场所的总和……一个城市、一个地区、一个国家，或者城市空间的安排仅仅是增加了生产力,正如在一个工厂或一个行业里的装备和机器。一个人使用空间就像一个人使用机器一样"①。这种主张可以用政治经济学的观点来解释。对于马克思主义者而言,生产方式由两类物质对象组成,第一类是劳动力,第二类是经过劳动力加工的对象,如原材料以及劳动方式之类的东西。这些工具被用于生产。奥斯卡·兰格(Oskar Lange)认为:"在这一主题下,我们解决了为了主要运作表现而形成的对象……其他一些对象,尽管自身不是工具,但也起到了工具的作用;像建筑、楼房、码头、公路和土地,都包括在这一类工具中。"② 因此,建成环境成为生产方式的一部分,尤其是劳动力的生产方式。空间的再生产仅仅是指这一方面。但与把空间仅仅视为生产方式相矛盾不同,列斐伏尔以及其他正统的马克思主义者认为城市是一种生产力。如科恩(Cohen)所指出的:"空间有资格加入生产力的序列。空间的所有者明确地在经济结构中给予了空间一个席位。"③ 这一观点,被列斐伏尔进行了深化与完善,他认为城市化进程显著地描绘了生产的社会关系,在某种意义上,通过城市这一媒介,社会再生产了它自身。对列斐伏尔来说,为了社会中统治阶级的利益,空间秩序控制着资本主义的内在矛盾。因此,"资本主义,作为一种生产方式,在一定程度上通过它对空间的使用得以生存,作为一个社会关系强化的空间,对资本主义的生存至关重要"④。空间关系的辩证属性与生产模式的外部属性在列斐伏尔的表述中都有明确的表达,这种表达方式颠覆了传统马克思主义政治经济学家对空间与城市的认识,空间除了有革命性的特征外,空间的生产与所有权关系和物质关系相联系,形成了资产阶级生产模式的核心。

　　与将空间理解为意识形态和政治之外的纯粹科学对象相反,列斐伏尔认为批判空间的政治理论被政治化了,因为空间形式是政治的产物,并且它行使着政治功能。空间的生产可以被联系到任何形式的生产机制中。对于列斐伏尔来说,理解空间在资本主义社会是如何被生产出来的是一门很重要的理论,而不仅仅是关于空间的科学。列斐伏尔建议建立矛盾过程的

---

① Manuel Castells, *The Urban Question*, Cambridge, Mass: MIT Press, 1977, pp. 287.
② Oskar Lange, *Political Economy* (Vol1), New York: Pergamon Press, 1963, pp. 4.
③ Cohen, *Karl Marx's Theory of History*, Oxford: Oxford University Press, 1978, pp. 51.
④ Henfi Lefebvre, *The Survival of Capitalism*, London: Allison and Busby, 1973, pp. 126.

辩证法，为城市问题提供政治斗争的基础。空间生产中的基本矛盾是在交换价值和使用价值、供给和需求之间产生的，政治斗争反映了个人和集体的策略。

列斐伏尔空间研究的另一个目的是解释资本主义长时间存在的历史原因。资本主义通过征服和整合空间而得以维持，空间在很长的时间都被认为是消极的地理环境或是空洞的地理存在。它已经变为一种机械的存在。空间作为一种稀缺资源被生产，现在正变为一种新的稀缺，和水、阳光和其他资源一样，被当作同质的和可计量的商品被创造和使用。正如桑德斯（Saunder）指出的，城市革命的主题被创造，和工业革命中以农业为基础的经济向资本主义手工业转变的历史一样重要。现在，城市社会被创造，城乡的物理分界已经不再重要。作为对日常生活的批判，列斐伏尔将我们的注意力转向了资本主义社会关系的再生产方面。对于列斐伏尔来说，城市在全球空间背景下，成为生产关系再生产日常生活经验的场所，资本主义社会关系通过日复一日的使用空间得以再生产，因为空间被资本和附属于它的逻辑所捕获。空间成为各种力量角逐的场所，并且阶级通过控制生产过程进而控制空间的生产，进而再生产社会关系。

城市社会和城市革命有着自身的问题和矛盾，城市革命的分裂和人口的去中心化，使经济和政治力量远离中心。资本主义文化霸权的弱点和日常生活被传播到了边缘地区。因此，由于空间和日常生活的割裂，资产阶级霸权受到了边缘地区的挑战。政治斗争的不断加剧，在中心和边缘之间产生了资本主义新阶段的基本矛盾，这个矛盾也表达为人们对生活质量提高的持续关切。另外，作为乐观主义者的列斐伏尔也认为，经济增长和生产力的提高也卷入了对生活质量提高的探讨。城市危机是存在主义资本主义面临的中心问题，并且资本和社会需求之间的供需矛盾可以被看作空间使用和日常生活控制之间的斗争。列斐伏尔对城市危机的分析对社会主义策略有一定程度的暗示。第一，建议劳动力必须为了社会需要而进行生产和使用；第二，边缘通常是被动地连接到生产力运动中，日常生活的组织要根据自我管理再排列。自我管理还导致资本主义主导力量的废除。新城市社会有一定优势和潜在的人类自由。如果反对资本主义空间控制和日常生活及空间技术思想的斗争取得胜利，那么人类潜在的自由将会得到实现。

根据列斐伏尔的论断，城市不仅仅是一种建成环境，而且是资本主义发展的主题。如卡斯特一样，他强调再生产在实现家庭延续、劳动力社会化和生产三个过程中的重要角色。列斐伏尔对财产关系很感兴趣，认为财产关系是资本主义维系和反对国家政治斗争的起点。对于列斐伏尔而言，在征服资本主义体系的各种力量中，最重要的东西是财产关系而不是集体消费领域的国家干预。和卡斯特不同，列斐伏尔不只是转变了日常生活的角色，而且认为空间的剧烈转变也是必要的。日常生活批判和空间转变问题应同时被探讨。

　　通过以上的分析，我们可以清晰地看到列斐伏尔城市思想的主要特点：第一，城市是生产力的组成部分，与私有财产有着十分相似的矛盾关系，它与城市用于获取财富的方式保持一致。对于列斐伏尔而言，城市在生产模式中与资本和劳动力具有同样的本体论地位，而且城市还是标识社会矛盾的重要源泉，城市作为一种生产力意味着它是一个进程的基本组成部分。第二，城市不仅仅是生产力和生产方式，还是一种关系的产物，城市本身就是一个消费对象。第三，城市已经成为国家重要的政治工具，国家通过对城市的使用，确保其对地方的控制、其严格的层级、整体的统一和部分的隔离。它由此成为一种管理上的控制，甚至成为政治的空间。[①]因此，城市在组织形式上除了展现层级的构建外，城市设计也相应地表现为社会控制的政治工具。其结果也显而易见，城市关系刻画了存在于社会形态中的再生产，并在层级结构上管理国家和政府的实践。第四，阶级斗争成为城市空间的必要部署，换言之，阶级是存在于城市中的不和谐与冲突，这其中既包括经济利益之间的斗争，也包含非经济因素的冲突。阶级斗争是资产阶级主要矛盾在城市中的体现，城市空间被无限碎片化了，形成了各种层级的空间形式，私人空间、社会空间、虚拟空间、居住空间，甚至全球化空间应运而生。这种空间活动可以视为空间爆炸形成的重要后果，空间逐渐成为层级化的社会关系。社会中不同层级的公民和团体在这种精密调节的空间差异中存在各种冲突，表现为阶级斗争。这种冲突在不同的空间区域渗透到所有的社会关系中，不论是在个人、社区、区域还是

---

① Henfi Lefebvre, "Space: Socail Product and Use Value", in J. Freiberg, ed., *Critical Social Sociology: European Perspective*, New York: Irvington Publishers, 1979, pp. 288.

全球区域都能找到它们的踪影。正如列斐伏尔所说："既不是资本主义也不是国家能够维持它们造成的这种无序、矛盾的空间。我们在各个层面上都目睹了这一爆炸性的空间。从当前生活层面来看，空间正在四处爆炸，不管是生活空间、私人空间、学术空间、监狱空间、武装空间还是历史空间。在任何地方，人们都意识到空间关系也是社会关系。在城市的层面上，我们不仅看到了历史城市的爆炸，还看到了全部涵盖城市现象的管理框架。从区域的层面来看，这一外围边缘正在为了他们的自治在某种程度上的独立而奋斗……最后，从国际层面来看，不仅是所谓的超越国家的公司行为，而且那些伟大的世界战略，都必然在准备营造出新的爆炸空间。"① 因此，空间对象产生的冲突实际已经打破了所谓的阶级界限，因为它不单是由生产关系产生的。因此，他宣称，城市现象——当它已经通过阶级对象表现出来时，就不能再通过传统的政治经济学来探讨了。由于传统政治经济学的局限性，只能从理论上具体说明一种马克思主义分析的抽象空间，但是却制约了以经济为主导的种种关系。因此，需要通过使用价值与交换价值之间的辩证关系来把握城市，因为它产生了一种社会空间的使用以及一种抽象空间的征服。所以他总结道："空间不仅仅是经济，其中，所有的部分都是可交换的，而且具有交换价值。空间不仅仅是为了同质化社会各部分的政治工具。正相反，空间保留了一种模式，在同类性质的国家统治下，在资产阶级经济中，一个永恒的使用价值的原型不断抵抗交换价值的普遍原理。空间是一种使用价值，但更是一种时间，它在根本上与时间保持着联系，因为时间就是我们的生命，是我们基本的使用价值。时间已经在现代社会的空间中消失了。"② 城市需要用辩证的方法来掌握，因为它既是一个具体的抽象概念，同时又是一种物质，"任何事物——尽管是微不足道的——但在其主观和客观的方面，其行为与事物之间，都有内在的联系。这些孤立的客体已经与自然界分离了，一个通往自然界，另一个通往人。它借助于它的定义、可衡量的界限被抽象化了，也因为它可以成为一种社会存在，成为其他类似客体之中的一个客体，同时

---

① Henfi Lefebvre, Space: Socail Product and Use Value, in J. Freiberg, ed., *Critical Social Sociology: European Perspective*, New York: Irvington Publishers, 1979, pp. 290.
② Henfi Lefebvre, Space: Socail Product and Use Value, in J. Freiberg, ed., *Critical Social Sociology: European Perspective*, New York: Irvington Publishers, 1979, pp. 291.

成为除了它的物质性以外整个系列的新关系的承担者"①。因此，理解城市必须要把握作为一个具体的抽象概念的多重空间是如何生产的，这也正是列斐伏尔研究的核心所在。

2. 曼纽尔·卡斯特的结构主义城市观

卡斯特在研究过阿尔都塞对马克思的解读之后，试图在空间理论中找到占领城市社会学的空间。对他而言，要在知识中区分意识形态和科学的关系至关重要，如同阿尔都塞所做的一样，他建议严格区分科学和意识形态，建议在争论中应用结构主义的理论范式，"把城市作为一种社会结构总和的表现来分析。那么，通过经济体系、政治体系和意识形态体系，并通过它们的结合与源于它们的社会实践的种种因素来研究它的具体形式"②。在研究中，卡斯特一直在寻找理论上的研究对象，即能够提供一种城市概念界定——在空间理论范围内——城市本身专有的社会结构理论，他呼吁回到城市空间的本质所带来的理论问题——现代社会的空间形式中来寻找答案。在这里，空间涵盖了在工作生产中所有潜在的社会关系。所以，他指出："提出空间的特殊性问题，尤其是城市空间，相当于在一种社会结构实例与社会结构元素之间进行单元定义，构想它们的种种关系。为了使术语更加具体化，城市的界定包含着一种单元的认定，既不是意识形态上的，也不是政治司法上的，或是经济上的。"③

第一，卡斯特认为没有现存的领域可以被认为是城市，他坚决反对传统城乡在空间和文化方面的二分法。他反对将城市化看作工业化的文化表达。同时，卡斯特还指出城市社会自治组织在当今社会不可能被发现，作为理论对象，"共同体"不仅仅是被城市地区包围的地点。这里，皮克万斯（Pickvance）的观点引起了我们的注意，卡斯特和他持相反的观点，因为卡斯特反对城市和乡村的空间对立。他对城市理论研究对象的选择是城市现实，认为城市是空间和集体消费的关系。集体消费是为了给城市理论以确切分析的分析工具。

第二，卡斯特和列斐伏尔一样，反对作为意识形态的存在主义城市理论。卡斯特认为存在主义之所以是意识形态的，是因为所有的观点都没有

---

① Henfi Lefebvre, *Dialectical Materialism*, London: Cape, 1939, pp. 119.
② Manuel Castells, *The Urban Question*, Cambridge, Mass: MIT Press, 1977, pp. 126.
③ Manuel Castells, *The Urban Question*, Cambridge, Mass: MIT Press, 1977, pp. 235.

打破资本主义社会的意识形态，因此就没有建立现实社会的科学分析基础。城市进程被解释为个人行动，人类或人类意识的概念被意识形态实践所生产，而不是科学。个人主体作为意识形态的派别而不是社会的整体被关注。卡斯特认为如果意识形态得以实现，从本质上要依赖于隐喻的自由，无论是真实的客体还是理论的客体都需要科学地分析。对于城市空间的科学分析，卡斯特认为真实的客体是集体消费的真实空间单元，空间是整个社会体系中的功能元素的消费进程，包含着劳动力体系中的最基本资源。通过分析理论客体的角色，真实的客体被阐述，回应了整体理论体系。城市系统是形成社会基本元素的节点，城市是劳动力居住的单元或集体消费的单元。城市不能被定义为经济体系中的意识形态、政治体系或与生产相关的方面。什么是消费？对于城市而言消费意味着在生产中公司扮演的角色。换言之，公司在生产进程中扮演的角色可以在劳动力再生产进程中的城市单元里实现。

尽管如此，为了分析城市现象，卡斯特寻找了很多城市化理论中相对保守的观点，如人类生态学和沃斯（Wirth）的城市化理论。人类生态主义者的生态系统和沃斯关于大小、密度和异质的概念，提供了调查研究的理论领域。帕克（Park）和沃斯反对人类主题的概念，并试图发展决定进程的理论。对于帕克而言，整合是一个理论客体，同时认为整体有特殊的文化内容。但是，卡斯特认为他们的理论都不足以发展出有差异的城市理论，城市理论需要用经验研究来阐述城市现象。

卡斯特在其著作《城市问题：一种马克思主义的方法》中试图用阿尔都塞的研究方法去分析列斐伏尔的理论，他认为所有的结构性体系，如晚期资本主义，都是通过相似的规律在运行。所以，社会秩序是可以根据经济、政治和意识形态的三重模式来进行分析的。正因为如此，社会秩序的子系统——城市综合体系——也可以这样分析。但是，列斐伏尔是完全反对结构主义的。作为马克思主义中最有代表性的理论之一，结构主义的马克思主义认为经济结构与政治和思想结构相比在资本主义生产方式中占主导地位。卡斯特追随阿尔都塞的观点使用经济手段去认识城市，认为经济层面的城市由生产和劳动方式构成，前者还用来分析地区问题，后者用来分析城市单元。地域层面的分析反映了政治、经济和思想三个层面相互联系导致的矛盾，空间的生产则忽视了城市的特殊性。社会空间关系是由经济结构主导的，因为根据阿尔都塞的先验图式，这恰恰是占主导地位的资产阶级的生产模式。因此，卡斯特也用经济因素来定义城市，因为这种定义符合了阿尔都塞分析的必备条件。在他独具特色的分析模式中，他区分了经济结构中的两个基本元素：生产工具和劳动能力。

卡斯特主要关注了集体消费的进程，集体消费为生产力再生产提供了公共产品的支持。如戈特迪纳指出的，卡斯特的主要关注点转向集体消费进程意味着他开始处理与城市问题相关的理论而不是空间理论。对于马丁代尔（Martindale），戈特迪纳认为卡斯特使芝加哥学派城市社会学的研究领域转向了城市，他们将城市看作用社会病理学实现的地点，而不是生产的空间。卡斯特主要的兴趣不是城市空间如何被生产出来，而是资本主义危机的结果和城市问题如何产生。

卡斯特集体消费的概念被作为城市政治研究领域中唯一的理论被迪内斯（Dunleacy）和桑德斯（Saunders）的城市社会学所接受。但是对于卡斯特自己而言，他对城市政治的主要兴趣在于城市社会运动。城市社会运动被看作解决利润率下降问题的一般危机理论来探讨，危机是政府干预失败的结果。生产方式和国家不得不为了阶级斗争的空间化结合而接受检验。这种运动是现实的标志，阶级斗争已经从工作地点转向了共同体生活。阶级斗争的方向和目标从直接要求涨工资转向无目标方向。换言之，阶级斗争的主要方向集中到消费领域，那是劳动力再生产的范畴。在这里，国家作为消费的调节器，成为城市政治的本质。

卡斯特主张群众层面的政治斗争，将劳动力再生产作为一种阶级斗争。他认为：“城市问题空间分析的核心是一种城市政治研究，也就是说，意味着城市与阶级斗争领域过程的一种特殊的关联，其结果是，作为政治干预的一种实例（国家机器）——是政治斗争的对象和中心，也是问题所在。”[①] 由此可见，城市社会运动已经成为城市政治的基本点，卡斯特致力于研究城市内部政治行为存在的方式，并试图去解释它。国家通过扩大中产阶级数量来干预这种斗争，尽管中产阶级本身也片段化了。但是，地区国家的干预形成了冲突，因为国家干预创造了新的不平等。根据戈特迪纳的看法，这里卡斯特理论的本质表现出来的是这种不平等和阶级关系没有

---

① Manuel Castells, *The Urban Question*, Cambridge, Mass: MIT Press, 1977, p244.

联系，而是与消费过程的地位相一致。我们以它自身的特质来面对社会不平等产生的新结果。因此，城市社会运动不是这种新不平等的根源，而是结果。城市社会运动表现了从工厂到社区生活空间的一种替代，因此阶级斗争已经偏离了其历史上对过剩财富按需分配的这种关心。卡斯特认为："由于没有在经济学领域建立起一个集中的规范过程（通过公司），国家成了名副其实的整体消费过程的编排者；就是所谓的城市政治的根源。"[1] 总之，卡斯特的政治冲突理论是以阶级冲突的形式为基础，被迫迁移到社区，并涉及与劳动能力再生产紧密相关的需求考虑。因此，他的城市政治运动既没有反映阶级冲突，也没有反映消费领域的国家干预。

在反资本主义斗争的新形式方面，卡斯特认为城市社会运动的特殊贡献在于它能聚集工人阶级斗争的力量，能够整合不同阶层群体进入斗争。卡斯特的主要假设是纯粹的城市实践不能靠一己之力，只有将实践输入其他领域，使更多的人加入，才能形成有影响力的新结果。城市社会运动可以也必须在新社会结构的影响方面被重新定义。总而言之，卡斯特的空间理论方法有以下几个特点：第一，它是阿尔都塞方法对建成环境生产解释的一种践行；第二，它表现出了救助"城市"的尝试，通过从理论上来定义城市是建成环境结构体系内的一个空间单元，来表达城市单元的特殊性与现代社会及其危机的关联，进而找到解决城市问题的途径。

三 资本主义经济体系与集体消费

在发展马克思主义城市理论方面，还有很多有代表性的人物，如弗郎索瓦（Francois）、拉马切（Lamarche）和简·洛伊坎（Jean Lojkine）等人。在本书中，笔者会简要介绍弗郎索瓦的文章《城市问题的地产发展和经济基础》，以及洛伊坎的《马克思主义资本城市化》一书，以此来说明马克思主义城市理论发展的多样化，及其对哈维的有益启示。

弗郎索瓦并没有对城市概念做过多的分析，他关心的是资本主义经济体系与空间的关系。他用循环的概念将资本主义生产方式和空间联系在一起，认为资本、商品和信息等的循环，使资本主义生产方式中需要空间组织。在这个过程中，一部分资本被弗郎索瓦称为地产资本，在循环中减少

---

[1] Manuel Castells, *The Urban Question*, Cambridge, Mass: MIT Press, 1977, pp. 451.

了空间消耗。地产资本组织了空间，并且增加了其他资本片段的经济活动效率。只有当城市规划的目的和地产资本的规划相适应时，城市规划才能实现。在分析理解地产发展的角色方面，在空间中进行有目的的干预是有意义的。

另外，洛伊坎关注了集体消费方式在资本主义发展中的角色。集体消费方式是提高劳动生产率的一个因素，因而可以增加资本积累。资本主义城市是降低生产、循环和消费成本的一种空间形式，可以放松资本的循环。在资本主义城市中，不仅仅是生产和循环的方式被集中，集体生产的方式也被集中了。前两个过程对于非资本主义形式国家同样适用。集体消费方式生产了服务，服务被集体所消费，并且在消费后没有消失。但是洛伊坎提出了限制资本积累提供稳定消费方式的三个重要障碍。第一，资本进入消费领域会导致贬值；第二，资本主义公司间的竞争，会导致空间的不平衡发展，使空间的优势和劣势分离；第三，土地财产、土地的所有权是积累的障碍。因此，集体消费的三个障碍导致了国家干预。无收益的矛盾是消费方式的主要特征，通过国家金融这个矛盾被部分解决。国家干预是对阶级压迫的回应。所以，目前城市中存在的问题，如不卫生的环境和土地所有权垄断的影响都可以被解决。

对集体消费进行研究的意义远不止于重新界定都市社会学的研究对象。更重要的是，从卡斯特、桑德斯再到洛伊坎都在试图围绕着集体消费的分析，对资本主义城市社会中的社会分层、社会不平等进行分析，进而展示一个与传统社会学分析不同的新图景。在早期资本主义，市场化消费模式，即消费品是通过市场购买获得，人们的购买力或者说生活机会一般取决于其在生产中的地位，即人们的阶级地位决定了他们所拥有的财富。因此在马克思时代，阶级权力是造成社会不平等和社会统治的基本因素。但随着政府开始在生产和消费领域进行干预，阶级地位不再是得到生活机会的唯一因素，资源分配不仅仅以市场为基础，同时也会根据政府权力行使的政治逻辑来分配。于是，一种新的社会分层和社会不平等出现了，即围绕着消费，主要是集体消费形成的社会分层和社会不平等。从消费分层的观点来看，一个人所处的阶级地位并不必然等同于一个人所处的消费地位，换句话说，消费分层可以在同一阶级内发生，比如拥有住房的工人与没有住房的工人。同样，作为集体消费品的消费者，不同阶级地位的人们也会有着某些共同的消费利益，比如不同阶级的家庭对政府提供子女教育的需求，消费分层可以在不同阶级间形成。因此，集体消费也成为马克思主义城市学研究的重要分析对象，给哈维的研究提供了重要的参考和坐标。在上面的分析中我们还简单总结了一些理论家对城市问题的方法论和本体论方面的探讨，如皮克万斯关注了历史唯物主义方面，他没有关注传统的社会科学学科边界。例如弗郎索瓦对早期经济的分析，洛伊坎横跨经济和政治领域，卡斯特关注政治和社会领域等。现在，历史唯物主义的真实客体相当地重叠——但不意味着整体——经济、政治科学和社会学，已经没有现实的意义。

第二章　大卫·哈维城市理论的诞生脉络

由于本书并不是大卫·哈维（David Harvey）的传记研究，因此并没有涵盖其所有的学术研究成果。他的学术生涯开始于地理学研究，但是他不停地穿行于不同的学科和问题域中，因此仅仅给他贴上地理学家的标签有些以偏概全。因此，笔者想，给他的最合适的定位莫过于当代西方地理学中新马克思主义的重要代表人物。他的思想都源于马克思主义的思想框架，在马克思主义中，他找到了总结空间和社会理论的新方法。1935年，哈维出生于英国肯特郡，1957年获剑桥大学学士学位，1961年以《1800～1900年肯特郡的农业和乡村变迁》一文获得了剑桥大学的博士学位。此后，他从布里斯托尔开始其教学生涯，其后一直作为职业地理学家在大学任教。1961年，他在美国宾州大学从事教学工作。1969年，加入了美国约翰·霍普金斯大学刚刚成立的地理学和环境动力研究院，成为一名地理学教授。直到1987年，转至英国牛津大学工作，1993年他又重新回到了约翰·霍普金斯大学。如果要为大卫·哈维研究的领域做一个学科分类，最有代表性的是人文地理学，在他的研究中地理思维随处可见，这也是他的专长所在。其思想经历了从早期的逻辑实证主义立场到马克思主义理论立场的转变。在研究的内容上，他主要关注了发达资本主义国家的空间组织、城市化、社会和文化变革等领域。他也从哲学维度研究政治经济学和环境问题。他从事马克思主义教学，并且希望将城市、社会正义和政治经济学思想融入教育和科研中。他对巴尔的摩的社会、政治和环境问题十分感兴趣。他的著作已经被翻译为意大利语、法语、西班牙语、日语、韩语和中文等在全球发行，并获得广泛好评。

第一节　大卫·哈维城市理论的形成阶段

大卫·哈维的城市理论围绕着三个不同的主题划分为三个不同的发展阶段。第一阶段是哈维城市理论的形成阶段，探讨的是地理学范畴中的城市；第二阶段是哈维城市理论的概念阶段，哈维在城市地理学的基础上构建了城市的社会理论；第三阶段是哈维城市理论的规范阶段，哈维将城市理论从社会层面上升到政治层面，进而完成了对城市认识从表象到本质的提升。

一　逻辑实证主义：大卫·哈维城市理论的最初形态

20世纪60年代，在人文地理学界曾发生了一场关于"计量与理论革命"的辩论，其中哈维作为英美人文地理学革新的重要代表人物出场。当人们谈到地理学时，大多数人印象中它只是自然科学的分支，追求科学性和精确性是其最重要的特征：一个地理学者是一个提出有关位置、距离、方向、分布和空间次序的意义等问题的人。它探讨近便性问题、新事物的传播问题、密度问题和其他相对位置所衍生的问题。传授世界地理知识则是其主要任务：自然地理学史是世界历史的一个部分。它属于一个理念，人们可以把这个理念称为世界知识的入门理念。这种狭隘的认识切断了地理学与人之间的关系，哈维深知这正是地理学研究的局限所在。因此，他不断探索地理学与哲学之间的关系，致力于创新人文地理学。在他的第一本专著《地理学中的解释》中，他开篇就对当时英国流行的区位地理学进行了批判，在方法论上他也摒弃了传统的地理学研究方法，而转向当时科学哲学界极为流行的逻辑实证主义。哈维曾说过，"我的目的在于发展计量革命的哲学面向"，这使他的著作一经发表就引起了地理学界的轰动。这本有关地理科学方法论的著作对20世纪50年代以来地理学实证主义化过程产生了巨大的推动作用，甚至被一些评论者视为新地理学的"圣经"。[①] 这本书不是对传统地理学的解读，而是关注了地理调查与哲学之间

---

① 大卫·哈维：《地理学的解释》，高泳源等译，商务印书馆，1996年。

的关系。那时，哈维的哲学立场以逻辑实证主义为基础，这暗示了价值反过来取代科学调查的孤立主义事实。透过书中的论证我们看到，他在英国的教育背景和20世纪60年代在科研机构从事的社会科学工作都受到了逻辑实证主义立场的影响。《地理学的解释》一书很有趣，与哈维后来的马克思主义理论著作没有任何的相关性。1969年底，哈维移居巴尔的摩，在生活中他发现了城市的重要性，并观察了城市中的不平等、种族主义、剥削等社会现象，在这种背景下他将自己研究的重点转向了激进地理学，并将城市纳入了考察的中心。

二 历史唯物主义：大卫·哈维城市理论的方法论转向

20世纪60年代末之后，哈维不再保持所谓的客观立场，而是将研究置于历史唯物主义的范畴中，从而成为一名坚定的马克思主义者。他不再仅仅满足于"解释世界"，而是将视域转向"改造世界"。无论是从事实证明还是从价值方面看，实证主义和马克思主义之间都存在着诸多的冲突。他研究发生转折的主要目的是阐述被称为"空间的想象"（Spatital Imagination）的概念。这一概念源于马克思主义理论，与其他传统的社会科学一样，空间曾被无视，社会过程、社会变革、经济增长和历史发展阶段都只与实践相关。但是，马克思主义最终注意到了空间的存在，并对其进行了系统的研究。他力图建构一种地理学和马克思主义相结合的研究范式，利用"历史—地理唯物主义"的方法论，来分析和批判当今的城市空间，从而探索一条替代资本主义城市空间的理想道路。哈维通过对"空间的想象"进行不断完善和阐述，最终将这一概念注入马克思的社会理论和政治经济学中，并将它们融为一体，这要感谢他对马克思主义政治经济学的成功再解读。但是，这种变化是他与早先的实证主义地理学的身份彻底决裂之后才真正在理论和思想层面都实现的。

在成为一名马克思主义理论家之后，他接受了马克思主义理论，哈维发现自己可以通过马克思主义的革命道路找到城市理论进化的起点。但是正如我们所知，马克思主义在解释城市问题时也存在弱点，但是哈维的成功之处就在于，他没有像其他理论家那样宣告资本主义已经走到尽头，社会主义革命即将发生，而是纠正了马克思主义理论中的主要弱点。这么做的结果使他将历史唯物主义转变为历史—地理唯物主义。虽然只有两字之差,但是含义却相去甚远。他将空间现象整合到了资本和阶级问题中。资本主义作为一种生产和消费方式在 20 世纪是如何生存的？资本主义只有通过创造属于自己的空间,换言之,使自身城市化才能生存和发展。为什么哈维关注的焦点是资本主义框架下的城市进程？为什么坚持社会主义必须创造属于自己的空间和城市化方式,而这种方式必须是有别于资本主义的？在他以后的研究中对这些问题都进行了明确的解答。哈维将正义和城市两个词联系在一起,得益于 20 世纪 60 年代末 70 年代初的城市研究和政治相结合的风格。那时,马克思主义和社会主义思想正在所有的科研领域传播与复兴,城市暴乱、大学生游行、工人起义和通常意义上的国家财政危机都是那时的主要社会问题,并且自由主义立场不能解释的理论和道德问题也越来越多。

第二节 大卫·哈维城市理论的概念阶段

20 世纪 70 年代后,哈维出版了一系列关于城市的著作,研究的重点集中于对资本的批判和对空间正义的探索上,对城市的研究从感性阶段走向了理性。他开始阐释资本主义城市的本质内涵和发展规律,逐步搭建起了城市思想的基本框架。

一 社会空间:大卫·哈维城市理论的基本出发点

《社会正义与城市》(1973)被认为是哈维最有代表性的著作,它被广泛关注有很多原因。书中在地理学的基础上插入了意识形态、政治问题和社会关注,同时还加入了马克思主义的概念。书中通过加入一种新的分析元素——社会空间,确立了哈维未来研究的发展模式。另外,书中对城市研究价值进行了阐述,被很多学者称为马克思主义论调。哈维明确将"社会正义"引入地理学研究,并在研究中不断注入马克思主义理论的资源,推动着激进地理学向马克思主义地理学进一步转变。《社会正义与城市》一书由三个部分组成,这种研究思路也反过来表征了哈维在从社会科学研究向意识形态研究转变的过程:第一部分:自由主义构想;第二部分:社会主义构想;第三部分:综合。前面一部分处理了通常的社会科学中的社会和空间想象，同时指出逻辑实证主义和价值割裂的缺陷。正如后面所描写的，自由主义构想并不只是反映了真实世界的纯粹自由，也包含着对社会主义构想的憧憬。另外，马克思主义的意识形态也进入了讨论的范畴。社会主义构想部分的开头对贫困问题进行了地理学分析。哈维在这部分的论证中受到了马克思辩证法的十一个命题的影响，落脚点在改变世界上。理论和解释都没有脱离价值的概念，代表了阶级对立基础上的政治和意识形态的选择。社会主义部分并没有仅仅处理再分配的正义问题，而且还关注了生产和分配的全过程，这与马克思相一致。当然，打破生产和分配的二元论可以让政治和经济的意识形态区分变得没有意义。更重要的是，这种资产阶级二元论在分析的最开始就假设事实和价值都是孤立存在的。最后，第三部分是前两个部分的综合。应该注意到，通过本书的第三部分的论述，正式的辩证法转变发生了。

二　资本批判：大卫·哈维城市理论的基本视阈

在《社会正义与城市》完成后，哈维致力于寻求解决城市问题的办法，并关注了传统马克思主义专著，特别是马克思的《资本论》，这本书被他进行了系统的解读和研究，他发现并填补了马克思主义城市研究的空白，也逐步实现了由实证主义方法论向马克思主义方法论的转变。随后，他出版了《资本的界限》（*The Limit to Capital*）（1982）一书。他对《资本论》感兴趣主要是因为他急迫需要一种有力的和全面的理论研究模式来理解资本主义生产方式下的复杂城市过程。《资本的界限》的出版，完成了他以空间为切入点对政治经济学的重构，赋予了资本主义以具体的空间视角，角度之新颖成为当时学术界讨论的热点。哈维提出，都市社会已经主宰了工业资本主义，社会组织有着巨大的甚至是革命性的力量。他在考察了当今城市的发展规律后，敏锐地发现：城市创造出的空间并不是来自城市的内在发展逻辑，相反它创造出的空间是工业资本主义的；都市化进程依然受到工业资本主义限制，因此是为资本的再生产创造了有效的需求；产品、占有和剩余价值的循环没有屈服于城市主义的内在动力，而是继续受到来自工业社会的调节影响。因此，他得出结论说"工业社会和容纳它的结构会继续统治着城市主义"，因此要打破这个"魔咒"，创造一个全新的城市模式。

马克思的《资本论》描述了一种资本占主导地位的社会，但是缺少空间维度，它有很多空白领域需要填补，很多封闭的观点需要打开。《资本论》中的空白领域在《资本的界限》中的危机理论中被填补，过度生产的问题作为危机产生的最主要原因，同时导致了剩余价值和剩余劳动，可以通过空间途径得到解决。但是，这种解决方法会创造资本主义生存的新问题，矛盾是通过制造更加深刻的矛盾为代价被解决的。资本主义生存需要创造自己的空间，但是，同时也需要破坏曾经创造出的空间。资本有创造性毁灭的力量，解决的办法会限制未来的发展，因为被创造的空间为未来的资本循环设置了障碍。这里，哈维抓住了资本的空间维度，并且分析了资本主义地理转变的逻辑。城市空间的再建设和资本循环的需要是相一致的，这是城市再构现象的本质维度。马克思的政治经济学中的概念，如过度生产、剩余资本、剩余劳动和贬值在空间现象方面被重新解读和加工。

对于这本书名字中的"界限"一词，应该与马克思的《资本论》中的资本，还有资本主义生产方式作为一个过程中的三个角度去理解。危机是现实资本主义生活跨度的延伸。尽管资本主义的生活范围没有被说明，但维持自身发展需要一定的限度是有足够依据的。因为只有经过更加毁灭性的建设才能替代矛盾。在书中，工业资本向金融资本或垄断资本的转变被广泛关注，金融资本是最有破坏性的表达，或者说垄断资本，会导致为了争夺世界霸权的帝国主义国家内部竞争的战争。这事实上，就是马克思和列宁所说的，竞争导致垄断，反之亦然。

《资本的界限》为我们提供了资本主义条件下制度城市进程理论化的马克思主义框架，因此资本主义如何在城市化中生存或通过城市化得到发展的问题有了解释。这里应该注意到，哈维的主要目的也是将历史和理论结合起来。但是，马克思主义的框架不能被认为是照搬了马克思的研究思路，因为书中对马克思在《资本论》中的研究内容和框架还进行了丰富和细化，甚至是完全的改变。事实上，马克思强大的理论变得更加有说服力了。

三　资本的城市化：大卫·哈维城市理论的基本论断

随着对城市问题研究的深入，哈维意识到有必要构建一个新马克思主义的城市理论以解决城市面对的新问题。1985年，哈维同时出版了《资本的城市化》(The Urbanization of Capital)和《意识与城市经验》(Consciousness and the Urban Experience)两本书。这两本书有着前后承接的关系,集中探讨了资本主义城市的历史和理论,也成为哈维捍卫马克思主义在城市研究中地位的重要代表作。两本书的副标题是一致的:资本主义城市化的历史和理论研究。这是因为在哈维看来,"理论"和"历史"直到当时还从未被完美地融为一体。他试图通过城市化的历史经验加强马克思主义的战斗力。在他看来,城市不是一个物而是一个过程,它并不独立于资本主义生产,"因此城市化研究必须关注资本积累过程;劳动力、商品以及货币资本的变化流动;生产的空间组织和空间关系的变革;以领土为基础的阶级联盟之间信息和地理的冲突等问题。正是从这些角度看,地理作为自然景观,是具有某种特殊空间构型的人工环境的'第二自然',这种'第二自然'是在资本的控制下生产出来的,因此直接体现了政治权力"①。

《资本的城市化》在很多方面可以被看作《资本的界限》的延伸,首先,资本逻辑的驱动力是主要的分析对象和对资本主义占主导地位的理解方式。和《资本的界限》相对比,差异作为政治经济学的新特点被运用于分析城市空间和政治问题。通过这本书,地租、阶级结构和居住差异,规划的意识形态、城市政治或阶级联盟,这些在城市政治构想中出现和消失的元素都被详细思考了。哈维在书中还回到了列斐伏尔《城市革命》的主题,尽管当今的资本主义出现了比以往任何时代都多的城市,但是劳动的价值理论仍旧有效。这本书以资本主义制度下的城市化进程为起点,以资本的城市化结束。

《意识与城市经验》(1985)使用了《资本的界限》中发展而来的理论武器,并细化了《资本的城市化》的主要论点,主要分析了巴黎第二帝国时期(1850~1870)的真实历史。其中,第三章:巴黎(1850~1870),一共157页,占据了全书的半壁江山。阶级斗争和资本积累的历史和理论都被联系在了一起。另外,时间和空间在金融资本霸权形成中不断交织。对阶级斗争的分析是马克思主义的主观性分析,对资本的积累和循环的研究是客观性情况研究,书的本体论遵循着这样的区分。但是,在认识论方

---

① 大卫·哈维:《希望的空间》,南京大学出版社,2006,第8~9页。

面却反对这种人为的分割,并试图克服二元论。书中第四章:纪念碑与深化,提到圣心大教堂在第二帝国时期的建设也受到关注。在那里,意识形态的斗争和阶级斗争的象征在空间的结构中有所表现,因此圣心大教堂成为论述的中心。

笔者认为,如果说哈维城市思想启蒙时期的研究主要关注的是客观的理论,换言之,资本的积累和资本主义的次结构、意识形态等,那么多部著作占主导地位的是历史、主观的阶级斗争和资本主义的超结构。另外,其城市思想概念阶段强调了主观与客观两种内在联系的分析方式都很重要。最后,马克思和恩格斯发展起来的强大理论被重构和更新,这要感谢空间现象被植入了研究的中心。

第三节 大卫·哈维城市理论的规范阶段

在构建了城市思想的框架后,哈维关注到了后现代、解放政治学、新帝国主义等名词已经和城市密切相关。城市理论想要增强说服力就必须可以解释当前的社会现象。因而,他在城市研究中加入了更多有代表性的时代元素,构建了以地理学想象为基础的社会理论,进而将其上升为政治理论。这使他的城市思想更加规范与强大。

一 后现代:大卫·哈维城市理论产生的时代基调

《后现代的状况:文化起源的变化》(*The Condition of Post Modernity*)(1989)出版,这本书的书名与利奥塔(Lyotard)的《后现代的状况》相似。但是,相似的主题得到的却是对近二三十年资本主义发展的完全相反的论断。利奥塔认为从现代到后现代的剧烈改变和断裂已经出现,而对于哈维来说这种改变仅仅是资本主义外观的改变。资本主义改变了它的组织结构,比以往任何时代都加快了技术发展,但是资本的逻辑是不变的。"为了积累而积累,为了消费而消费","生产是为了利润"仍旧是资本主义发展的模式。如果是这样,那么20世纪70年代资本主义的深刻危机究竟引发了什么?资本循环的加速是为了治愈资本的过度积累,全球资本的激烈竞争激起了技术和资本的组织变革,这样做的结果使距离显得不再那么重要，因此产生了新的意识形态。艺术的生产被视为为了满足资本积累的需要。所谓的"后现代"有很多现代的元素，特别是在创造性破坏和技术革新方面，并且危机也是后现代社会资本主义的本性，同时危机倾向也仍然存在。那么我们经历的时间和空间发生了什么变化呢？时空压缩的非凡效果起源于资本积累和循环的驱动力，用马克思的话来说，空间被时间消灭了。但是这个过程，"通过时间消灭空间"使空间更具政治性而不是减少了重要性。

《后现代的状况》可以被认为是与所谓的后现代文学的辩论。后现代文学主要以后结构主义、反构成主义和无政府主义哲学为基础，职责是反对所有的宏大理论，尤其是历史唯物主义。它们都是"元语言叙述"，哈维用历史—地理唯物主义回应了这一挑战。他在书中论述了空间与文化之间的关系。在哈维看来，1972年前后全世界的政治经济和文化实践出现了剧烈变化，这一变化与空间体验和实践方式的改变直接相关。后现代主义文化迅速崛起，更加弹性的资本积累方式相继出现，这与资本主义全球化阶段的"时空压缩"及城市化进程存在着必然关系。对于后现代的性质，哈维也有着自己独到的见解，他认为后现代不是一系列僵化的观念，而是一种需要阐明的历史状况。时空本身就是资本主义历史—地理发展之动力，是文化生产和意识形态转变的复杂过程之间重要的中介。

1996年，《正义、自然和差异地理学》（*Justice, Nature and the Geography of Difference*）出版，哈维构建了以地理学想象为基础的社会理论。通过这本书，他努力去寻找关于人类想象的基础性概念，将时间、自然和空间都嵌入我们的思考，并且试图展示和构建永恒的价值和社会主义政治行动的优势。事实上，通过这本书我们看到的是资本主义在意识构成和连贯的政治行动中的影响。这本书可以被看作《后现代的状况》、《意识与城市经验》、《资本的城市化》的主题延伸。书中首先指出空间、位置、时间和环境等基本概念是任何历史唯物主义者了解世界的核心，并通过"过程辩证法"创立了"历史—地理唯物主义"。他基于话语理论重新定位了理论的功能，回答了时间之社会构造的机理，并探讨了以正义和差异为中心的政治学的可能性和方向。他努力地用地理学在自然面貌和社会正义之间进行调解时，实际上也改写了地理学知识本身，使地理学想象融入了宏大的社会理论中,并为后者注入了重要的理论资源。

在随后的4年中,哈维不断校对着自己的理论视角,探寻对资本主义进行替代的可能性,随后出版了《希望的空间》(Spaces of Hope, 2000)。这部在西方理论界引起高度重视的作品,完成了哈维从《社会正义与城市》以来的地理学—社会理论—政治理论的建构。书中讨论了不平衡地理学的发展,以《共产党宣言》作为独特的空间和地理维度切入点,论证了资本寻求空间调控的理论:地理转型、空间定位和不平衡地理学在资本积累过程中起到的不可代替的作用。资本积累与地理事件有着密切联系。如果没有地理扩张、空间重组和不平衡地理发展的多种可能性,资本就不能发挥其控制政治经济系统发展方向的作用。不断将资本主义内部矛盾进行"空间定位",再加上不同地区和不同社会形态不平衡地嵌入资本主义世界市场,这样就产生了资本积累的"全球历史地理学"。资本主义通过地理学的间接手段,从外部和内部两个方向推翻腐朽的封建势力。同时,利用立法和政府部门,资产阶级把拥有军事、组织和财政力量的国家作为扩大自己势力的执行机构。并且在资产阶级掌权之后,还会凭借着内部、外部的地理转型来完成资产阶级革命。在内部,随着大城市的建立和不断加速的城市化,农村地区最终屈服于城市的统治。在这部著作中,哈维强调,后现代性是一种新的时间与空间的体验方式,即对时间与空间的高度"压缩",生活变得急促而空虚。他从地理学家特有的角度提醒人们,地理考察是认识人与人之间差异的重要起点。哈维仍然以批判的视角,指出迪士尼乐园、郊外封闭小区等是一种"变质的乌托邦"(Degenerate Utopias),这些貌似欢乐、闲雅的人造小区使人忘记了外面充满麻烦的真实世界。在阐述后现代社会问题时,哈维汇集了建筑学、城市规划理论、哲学、社会理论、政治经济学等多种学科,在他身上,我们似乎又看到早期地理学家那种博大、无所不包的研究。"城市化使劳动力和生产力在空间集中,把分散的人口和私有财产转变为最终在民族国家、法律和军事机构中得到巩固的大规模集中的政治和经济力量。当交通、通信系统、劳动的区域分工和城市的基础设施成为资本积累的基础时,自然力就必须要服从于人的统治了。"[①]

[①] 大卫·哈维:《希望的空间》,南京大学出版社,2006,第26页。

二 新帝国主义与解放政治学：大卫·哈维城市构想的合理出路

进入 21 世纪后，资本主义积累的规则和形式发生了变化，哈维开始关注资本对空间的塑造和由此导致的世界政治经济形势的变化。2001 年，哈维出版了《资本的空间》（Spaces of Capital）一书，这本书收录了其时间跨度达 30 年之久的论文，记录了他企图改变地理学科和相关领域一般公众思考方式的尝试。书中批判了芝加哥风格的研究方式，从马克思主义视角对资本积累的地理学、空间生产和不均衡地理发展问题进行了探讨。但是，他的努力不限于此。他还学习马克思主义的方法，开启了通往其他各种知识工作和政治评论的大道，涉及了如地理知识的政治争议性质、环境议题、地方政治—经济发展，以及地理知识和社会与政治理论的一般关系等多样的话题，构建了一套完整的研究场域，致力于研究政治权力如何利用和界定地理知识。在书的最后，他重新回到了地理学的中心问题，即如何界定一门批判地理学。他一针见血地指出某些看似中立或自然，甚至是显而易见的知识，背后其实是维护某种政治权力的工具性手段。因此，需要建立一种解放政治学，以对抗现有的政治—经济秩序而寻求真正的变革。

随后，哈维于 2003 年出版了《巴黎，现代性之都》（Paris, Capital of Modernity）一书。他关于巴尔的摩等城市社会空间问题的探讨，曾经引起巨大反响。这部关于巴黎的著作，也是城市社会与历史地理研究领域的一部力作。书从介绍巴黎这座城市开始。巴黎虽然一直是世界上最具影响力的城市，但它却是在第二帝国时期才摇身变成我们今日所知的现代性样板城市。在 1848~1871 年两次失败的革命之间，巴黎经历了一场惊人的转变，俗称"巴黎大改造"。奥斯曼男爵，传奇的巴黎首长，一手打造了巴黎的外观，以今日巴黎四处可见的林荫大道，取代了昔日的中世纪城市面貌，成就了今日如梦如幻的巴黎。这段时期也兴起了以高度发达的金融业为主体的新型资本主义形式，以及现代的大众消费文化，同时也导致了巴黎阶级界限发生断裂，导致了 1871 年巴黎公社的建立，以及随后的血腥镇压。哈维的全景式观照与戏剧性的叙述，使得这本书充满了张力，他将这种现代性空间称为"创造性的破坏"，于是展开了关于创造和破坏两面性的研究。在书中，资本的空间性、空间压缩和空间归属三大主题贯穿始终，使全书充满了空间关怀，空间关系也成为贯穿全书的关键词。在他的研究中，"空间不是外在场所，而是事物自身的属性，即空间性，这是现代人文地理学的重要理论基点。资本的登场与运行，是造就现代性的总根源。哈维告诉我们，资本需要并创造了怎样的城市空间"[1]。哈维研究的特色就是善于将社会变革、经济、人生、城市面貌和建筑融为一体，将貌似毫不搭界的竞争、适应、环境变化、合作、时间安排和空间等词语有机地结合，从而将地理空间与众多主题联系，众多主题均包含空间特征，揭示一个复杂的历史地理过程。哈维说：我将在整体与部分之间采取折中途径，试着通过一连串交错而连锁的主题来理解第二帝国时期巴黎历史——地理的转变。"整体中各个部分的相互关系构成特定时空下社会转变的驱动力量。"[2] 哈维在很多章节中会以马克思的话破题，这说明了他的马克思主义立场。他认为城市空间虽然扩大了，但是速度却将空间压缩，巴黎的现代性空间是辩证的，这种地理扩张与资本加速流通隐含着革命性质。同时他直接指出，资本主义具有周期性的"时空压缩"倾向。同时，哈维也注意到城市毕竟是人类的居所，巴黎的现代性创造是资本的狂欢，也是人文的断裂与折磨。在巴黎光鲜的背后，是人们归属感的丧失，集体意识解体，金钱关系取代了所有社会联系的纽带关系，多元、流动、零碎成为新的人文特征。正如本雅明所说的巴黎人疏离了自己的城市，他们不再有家园感，而是开始意识到大都市的非人性质。由于贫富区域区隔，城市中出现了过去只是由环境主义与种族主义建构的"他者"，资产阶级例行地将生活在贝尔维尔边界上的工人描绘成野蛮人。原有的人际关系形态在新的空间中将不复存在。

同年，哈维还出版了另一部引起极大反响的著作《新帝国主义》（*The New Imperialism*）。研究的背景从欧洲转向美国，从两个产油国的故事开始展开关于全球资本主义的现状，以及一个"新生的"帝国主义在其中可能发挥的作用的探讨。在书中，哈维力求从长时段的视角出发，通过历史——地理唯物主义的镜头来实现研究目的。他通过从各种骚乱和动荡的表象中

---

[1] 大卫·哈维：《巴黎城记》，黄煜文译，广西师范大学出版社，2010，第Ⅱ页。
[2] 大卫·哈维：《巴黎城记》，黄煜文译，广西师范大学出版社，2010，第Ⅲ页。

揭示出一些深层的变化，开辟了一个新的研究领域，即我们应该如何更好地理解我们当前的世界并对此做出反应。全书探讨了四个重要的主题，即领土逻辑与资本逻辑、资本积累与资本循环、剥夺性积累和从认同到强制。这四个部分对新自由主义时代的帝国主义进行了全面的剖析，哈维穿行于历史、经济、地理和政治的长河中，利用极具说服力的论据和清晰的文字，解析了21世纪初期世界的混乱到底意味着什么。他指出，所谓帝国主义的领土逻辑就是指"国家和帝国政治"，指行为主体在一定领土上能够动员其人力和自然资源以实现政治、经济和军事目标。资本逻辑即"资本积累在时空中的分子化进程"，指出帝国主义是一个在时间空间中扩散的政治经济过程，对资本的控制和利用是第一位的。① 在哈维看来，领土逻辑和资本逻辑是区分新旧帝国主义的重要标志。有时领土逻辑更受重视，但是资本主义的帝国主义同其他帝国主义相区别的恰恰是其资本逻辑居于支配地位。但是在固定的空间内权力的领土逻辑如何能够应对资本积累的对外扩张？哈维认为必须要通过时间空间的生产才能得以生存下来。"时空修复理论"就是指通过时间延迟和地理扩张解决资本主义危机的特殊办法。主要表现在两点：第一，通过投资长期资本项目或者社会支出来进行时间转移，以推迟资本价值在未来重新进入流通领域的时间；第二，通过在别处开发新的市场，以新的生产能力和新的资源、社会和劳动可能性来进行空间转移。在非均衡性的地理环境下为资本积累的实现提供可能性。因为在非均衡性的地理环境下，通过不公平和不平等的交换，可以榨取垄断地租。"资本的无限积累必须建立在权力的无限积累之上……资本的无限积累进程需要政治结构拥有'权力的无限积累进程'，以通过持续增长的权利来保护增长的财产。"② 当今的资本主义世界是如何解决过度积累的问题，避免经济危机出现的呢？哈维认为它们是通过剥夺性积累的办法做到的。哈维认为，"资本的原始积累是建立在劫掠、欺骗和暴力基础之上的积累，而现阶段的资本积累是建立在法律、私有财产、契约和货币安全的制度框架上，通过以价格垄断为基础的市场交换而繁荣起来的。这种积累方式主要是通过四种手段实现的，即私有化、金融化、危机的管理

---

① 大卫·哈维：《新帝国主义》，初立忠、沈晓雷译，社会科学文献出版社，2009，第24页。
② 汉娜·阿伦特：《极权主义的起源》：生活·读书·新知三联书店，2008，第35页。

和操纵国家再分配"①。剥夺性积累主要强调对于剩余价值的占有有时可以不通过生产得以实现，而这正是当前帝国主义实践的核心所在。剥夺性积累所做的是以极低的价格（有时甚至免费）释放一系列资产。现在很多发达资本主义国家都是通过这一手段解决过度积累的危机。最后，哈维回到了政治问题上，认为霸权的政治权力通常是由强制、效仿和深化认同这三个不稳定体构成的。在资本主义条件下，这三者的实现又是建立在金钱、生产力和军事力量的基础上的。② 当前，新帝国主义的霸权已不仅仅停留在对个别国家的控制与剥夺上，控制全球成为这种霸权的最终目的。

三 新自由主义：大卫·哈维城市理论的批判核心

2005 年，哈维延续了之前《新帝国主义》研究的线索，再度将研究的核心锁定为新自由主义，出版了《新自由主义简史》（A Brief History of Neoliberalism）和论文集《新自由主义化的空间》（Spaces of Neoliberalization）两部作品。哈维回顾了 20 世纪 80 年代末的世界经济政治发展历史，认为那些年是世界社会史和经济史的革命性转折点，因为新自由主义作为一种政治经济实践理论已经占据了主流地位。新自由主义认为，通过建立一个以稳固的个人财产权、自由市场以及以自由贸易为特征的制度框架，能释放个体企业的自由和技能，从而最大限度地满足人的幸福感。那么，新自由主义到底从哪来？它又是如何占据世界舞台的？哈维对这个政治经济学问题进行了批判的考察，为我们确认和构建另一种未来政治和经济安排的可能提供了有益的框架。在《新自由主义简史》中，哈维详细论述了新自由主义的进程也是一个创造性的毁灭进程，它不仅摧毁了之前的社会制度，而且还摧毁了劳动分工、社会关系、福利供给、技术混合、生活方式和思考方式、再生产活动、土地归属和情感习性。新自由主义赋予市场如下地位：市场交换"本质上具有伦理性，能够指导一切人类行为，代替所有先前的伦理信念；就此而言，新自由主义强调市场中契约关系的重要性。新自由主义认为，通过将市场交易的达成率和频率最大化，社会公益会因此最大化；新自由主义试图把一切人类行为都纳入市场领域。这需要

---

① 蔡国栋：《大卫·哈维的〈新帝国主义〉》，《大众文艺》2010 年第 2 期。
② 大卫·哈维：《新帝国主义》，初立忠、沈晓雷译，社会科学文献出版社，2009，第 150 页。

种种信息创新技术和能力,积累、储存、传递、分析、使用庞大的数据,用以在全球市场指导决策。因此,新自由主义对于信息技术具有强烈的兴趣和追求。这些技术在时间和空间两方面压缩了市场交易不断增加的密度,它们制造出一种特别强烈的、他在别处称为时空压缩的迸发。地理跨度越大越好,市场契约期限越短越好。后一方面对应了利奥塔的著名描述,即把后现代状况描述为在职业、情感、性、文化、家庭和国际领域,以及在法律事务上,临时契约取代了长期制度"①。在书的第一章中,哈维探讨了为什么会有新自由主义的转向,以及新自由主义理论发展的进程,指出"二战"后资本积累的危机和经济滞涨使各国不得不寻找新的发展路径,而新自由主义由于旨在重建资本积累的条件并恢复经济精英的权力而得到长足发展,并作为一种化解资本主义社会秩序危机的潜在方案在过去30年中改变了全球资本主义的运作方式。随后,他指出"阶级"的含义和自由的前景,认为当自由成为咄咄逼人的行动刺激因素时,自由的意义就会变得自相矛盾,歧义丛生,自由的理念也会变成仅仅是对自由企业的鼓吹,新自由主义会变成独裁、压迫和反民主的代名词。新自由主义将权力和金钱留给了统治者和精英阶层,而把微薄的收入留给了其他人,这样的社会需要改变。书的第二部分,探讨了新自由主义化是如何和由谁实现的?哈维认为一种实现形式是用强力镇压一切劳工内部创立的团体和城市社会运动,由上层阶级来支持实现的;另一种形式通过获得民众的赞同和认可,依靠财政或军事力量来得以最终实现。接着,哈维探讨了新自由主义国家的张力和矛盾,指出垄断权力、市场失灵、政治混乱等问题在新自由主义国家广泛存在,现实中资本主义国家也危机重重。书的第三部分描述了一幅资本主义不均地理发展的图景,哈维翔实地勾勒了 1970 年以来世界范围内的新自由主义化进程的运动地图,说明新自由主义在全球范围内的扩张导致了大规模的经济危机,墨西哥、阿根廷、韩国等国家纷纷面临着经济和地缘政治的双重危机,最终导致了不均地理发展。这一变动既是外部霸权强制的结果,也是多样化和创新的结果,是国家间、地区间、大都市治理模式之间竞争的结果。不均地理发展加剧了社会的不平等,在地方和国际层面阶级力量都发生了重构。在书的最后,哈维

---

① 大卫·哈维:《新自由主义简史》,网钦译,上海译文出版社,2010,第 3~4 页。

回到了自己擅长的领域，探讨了掠夺性积累的问题。他认为私有化与商品化、金融化、危机的管理与操作、国家再分配是其主要特征，将一切都商品化、环境破坏是新自由主义的重要结果。最后，哈维对新自由主义的前景进行了展望。

《新自由主义的空间》是一部论文集，收录了哈维三篇有代表性的文章，即《新自由主义与阶级力量的复辟》、《不均地理发展理论笔记》和《空间是个关键词》。三篇文章继续了《新自由主义简史》的讨论话题，将自由主义与时空关系、阶级力量、日常生活、资本积累更加紧密地联系在一起，更加完善地探讨了不均地理发展理论，并将空间再次纳入研究的核心。

四 《资本论》：大卫·哈维城市理论的研究焦点

2008年，美国次贷危机席卷全球，哈维的资本积累和经济危机的预言在实践中得到了印证，这使全球学者都关注到了这位理论家。同时，哈维出版了一本新的专著《资本之谜——人人需要知道的资本主义真相》（*The Enigma of Capital and Crises of Capitalism*）。这本书从导致2008年经济危机的一系列事件说起，对资本主义的演进历程、资本运行背后的规律做了深层次分析。通过对资本主义制度的本质及其运作方式，以及周期性失灵的原因进行探讨，哈维指出经济危机是资本主义不可避免的，也是不可或缺的。同时，他研究怎样尽量避免经济危机，呼吁建立一个公平、负责任、人性化和可持续的新社会秩序。《资本之谜——人人需要知道的资本主义真相》一书是围绕着资本流动来展开的，在对次贷危机进行了一番细致描述后，哈维提出了关于资本的问题，即资本主义是如何发展到今天的？为什么说其本身就蕴含着危机的种子？为了回答这些问题，他首先对资本集聚的必要条件，经济持续性、永久性增长存在的潜在障碍，以及在资本主义发展过程中通常是如何跨越这些障碍的进行了研究，最后分析了目前资本主义国家碰到的主要困难和障碍。在对这些问题进行解答后，哈维将研究的重点放在了资本运转的全过程中。首先介绍了资本进入生产过程必须具备的几个要素：充足的劳动力是资本积累的前提；生产资料是资本主义再生产的要素；自然资源是对资本主义发展的制约；城市化是对基础设施进行投资的最佳方式；技术和组织形式的不断创新以及多样的资本主义社会关系和文化都是资本进入生产的重要条件。随后，哈维介绍了资本进入市场后发生的变化。哈维认为"资本持续积累的最后一个障碍出现在新生产出的产品以商品、服务之类的身份进入市场并销售，以收回原始成本并赚取一定利润之时"①。他指出，2008年经济危机形成的多种成因中，有效需求不足、货币资本稀缺、劳动力供给不足、不同部门之间比例失调、自然因素的制约、非均衡的技术和组织方式的变迁以及劳动过程中无纪律是首位的。尽管表面上看起来，问题出在信贷体系和国家—金融的技术和组织方式上，但实际根源却在于，与劳方相比资方被赋予过多的权力，并凭借这些权力压低工人工资，进而导致了有效需求不足的问题，虽然这一问题暂时被世界某一地区由信贷支撑的过度消费及另一地区新生产能力的扩张所掩盖了。为了探究经济危机的成因，哈维还考虑到了发展不平衡问题，通过考察社会发展的七大活动领域及其相互影响，哈维让我们了解了资本主义的发展历程，及其中穿插的动荡和变革。同时，哈维还观察到次贷危机之所以会在短时间内蔓延至全球，是由于资本主义在不同地区之间发展的差异性导致的。因此，有必要通过分析经济发展的地理特征了解资本主义经济发展及经济危机。他总结了对资本主义再生产发挥作用的三个地理学准则，即打破资本积累的地域限制，恰当的时间和地点以及经济活动集中在某地区。他指出当前城市化已经成为全球性行为，城市建设中的获益者是资产阶级。在《资本之谜——人人需要知道的资本主义真相》的最后，哈维指出经济发展不可避免地给环境造成破坏；地区间的差异性、国家行政制度都对资本主义经济发展有重要影响。而国家间政治、经济力量的较量也是资本主义发展过程中的重要一环。地区发展不平衡对资本主义再生产而言至关重要。对经济危机的另外一种解读是时空布局的错位，哈维将其发展为一种地理决定论，认为资本主义的生产包含着对新的地理空间的开拓，资本主义再生产取决于地理空间的创造。因此，哈维提出了一个有针对性的问题，面对资本主义的固有问题，未来有多重可能性，资本主义将发展向哪里？在一种什么样的社会秩序下，人们的生活才会更好？

---

① 大卫·哈维：《资本之谜——人人需要知道的资本主义真相》，陈静译，电子工业出版社，2011，第106页。

2010年和2013年哈维先后出版了两本解读《资本论》的专著，即《跟大卫·哈维读〈资本论〉》（第一卷）和《跟大卫·哈维读〈资本论〉》第二卷）。哈维每年都会做关于马克思《资本论》（第一卷）的讲座，并将视频在网上播出。在经济危机之后，失败的经济现状和再一次严重全球危机的威胁正步步逼近，在学界形成了一股对马克思的著作进行建设性再评估的浪潮。《资本论》研究成为热点，而哈维的演讲视频的点击率也超过了25万次，大家都在寻找造成经济危机的根源。在书的开篇哈维指出他写这本书的目的是促使人们去读《资本论》，而且是按照马克思的本意去阅读它。在哈维看来，有三种主要的知识和政治传统，这些传统激发了人们对《资本论》的分析，并且它们都受到马克思对批判理论和批判分析所负有的使命感的推动。① 汇集在《资本论》中的三个大的概念框架是：第一，从17世纪至19世纪中期的古典政治经济学，主要是在英国，从威廉·配第、洛克、霍布斯和休谟，一直传承到伟大的三人组合亚当·斯密、马尔萨斯和李嘉图，同时还包括其他一些重要人物，如詹姆斯·斯图亚特等；第二，来自哲学的反思和探究，主要源于古希腊，亚里士多德常常被援引以为他的论点提供支撑，斯宾罗莎和莱布尼茨等人物也常常出现；第三，乌托邦社会主义传统。这三条主要的概念线索支撑了《资本论》的整个框架，马克思将激进的政治研究，从他所认为的一种相当浅薄的乌托邦社会主义，转变为一种科学共产主义。哈维认为马克思的《资本论》（第一卷）从生产的视角探索了资本主义的生产方式，不是市场，也不是全球贸易，而只是从生产的视角出发的。《资本论》（第二卷）从交换关系的角度出发，《资本论》（第三卷）则基本集中探讨了作为资本主义基本矛盾产物的危机的形成机制。随后还研究了以利息、金融资本的回报、地租、商业资本利润、税收和其他形式出现的剩余的分配问题。因此，哈维也是遵循着马克思的研究思路，在第一本书中主要研究了生产，而在第二本书中重点探讨了交换问题。在书中，哈维首先从商品与交换、货币入手，探讨了价值与使用价值、劳动二重性、交换价值、商品拜物教及其秘密、商品交换过程、商品流通等问题。其次，从资本研究转到劳动力领域，在探讨了资本总公式的基础上，指出公式中存在的基本矛盾，进而提出劳动力的买卖问

---

① 大卫·哈维：《跟大卫·哈维读〈资本论〉》，刘英译，上海译文出版社，2014，第4页。

题，一针见血地指出劳动力已经成为一种商品在市场上买卖。再次，哈维进入了对劳动过程和剩余价值的生产环节的考察，并对《资本论》观点的发展路径进行了梳理。哈维认为"他（马克思）从单一的商品这一概念开始，在其中嵌入了使用价值和交换价值的二重性。在交换价值背后隐藏的是作为设计必要劳动时间定义的单一的价值概念。价值内化了具体劳动和抽象劳动的二重性，使它们通过价值在价值的相对形式和等价形式的二重性中被表示出来，从而在一种交换活动中结合其他。从这一点开始，一种货币商品作为价值的普遍表现出现。但是，这掩盖了价值作为一种社会关系去生产商品的拜物主义的内在含义，它被理解为人与社会之间和人与物之间的物质关系。在市场上，人们与其他人之间的相关性，并不是作为人与人而是作为物品的买者与卖者的关系"①。而市场的等价原则与剩余价值生产中所要求的不等价之间，形成了一种矛盾，这种矛盾在资本和劳动之间的表现，就是阶级关系。马克思研究的特点就是环环相扣，是按照不同的层次逐渐展开的。作为论点，它从商品中简单的对立，扩展到对资本主义生产方式是如何运行的，这种辩证的扩展贯穿全书。在进行点评之后，哈维关注了劳动过程和它实现价值的过程，进而对不变资本、可变资本、剩余价值率、相对剩余价值、劳动分工和制造进行了逐一考察，对技术发展、资本积累的影响进行了评估，在书的最后哈维回到了资本积累领域，对资本积累的一般规律、原始积累的秘密进行了评述，对当今的资本主义发展进行了反思和预测。他回答了世界已经发生了巨大变化，在这个时代要如何运用《资本论》一书的问题，并在研究中加入了自己关于当今世界的相关性的理解，梳理了《资本论》文本中最符合时代发展趋势的观点。

---

① 大卫·哈维：《跟大卫·哈维读〈资本论〉》，刘英译，上海译文出版社，2014，第26页。

第三章 大卫·哈维城市理论的逻辑演绎

大卫·哈维城市思想的逻辑所立足的实体存在论是以城市这一独特的空间形式来诠释人类世界的一切价值，是以物的现实性原则来遮蔽和否定人的可能性的原则。大卫·哈维城市思想以马克思主义政治经济学为基本立场，以资本积累和阶级斗争为两条研究主线，沿着"三位一体"的逻辑架构，运用历史唯物主义、辩证法，向我们展示了过程与空间、资本与城市的互动关系，勾勒了一幅生动的资本主义城市图景。

第一节 大卫·哈维城市研究的主线与逻辑框架

大卫·哈维的城市研究始终坚定地以马克思主义政治经济学为基本立场，沿着资本积累和阶级斗争两条主线，使用"三位一体"的研究框架，为我们展示城市发展的宏伟画卷。

一 坚定的马克思主义政治经济学立场

正如我们所见，生态学的视角及其功能主义的范式，使唯意志论成为城市研究的主流理论。即区位经济学家强调垄断控制消费者和商业优先权的需求方作用。社会被构想为一种形式系统，被帕森斯社会学理论机制的价值共识所整合。技术革新带来了巨大的社会变化，大都会被理解为一种不可抗拒的自然进程的结果。20世纪60年代以来，马克思主义受到了一次新的洗礼。1968年的"五月风暴"震动了整个欧洲。超过2000万的法国工人在街头罢工，将这个国家置于革命的边缘。国家开始支持社会科学研究，支持人们去分析被称为城市革命的东西。当这样一种可替代性选择的方法被强烈需要的时候，大量丰富的城市话题诞生了，并最终在某个时刻和美国的马克思主义城市分析学家的成果混杂在一起。所有马克思主义研究的根本目的就是用一种富有生机的综合取代一种已经令人生厌的描述性城市研究。哈维是其中一位成功的阐释者。

哈维的学术渊博，研究领域跨度很大，除了地理学以外，还在经济学、文学、政治学、人类学和社会学领域有一定的造诣。这也使得哈维研究的宽度和广度远超过同时代的其他学者。从表面上看，城市只是一个以物质外貌呈现的空间，但是其中却包含着错综复杂的社会关系，而且城市已经成为人类生存的最重要载体。面对这样复杂多变的研究对象，采取跨学科的研究视角是解析城市有机体的重要手段。而哈维的研究目标也不仅仅是认识城市，还包括通过对资本主义城市的批判，认识城市的本质，进而为构建新型城市提供素材和理论基础。一方面，哈维通过揭示城市化的过程，设定了城市环境的现有形式；另一方面，解释了不平衡空间发展的特点和与之相联系的社会危机。这一关键的视角不仅考虑其自身与贫穷和社会正义之间的关系，而且还考虑到不人道的建筑设计和不公平的城市规划的出现。[①] 因此，从马克思主义政治经济学的视角出发进行城市研究，既是一种生态学，也是一种政治学，还是一种关于城市事件和城市形式的社会述评，达到了传统方法所无法企及的高度。因此，哈维曾一针见血地指出："如果切断我们与马克思之间的联系，就是切掉我们敏锐的嗅觉以满足现代学术流行的肤浅外表。"[②]

对于为何选择马克思主义政治经济学作为研究的出发点，哈维曾经有过详细的论述。在哈维看来，马克思主义是现有的一切理论中最有说服力、最有与时俱进品质的理论。马克思主义理论不但可以解释世界，而且可以通过实践活动改变现实世界。另外，马克思主义的政治基础和目标很有意义。马克思主义的政治目标是激进的、进步的，其目的不仅是提高没有特权地位者的生活条件，而且还在于探索人类解放的普遍前景。这样，在面对诸如空间、城市化和社会正义等复杂棘手而用传统的地理学又不能解决的问题时，马克思主义所具备的强大分析能力便可满足哈维的迫切需求，这主要体现在马克思主义为地理、环境和空间问题研究提供了强大的

---

① 马克·戈特迪纳：《城市空间的社会生产》，江苏凤凰教育出版社，2014，第 73 页。
② 大卫·哈维：《希望的空间》，南京大学出版社，2006，第 12 页。

方法论基础。因此，面对近 30 年来有关诸如"后现代主义"、"后工业主义"、"后殖民主义"、"后结构主义"等以"后"为特征的流行话语时，哈维主张必须到马克思那里寻找理论资源。①

因此，在经过反复对比和选择后，哈维选择了马克思主义政治经济学作为地理学革命的起点。之所以会得出这样的结论，是因为"马克思主义理论明显的特点在于，它是站在那些没有掌握生产方式的人，即站在无产阶级立场上，提供了理解资本主义生产方式的关键点。所以，马克思主义政治经济学的范畴、概念、关系和方法就具有了形成新范式的潜力，而这些又是对资本主义世界权力结构的一个巨大威胁"②。哈维对马克思主义政治经济学并非进行了全盘吸收，而是将关注点放在了两个核心范例组上，之所以这样做，是为了隔绝政治经济学推理特征的潜在模式及其局限性所带来的问题。

二 大卫·哈维城市研究的两条主线

大卫·哈维的城市研究貌似包罗万象，但是始终围绕两条研究主线进行延伸。第一条主线是资本积累。哈维认为城市化过程承载了"资本"的所有内涵与外延。资本主义的城市化过程从本质上说就是资本的城市化。"为积累而积累，为生产而生产"是当今资本主义城市存在的基本法则，由此出现了资本主义城市的多重矛盾（资本与劳动对立的矛盾；资本主义生产体系与非资本主义生产体系的矛盾），资本的城市化是导致资本主义周期性危机的根源，而利用"时空修复"的方式化解危机又造成了"不平衡的地理发展"。第二条主线是阶级冲突理论。在哈维看来阶级冲突的社会环境发生了重大变化，城市已经成为一种阶级现象，因此他对阶级及阶级冲突的领域进行了重构。阶级冲突的根源在于生产中对劳动力的剥削和异化，因此争取城市权利是解决阶级冲突的根本政治途径，这种城市权利远远超出我们所说的获得城市资源的个人或群体的权利，而是一种按照我们的期望改变和改造城市的权利。由于改变城市需要依赖于城市化过程中集体力量的运用，因此阶级斗争的根本途径是城市社会运动，而最终的目

---

① 唐旭昌：《大卫·哈维城市空间思想研究》，人民出版社，2014，第 25 页。
② David Harvey：*Social Justice and the City*，The Johns Hoping University Press，1975，pp. 126 - 127.

标是实现城市的空间正义与环境正义。

1. 资本积累理论

几乎所有的马克思主义者都会关注资本积累问题。从资本积累的角度看，城市发展或者城市化的进程是资本积累过程的空间证明。正如哈维所说的：城市生活研究包含剩余价值的集中。哈维着重研究马克思主义政治经济学中资本积累理论的目的是更加全面地掌握社会发展的进程。他关注了金融资本和国家干预的作用。第一，哈维首先通过运用传统马克思主义有关城市发展的概念来开展他的阐述，如剩余价值、生产剩余、利润的下降以及积累危机等。他在这些传统理论中加上了时代特征——解释了凯恩斯主义的出现，或者国家干预主义以及金融资本的霸权冲击——马克思未能解决的晚期资本主义的所有方面。通过解释城市的功能作用——积累过程——以及针对社会阶级运动的结果，把城市定义为在空间经济中交叉区域的节点，定义为一种建成环境。这一环境是由动员、提取以及大量的剩余价值在地理上的集中所产生的[1]。第二，哈维把资产阶级干预主义者定义为"资本一般"，假设国家像资产阶级的行政机构一样运转。第三，他在空间中国家和资本干预之间建立了一种理论，将阶级冲突整合进了国家和公民之间对立的关系之中。第四，哈维提出了解释城市形式变化的需要。第五，他聚焦于当代资本主义社会基础设施的变化，把这种变化归因于资本的循环，是资本在空间中的实现。通过以上五个主要观点，他描绘了资本主义制度运行的模式和应对危机的方法，解释了建成环境的生产。最后，他表明，城市已经通过金融资本产生了一种占主导地位的社会形态，城市空间的本质已经改变。最初城市通过工业生产成为集中和占有剩余价值的工具，但是，当前城市已经变成一个创造刺激消费并保持高水准需求的地方。

2. 阶级冲突理论

阶级冲突分析作为马克思主义研究的传统领域，一直是马克思研究的一大特色。但是，很多学者认为阶级冲突分析未能彰显出在作为一个整体、作为一种系统的生产方式的资本主义和作为一种个体行为恪守阶级界限的社会形式的资本主义之间的重要区别。由于阶级冲突分析和实证主义

---

[1] 马克·戈特迪纳：《城市空间的社会生产》，江苏凤凰教育出版社，2014，第91页。

一样，强调找到几个引起城市现象的要素，很多这样的研究回避了辩证的分析，仅仅是在马克思主义的形式中再现了传统的思想。在这一分析模式中，恒定的劳动力要素被归因于一种主要的资本主义区位决策的决定性因素。因此，城市形式被解释为一种阶级斗争的产物。①尽管如此，哈维仍旧认为阶级冲突理论是研究城市的重要线索，通过对阶级冲突的剖析可以看到资产阶级的独特变化，会反映出它们自身不同的空间形式，并展示出社会结构和空间结构之间的关联。

阶级冲突最早被用于证实一种土地使用决策中的社会控制观点，为了维系资本主义制度，资产阶级会强化其对社会的控制能力。资产阶级作为一个整体来采取行动，通过不断发展和完善，不断淘汰和适应，来确定哪种制度是最适合自身发展的。这种理论引起了马克思主义者的高度重视，进而将其加工成为阶级冲突理论的最早形式。阶级冲突分析法强调资本主义或资产阶级平衡力量的方法，这种方法把劳动力方面的思考挑选出来以确定土地使用的形式。在哈维看来，既然城市化在资本积累的历史中如此重要，既然资本和它无数的盟友必须坚持不懈地动员起来周期性地改变城市生活，那么无论人们是否意识到，某种类型的阶级斗争一定不可避免。因为，资本必须竭尽全力把它们的意志强加于城市发展和整个人口上。因此，为了研究当代城市的阶级斗争，哈维分析了 2011 年伦敦街头的无政府主义和少年的反抗行动以及占领华尔街事件。他发现资产阶级在无休止地发动着阶级之战。而反抗这种压迫和异化，唯有以民主的方式集合成为统一的反对阵线，允许自由地设想另外的城市形式、政治制度以及为了人民的利益组织生产、分配和消费。这将是人民反对资产阶级斗争的开始，这场战争对我们集体的未来至关重要。这场斗争的性质既是全球的也是地方的，如果斗争胜利，人类将开启发展的新纪元。

阶级冲突理论与资本积累理论两者存在密不可分的关联。如埃德尔所言，任何时候，"资产阶级关系的再生产和资本积累都可能被正在进行的资本家和工人阶级之间的斗争中断或影响"②。在实践中，资本积累强调的是积累进程在结构上的表现，并把这些现象与城市发展联系起来。而阶级

---

① 马克·戈特迪纳：《城市空间的社会生产》，江苏凤凰教育出版社，2014，第 76 页。
② Agnew J, "Home Ownership and the Capitalist Social Order", in Dear and Scott (eds.), *Urbanization and Urban Planning in Capitalist Society*, New York: Methuen, 1981, pp. 457–480.

冲突理论则是调用阶级关系来分析积累过程在空间部署上的形态。因此，这一方法被应用于发展过程本身，通过展示资本积累是如何在空间中得到证明和如何受到空间部署的影响来定位城市现象的起源。这种关联性是哈维研究的焦点，他捕捉了资产阶级发展和空间形式相关特质的内在联系，这使他在同类研究中脱颖而出。

三 "三位一体"的逻辑框架

20世纪60~70年代以来，马克思主义的城市分析都是通过学者间不同立场批判和相互影响得到发展的。这一过程在深层次上促进了新马克思主义城市理论的发展，使之不断寻求理解社会发展和空间变化之间深层次关系的路径。因此，新马克思主义城市思想是一个动态和整体的阐释。在美国，关于城市研究一直盛行着两条不同的研究线索：政治经济学和集体消费理论。支持第一条线索的人，未能突破实证主义哲学和概念化的束缚，将新古典主义思想始终作为研究的基点；而支持第二条线索的人，则限制了城市领域在社会再生产中的作用。大卫·哈维在审视了这两者之间的优劣之后，提出马克思主义的分析需要重写，有必要采用一种充分的空间思考的分析，推进马克思主义的分析。不但要研究社会行为和社会关系在空间—时间范围内的相互关系，还需要超越马克思主义的分析范畴。但这并不意味着放弃马克思主义思想，或者是辩证法，而是超越马克思主义政治经济学，用现实主义者的方式向前推进，并评价马克思主义空间范式的解释能力。他回到了马克思的"三位一体"（The Trinity Formula）的概念，将空间带进了马克思主义的分析框架。

哈维对马克思的著作有着浓厚的兴趣，他曾在《希望的空间》一书中详细地阐述了《共产党宣言》中的观点，并在多部著作中对《资本论》中的观点进行了引用和评述，可以说《资本论》对哈维城市思想影响深远。哈维在大学中长期讲授《资本论》的课程，对该书进行了长达数十年的研究，他最主要的研究成果都在《资本的界限》一书中呈现。这本书力图用空间视角分析当代资本主义政治经济的变化，用马克思主义政治经济学的观点剖析现实问题，将空间作为重要的分析视角加入马克思主义的话语体系中。近几年，随着美国次贷危机的爆发，人们又重新认识到了《资本论》这部著作的重要价值，一时间《资本论》在全球各地脱销，被学界追捧为化解经济危机的"圣经"。哈维也在此时出版了《跟大卫·哈维读〈资本论〉》（第一卷）和《跟大卫·哈维读〈资本论〉》（第二卷）两本著作和《资本之谜》，重新梳理了《资本论》的主要观点，并加入了自己对资本和城市化的认识，可以说《资本论》构成了哈维城市研究的整体框架，他一直追寻着这条线索对城市展开研究。

以《资本论》作为研究的起点，意味着对主流政治经济学的批判。在由恩格斯晚期编辑的《资本论》第三卷的著名片段中，马克思揭开了"三位一体"研究公式的面纱：资本、劳动力和土地，它们是资产阶级生产模式的三个主要组成部分。马克思这样分析的原意是，作为资产阶级的一种批判性思维，这些范畴表现了由主流经济学所产生的剩余价值的基本意识形态的困惑。在资产阶级社会的生产关系中，有三种分配剩余价值方式。因此，这三个要素在本质上一致的，并产生了与资本主义生产模式的基本对抗。马克思曾论述道："资本—利润（企业主收入加上利息），土地—地租，劳动—工资，这就是把社会生产过程一切秘密都包括在内的三位一体的公式。……每年可供支配的财富的各种所谓源泉，属于完全不同的领域，彼此之间毫无共同之处。它们互相之间的关系，就是公证人的手续费、甜菜和音乐之间的关系一样。"①

对于以上这段话，罗斯多尔斯基（Rosdolsky）曾经做过详细的分析。他认为，仅仅因为它是一种困惑就拒绝考虑这三个部分的社会分工显然是错误的。不同的回报……利润或利益、地租以及工资……与社会的机会主义者相适应……资产阶级、地主和劳动者……表现了作为一种社会组织在资本主义现有机构部署条件下的社会生产关系。其结果是，只要资产阶级实践依然完整，它们就不是幻想，而且它们需要我们的关注。② 马克思总结道："我们已经看到，资本主义生产过程是一般社会生产过程的一个历史规定的形式。而社会生产过程既是人类生活的物质生存条件的生产过程，又是在一个独特的生产关系中进行的过程，生产和再生产着这些生产关系本身，因而生产和再生产着这个过程的承担者、它们的物质生存条件和它们的相互关系，即是一定社会经济形式形成的过程。……资本逐年为

---

① 马克思、恩格斯：《资本论》（第 2 卷），人民出版社，1975，第 919~920 页。
② Rosdolsky R., *The Making of Marx's Capital*, London: Pluto Press, 1980, pp. 22.

资本家提供利润，土地逐年为土地所有者提供地租，劳动力……在正常条件下，并且在它仍然是可以使用的劳动力的时期内……逐年为工人提供工资。每年生产的总价值中的这三个价值部分，以及每年生产的总产品中和它们相适应的部分，……在这里我们先撇开积累不说，……可以每年由它们各自的所有者消费掉，而不致造成它们的再生产源泉的枯竭。它们好像是一棵长生树上或不如说三棵长生树上的每年供人消费的果实，它们形成三个阶级即资本家、土地所有者和工人的常年收入。这些收入，是由职能资本家作为剩余劳动的直接吸收者和一般劳动的使用者来进行分配。"①

哈维借鉴了马克思的"三位一体"的逻辑框架，将土地、资本和劳动力贯穿于研究的全过程。尤其是哈维近年来的新书中，这条线索越加清晰。在《资本之谜》一书中，哈维基本上沿用马克思"三位一体"的逻辑概念和范畴。哈维指出，和当代主流经济学家通过建立复杂的数学模型、分析数据、剖析细节来试图找出美国次贷危机的成因不同，自己是通过回归马克思主义传统，研究资本的流动及运动轨迹来找出危机形成深层次原因的。哈维认为，资本是资本主义社会的生命源泉，它就像是资本主义的血液，有的时候是涓涓细流，有时却来势凶猛，不放过世界上的任何角落，将所有的一切都纳入资本主义的全球生产体系之中。正是由于资本的流动，资本主义世界的人们才得到了生活必需的面包、房子、汽车、衣服等生活必备品。也正是由于资本的流动，资本在给人类提供娱乐性、教育性、支持性和精神性服务的过程中才得以创造出财富。正是通过对资本流动的各个环节征税，各国政府的政府职能、军备及保证国民高质量生活水平的能力才得到不断提升。因此，资本流动对当代资本主义发展至关重要，只有弄清楚资本流动的规律及其曲折的轨迹，以及略显怪异的外在表现特征，才能看清我们生活的真相。哈维一针见血地指出，资本要想通过循环和周转过程来实现资本主义扩大再生产所必需的积累，就必须要克服6个方面的障碍：原始资本不足；劳动力供给不足；生产资料，包括所谓的"自然资源"的稀缺；不合时宜的生产和组织形式；生产过程的无效率；市场上有资金支持的有效需求不足。上述6条中的任何一条出现阻滞，都会破坏资本流动的连续性，如果这种状况持续较长一段时间，最终就会

---

① 马克思、恩格斯：《资本论》（第2卷），人民出版社，1975，第821页。

导致危机的爆发。他从商品、价值、剩余价值、生产和分配、资本的构成、资本积累、地租和阶级关系在当代城市中的表现及影响几个方面进行分析，从而得出自己的结论。很明显，这种研究的方法延续了"三位一体"的逻辑框架，由此可以得出结论，哈维是借用了马克思《资本论》中的研究手段来构筑城市空间思想的基本骨架，将土地、资本和劳动力这三个要素作为论点加以使用。

第二节　大卫·哈维城市研究的方法论取径

马克思主义研究一向讲求研究方法的科学性，如果没有理论范式和研究方法的支撑，便不能成为一门严谨和科学的理论。因此，大卫·哈维也十分注重研究方法的规范性和可行性，并以自己的理论研究实践抵制了那种认为只有实证研究才是科学研究的偏见。

哈维在回答社会思想和道德哲学如何与地理学的调查发生联系这个问题时，首先想到的就是找到一种可以在自然科学和社会科学中通用的方法论，并一直为社会思想和道德哲学与规划和地区科学等领域进行联系进行着努力。在著作《社会正义与城市》中，他开篇就说到一个压倒一切的中心问题就是方法论问题，在书中，"这个问题的演进通过深思被构想和解决"①。空间和社会的概念以如下方式发生联系：空间形式是无生命的客体，它在社会进程中展开，但是作为包含在相同方式社会进程中的东西，社会进程是空间化的。

一　逻辑实证主义：基于方法论的重构

最初，人们看待理论的基础是人为地将方法论从哲学中剥离，认为现实是从价值中分离出来的，客体是独立于人类观念和行动的，发现的私人进程是从公共交流进程中分离出来的结果。这两者是分开的，而不是《地理学的解释》中所展示的辩证的逻辑实证主义思想，哈维认为如果为了方便分析是不应该进行这种区分的。

---

① David Harvey, *Social Justice and the City*, London：Edward Arnold, 1973, pp. 122.

正如我们所熟知的，在哲学史上，逻辑实证主义可以分为前后两个阶段，第一阶段以石里克（Moritz Schick）和卡尔纳普（Rudolf Carnap）为代表，他们将哲学视为科学逻辑的一种，认为哲学问题就是语言问题。正如克拉夫特（V. Victor Kraft）所说的：逻辑实证主义者有一个共同的信条：哲学应当科学化，于是它的目的就直接指向了对所有"形而上学"的取消。第二阶段的逻辑实证主义以亨普尔（Carl Gustav Hempe）和波普尔（Karl Popper）为代表。他们对卡尔纳普的早期实证主义观都进行了批评和修正，强调科学始于问题，问题不仅能够证实，还能证伪。因此，哈维《地理学的解释》一书中接受第二阶段的逻辑实证主义观点，并将其进行了修正与完善。采取这种方法论视角，哈维拒绝对地理学做简单的整理和补充，而是对地理学知识进行重新定义和创新，经过脱胎换骨的改造，"地理学"会产生更多阐释的空间，这也是为什么他会把自己的第一本著作取名为《地理学中的解释》的原因。他在书中对逻辑实证主义进行了再定义。

关于逻辑实证主义理论的抽象概念，他是这样阐述的：开始，我也支持这种观点，结构理论需要生产出足够和适合的语言，带有固定的定义和方式，可以以逻辑一致的方式来说明现象。但是，定义可以控制推论，并且思想体系可以以这种方式表现而不是增强我们理解世界的能力。但是，类别行为是理解类别如何成立的有效方式，特别是它们是如何呈现含义并通过使用发生转变的。

证明通常不能从社会实践中分离出来。有很多理论在一个社会背景中可区分功能，并且每种形态都有特定的证明程序。证明通过实践完成，意味着理论在很重要的意义上是实践。当理论通过使用变成实践时，它才是真正的证明。在哈维的著述中，有从"哲学理想主义"转向"在特定历史背景中的唯物主义解释"的迹象。

20世纪60年代末70年代初，哈维的方法论发生了重要转变，他摒弃了实证主义转向了马克思主义或者结构主义，明确地反对用实证主义方法论取代马克思主义方法论的研究方法。他认为"将实证主义的标准强加给马克思主义，意味着将实证主义而不是马克思主义作为研究基础"[①]。在这

[①] David Harvey, *The Urban Experience*, Oxford UK & Cambridge USA: Blackwell Publishers, 1989, pp. 13.

种方法论的指导下，他对空间、城市和社会本质的认识都发生了重大转变。

二 历史唯物主义视野中城市与社会正义的本质

20世纪60年代，美国在向后现代工业的转型过程中出现了社会结构失调、城市发展失范的问题，引起了一场轰轰烈烈的反文化运动。这一运动引起了哈维的关注，并开启了他第二次地理学立场的转变。他通过翻阅大量的人文社科著作，在马克思主义中找到了灵感，他通过不断修正自己的研究策略，将马克思主义融入地理学，将后现代文化与地理学进行并置考察，用文学、艺术以及城市建筑等美学元素来重新打造地理学的新思路，从而实现了城市思想的第二次飞跃。

（1）空间的本质

空间的概念需要通过理解城市现象和社会来呈现。但是，这并不意味着任何空间概念的结构都是固定不变的。因此，哈维假设了三种空间的概念，即实在的空间、相对的空间和关系的空间。一方面，我们认为空间是实在的，它是事物本身，是独立存在的东西。另一方面，相对空间的概念是假设空间被理解为存在于主客体之间的关系，因为客体存在并彼此联系。最后，哈维提出了理解空间的第三种方式——关系的空间，如莱布尼茨（Leibniz）提出的，它像放置客体的容器，意味着它是存在的，包含和代表它自己与客体的关系。这里，应该注意客体包含主体。空间不是实在、相关或关系的本身，但是它可以通过人类实践同时变成一个或所有依靠环境空间的合适概念。用马克思的话来说，"哲学问题没有哲学答案"。并且如马克思所做的，哈维将这个问题变成了另一个问题。因此，空间是什么的问题被不同的人类实践是如何创造和使用有差别的空间概念的问题所取代。

（2）社会正义的本质

事实和价值的区别，正如方法论与哲学的区别一样，只是哲学问题中数不清的二元论中的一个。在马克思之前，哈维说马克思推翻了区别，并且宣称哲学的终结。根据实践的理论，哈维指出：马克思主义伦理学处理了社会正义是什么的问题，以及它与道德的关系问题，并且指出社会正义起源于人类实践而不是与这些概念相联系的事实本质的讨论。对于马克思来说，观察行动是评价行动，将它们分离并强行区分为人类实践，在现实的实践中是不存在的。所以，很明确，哲学理想主义的二元性本体论、逻辑实证主义方法论基础在现实中是不存在的。哈维将这一结论延伸到自由经济主义二元论和其他假设的二元性中：通过接受马克思的方法和技术分析，生产和分配的区别瓦解了，社会正义和效率是所有这些完成的二元论瓦解中的一部分。在这些文章中发生的演进是从自由主义到社会主义的过渡。笔者倾向于认为社会正义是终极正义和道德转向为一种价值问题，是社会进程运行中的偶然。《社会正义与城市》中第三章真实收入分配的问题与生产相关，"这是一种自由主义的分析方法"。

（3）城市化的本质

区别自由主义和社会主义也标志着城市化概念的巨大转变。城市首先是"事物自身。"后来，"它变成一面镜子，社会其他方面可以反射。因为城市化定义存在关系性，城市化就从"事物自身"变成了人类生产和再生产的社会关系，构建起城市化的相关性概念。很明显，这个转变在理解空间和社会正义方面实现了从方法到理论的转变。空间、社会正义和城市化，所有开始都被看作他们自身的主题，以抽象方式被展示，但却不能彼此孤立地被理解，并且遍布西方思想的二元论不能通过建立联系来理解，只有瓦解，才能推动所有前沿思想的同时演进。

通过《社会正义与城市》一书，哈维解释了他自己思想的演进过程，并比较了他的自由思想与前马克思主义者分析的不同：自由规划是从构思空间和收入问题开始的，并且使一个不可调和的矛盾衰落成为无助的、无形式的相对论。社会正义和空间系统包含一系列斗争，使社会正义和空间问题变成形式，但是如果作为结论出现，它们依赖于社会正义本性的本质特征。

地理学中的革命与反革命理论与贫民区问题的讨论互为前提与结论。对使用价值、交换机制和城市土地使用理论、城市化的讨论都试图找到马克思分析的演进框架。《社会正义与城市》一书的最后三章，社会主义形式开启了一些思考的方法和途径。书的第二部分分析西方意识形态的意义，而第一部分则分析了马克思主义意识形态的意义。但是，哈维的兴趣并不在于意识形态是什么，因为他反对科学和意识形态的区分。

三　大卫·哈维方法论的基本原则

《社会正义与城市》全书通过坚持相同的主题，寻找合适的方法和合适的理论概念分析城市与正义。哈维指出了一些对所有科学领域都正确和有效的东西。理论并不是在主题研究开始就已经被使用或给定，而是需要一些案例研究或理论上的经验使用才能得到。理论与实践是共存的或者至少是彼此相随的。哈维在《社会正义与城市》中最后回归了理论，打开了理论问题并开始了全面介绍城市理论。在资产阶级传统中，理论是始终具有张力的或者是实践的指导。

对于哈维来说，马克思著作中最宝贵的财富就是其方法论。马克思在很多方面与他的先驱相近。莱布尼茨和斯宾罗莎（Spinoza）提供了相关的理论思考方式和总体性概念，马克思都全盘接受了。黑格尔提供了辩证的视角，康德（Kant）提供了数不清的辩证法，另外英国的政治经济学家提供了调查社会中物质生产生活的实践方法。马克思将这些混乱的因素放在一起，组成了自己的方法论，通过使抽象理论和实践相结合，创造了理论的实践。这使人类创造历史，而不是被历史创造。马克思认为在他之前没有人看到，只有通过研究和人类实践创造，西方思想中数不尽的辩证法问题才可以被解决。

笔者必须对这个有挑战性的问题做一些添加，并指出一些逻辑的延伸，以及一些修正。第一，哈维认为所谓"西方思想"的含义，事实上是指从19世纪中叶以来的非马克思主义传统的社会和政治科学，尽管至今仍在被忽略。在塞因特·西蒙尼亚（Saint Simonian）提出社会思想之后，社会思想被分割为两种相互竞争的传统。一种是社会学，另一种是历史唯物主义。所有二元论都发现它们被社会学学科所支配，尤其是在欧洲和美国，通过拉穆特（Lomte）、韦伯（Weber）、佩斯坎（Parscons）等人的理论社会学得到了长足的发展。所以，笔者认为，我们所谓的社会学和历史唯物主义有明显的区别，这种区别起源于马克思主义文本。

第二，只有通过理论与实践相结合的方式，人类才能创造历史。否则，历史和社会会成为压制人类的异化力量。

第三，哈维提出的二元论已经产生了理论与实践的分离。

第四，自然以及后来的社会力量、事实、可能、身体和行为都是客观的。只有给予历史背景和环境，通过人类、价值、主观、自由、思想和思考发现它们的物质基础，才能表达和理论化它们自身。

第五，本体论、存在理论，所有外在于自然和社会的问题都转向了生成的问题。换言之，认识论问题，存在于理论的生成中。

第六，二元论只有通过相关的行动才能发生关联，只有通过革命理论的实践才能解决。主体变为客体，可能变为自由，行动变为思想等。

第七，在马克思主义理论中，本体论、认识论和方法论的分离只有服务于分析目的才有用。它们暗示自己只是为了理论生产计划而存在。理论生产计划被认为是历史压迫时代政治发展不充分的结果，这会加强理论构建的分裂。

第八，完美的理论与实践结合，只有在革命时代通过实践才能变成可能。换句话说，历史作为结构的组成、改变的可能和作为政治思想理论彼此结合。《圣经》就是个好例子。在十月革命前，在列宁的《四月提纲》（*April These*）中也能找到相似的例子。志愿行动和俄国社会与历史状况决定性在当时理论与实践中是一回事。这是时空一致的理论与实践。它们必须发端于实践，实践必须满足理论需要。

第九，辩证的思考是由于存在于本体论中的认识论才得以发展。矛盾是客观的，并被结合在一个无所不包的主题中。所谓基础的政治经济学问题范畴，必须与思想、法律、文学、个人心理学、国家行为等上层建筑相联系。经济基础和上层建筑的本体论是分离的，但是在马克思主义认识论中，认识论的范围超越了这种实际的分离。

第十，只有通过有意识的政治行动，理论才能成为实践，行动通常试图改变含义，并且行动只有合并本体论问题的基础和认识论问题才能成功。

第三节 城市的历史唯物主义解读

马克思和恩格斯的理论研究都是建立在某种"经验"或者"经历"的基础之上，注重历史研究和逻辑研究相统一的研究方法。大部分的马克思主义者也都继承了马克思和恩格斯的研究方法。从认识论的层面看，哈维坚持了历史唯物主义的理论原则，将物质生活的生产方式作为分析社会的基本出发点，将社会（生产关系）和矛盾分析（尤其是阶级矛盾分析）作为研究社会的根本方法。但是他并没有完全照搬马克思的方法论，而是有所突破和创新。桑德斯认为哈维的分析"范式"发生过从人文主义到结构主义的变化。邓肯在分析哈维理论研究特点时也指出"哈维的马克思主义著述采取了一种结构主义的姿态，具有一种整体阐释模式的特征，其中资本等物化的实体成为基本动因，而人仅仅被当作结构性逻辑的执行者"。一方面，他的城市思想具有注重政治经济学理论分析的结构主义传统；另一方面，又包含具体的历史地理研究的人文主义传统。[1]

一 历史—地理唯物主义方法论运用的必然性

纵观哈维的城市思想，历史—地理唯物主义就像一根红线穿插于他不同时期的著述之中，使得他的城市思想始终围绕着时间和空间问题展开。尽管探讨的问题和视角有所不同，但是历史—地理唯物主义是其城市思想的核心概念和理论基石，也是他激进的解放政治学和辩证乌托邦理论的重要支点。哈维在谈到自己的方法论时，不止一次地强调自己的研究方法既不同于实证主义，也不是照搬历史唯物主义，而是在两者的基础上，加上了"地理"这一重要维度，综合实践、空间和辩证法这三个要素，构建了更为强大的方法论。正如哈维自己所说，他真正想要实现的是"拣选一些非常基本的地理概念——空间、地方、实践、环境——并证明它们是任何历史唯物论认识世界的核心。换句话说，我们必须考量历史—地理唯物论，还需要具有一些辩证法的支持。"[2] 遵循着这样的思路，他将自己的辩证法定位为整体立场的辩证法，是辩证的、历史地理的，也是唯物主义的，这种结合的方式可以"以某种方式应对诸如整体、个别、运动、静止等问题。这种理论能够把其他形式的理论包含其中而对其本身几乎没有任何损失"[3]。

构建历史—地理唯物主义并非偶然，而是经过了长期的思考、不断转

---

[1] 高鉴国：《新马克思主义城市理论》，商务印书馆，2006，第283~284页。
[2] 大卫·哈维：《资本的空间：批判地理学刍议》，群学出版社，2010，第26页。
[3] David Harvey: *Social Justice and the City*, London: Edward Arnold, 1973, p9.

变,最终做出的选择。哈维认为,从封建时代到资本主义社会的转型中,西方社会的地理思想和革命实践也不断发生着变化,这也是他选择加入地理维度的主要原因。这种变化反映在以下六个方面:①对航海和领土权界定的关切推动了制图和地籍调查技术的发展;②世界市场的确立和发展推动了各个地区间商品的交换;③对生活方式、经济形式和社会再生产地理变化的细密观察成为地理学的重要任务;④把世界划分为几个资本主义强权势力的范围引发了严重的地缘政治问题;⑤地理学家越来越关切资源的利用和人口、产业、交通等空间分布合理化问题;⑥资产阶级时代的地理知识越发具有浓烈的意识形态特色。[1] 因此,地理学在构建资本主义城市方面的作用愈加凸显,而地理学的发展却始终滞后于现实的需要。因此,他在资本主义社会转型的大背景下指出了地理学转型和改革的必要性,主张用地理学的转型和改革来适应社会发展的需要。他认为"地理学家目前面临的困难和代替出路,同样根植于社会转型的冲突性过程。无论我们是否喜欢,有关我们学科的转型或稳定化的提案,都是相对于更广大社会变迁过程的立场。有关我们的学科将往何处去,以及它如何能够重新构建以迎合当代挑战和需要的争论,必须察觉到这项基本事实"[2]。因此,他想到了将历史唯物主义与地理学相嫁接的方法,并创造了历史—地理唯物主义。

  为什么是历史唯物主义,而不是实证主义或者无政府主义和地理学嫁接呢?在哈维看来,地理学想要进行改革与创新,必须要牢牢奠基于对历史的认识上。因为地理知识的角色、功能与结构,都是因时而变的,都是回应持续变化的社会形态和需求的。我们对地理学的认识,不能脱离社会的历史,地理学实践也是镶嵌于社会历史之中的,不能用独立于地理学的社会基础来理解。近年来,地理学变得支离破碎,很多学者倾向于在更狭义的专业化基础上寻求帮助。但是,这导致了地理学研究方法日益被整合进入庞大而独断的实证主义,被纳入了某些相关的分析性学科中。地理学家逐渐丧失了他们身为知识之空间面向综合的存在理由。他们越是专门化,他们自身与通俗的地理学知识建构的距离就越远。这与老式地理学——全面

---

[1] 大卫·哈维:《资本的空间:批判地理学刍议》,群学出版社,2010,第161~163页。
[2] 大卫·哈维:《资本的空间:批判地理学刍议》,群学出版社,2010,第159页。

性、综合性的要求背道而驰，而且很难处理不同自然和社会环境下的生活方式及社会再生产问题。但是历史唯物论却可以弥补这一缺陷，它可以辨认和维持及计划相关的地理学面向，并将地理学整合进入历史唯物主义的架构中。同时，马克思主义者虽然配备了强大的理论，但是却很难应付生态议题，或者空间与地方特殊状态内、高度分化的个人和社会群体活动等问题。历史唯物主义总是无法摆脱依附于帝国意识形态，或者政治色彩过强的弊病。这是由于传统马克思主义理论，缺乏一个清楚的脉络、一种理论参考架构、一种语言，以便同时掌握当前再结构了的社会、经济和政治生活的全球过程，以及位于特定地方和时间的个人、群体、阶级和社群所发生的事，而地理维度的加入，恰当地填补了这一空白。哈维指出：我的目标是重构理论，使空间以及它与自然的关系，作为基本要素整合其中。完成这一目标的唯一途径是把空间的生产，或者更一般地，把自然的生产，所有的东西加以理论化，在此基础上，建立一种辩证的和历史—地理的唯物主义的一般理论。从这段话可以看出，哈维试图扭转社会科学长期以来对空间的忽视，将地理、环境、空间等要素都看成能动的主体，而不是被动的客体，纳入对社会历史的审视中，使得历史唯物主义升级为历史的、地理的、辩证的唯物论，而居于其中的核心内容就是空间的生产。

二 历史—地理唯物主义的构建

在建构历史—地理唯物主义的过程中，哈维也遭遇了很多困难。历史唯物主义常常会陷入某种政治教条的僵滞状态，使论证不够透明，以主观设想的政治幻想取代踏实的客观唯物论。正因为如此，在历史唯物主义和地理学之间建立共同的语言、共同的参考框架，以及相似的理论认识，就成为十分艰巨的任务。因此，哈维认为建构历史—地理唯物主义的主要任务是建立一门通俗的、民族的地理学，真实地反映冲突与矛盾，也要能够开启新的沟通和共同理解的通道，克服狭隘或强大的特殊利益问题，符合广泛的民主精神。在此基础上，要接受科学完善性和非中立性双重的方法论，将地理敏感整合到源于历史唯物论的一般社会理论中。同时界定一个政治计划，它能从历史—地理角度展望由资本主义到社会主义的转化。而构建历史—地理唯物主义的最终目的则是"界定激进的引导愿景；探索超越物质必然性的自由领域,开启通往创造新社会的道路,寻找民众也能把握的力量,按照自由的形式预计对立利益的相互尊重,来创造自己的地理和历史"①。

翻阅哈维有关城市思想的著述,围绕历史—地理唯物主义的核心问题始终是资本主义如何生产了自己的空间这一问题。通过时空结合的方式,以使用价值的地理景观为主线,分析使用价值是如何创造和改变地理景观的。由此可见,"正是借助价值和固定资本问题的分析,哈维抓住资本积累/阶级斗争这个中轴,形成了一套对资本主义空间关系构型进行分析的框架,并由此对历史唯物主义进行改造,实质升级为历史—地理唯物主义"②。历史—地理唯物主义有以下几个特征:一是强调把差异和"他者"当作把握社会辩证法的主要内容,在历史唯物主义框架内恢复种族、性别和宗教等社会组织的重要性;二是必须把形象生产和话语生产作为分析象征秩序再生产和转型的重要方面;三是充分认识到社会行动中的现实地理学,即辩证对待时空的关系;四是将历史—地理唯物主义视作一种无限制的辩证的探究方法。③

在《正义、自然和差异地理学》一书中,哈维描绘了历史—地理唯物主义的六个话语特征,分别是:第一,"图绘空间"(Mapping Space)的话语行动是任何知识结构化的先决条件;第二,图绘是一种具体表现力量的话语行为;第三,社会关系总是空间性的,且存在于某种空间性的生产框架之中;第四,物质实践改变空间体验,全部空间知识都源自那种体验;第五,制度是或多或少地持续着的被生产出来的空间;第六,想象(思想、幻想和欲望)是全部可能的空间世界的丰富资源,是那个世界预先构造(虽然内在地)不同话语、权力关系、社会关系以及制度结构和物质实践的全部样态。④

三 历史—地理唯物主义的内容解读

历史—地理唯物主义的核心内容包含以下几个方面:首先将地理、

---

① 大卫·哈维:《资本的空间:批判地理学刍议》,群学出版社,2010,第177页。
② 胡大平:《历史地理唯物主义与希望的空间》,载张一兵主编《社会理论论丛》第3期,南京大学出版社,2006,第73页。
③ 大卫·哈维:《后现代的状况——对文化变迁之缘起的探究》,商务印书馆,2003,第441页。
④ 胡大平:《历史地理唯物主义与希望的空间》,载张一兵主编《社会理论论丛》第3期,南京大学出版社,2006,第76~77页。

空间、城市、环境等关键词整合进历史、社会的研究中，并将其看作构成城市与社会的能动要素；其次，将地理学定位为激进的地理学、民族的地理学和批判的地理学，发挥地理学改造社会和历史的作用；再次，不仅仅将历史—地理唯物主义看作一种认识世界的方法论，而且将其看作改造世界的工具，是激进政治学和地理学可以直接运用以改造资本主义现实和构建未来城市空间的武器，为城市社会的发展提供根本的方向和指导。从这个角度看，哈维笔下的城市空间已经不仅仅是各种社会关系的容器，而且是人造自然，是改造人类社会的能动力量，是各种政治、经济和社会关系融为一体的社会关系综合体。正是因为突破了对空间的狭隘认识，哈维将城市活化，并将其纳入全球资本主义世界体系的高度予以分析。

第四节 辩证法的城市批判

在当代社会科学研究中，辩证法的本质往往被人们所误解，学者们并未意识到存在着许多值得我们重视的辩证法形式。对一部分人来说，辩证法这个词听起来已经没有什么发展的前途，或者过于神秘晦涩；对于另外一部分人，比如说研究哲学的人来说，这又是一个老生常谈的话题。由于一些显而易见的原因，在社会科学研究中，如社会、物理、生物和工程科学等，对辩证法这种思想方式的抵制力量十分强大。但是在某些人文科学中却很容易被接受，特别是在文学理论的哲学化浪潮中，以及在黑格尔、马克思、海德格尔、德里达和许多其他人的广泛影响下，辩证法变得越来越强大。因此，哈维认为有必要建立一些初步的辩证法原则，使之成为理论和概念实践的指南。在这个问题上，他和文学界的立场相同，反对大部分社会理论、物理学、生物学和工程学的观点，这些学科通常不假思索地将辩证法理论建立在实证主义的或简单的经验主义思维和工作模式基础之上。

一 关系辩证法的确立

在哈维看来，辩证法能够加深对社会—生态过程的理解，而无须完全拒绝或抛弃由其他手段得出的结论。哈维强调一种关系和总体性的辩证法,来反对因果链以及无数孤立的且有时矛盾的假设,这些假设只是在微不足道的统计学意义上才具有正确性①。关系辩证法在女性主义理论中获得了广泛的认同,如弗里德曼(Friedman)所说:"关系未知的文化叙事使女性主义者能够跨越拒绝、谴责和忏悔书写"的那种边界,这些"书写"依赖简单的二元论以及本质主义的范畴。在关系框架中,身份随着不断变化的语境而转变,这取决于参照点的不同。所以,不存在本质或绝对。身份是各种流动的地点,人们可以根据形势和功能之有利位置来做出不同的理解。这也正是哈维所坚持的思维方式,因此他的论证也常常在各种对立的潮流中小心地穿梭。哈维将工作的重点放在翻译和转化不同研究结构积累起来的知识体系上,并通过一系列的案例揭示这种转化和翻译如何表现出新的且往往有趣的问题。尽管,他给出了有说服力的解释,但是还存在一些对认识过程的限制,存在一些不可能或者很难解释的难题。比如,空间、时间和自然这些基础的概念,就存在着根本性的理解困难。哈维抓住了这些主题,并对其进行了集中的探讨,对辩证法的发展和实践活动产生了非常显著的指导作用。

哈维认为,把万物还原为洪流或者潮流(Fluxes and Flows),进而对全部形式或位置的短暂性进行强调会对事物自身的发展产生限制。事物本身就是总在改变的,可能转瞬间便会消失,如果思考的时间太短,我们就很难做出正确的决策,因此很多学者回到了简单的基本信仰,即放弃对无法控制的过程进行分析,在哈维看来这样的决定是错误的。哈维认为,在理解世界时,应该给予过程、洪流和潮流的本体论以优先的地位,为此他坚持不懈地寻找着所谓的"永恒"之物。这个"永恒"之物是始终存在于我们身边的,人类通过实践将其构造并放置于生活中,并赋予其特定的意义。这个万物甚至包括怀特海口中的克利奥帕特拉之针和斯芬克斯,都可以被还原为洪流或者潮流。但是,在现实生活中,我们却总是被各种有形的物、制度、话语所包围,真实被那些相对永恒和力量的信仰所禁锢,拒不承认真正的永恒力量,因此很少有人主张所有永久和永恒都将会瓦解。人们往往习惯于强调,辩证法不能被理解为外在于具体物质条件的东西,我们将思维限定在"具体"的事件之中,那些具体的条件往往是恒久不变

---

① 大卫·哈维:《正义、自然和差异地理学》,上海人民出版社,2010,第7页。

的真理，以至于我们必须承认这些东西的永恒性、意义和力量。

为了寻找一种纯粹的辩证法，学者们做过多次尝试。例如，在《马克思的幽灵》一书中，德里达的奇特幻想被视为完全是激进与革命的。这之所以成为可能，是由于他将辩证法同历史—地理条件的全部确切意义以及具体的和组织化的政治学之间的联系完全切断。这样，德里达就能够想象一种无形态、无名字、无政党、无国家、无种族共同体的新国际。伊格尔顿为此进行了这样的评论，这是"后结构主义的最终幻想；一种没有枯燥体系或乏味正统作为资深反对立场的反对立场；一种任何话语都不能表达的不同意见；一种在实现行动中背叛自身的诺言；一种永远激动不已的朝向救世主的开放性，那个救世主最好不要作为某种确定的东西降临，以免让我们失望"①。

为了找到改变世界的确定和可行的道路，哈维认为不仅需要理解永恒，还需要创造一种组织、制度、学说、计划和形式化的新的永恒结构。而且，在这一点上，他所谓的辩证法与那种成为纯粹化唯心主义的关系辩证法存在本质区别。他试图在人类行动得以展开的具体的历史和地理条件中为政治寻求坚实的基础。因此，他强烈反对建立在辩证和关系思维方式之上的"新唯心主义"。这种唯心主义认为，思想和话语是塑造社会生态和政治经济变迁历史的根本原因。哈维则强调，只有辩证理解的历史唯物主义研究才能够把空间、地方和环境等主题整合进社会和文学的理论之中。

二 辩证法的基本命题

在哈维看来，马克思从来没有去制定过辩证法原理，他理解辩证法的唯一途径是通过实践。可见，辩证法不是某个固定的事物，而是一个过程。在这个过程中，心与物、思想与行动、物质与意识、理论与实践之间的二元对立都不复存在。辩证法有一些基本的主题，可以用11个命题来概括。

（1）辩证法思维强调对洪流、潮流、关系的理解优先于对要素、物、

---

① Eagleton, T., "Jacques Derrida: Specters of Marx", *Radical Philosophy* 1995 (73), pp. 35-37.

结构和组织化系统的分析①。这体现了一个本体论原则，即物质要素对于过程而言并不具有优先性，但在认识中人们之所以会有颠倒性的认识，可能是由于我们认识事物时通常是先看它的物理属性，进而是它与其他事物的关系，最后才是理解过程。这使我们陷入了因果和机械的思维方式中，辩证法则告诉我们，当我们认识事物达到了对具体事物进行抽象、概念化和理论化的阶段时，这种认识论状态就会发生倒转，我们便会正确认识事物。

（2）要素或"物"产生于特定领域发生作用的流、过程和关系，该领域构成有结构的系统或整体。结构化系统以及作为其组成部分的单个物，它们的辩证概念完全建立在对过程和关系之理解之上，借助这些过程和关系，物和结构化系统才得以构造。②

（3）从辩证的观点看，由于要素和物是由多种过程构建起来的，这个过程被视为不可还原的，因此物和系统之间存在内在矛盾。从社会理论的角度看，个人是社会系统的一员，但是进一步思考我们会发现，个人也是由各种过程创造出的一个矛盾的"物"，人的社会性也是通过获得某种存在于社会过程之中的能力而创造出来的，从而使个人持续重建自我。用这样的方式来描述物质并不是将其看作外在于过程的被动产物，而是过程中有创造性的存在。

（4）"物"总是被假定为"在每一水平上都是内在地异质的"。③ 这是从前两个命题中推论出来的。为了清晰地阐述这个观点，我们要将其分解为以下四个命题：第一，任何事物都是由其他"物"组成的集合体，而且各个组成部分之间存在某种特定的联系；第二，"物"是由于复杂的构造过程而导致的异质性，因此理解物的量与质属性的最好方法就是理解内在于"物"中的各种过程与关系；第三，作为个体，自我不可能内化宇宙中的所有事物，而是通过相对有限的领域与世界发生关系，吸收与我直接相关的东西，进而将其整合为一个过程；第四，构建概念、抽象和理论的时候，需要给空间、时间、规模和环境设置必要的边界。这些边界也会改变概念、抽象和理论的实质。

---

① 大卫·哈维：《正义、自然和差异地理学》，上海人民出版社，2010，第57页。
② 大卫·哈维：《正义、自然和差异地理学》，上海人民出版社，2010，第59页。
③ 大卫·哈维：《正义、自然和差异地理学》，上海人民出版社，2010，第61页。

（5）时间和空间的概念是相对的，不外在于过程，它往往是偶然发生并包含于过程之中的。时间与空间的过程具有多样性而不是一维的，从列斐伏尔对空间的认识来看，不同的时空生产着自己不同的时空形式。过程并不在时间和空间中发挥任何作用，而是构建时间和空间。

（6）整体和部分之间相互关系，彼此构建。马克思在其著作中完整地论述过部分和整体的关系，哈维也认可马克思的说法，并对其进行了发展。在哈维看来，整体和部分不只存在反馈循环关系，而且相互构建彼此，这两者之间有本质不同。

（7）部分与整体的相互交叉，必然会使主体与客体、原因和结构之间出现互换。有时主体和客体、原因和结果的关系会出现逆转，两者位置会互换。

（8）改造行为——"创造性"——源自矛盾（矛盾双方都依赖内在化了的"物"之异质性）和更明显的系统存在内部异质性[①]。异质性和多样性是不同的概念，"部分和过程作为对立面相互对抗，取决于它们所从属的整体"[②]，创造性张力和改造行为产生于这些对抗，产生于由过程之流构成的它们自身。

（9）所有的系统和系统中的所有方面都在不断变化中，这是辩证法的核心观点之一，也是所有学者论证的重点，即变化一直都在发生，"物"和系统的稳定性都是暂时的，需要给予限定才能成立。

（10）辩证法研究的是过程问题，并创造出一系列如概念、理论和制度化等概念来构造永恒，这些概念会随着研究的深入被修正和完善。正如马克思所说，人类要通过改造世界才能改造自身，离开改造世界和完善自身的活动，世界就不会被理解。因此，不能假设形式的辩证逻辑是自然的本体论性质，而是将精神和物质看作辩证统一的关系，两者可能会被削弱或暂时异化，但不可能被打破。

（11）辩证思维的重要组成部分是寻找"可能的世界"，在变化、自我实现、建构新的集体认同和社会秩序，以及新的总体性中得到完善。因此，辩证法要将伦理、道德和政治选择等整合进入它自身的构成中，并把

---

① 大卫·哈维：《正义、自然和差异地理学》，上海人民出版社，2010，第11页。
② Levins and Lewontin, *The Dialectical Biologist*, Cambridge, Mass, 1985, pp. 278.

产生的建构性知识当作某种目标的权力作用下的话语。

通过对辩证法的 11 个命题进行分析，哈维认为世界在本质上就是辩证的，辩证法只是再现了物理、生物和社会过程某些特点的假设或逻辑，哈维提倡总体的或过程的辩证法，主要是通过聚焦过程、物和系统之间的关系，把有关辩证法的抽象讨论作为一套过程原则。他也将辩证法应用于对资本概念的解释和对资本主义社会的剖析上。

三　辩证法在城市问题中的运用

哈维首先考察了马克思对辩证法的运用，进而提出运用辩证思维可以把资本主义理解成由资本循环过程所规定和限制的社会系统。他将资本直接概念化为一个过程或关系而不是"物"，这使资本成为一种流，只在资本循环的某个环节上表现为货币，在另一个环节上则表现为商品或者生产行为。这种对资本的理解方式与新古典经济学对资本的认识相左，在后者看来，资本是具有某种质和量属性的股票资产（物），当人类行为创造它们时，它们就体现为作为原因的力量。通过辩证法的思想我们很容易鉴别两种观点的真伪，因为在辩证法看来，社会生活的再生产本来就是在规定总体性或整体的边界内运行的持续过程，其中包含着生产、交换、分配和消费的不同环节，但如果脱离了整体的过程，我们就不能理解这些环节，过程始终是贯穿于所有环节的。因此，生产必须使源自消费、交换和分配的冲动和压力内在化。为了给自己的理论找到依据，他详细地分析了马克思《资本论》中对资本循环过程的探讨，认为马克思的理论揭示了生成和改造原理如何发挥作用，它的作用形式和范围是怎样的等问题，进而他将辩证法推向了对城市发展和社会进程的认识层面，认为辩证法作为一种解释工具，并不是为了简单地预言事件，而是为了揭示各个因素是如何起作用并导致世界改变的。因此，要将辩证法看作一套生成和改造的原理，将其嵌在持续的过程之中，通过内在化的异质性和矛盾，揭示这些原理创造出的某种新的而且总是短暂的事物状态的可能性。辩证法可以被运用于经济、社会和政治等多个领域，如在研究民族国家时，可以将研究的焦点放在国家如何将权力内在化方面，它在何种意义上是异质的和内在化矛盾的，这些内在化的张力又以何种方式引发某种导致新行为形式的创造性破坏或自我破坏，以及最终，这些行为是如何改造社会生活的。这样，辩证法的使用范围就扩大了,不再局限于思维方式的层面,而是深入社会生活的方方面面,这样辩证法就具有了普遍性的意义,从哲学的高台走进了世俗社会。这对马克思主义和哲学的发展而言,无疑具有跨时代的意义。这也正是哈维研究具有生命力和说服力的重要表现,哈维活化了辩证法的使用,为城市研究与哲学之间建立起了沟通的桥梁。

第五节 "社会过程决定空间形式"的范畴阐释

哈维引用奥尔曼的观点,认为马克思主义本体论的两个核心是物质和精神,它们作为内在相互联系的部分,一个是另一个概念的扩大,唯物主义世界观是马克思主义本体论的核心。它们中的每一个部分都可以代表整体,但是马克思的整体概念不同于其他人:它从最初就吸收了相关的视角,它既不是元素也不是整体,而是各种元素的关系。换句话说,逻辑的程序和自然进程是形成整体时就存在的,因而整体不是系统规划妥协的结果。

一 整体与部分的辩证统一

如奥尔曼指出的,马克思的本体论是"结构主义"的,主要是因为它的整体性观念。总体性被建构和改变,并且通过内部精心制作的关系构建。整体性试图形成部分,以至于各个部分的功能区维持整体的结构和存在。每个元素都反映着整体的所有特征,因为它是整体的内部关系的核心。但是,这些关系不可能都是和谐的,它们经常矛盾,并从矛盾转向冲突。转变通过解决这些矛盾开始,转变的整体被重新构建,这种重新构建反过来改变了元素的定义、含义和功能,以及它们在整体中的关系。新的冲突和矛盾出现并取代了旧的。不用说,《社会正义与城市》的读者可能用资本主义生产方式取代整体性,用城市化和城市取代部分。哈维并不否认这种结构主义的马克思主义对他的影响,他研究城市问题的主旨基本上在于揭示资本主义生产方式对城市的影响。但是不同于结构主义将人置于一种"客体"或"被决定的存在"的地位,哈维强调一种通过人的行动或斗争来改变使人异化、受压迫和奴役的社会条件,这也使他的研究更加丰满和生动。

城市研究必须直接解决城市变革的规则问题，在社会直接被重构的地方，不是仅仅在孤立意义上追随原子论的假设上寻找原因，用辨认"阶段"或"描述的规律"统治着整体性的进化，而是真正找到问题的根源。建议是什么？研究必须直接面对"转变的规律"而不是表象。这也是哈维探讨的核心，即是什么控制着空间形式改变的规则，以及如何通过变革社会形式，向更有利于空间正义和社会公平的方向改变我们的空间。

马克思直接将关注点指向社会进程的内部转变。他没有在一般意义上说明原因，或像他通常做的那样假设历史演进的时间表。这个方向是正确的，但是却缺乏说服力。辩证唯物主义可能不是一种武断的教条强加于现象以去理解它们的含义，而是一种试图通过社会再建构的方法辨认转变的规则。可以以命令形式理解辩证唯物主义反对偶然性分析，并且处理内部转变进程。正因为如此，哈维也借鉴了马克思的做法，用历史唯物主义和辩证唯物主义作为研究空间的重要方法论。

从一种生产方式转变为另一种生产方式是社会中一种必要的转变，通过这种方式，紧张和矛盾将被克服。马克思暗示在整体中存在分离的结构，这些结构可以被相互区分。哈维发问：是什么理论在起作用？结构不是东西或行为，因此我们不能通过管理建立它们的存在？结构必须被定义为一种内部关联的系统，通过运行转变规则。这个进程可以被建构，转变规则形成结果，而不是作为一些东西、静止的整体等。哈维还指出作为更低和更高等级制度中的结构与更低和更高的命令结构是共存的。比如牛顿机制和相对论，一个更高的命令结构可以通过从低级别向高级别转变而获得。在结果间和同一结构中都存在着矛盾。哈维在《社会正义与城市》一书中还提到这种结构的内部进化。他说："自由形式"部分的物质内部不是反对，而是包含，并且通过进化"社会主义形式"部分的框架给出新内涵。

如戈特德伊纳所说，马克思揭示的很多矛盾是整体和多样性的，但一些更加基础的矛盾可以被理解为结构间的矛盾。阶级斗争可以被定义为整体多样性，从一种生产方式向另一种生产方式的过渡时期可以说明矛盾是主要发生在不同结构间的。从结构分析立场出发，哈维分析了矛盾的类型和渊源：上层建筑中分离的评估可以被看作矛盾的根源。当频繁地发生经济基础和上层建筑的根本性冲突时，笔者认为，需要重构地方治理结构以适应改变的市民社会的经济和政治范畴。

但是，由于结构间关系在整体中以某种方式自我重构，当经济基础和上层建筑元素之间出现冲突时，后者不得不让路、适应或消除。笔者认为，一些结构因此在整体中比另一些更加基础。因此结构可以按重要性分级是正确的。因为必须存在驱动和统治力量，这种力量应内嵌于一些结构中。对于马克思来说存在首位的经济基础，这是物质存在的生产与再生产形成整体不同结构关系的起点和终点。在马克思主义中，经济的定义是很宽泛的，并与自由主义传统有很大不同。马克思认为它是全面和包含所有方面的。当我们试图将社会看作整体时，所有的东西都要关联到社会的经济基础中。并且其他结构从属于经济基础，而且不排除与其他结构的相关运动。笔者认为，在不同结构整体的连续运动方面，相对自治运动更具有功能性，比如说思想适应经济，经济关注思想。最后，《社会正义与城市》中的本体论是改变城市概念的新视角。很明显，自由主义形式不关心推论、城市和城市化。但是，哈维还是认为选择经济基础作为所有分析的基础，进而打开争论的主题是十分必要的。

二 城市起源的本体论解读

城市起源是一个本体论问题，它依赖于方法和本体论假设。人们最早对空间的认识只是从感性角度出发，将其看作身体占据的某个场所或者自己所处其中活动和生活的某个区域。但是，随着社会发展和人类认识能力的进步，关于空间的认识从感性阶段上升为理性认知阶段。正如马克思主义的认识论所认为的那样，知识是人类经验的一部分，并由人类实践不断丰富。但是主体与客体不能被看作实体，而是彼此相关的关系。主体可以看作是被客体构建的。理论可以被理解为是关于它和它是如何组成的学说。认识的吸收和转化，以及马克思笔下的想象通过反映抽象观察变为观念。观念和类别不能独立存在。由于这个原因，观念和关系、种类是真还是假的提问并不重要。空间的形式不是空洞的框架，而是社会过程的展现。在社会发展过程中，空间形式不是被看作无生命的对象，而是被看作包含社会过程的事物，同样，社会过程也是空间性的。如何更好地描述社会过程与空间形式之间的相互渗透这个问题本身是由实践来回答的而不是被事实本身的性质所决定。

三 社会过程与空间形式

在哈维看来，空间本身是绝对空间、相对空间和关系空间的总和，既包含着物质和精神世界，也反映了社会过程与社会关系，是一定社会过程在空间中的反映。因此，他强调要通过理解社会过程来解释空间形式，"社会过程决定空间形式"是哈维空间观的基本原则。空间观的实质是将空间放回社会过程中加以认识和理解，解释空间被社会过程所塑造的品质以及这种品质又是如何反过来影响社会过程的。这突出反映了过程辩证法在空间问题上的应用。过程辩证法认为，孤立地研究事物本身，而不是将事物放置于过程中，是无效的。因此，单纯地分析空间形式本身并不能理解城市现象，只有将空间形式融入社会过程中，才能揭示城市问题的本质。具体到分析当代资本主义社会的城市空间时，哈维坚持用历史—地理唯物主义的方法论，将要研究的城市现象与社会再生产的物质过程相联系，从资本积累的过程角度入手，以资本积累塑造社会关系为研究起点，分析资本主义空间形式产生的动因，把一种独特的时空构型（资本主义的城市）与生产方式的运动（资本积累）统一起来。把一种特殊的时空体验（现代主义/后现代主义）与某种权力机制（资本积累的扩张）联系起来分析。像《资本论》中所展示的那样，理论的进化是一个知识分化和再构的过程。从思想制度中跳出，以特殊的方式关联彼此，这也是哈维追求的写作风格。哈维引用了皮亚杰（Piaget）的话，不同水平的两种结构是一个相互吸收的过程，只有这样低级才能转变为高级，同时高级通过整合低级而得到丰富。因此，接受整体性内部结构的等级分别不是去接受"减少"的观点。辩证关系不是指向决定论和偶然性分析，而是一种必然的联系。通过这种方法，哈维将城市问题和资本积累过程相统一，通过对社会过程的分析解释城市空间形式变革的根本原因，用一种全新的视角展开了对当代资本主义空间生产的分析和批判。

第六节　思考与启示

在哈维城市研究的方法论使用中，马克思主义基本理论立场的"澄清"与"重建"始终是他努力的目标。通过对马恩的著作进行细致研究，他在《资本的界限》和《社会正义与城市》中都大量引用和阐释马克思和恩格斯的观点，并将其作为重要的理论依据。在《希望的空间》一书中，大卫·哈维通过对《共产党宣言》的再认识，考量了其中的地理学意义，并呼吁"全世界无产者联合起来"对抗不平衡的地理发展。通过对马克思主义方法论的批判性吸收，他成功地构建了独具特色的方法论体系，透彻地分析了资本主义城市的发展过程和演进规律，也为我们研究中国城镇化过程中出现的问题提供了有效的解决途径。

一　用系统思维谋划城市发展战略

在哈维的城市理论中，处于研究核心地位的始终是系统思维。系统思维强调认识对象就是系统，从要素与要素、系统与要素、系统与环境之间的互动关系和联系中综合考量研究对象的思维方式。系统思维一般是以系统论为基础，与形象思维和创造思维等其他的思维方式有所区别。系统思维的最大优点是能给人以整体观念，提高人们认知事物的能力。在哈维的城市研究中，他始终强调要用联系的、整体的、进化的和开放的观点认识和解读城市，向我们展示了资本主义城市的发展进程。

在城市和城市化研究中哈维运用了系统思维的方法，概念以相关的方式被使用。"当社会关系改变，每个概念的含义都需要重新定义。"[①] 范畴和概念是彼此支撑的概念，在社会发展中相互借鉴。在市场交换占统治地位的时代，再分配是一种早先的发展形式，互惠仅仅是在歪曲这个潮流。就像一面镜子，概念适当地改变了，它可以用来表达社会中发生的改变。如马克思所说，在资本主义社会中"一些从属于早先社会形态的关系可以被发现，尽管它们处于附属地位或作为它们早先自身的歪曲，如共有财产

---

① David Harvey, *Social Justice and the City*, London：Edward Arnold, 1973, pp. 301.

已经发展或衰落为某种夸张的形式，但是本质经常会发生变化"①。辩证过程暗示着最初形式不断转变的过程，而不是特定历史的终结。最有力的证明是新含义，古老的共有和原始社会对社会主义理论的观察，这些含义的转换可以使用于所有的概念，与所有历史时期的含义都有所不同。

我们可以清晰地看到不同的方法论都在构造属于自己的社会主义社会，但是哈维说："这种方法论的转变不是对《社会正义与城市》一书中自由主义形式部分研究的忽略，它通过吸收更高级的概念丰富了自由主义的含义，也向本体论和方法论的方向不断靠近，这与马克思所提倡的研究方法同源。这种靠近不会招致道德的愤恨或马克思主义的政治环境的改变。这些因素是偶然发生的。"② 越是基本的解释越有可能产生改变的可能性。自由主义形式中的命题在库恩（Kuhn）的观点看来是一种反常，是反抗压迫和讨论重大现实问题的背景。

城市化、环境和经济发展等问题在 20 世纪 60 年代以来被广泛探讨，这些问题要求跨学科的研究，而不是彼此割裂的研究。"任何试图创造关于现象的跨学科理论，如城市化，就不得不采取运行结构主义的方法，像马克思的实践和奥斯曼与皮亚杰（Piaget）描述的那样。为了通过学科整体性去理解如城市化、经济发展和结构整体概念之类的问题，寻找结构和跨学科的一致性是正确的道路。因此，马克思主义是 20 世纪 60 年代处理复杂、多维和紧密关联的社会问题的必要方法。

关于城市化的属性，哈维认为很多学者对城市化和城市的研究是关于"城市问题而不是城市"。然而，哈维的方法是实用主义的，因为在我们流行的城市化概念之外，城市是无价的未加工物质。③ 哈维建议城市化必须被认为是一系列社会关系的总和，通过反映社会作为整体建立的关系来认识，并且"这些关系要通过城市现象制定、规定和构成的法律来表达。"④ 但是，哈维发问："城市与城市化是分开的结构"还是内嵌于一些更宽泛结构中一系列关系的表达？他的回答倾向于后者。首先，他暗示了城市化内部的法律和半自治过程；其次，他看到城市化过程起源于其他结构之中。

---

① 马克思：《政治经济学批判》，焦佩峰译，中共中央党校出版社，2013，第 58 页。
② David Harvey, *Social Justice and the City*, London：Edward Arnold, 1973, pp. 301.
③ David Harvey, *Social Justice and the City*, London：Edward Arnold, 1973, pp. 304.
④ David Harvey, *Social Justice and the City*, London：Edward Arnold, 1973, pp. 304.

在哈维的研究中，系统思维无处不在，这种研究方法在当前中国的城市化研究中仍然十分重要。习近平总书记曾说过，在城市建设中要始终将事物的普遍联系与永恒发展统一，在发展中将系统思维与创新思维进行协调运用，避免顾此失彼。由此我们可以总结，在中国城市未来的发展中要把握住以下几个方面：第一，谋事要有全局的视野，从时代和全球发展的趋势判断形势，积极顺势而为，正确认识和妥善处理城镇化过程中面临的复杂问题；第二，要通过整体的谋划形成发展的合力，从城市发展的整体出发，明确城镇化工作在经济社会发展中的位置；第三，将系统思维和创新思维运用于全面的深化改革中，通过加强顶层设计，解决实际问题，同时要在改革中加强系统性、整体性和协调性的建设，通过研究不同类型城市发展的关联性和改革举措的耦合性，使各项改革举措在政策取向上相互配合，以取得良好的成效。

二　用辩证思维破解城市发展难题

马克思主义强调唯物辩证法在实践中的应用，强调要在考察事物时运用矛盾对立统一的观点，通过辩证思维来认识事物和改造事物。所谓的辩证思维，归根结底是要在解决问题的过程中承认、认识、分析和解决矛盾，进而提升处理事物的能力，在实践中可以抓住关键、找准重点、洞察事物的发展趋势。哈维的城市研究之所以得到了认可，也正是因为他抓住了辩证思维和批判思维的精髓。从辩证思维角度看，哈维从实证主义研究到马克思主义研究方法的蜕变，使得他更加坚定地运用辩证法来处理城市和空间问题。在他的著述中，充满了对普遍性与特殊性、原因与结果的思考，他始终从普遍性与整体性的角度出发研究差异性与多元性，并在此基础上阐释了过程辩证法。在哈维看来，马克思并未将资本看作静止的物，而将其看作一个不断变化发展的过程，是对社会关系的反映，因此才会对资本分析得如此透彻。因此，哈维强调对过程和关系的理解优先于对物、要素的理解，只有在过程中来理解要素、物之间的关系，才能把握事件的实质。所以我们看到"社会过程决定空间形式"这一方法论原则始终贯穿于哈维的理论中。[①] 从批判思维角度看，哈维也恰当地运用了马克思的社

---

① 张佳：《大卫·哈维的历史—地理唯物主义理论研究》，人民出版社，2014，第206页。

会批判理论。哈维城市研究的价值取向不是仅仅用马克思主义理论解释城市现象和城市问题，而是通过对现实城市的批判寻求城市发展的方向。哈维继承了马克思的批判精神，将城市分析置于资本主义的社会关系中，这使他对当代资本主义始终保持着一种现实的批判态度。当城市被认为是资本主义矛盾最凸显的地方时，资本制度与城市相结合就成为构建理想城市的必要前提，而不是仅仅对城市本身进行微调和改良。这种批判性的价值取向与20世纪60年代西方的"激进"浪潮有着很深的渊源。因此，大卫·哈维的城市研究也通常被冠以激进主义城市研究的美名。

在中国的城镇化实践中，辩证思考和批判的维度依然重要。在中央的文件中，多次提到党员干部在做决策、思考问题时不能顾此失彼，在做选择时不能非此即彼，在工作中既要讲辩证法，又要会用两点论，会找工作的平衡点；也不断重申要学习时事政治，会掌握社会的基本矛盾，并用矛盾分析法处理问题，把不同的社会现象放在社会发展的整体潮流中来理解，只有这样才能把握社会的发展方向和趋势。因此，在城镇化进程中，我们要透过现象看本质，从矛盾分析的视角看待城镇化过程中存在的问题，认识矛盾的根源，用辩证和理性的思维面对发展中的问题，破解发展的瓶颈，将劣势转化为优势，将矛盾转化为动力，实现城市的可持续发展。

三 用与时俱进思维明确城市发展方向

马克思主义始终将主客体关系作为研究的重点，认为主观与客观是历史的、具体的统一。这一命题可以从以下几个方面进行理解：主观与客观在认识和实践中的统一是历史的也是具体的。所谓具体的，即主观认识要同一定时间、地点、条件下的客观实践相符合；所谓历史的，即主观认识要同特定历史发展阶段的客观实践相适应。当事物通过不断发展发生变化时，客观的环境发生变化，主观的认识也要随之发生变化，如果人的意识仍然处于静止不变的状态，就会造成对客观事物判断的失误，造成理论与实践的脱节，使思想落后于实际情况，犯保守主义的错误。反过来看，如果事物的发展阶段还未达到人们预期的阶段，原有的矛盾也没有充分地显现，事物向下一阶段转变的客观条件还不成熟时，勉强将人的意志强加于客观现实，超越发展阶段和现实需要，做出与发展阶段不相符的判断，就会脱离客观的实际需要，犯冒进主义的错误。因此，只有将主观认识与客观事实统一起来，才能让认识指导实践，用实践深化认识。哈维始终遵循着历史唯物主义和辩证法的思维，将历史—地理唯物主义作为研究的基础，考察了资本主义不同发展时期资本积累与空间生产之间的联系，进而对城市化问题进行了深入的分析。空间生产与其他物质产品的再生产一样，都是资本积累的产物，是维系资本主义社会发展的重要资源，始终追求着剩余价值与利润。虽然全球化和网络化改变了世界的面貌，但是并未改变资本主义的本性和资本的逻辑。这就要求历史唯物主义的研究对象要扩大，将空间也纳入研究视野中。可以说，哈维不但坚持了历史唯物主义的基本立场，而且还加入了"空间"这一重要维度，使得历史唯物主义的内涵和外延都更加丰富。从哈维的研究中，我们看到与时俱进的城市研究思维。运用好主客观相一致的发展哲学，将会帮助我们科学地制定城市发展的目标，确立正确的发展观，进而推动改革发展稳定各项工作，从而推动城市健康、快速发展。

第四章　大卫·哈维的城市经济批判理论

　　本书的初衷是为学术界提供一种对哈维城市理论进行研究的简单引导，但是当笔者深入研究哈维的城市思想时却发现需要做的远不止如此。近年来对哈维城市思想的研究虽然取得了重大进步，但是成果却充满了草率的结论和散漫的思维，其中夹杂着大量含混和误解之处。我们当前最需要的是，以清晰明了且言简意赅的方式将哈维城市研究方面的基本视阈及著述进行整合和统一，为哈维的城市研究梳理出一条清晰的脉络。虽然这是一项十分困难的工作，但对于研究哈维城市思想的形成与发展却显得十分必要。

　　大卫·哈维城市研究的主要内容与成果可以总结为以下几个论断：①资本主义经济活动可以有效地解释资本主义的城市化进程，通过强调金融资本、房地产市场、跨国公司在城市发展中的突出作用，淋漓尽致地展现城市与资本之间的紧密关系。②资本主义的蓬勃发展很大程度上依赖于对城市空间的征服与重构，资本主义在空间发展中的经济、政治与文化成果从侧面反映了资本主义再生产能力的强大。资本主义之所以可以生存至今，很大程度上依赖于统治阶级施加的意识形态控制。③城市社会运动反映了城市阶级关系的多样性与不稳定性，贫困、种族、社区隔离等问题都反映了资本主义社会的不公正与不平等问题，而解决这些问题的根本手段就是构建新的城市结构和阶级关系。④资本主义国家职能正发生着变化，但为资本和统治阶级服务的本质并未改变。在当代，政府部门的"辅助"功能日益增强，社会的自治职能越来越完善，资本主义地方政府和社会组织已经成为整个国家的有机组成。⑤城市已经成为资本主义世界体系的核心组成部分，应该从世界资本主义经济体系的角度来认识城市的作用和城市与区域的发展不平衡问题。大卫·哈维为了论证以上的结论，将研究的问题域分为经济、政治和社会三个有机组成的部分。在接下来的三章，笔者会沿着这三条脉络对哈维的城市理论进行全面而完整的分析。

资本主义城市是如何发展到今天的？为什么说城市本身就蕴含着危机的种子？为了回答上述问题，本章将从马克思主义的批判立场出发，首先介绍形成资本积累的一些必要条件；其次，说明资本积累与城市化进程之间的密切联系；再次，分析城市化进程中存在的潜在障碍，以及在资本主义发展过程中通常是如何跨越这些障碍的；最后，探讨目前资本主义国家遇到的主要问题与困境。

第一节　城市土地使用理论的马克思主义批判

马克思和约瑟夫·熊彼得都曾经阐述过资本主义自身存在着"创造性毁灭性"的倾向。在《政治经济学批判》一书中，马克思比较了无限的资本积累与有限的物质活动之间的矛盾。他一针见血地指出，资本主义无法超越物质世界的有限性，因此，在资本主义发展的历史图景中，资本家总是竭尽全力把一些绝对性的局限性转变为可以超越或回避的问题。延续着以上的思路，哈维对现代资本主义城市化进行了分析，认为城市分析的实质是关于阶级—垄断地租的制度分析。他结合现代资本主义的发展，在马克思地租理论的基础上进一步发展出阶级—垄断地租的理论，并在这一理论的基础上，对金融化问题做了考察。哈维关于金融化的分析包括以下四个方面：第一，他指出阶级—垄断地租的普遍形成是资本从初级循环转入次级循环的前提条件；第二，资本转入次级循环是与金融资本的崛起相联系的；第三，城市化作为资本转入次级循环的结果，创造出以劳动力再生产为基础的新的剥削形式；第四，金融化本身是有界限的，并不能逃避过度积累的矛盾，反而使这一矛盾在次级循环中进一步发展，并形成总体的危机。哈维的理论与当代西方马克思主义经济学发展潮流是存在内在联系的。他创造性地将空间维度和资本积累一般规律相结合，提出了空间生产和地租的制度理论。

一　自由主义土地使用理论：资本主义城市的发展依据

自由主义土地使用理论在当代资本主义发展中扮演着重要的角色。通过土地的自由流转，资本主义获得了原始资本，并释放了固定在土地上的劳动力，为资本主义城市的发展提供了可能。正因为如此，土地自由使用理论是研究资本主义城市的重要起点。作为一名地理学家，哈维的文科背景实际上是他日后从事马克思主义政治经济学研究的重要灵感之一。通过批评自由主义城市经济学，他形成了自己的马克思主义观点。在《社会公正与城市》（1973）一书的第五章中，哈维运用了价值、交换价值和城市土地使用理论批判了自由主义思潮。用他自己的话说，他从马克思主义理论的角度对微观经济学的城市土地利用理论进行批判。对于哈维而言，古典政治经济学家亚当·斯密、大卫·李嘉图和后来马克思主义政治经济学家的研究，从某种意义上来说是一种反抗的政治经济学。事实上，汤普森的关于边际主义经济学的观念和见解是对由史密斯和李嘉图开发的价值理论的新超越。在哈维看来，使用价值和交换价值的区别是政治经济学分析的起点。特别是马克思，发展和改变了价值的经典概念和分类，使价值理论成为更强大的理论研究工具。马克思对古典经济学的主要贡献是突破了狭隘的研究方式，打造了独特的经济学理解方式：辩证的、关系式的。对他来说，"使用价值和交换价值的含义通过它们之间的关系结构（和其他的概念），以及通过探讨它们与情况和环境之间的关系来呈现"①。例如，"使用价值"一词可以适用于社会的所有元素，如宗教、商品、娱乐，甚至是术语本身。正如哈维所说，物品涉及使用价值本身的"使用价值"。

自由主义经济学运用"总效用"和"交换系数"代替了"使用价值"和"交换价值"的概念。实际上，市场上出现的边际效用是可以互相交换的。因此，自由主义经济学研究的核心是效用函数和消费者偏好。马克思在使用价值和交换价值研究中注重的是从生产到实现价值的一整套社会关系。然而，微观经济学理论关注交换价值的数学计算，从古典辩论分析的角度处理社会和政治的内容。微观经济学中的城市土地利用理论存在诸多不足，这也成为马克思主义者批判的焦点。社会学家和地理学家在理论研究中，倾向于优先使用商品的价值，尤其是芝加哥学派的描述和模型中，这方面的倾向十分明显。相反，新古典微观经济学侧重于研究商品交换价

---

① Bertell Ollman, *Alienation*, *Marx's Conception of Man in Capitalist Society*, Cambridge University Press, 1971, pp. 154.

值的性质,认为土地划拨是土地使用效用最大化的行为,是不同收入者个人消费的一部分。在帕累托最优的基础上,他们寻求城市土地市场的平衡条件。个人根据他们自己的预算约束寻求最佳的替代品。地理学家、规划师和社会学家主要研究商品的使用价值,只是从边际分析角度借用了新古典微观经济学的分析工具。而哈维的研究方法与以上两者有明显的不同。哈维通过引入马克思主义的研究方法,用辩证的方法考察使用价值和交换价值,并试图通过将其嫁接上政治经济和空间的研究方法,来理解城市土地利用中存在的问题。

哈维也十分关注房地产市场,他得出的研究结论涉及城市土地利用的各个方面。在住房市场中,"每一个群体都以独特的方式阻止使用价值和交换价值的实现"①。房地产经纪人(地产代理)、业主、开发商、金融机构和政府机构是房地产市场的主要群体。哈维指出,"所有这些不同的群体在住房市场中运作,不容易汇集到一个综合的分析框架中"②。使用价值可以是不同的"演员"在市场上的交换价值。社会关系给了房屋以不同语境下的不同含义。哈维指出,继华莱士·史密斯之后,传统的供需平衡模型对处理住房问题就不再是非常适用的方法了。所以,他说,"如果商品价值取决于未来社会行为中共同的使用价值和交换价值,那么我们称之为土地和房屋的东西显然是非常不同的商品,这取决于特殊的利益集团在市场中的经营"③。此外,虽然存在着一个不平衡的市场,但是微观经济学的研究方法有一个静态的平衡框架。同时,在建设城市的过程中,空间被忽视是公认的。"城市是建立在长时期的时间顺序和人类活动之上的。因此,人们在城市体系中寻找自己的位置。一旦定位,人类活动往往会特别难改变。但是预设在微观经济模型中的过程与实际情况往往背道而驰,这表明在微观经济学中存在一个致命的缺陷——它们无法处理真实空间,并且改进这种奇特的商品。"④

在空间的绝对特性方面,哈维注意到了欧几里得的感知空间(Euclidean Perception of Space)。这个空间意味着,每一个对象都被排除在三维空

---

① David Harvey, *Social Justice and the City*, London: Edward Arnold, 1973, pp. 161.
② David Harvey, *Social Justice and the City*, London: Edward Arnold, 1973, pp. 157.
③ David Harvey, *Social Justice and the City*, London: Edward Arnold, 1973, pp. 166.
④ David Harvey, *Social Justice and the City*, London: Edward Arnold, 1973, pp. 167.

间之外。但是，这种简单的认识对城市土地利用理论的发展来说还是远远不够的。因为"演员"在城市场景中以不同的方式感知距离，所以点与点之间的距离是相对的。此外，在空间中的一个点，意味着许多结构。尽管如此，哈维说，一个地块只有在一定的区位上才能存在。这同时也给了空间问题以垄断发展的可能。对于这种垄断的制度化的表达是，谁拥有了空间的控制权，谁就能拥有自己的特权。但是，微观土地利用理论忽视了空间垄断方面的内容。如果是这样，土地的分配或固定的住房库存，无论是否有连续的形式，都不影响它"作为一个连续的空间聚集问题"出现。

另外，在微观经济学的城市土地使用理论中，空间聚集意味着消费者盈余存在：这个概念找回了在使用价值和交换价值之间丢失的区别。尽管如此，它是基于使用价值在交换价值方面再估计的假设。事实上，这是一个非马克思主义的概念。追随着加福尼（Gafney）(1961)、阿隆索（Alonso）(1967)、德尼克和帕尔（Denike and Parr）(1970)的观点，哈维认为，消费者盈余如果转化为"集体盈余"，区位分析与福利经济学间就会架起未知的联系。在这种情况下，在竞争性招标过程中，消费者盈余的分配以不同的方式来获取外部利益和土地。哈维说，这种情况下，"我们需要思考在绝对的空间中的土地问题"[①]。

在住房分配的顺序模型中，最贫穷的群体根据对自己最有利的竞标价格取得房屋，不得不面对拥有准垄断地位的住房服务的生产者，不得不放弃他们很大一部分的消费者盈余，对于生产者来说，这部分消费者盈余可以称为地租或利润。这些多余的地租和利润可能减少竞争，但对于消费者来说结果是相同的——消费者剩余不断减少。如果是这样的话，作为剥削者的利益相关者和地主，可以预期个人利益相关者或房东不能捕捉多余的利润或地租。因此，我们在住房市场中面对的是一个地主垄断阶级与低收入住户阶级之间的冲突。地主阶级垄断拥有垄断权力，这是对没有选择权的消费者的垄断权。我们可以看到个体地主间虽然互相竞争，但他们作为一个阶级仍然表现出相似的行为模式。例如，如果资本回报率低于某一水平，他们将从市场撤出住房。阶级垄断现象可以解释城市结构的许多方

---

① David Harvey, *Social Justice and the City*, London：Edward Arnold, 1973, pp. 169.

面。哈维的主要结论是,"作为空间所固有的品质,垄断性结果一定会发生"①。最终,得出的基本结论是:"富人可以支配空间,而穷人却被困在了空间中。"② 哈维没有将这些争论看作研究的完成或者结束。当效用最大化模型在相对空间和富裕群体中使用时,虽然这个形式有所偏颇,但它们也同样适用。帕累托准则与城市住房市场的分析无关。在分配模型中,集体盈余是以差分的方式分布的,并且不同的收入效应使富人更有优势。

由此可以看出,是资本主义的不平等产生了城市空间。在城市土地使用变化的过程中,哈维认为,这个过程通过市场交换系统被构建,使个人、团体和组织的利益可以在交换价值方面自我运行,在"看不见的手"的帮助下,产生必要的结果。有人认为,该系统产生了最佳的使用价值分配结果。然而,由于不同的主体都追求交换价值的最大化,会产生某些群体不成比例的效益和他人机会的减少。适度生产和使用价值分配之间的鸿沟,以及城市分配体系,取决于不易被掩盖的交换价值的概念。

微观经济学模型会产生与实际相符合的结果已经得到学界的公认,但又是什么使得微观经济学如此成功,以至于可以让地租扮演城市土地使用和交换的重要角色呢?对于马克思而言,地租可以根据情况以很多方式出现,在土地作为私有财产的情况下都有相似的结果。地租形式取决于占主导地位的生产方式。在资本主义模式下,有三种基本形式的地租存在:垄断地租、级差地租和绝对地租。垄断地租作为垄断价格,独立于其他价格和价值。级差地租是以地租形式获得的超额利润。它是由于相对于一般的成本和价格而言,出现了个别的成本优势。级差地租不仅与收益递减和资本—劳动的成分相关,而且正如马克思所指出的,区位优势也很重要。"马克思……结合所有这些元素,展示了不同区位的土地的不同组合,可以产生不同模式的地租。"③ "级差地租呈现了一个相对的空间,这个空间通过不同地理位置的生产成本不同而建构,通过交通成本之间的关系整合空间。"④ 然而,尽管有相对的空间品质,它还是在私有制背景下的资本主义制度下创建的。

---

① David Harvey, *Social Justice and the City*, London : Edward Arnold, 1973, pp. 170.
② David Harvey, *Social Justice and the City*, London : Edward Arnold, 1973, pp. 171.
③ David Harvey, *Social Justice and the City*, London : Edward Arnold, 1973, pp. 180.
④ David Harvey, *Social Justice and the City*, London : Edward Arnold, 1973, pp. 181.

二 马克思主义的重构：资本主义城市批判的主要立场

要正确理解城市尤其是城市土地使用理论，以地租为切入点是必经之路。在哈维看来，要分析城市中土地的地租问题，必须要以马克思有关地租理论为出发点和落脚点，因为它为我们提供了细致和完整的分析框架。因此，通过将城市空间的绝对性与土地的稀缺性相结合，给城市迅猛发展找到合理的解释，哈维从城市和空间角度重构了马克思的土地使用理论。

第一，城市空间的绝对性。对于哈维而言，绝对地租与垄断地租是有区别的，因为前者是"出现在某些生产部门的一般条件下的（它是一个类的垄断现象，从而影响农业土地所有者的所有权、所有低收入群体的住房等）"[①]。绝对地租给垄断市场带来垄断价格，而垄断地租则允许垄断者获得利润。为了避免混淆，哈维明确指出，"在我看来，地租在空间竞争中取得成功，是绝对地租的……一个经典案例，垄断地租在马克思主义意义上的出现，只有通过空间竞争中的实质性缺陷才能够存在"[②]。如果是这样的话，那么绝对地租的权力直接来自私有财产制度，在其他条件不变的情况下，垄断地租是完美的空间竞争的附加条件。这在城市土地和财产中，特别是在人口稠密的城市地区中都能清楚地看到。

微观经济学和新古典自由主义经济理论都把土地看作一种生产要素，这其实是一种错觉。哈维明确指出："一旦土地地租制度化……土地的投资者……将地租等同于资本的利息，即使它还是地租，它本质上已经是资本的利息了。"[③] 因为土地是生产的要素，因此是一种生产成本，我们可以将其理解为一般的生产成本。这一成本实际上是由私人财产所提取的税（租金）作为绝对或垄断地租的。

垄断与竞争在资本主义中并不矛盾。在共存的情况下，垄断价格是在竞争中创造的。在均质情况下，具有同样竞争力的生产者，生产同样的产品，在相同的地租水平上运行。拥有较低的运输成本时，某些占据有利位置的生产商，由于其具有垄断权力就会产生绝对地租，因为，它产生的社会和技术条件，影响了作为一个整体的生产部门。然而，在这个过程中，

---

① David Harvey, *Social Justice and the City*, London: Edward Arnold, 1973, pp. 182.
② David Harvey, *Social Justice and the City*, London: Edward Arnold, 1973, pp. 179.
③ David Harvey, *Social Justice and the City*, London: Edward Arnold, 1973, pp. 182.

绝对地租成为垄断地租强有力的竞争对手，由于控制安排而受到限制或阻碍。哈维认为，绝对地租仍然是获得土地所有权的重要方式，但是技术条件远比马克思想象得还要强大。如果我们遵循哈维关于马克思地租现象的分析解读，我们就会看到马克思将地租进行了拆分，此前被视为一个同质的东西被分为地租的组成要素和与组织相关的社会关系的构成要素两个部分。马克思关于地租的分析实现了私有财产制度的垄断性，空间的绝对性是垄断地租的基础。但空间的相对概念是用来指导级差地租和绝对地租的原则。空间的绝对性在不同位置的不同活动中被克服，并且从一定意义上来说，不同的位置决定了不同的地租价值。哈维基于马克思关系式的分析，指出"地租不可不与支付的社会状况联系起来理解，所以我们必须认识到，城市空间既不是绝对的，也不是相对的，但三者同时取决于当时的情况。因此，我们应该关注社会分析与我们概念化的空间（和时间）"①。

第二，土地的稀缺性。在新古典经济学中，绝对地租的水平可以归因于土地与其他生产要素比较后的相对稀缺性，"垄断地租"可以通过人为操控土地供应来制造土地供应短缺来解释。因此，与固定的土地供应量相比，理解劳动、资本和土地供应稀缺性的人为操作是理解垄断地租和绝对地租的关键。应该指出的是，绝对地租有着不可忽视的新古典主义传统，但它的概念在马克思的分析中取决于它独特的价值理论。新古典主义没有接受这一理论，因此它的政治经济权力概念是完全无效的。例如，根据马克思的解释，稀缺性是一种社会现象，通过私有财产的经营创造出来，它应该与其他条件下的诱导和实现相区别。新古典主义传统对稀缺性是如何产生的并不感兴趣。此外，在马克思看来，地租是地主不应得的回报；因此，地主处在一个不道德的位置。因此，对于马克思而言，哈维回忆道，"食利者是被动的角色，通过使用社会力量获得总体效益的经济增长"②。很明显，稀缺性不是一个自然的定位，而是为了增加或减少地租价值形成的一种社会相关条件。

土地可以获取的效益和需要的成本取决于城市系统中固定的地点与社会经济活动所创造的外部环境之间的关系。获得外部利益的能力直接关系

---

① David Harvey, *Social Justice and the City*, London: Edward Arnold, 1973, pp. 184.
② David Harvey, *Social Justice and the City*, London: Edward Arnold, 1973, pp. 186.

着"稀缺性"。在这个意义上，公共和私人活动创造了稀缺的位置，这有利于人造资源获得。在这里，土地被认为是所有者可以通过国家或地方一级的立法机构和私人活动影响公共和私人活动的原因。

第三，时间与空间的关系结构。除了土地固定生成的地租收益外，地租也通过时间和空间的结构产生。地租价值的影响广泛，并可以通过替代邻近土地的用途来确定。对未来空间用途的预期也会影响地租价值。由于这个原因，需要根据土地最高价值和最佳方式使用和改进土地，而不是根据它目前的使用价值来确定。从这个角度看，土地产生了具有重要意义的价值。任何一个地块都包含所有其他地块目前以及未来的预期价值。在这一点上，土地利用结构的确定，投资机会、投机、土地位置、土地利用等出现在城市土地使用结构中的现象，可以很好地被理解。此外，一般的城市增长和经济增长之间的关系也会被揭示。土地分配决定权笼罩在土地价值未来增量的阴影下，浮动价值（floating value）向区外扩散，对本地产生"严重冲击"，正如加福尼（Gaffney）所说的潜在的交换价值不符合目前使用价值的实现，"过滤"和"击毁"的压力导致了内城房价的下跌。浮动价值通过外城的"冲击波"向城市周边扩张，并尽快使中心的土地价值趋于上升。然而，土地增值、拥堵成本和其他负面外部性也趋于上升和增强。

在美国的城市中，存在着一个悖论：从关系论的角度来看，是什么让房价快速上涨？答案是最有价值的地理位置。对于哈维来说，城市中心土地价值高的原因是存在绝对和垄断地租，地租的生产成本也高，所以他得到的结论是："如果绝对地租和垄断地租在土地价值的确定中是占主导地位的，那么土地决定价值。在中心位置，高地租价值的原因不能反映边际生产力的差异。"[①] 正如米尔斯（Mill）的案例所分析的，级差地租不会变为成本。如果级差地租占主导地位，那么它就决定土地价值。而在19世纪的工业和商业城市，级差地租是地租的主要来源，今天绝对地租和垄断地租成为生产成本的一部分，从而决定土地的使用价值。哈维指出这个悖论，一些在社会中最有创造性的活动，是凭借地理位置而发现土地的最大边际生产率的。但悖论出现是因为"土地和中心地段的地租不会影响土地

---

① Mills. W, *Iktidar Seckinleri*, trans: ünsal Oskay, Bilgi Yay, Ankara, 1974, pp. 187.

的边际生产力，但是更重要的是在这个过程之外，允许垄断地租被租借要价"。哈维接受了冯·杜能（Von Thunen）相对成功的模型，在存在绝对地租和垄断地租的情况下，私有财产的权利是微不足道的，但它们仍旧是有用的工具。不过，它们不是土地用途的一般理论的有用和足够的支持。他们普遍接受纳里—威利（nully—willy）的理论，那是由于他为城市系统的一般理解提供了手段。米尔斯（1969）和穆特（Muth）（1969）对该问题进行了成功的尝试。这些模型的实证关联来自中心的假设，级差地租的强调从中心假设而来。内城的土地价值提高不是级差地租与土地边际生产力相结合的结果。然而，垄断地租和绝对地租可以很容易地设置在运动或靠近中心的地方。事实上，由于这个原因，该模型被阿隆索、穆斯和米尔斯发展，并得到了实证的相关性分析。他们关于土地使用竞争价格的假设，以土地使用决定土地价值为基础。哈维说，但是相反的情况在资本主义最现代的城市更加占优势。这些模型只有在特殊情况或有限制的条件下才是有效和有用的。尽管如此，他们的经验分析和中心假设给了他们"货币和信用"的分析途径。

第四，土地使用与土地价值的博弈。资本主义城市的地租理论始终受到两种观点的影响。一种观点认为，如果土地使用决定土地价值，那么"地租是交换价值的一部分，可以使土地和财产的所有者被放置到一边。交换价值（通过商品流通）通过社会行为确定使用价值。"[1]"如果……地租可以支配使用价值，那么……交换价值就决定了使用价值"[2]。这样做的结果使地租成为引导资本主义发展的重要配置手段。第二种观点认为，如果使用决定价值的情况成为合理，就可以使地租成为资本主义生产方式的有效工具。但是，哈维认为，"当价值决定使用价值，分配发生在猖獗的投机活动之下，人为地导致稀缺，那么相似地，它失去了有效组织生产和分配的任何借口"[3]。哈维认为，社会政策，试图鼓励前种类型，不得不面对以很多方式出现的对私有财产的垄断力量。食利者的力量也是资本主义城市存在某些同质化的根源和原因。尽管存在法律或行政机构，以及生产和分配模式的差异，哈维仍认为，目前占统治地位的垄断地租（在马克思

---

[1] David Harvey, *Social Justice and the City*, London：Edward Arnold, 1973, pp. 190.
[2] David Harvey, *Social Justice and the City*, London：Edward Arnold, 1973, pp. 190.
[3] David Harvey, *Social Justice and the City*, London：Edward Arnold, 1973, pp. 191.

主义的意义上）和绝对地租（如果它被认为是一种阶级的垄断现象）是使城市地域广阔并且地理分化的部分原因。垄断地租，不论是个人或是阶级的类型如何，根据位置、活动、收入群体的不同，都广泛但有差异地实现，地主阶级通过自身的优势操纵公共决策。哈维还指出常见的关于地租问题的困惑："地租已经成为了当代资本主义经济在资本利益和地租价值增长方面的困扰。因此，地租价值在增加产品输出方面对资本主义发展具有重要意义。"① 这样的困惑也存在于城市土地利用理论中。问题的核心是社会资本回报率之外的转移支付。这说明，如果这种转移支付不是"资本的同质单元"，并且固定资本的交换价值无法衡量独立的分配和价格，那么，聚集或工业生产函数就没有任何意义了。并且所有的城市经济工作，如米尔斯和穆斯所提出的观点，同样是没有意义的。此外，如果我们还记得大部分的固定资本只具有即将到来的价值，而没有现实的价值，那么地租理论导致的问题就不能通过资本理论的帮助得到克服。

第五，城市增长的必要性。城市增长是实现产品增值或固定资产增值的手段。城市也创造了处理多余产品的可能性。为了实现土地和财产的价值增加，城市增长是十分必要的。对于哈维而言，计划和控制城市增长不需要控制别的方面，只要加剧稀缺就可以实现。在这个意义上，规划者们无论在计划什么，他们打算做什么，为进一步的垄断地租的提取创造条件是必需的。因此，个体和阶级垄断地租的出现是一般地租的主要来源，必须被视为在资本主义市场交换经济及其附带的政治和法律制度演化过程的一个方面——演化与城市主义分配形式的出现紧密联系在一起。之所以这样说，是由于哈维坚信垄断资本主义似乎和垄断地租是齐头并进的。在详细分析了地租现象和城市土地使用理论之间的关系后，哈维认为，这主要是由边际主义和新古典经济学家对经济学理论的盲目发展所导致的。地租的存在取决于生产方式和涉及私有财产的机构。如果这是偶然的，不可能有"一般"的城市土地使用理论。只有特定的理论，才能产生相关的生产模式，才会有社会关系的性质和社会的统计机构条件的假设。"地租和空间概念是如何连接的，决定了出现的土地使用理论的类型。"② 米尔斯的理

---

① David Harvey, *Social Justice and the City*, London：Edward Arnold, 1973, pp. 192.
② David Harvey, *Social Justice and the City*, London：Edward Arnold, 1973, pp. 193.

论与级差地租直接相关,加福尼将级差地租视为偶然现象,并声称地租决定于土地的相对稀缺。

冯·杜能对政治和意识形态地位的分析有着广泛的影响力。对于哈维而言,这个问题是"对一个令人不安的社会现状的辩护与反革命混淆"。尽管如此,冯·杜能提出的城市土地使用模型虽然有很多缺陷,但仍旧在货币和信用分析方面取得了巨大的成功。新古典主义对空间、地租、辩证法,以及使用和交换价值之间相关性区别的忽视,连同一个特定的欺骗性测试为这些模型提供了广泛的例证。另外,地理学家、社会学家和规划师提供了很多凌乱的数据和材料,很难断定什么是重要的依据。正因为如此,很少有人真正地理解,这些东西是如何被联系在一起的或考虑它们是怎么产生的。哈维总结道:"明显的任务"是需要构建一个"特例"的理论,在同一语境中接受地租和空间的概念;并指出"当务之急"是理解垄断地租的类型和造成人为稀缺的本质,以及城市地区的增长和地租实现的原因。冯·杜能的研究模式事实上不取决于生产方式的现象。土地生产能力的差异和距离冲突是不同土地的内在关系。

相比之下,哈维的方法则更加具有工具主义色彩,地租可以帮助人们按照流行的社会态度去使用土地和空间,以及帮助确定对社会有益的土地使用决策。也许,这是自相矛盾的,"新古典主义模式……相对于被创造的社会效率和人性化的城市结构而言,可以提供革命性进步的基础"[1]。在这个意义上,"理论和模型并不了解自身的现状,到底是革命的还是反革命的"[2]。因为理论可以把一个人或其他人放在社会实践的位置上,一个有意识的社会实践中,一个提供了行动的分析框架中。因此,如果理论和模型要完全实现它们在意识形态中的地位,社会实践是必需的。

第二节 城市生产方式的马克思主义批判

近年来,有很多城市理论方面的著作出版,尤其是在芝加哥学派产生

---

[1] David Harvey, *Social Justice and the City*, London:Edward Arnold, 1973, pp. 194.
[2] David Harvey, *Social Justice and the City*, London:Edward Arnold, 1973, pp. 194.

之后，城市研究呈爆炸式发展态势。哈维认为这些著作都暗示了一般意义上的城市主义是"不可能被建立的"。在《社会正义与城市》一书的结尾，他集中探讨了城市社会的生产方式和城市主义的构建。哈维对"城市主义"的概念和含义进行了界定，在"生产方式"的背景和"经济一体化方式"之中，城市和社会是一个整体。哈维定义的城市主义和城市社会的概念如下。

城市主义可以被认为是社会进程中的一种特殊形式或方式。这个过程在人类创造的空间结构中展开。因此，城市可以被认为是一个真实的建成环境或社会生产的环境。城市社会可以被定义为人类分享自给自足系统的空间，它的活动有比人的生命更长久的生存能力，土地可以部分通过为它的成员提供再生产的条件而生产自身。"生存"、"自给自足"和"土地"的概念，引出了生产方式、社会组织方式或存在的社会体系的概念。

一 生产方式转变：资本主义城市出现的基本前提

生产方式的概念第一次被提出，可以追溯到马克思的三本著作《政治经济学批判大纲》(Grundrisse: Foundations of the Critique of Political Economy)、《批判的政治经济学的贡献》(A Contribution to the Critique of Political Economy) 和《资本论》(Capital)。在马克思和恩格斯看来，资本主义是"生产方式"的理论化，可以被强制性地分为远结构（infra-）和超结构（superstructure）元素，是历史中社会占主导地位的生产方式。因此，一个社会是很多种生产方式的集合，并由一种占主导地位的生产方式控制的社会建构。

哈维根据马克思和恩格斯的观点简明地构建了自己的理论。生产方式与再生产物质生活所必需的元素、活动和社会关系有密切的联系。这其中有三个基础元素，而且在不同的社会中是一致的。它们分别是"劳动的对象"、"劳动的方式"和"劳动力"。它们为生产活动提供产品和服务，并在社会中生产物质生活。生命的生产和再生产，也同样暗示着一种社会关系，它形成了一种社会结构以维持政治、法律和其他力量的存在。是什么提供了从一个时代到另一个时代社会结构转变的动力？在一种生产方式中，也必须有与之相协调的机制。亲属关系、地位体系，或像当代的西方社会那样，市场形成和价格体系就是协调机制，它们被称为"经济一体化的方式"。

哈维在详细分析前，在城市主义是社会形式，城市是建成形式和占统治地位的生产方式两个论断之间预先设定了一些条件。他给予这些概念的含义如下："城市，部分是以前生产积累下来的固定财产，如房子。房子是用已有的技术所建造，并在一定生产方式背景下被建构的建筑。城市主义是一种社会形式，一种预期的生活方式，一种与占主导地位生产方式相适应的劳动分工或等级制度安排。"① 但是，城市还是积累矛盾的场所和新生产方式的可能诞生地。历史上，在某种生产方式下，城市作为各种功能的枢轴出现，作为革命的中心来反抗现存权威，也是力量与特权的中心。在历史上，整个经济历史和社会问题的讨论都是围绕着城乡对立这个中心展开的。如我们所知，在德国哲学思想家中，马克思和恩格斯探讨了古老的城乡分离和对抗，以及它们与历史中其他社会结构性元素变化的关系，将历史从市民化到现在为止的时期看作一个整体来研究。可以肯定，城市主义和社会关系都是以经济为基础的，同时与政治和其他超结构意识形态元素最终彼此关联。在这里，哈维让我们注意到与任何其他社会形式一样，城市主义可以在一种占主导地位的生产方式下呈现出多种形式，同样相似的形式也可以在不同的生产方式中找到。虽然如此，哈维认为"一种占主导地位的生产方式将被另一种占主导形式的城市主义所表征，也许，被一种同质的建成形式的城市所表征"②。他还提及生产方式及其形式与城市功能之间的关联。这个观点是以历史研究作为依据，由马克思在《前资本主义经济构成》中提及的。古代、亚洲历史、德国的封建时代和现代历史都表现在城乡关系方面不同的选择和可能性上。对于哈维来说，最主要的问题是解释不同类型的城市主义与占主导地位生产关系之间的联系。除了城市主义与生产方式之间的复杂关系外，在不同生产方式的特征方面，不同的时代也存在分歧，可以找到很多种不同的方式。比如，德国的封建主义与中国、日本的有很大区别。相似地，甚至资本主义，当前的资本主义与19世纪的个人资本主义也存在巨大差别。正因为如此，巴兰（Baran）和斯威齐（Sweezy）认为"垄断资本主义"与19世纪的资本主义是不

---

① David Harvey, *Social Justice and the City*, Edward Arnold, London, 1973, pp. 203–204.
② David Harvey, *Social Justice and the City*, Edward Arnold, London, 1973, pp. 205.

同的。

为了克服围绕着一种生产方式所产生的多种社会形式的困境,哈维借用了惠特利(Wheatley)对概念装置(conceptual apparatues)的论述:社会、政治和经济整合方式包括了一系列必要的变数。另外,追随波兰尼(Polanyi)的观点,哈维详细地研究了三种独特的经济整合方式与协调机制:"互惠"、"再分配"和"市场交换"。通过这三种经济整合方式,弗雷德(Frid)找到了三种与之相符的独特的社会组织形式,即"平等主义"、"阶层"和"分化"。例如,市场交换作为一种经济整合方式只与作为一种社会组织方式的分化相联系。需要注意的是,尽管在给定的生产方式中,不同的经济整合方式同时发生,但只有一种经济整合方式占主导地位,像生产方式中起支配性作用的关节一样。

二 社会剩余:资本主义城市崛起的基础

与马克思的定义相似,哈维对社会剩余进行了定义,即在特定生产方式下,在为取得某种特殊的社会目的而进行的生产中,超过劳动力的生活费用和再生产其自身的那部分生产力。因此,他认为城市通过社会剩余产品的地理集中而形成,因此经济整合的方式必须有能力生产和集中。哈维认为剩余的概念是"通过城市主义和多样的经济整合方式发生的联系"[1]。一般意义上的剩余是满足了基本需要后的剩余,但是"物质层面"和"需要层面"是有争议的。哈维以马克思主义为出发点,认为需要的意识是一种社会产品,它只是以功能性经济为基础的超思想结构的一部分。需要的水平取决于可能存在的生产方式本身。

但是,哈维认为这种看待剩余的观点导致了无形的相对论。所以,为了取代这种狭隘的定义,必须有新的定义,使文化、时代和阶级建立联系。哈维以马克思《1844年经济学哲学手稿》、《政治经济学批判大纲》和《资本论》三部著作为依据,进行了两方面的拓展。①大量的物质产品不是为了增加人类的财富而产生;②作为一种疏离和让渡,大量物质资源被社会某个部门据为己有,而损害了另一个部门的利益。所以,剩余就是

---

[1] David Harvey, *Social Justice and the City*, Edward Arnold, London, 1973, pp.216.

让渡劳动产品。① 剩余作为价值让渡了劳动，马克思关于剩余的概念可以追溯到他分析剩余价值在现实资本主义社会存在的让渡形式时。剩余价值是所有价值生产的一部分，剩余价值一部分以资本主义社会中的地租、利息和利润三种形式存在。如果生产方式维持，那么足够的价值必须分配给劳动者以维持他们的生活和再生产他们自身，通过消费产品去购买价值。产品消费的数量必须与维持生物生存的需要相当。但很明显，社会需要依赖社会状况和关系去维持生产。在这个过程中，真实和想象的需要也相互转化。

哈维引用了马克思在《1844 年经济学哲学手稿》中的观点，认为人类本性不断改变。在哈维看来，剩余价值的数量依赖于社会和劳动力生存所需要的产品数量，然后，资本家试图不断降低维持劳动力人口生存最低水平的收入，使之趋近于生存最底线的原因就很明了了，是为了使资本主义剩余价值最大化。并且这个驱动力，甚至是个别资本家的希望，也导致了资本家成为一个阶级。在马克思看来，剩余价值意识到了在资本主义市场经济中存在的剩余劳动。但哈维警告我们："剩余劳动的获取不能直接导致城市化；城市化依赖的是社会剩余产品在空间中某个点上的大量集中，这才有可能使社会剩余被获取，并且不断扩散。"② 互惠型经济不能生产出足够大量的剩余产品，尽管它们会这样做，但它们不能使剩余产品集中于社会的某个部门，相反再分配的经济整合有这个能力。哈维认为"产品的集中是城市化崛起的基础"，"市场交换方式是导致剩余价值永久性集中的最典型方式"③，然后将产品再次投入循环中以进一步获取剩余价值。因此，哈维对城市化进程中的原始积累进行了分析。

第一，原始积累是从一种经济整合形式转变为另外一种经济整合形式的方式，从一种生产方式转变为另一种生产方式的重要因素，是扩大的再生产取代简单的再生产。生产需要被扩大不是为了现实的需要，在再分配类型社会，这个过程叫作"原始积累。"如马克思在《资本论》中定义的，这仅仅是生产者与生产方式分离的历史进程。原始积累需要一个阶级社

---

① David Harvey, *Social Justice and the City*, Edward Arnold, London, 1973, pp. 220.
② David Harvey, *Social Justice and the City*, Edward Arnold, London, 1973, pp. 226.
③ David Harvey, *Social Justice and the City*, Edward Arnold, London, 1973, pp. 227.

会，并且充满了市场交换出现的"种子"。哈维分析原始积累的方式与卢森堡在城市背景下的分析是一致的。一部分剩余被用于创造新的生产方式，如果假设投资是一种固定形式，那么它将对建设新型社会做出贡献。

第二，原始积累要求有效的剩余产品需求被不断生产。因此，扩大交换价值需要有效供给。这意味着创造新的使用，扩大旧的使用。在再生产和社会与经济交换方式方面，城市承担着剩余产品处理渠道的功能。这可以通过很多方式做到，如纪念碑式的建筑，大量和明显的消费。当代城市社会创造了需要，这些不同的表现说明相同的现象：城市因此成为产生有效取用的那部分土地。

第三，哈维一直在寻找通过原始积累方式在资本主义中扩大生产的手段。根据卢森堡所说，最重要的机制是"经济帝国主义和市场交换的经济整合方式不断渗透到社会的各个方面，并最终形成新的地域"[①]。然而，哈维认为这不是原始积累的全部故事，但是毋庸置疑，当代城市化已经被称为全球巨型城市化，因为它将经济帝国主义牢牢嵌入了全球化的形式中。

三 剩余价值：资本主义城市发展的必备条件

哈维指出，马克思有关剩余价值的论述大多出现在对资本主义社会剩余价值的分析中。相似地，研究当代城市化也要遵循这样的路径，与以往不同的是，当前的城市化已经将社会再生产和市场交换作为经济整合的重要方式。

从互惠到再分配条件的转换是城市起源的重要因素。由于剩余产品可以集中于少数人手中和少数的地方，合适的社会剩余产品就和城市起源彼此相关联了。因此，如果剩余价值被认为是在资本主义条件下剩余劳动的特殊表现，那么资本主义社会的城市化就可以被认为是剩余价值分配和循环的创造物，但是哈维不认为这是必然的。真相必须通过研究资本主义生产方式下的城市化才能解开。

在资本主义经济条件下，积累剩余价值要靠生产更多剩余价值。这个过程的激烈程度取决于市场在部门和地域间的渗透程度。"因此，扩大剩余价值在空间和部门之间的循环方式是很重要的，它可以使剩余价值成为

---

① David Harvey, *Social Justice and the City*, Edward Arnold, London, 1973, pp. 228.

投资的方式来获得更多利润。"① 按照哈维的定义，工业城市是生产和获取剩余价值的核心。一方面，通过城市间的联系，剩余价值可以在商品和贸易中获得。另一方面，这个过程的最简单形式是剩余从农村腹地中获得。直到今天，当代全球城市化也是由这些元素组成的。追随着弗兰克（Frank）的观点，哈维认为循环的空间与循环方式是紧密相关的。为什么叫"全球大城市化"？因为剩余价值在"全球经济循环的模式中"被获取。哈维在这里提到了卡斯特对大都市和独立城市的区分。独立城市是为了从农村腹地获取大量剩余而建设的大都市。哈维认为城市社会制度在一个国家是起重要作用的，因为它提供了剩余价值集中和循环的渠道，同时提供了空间整合的经济基础。当前，全球化的大都市化与城市形式间的区别消失了。对于哈维来说，当代城市化已经不能将城市看作一个真实的实体，城市化是可以表达固定和可区别的循环形式的进程。但是作为简单的方式，城市可以被视为有形的实体。

亚当·斯密（Adam Smith）和简·雅各布（Jane Jacobs）都认识到了社会剩余产品和城市活动间的紧密联系。但是和马克思的观点一样，哈维认为"自然"和"互惠"的关系应从原始积累角度加以理解。因此，生产性城市和现实的论断摆在斯密和雅各布面前，城市作为技术创新和经济增长的核心应该与原始积累进程一起讨论。在城乡的制度关系方面也是如此。另外，依附的城市适合于简单再生产而不是在文明和经济基础上的扩大再生产。这种无生产的特征由依附的城市精英带给了依附城市。哈维认为依附的城市很脆弱，除非城市精英具有在思想、经济和军事上的强大控制力去控制剩余人口的生产。从这方面看，依附的城市更加强大，尽管它们必须提倡幻想剩余价值循环方式的互利性。因此，哈维很清楚地知道，根据约翰逊（Johnson）的观察，市场整合与思想和军事控制相比，是保存城市化和空间整合更有力的工具。为了进一步解释城市社会制度的特征，哈维指出关于经济发展政策导致的城乡对立的社会主义经验。在社会主义发展理论中，特别是苏联、中国和古巴，建立了社会主义过渡政策，进而向更高级别的社会主义进化，这导致了很多政策困境。毫无疑问，剩余劳动在社会主义国家和资本主义国家一样，

---

① David Harvey, *Social Justice and the City*, Edward Arnold, London, 1973, pp. 231.

都是发展社会和经济环境的根本,但马克思主义政治的主要目的是通过发展社会主义社会进而消除城乡差距。哈维建议,为了这个根本目标,社会主义国家需要根据社会主义的逻辑,重新定义剩余的概念。在定义中要消除地租、利益和利润的形式,为了现在和将来的社会成员生产社会使用价值而关注社会劳动。这暗示着社会主义剩余产生,至少在原则上,消除了异化劳动。剩余丧失了阶级性。因此,哈维说"城市的新形式通过社会主义的发展将会出现"。[1]

社会主义发展中城乡二分法的主要目的是增加社会产品和支持社会主义经济充分发展,提供剩余劳动的集中和扩散。对于哈维而言,"马克思和恩格斯预言了历史、社会和空间的困境,但是通过简单……提议当代资本主义和社会主义国家剩余循环的复杂方式,向我们表明,在社会主义社会中也一样可能生产大量剩余。但是,没有解释需要被集中的最初原因"。尽管有很多城市聚集是因为经济原因,通常在社会主义国家,大量的剩余产品将可能被分配给人们使用,并且地理集中会避免任何代价。因为在发达资本主义国家中,城乡存在差别,而不是形式的空间组织毁掉了城乡差别。但是,城乡间的地区冲突比发达与不发达国家之间的对抗更加激烈,大都市地区内部的差别也是如此。

对于哈维而言,空间整合、固定的市场价格发展和城市化的演进是紧密联系的。在资本主义社会中,扩大的生产或耗尽再生产会导致空间经济的增强和地理的扩张。资本主义的这种空间经济将为社会剩余的地理集中提供便利。扩大生产和改变城市化的范围暗示了商品和服务的流动。通过这种空间经济,剩余价值的流通带来了更多剩余价值。哈维认为这种空间经济的概念比亚当·斯密提出的关于非饱和的消费者需求和通过不同群体与地区的商业和贸易获得相应利益的理论更有说服力。因此,有必要设立剩余创造、获取和集中的途径,去更现实地构建城市的空间经济。

四 市场交换:资本主义城市的经济整合方式

市场交换作为一种经济整合方式或协调机制可以被这样理解:市场交换虽然有很多形式,但"只有当'价格—固定'(price-fixing)市场运转

---

[1] David Harvey, *Social Justice and the City*, Edward Arnold, London, 1973, pp. 234.

与经济活动相适应时，它的经济整合功能才能正常发挥作用"①。有效的市场交换是个人对价格信号做出的适当的反应，否则就不存在经济整合。回应必须聚焦于价格和潜在的利润。因此，交换价值而不是价值是交换的核心。"价格—固定"市场作为资本主义生产方式的特征，"鼓励劳动和生产的地理专门化分离，通过竞争，它刺激采用新技术和更有效率的空间经济组织形式。"② 资本主义不断增长物质财富并试图扩大再生产。哈维转变了诸如"缺乏"、"资源"和"价值"一类的词语的概念，他通过社会形成的历史，将社会组织的分层类型、自然和社会特征或财富作为自我意识的资源。在希腊人的阶层形成中，社会价值指的是人的道德价值，但是在中世纪平等主义社会中，价值是指直接使用东西或帮助实现胜利或心理的需要。在市场经济中，价值是指对资源和金钱的命令和支配。另外，交换在概念化过程和人类知觉与自然关系方面已经发生了重大变化。在后文艺复兴时代，自然变为了资源，对于人类来说是一种有用的东西、生产方式或消费对象。相似地，自从文艺复兴以来，科学建立了数不清的二元论，如内部与外部世界、主体与客体、私人与公共。二元论认为，区别交换价值的公共真理与价格回应是可能的，区别使用价值的个人真理与实际消费也是可能的。科学家们不再抽象社会环境与他们时代的自然反应的紧张关系，正如唯物主义者天生会使用哲学一样。另外，市场经济作为一种有效的经济整合方式需要特定的法律和政治机构加以规制。新型公司、法律体系、国家和其他政治形式服务于现有政府，进而用法律形式保存新的经济整合方式，并认可其存在。这里哈维指出了市场交换经济的重要特征。追随弗雷德的步伐，他定义"物质匮乏社会创造了在平等主义社会和阶层社会不存在的压迫感，这种压迫感不能仅仅内化为社会控制和思想"③。所以，市场经济依靠强制力控制社会，因为这种力量可以使"价格—固定"在市场中永存。这种社会的发展动力，不断创造和扩大着矛盾，因为内部适应与市场扩大是必要的。但是，由于高压政治是市场经济整合方式的本质特征，这些问题不可能被彻底解决，除非使用暴力。在这一点上，哈维的思想与很多同时代的思想家不同，如葛兰西。他并没有将阶层的自我生

---

① David Harvey, *Social Justice and the City*, Edward Arnold, London, 1973, pp. 206.
② David Harvey, *Social Justice and the City*, Edward Arnold, London, 1973, pp. 206.
③ David Harvey, *Social Justice and the City*, Edward Arnold, London, 1973, pp. 212.

存和以社会—经济体系为基础的市场交换作为社会发展的决定性因素。事实上，哈维的思考逻辑与马克思—列宁主义的革命思想是一致的，可以理解为时间的人口理论。在哈维看来，葛兰西过分强调了资产阶级的文化和思想，阿尔都塞则将国家与相对自治理论相结合，这都是无效的。

互惠、再分配和市场交换的概念不仅是社会和经济构成的知识特征，而且在哈维看来它们"提供了从一种生产方式到另一种生产方式的持续威胁"①。三种结合的方式都表现了某些社会超思想结构的特征：身份、阶级和两者在政治力量形式上的规划，决定性的支持机构及国家的社会意识可能是最重要的特征。经济整合的方式说明身份、国家和政治机构中的阶级操纵和意识。

第三节　城市危机理论的马克思主义批判

在现实的城市社会中，资本、货币与文明之间的关系越来越复杂。现实文明中的一切领域、一切范畴和逻辑几乎都涉及资本的问题。哈维的城市危机批判理论的出发点是资本循环。资本是资本主义生产方式下特有的范畴，它不仅仅是一个经济范畴，也是一个社会和阶级范畴。因此，它与经济危机、空间危机和不均衡地理发展都有着直接的联系。

一　"三级循环"：资本主义城市的运行模式

在《社会正义与城市》（1973）一书的结尾，哈维研究了城市主义与城市的未来。他认为理解剩余价值的流通实际上就是理解社会的运作方式。资本的流通渠道是"动脉"，通过它，强迫定义了总体社会的所有关系和它们相互之间的作用。但是，哈维声称，我们不是十分了解这种循环结构。正因为如此，他写作了《城市化和城市》一文，对资本做出了有缺陷和初级形态的解释。此后，他认为需要写作一本类似于马克思的《资本论》的著作来进行分析。无论是《资本的界限》（1982）还是《资本的城市化》（1985）都是这项工程的产物。在这一部分中，笔者把重点放在这

---

① David Harvey, *Social Justice and the City*, Edward Arnold, London, 1973, pp. 215.

两本书的核心内容上。笔者认为,这两本书与哈维城市空间政治经济学方面的其他文章是互补关系。然而,读者应该注意,笔者找到了哈维所有相关的研究,基本都遵循了《资本的界限》一书的逻辑框架。这个"框架"是围绕着马克思主义危机理论的资本"循环"来展开的,被哈维称为"解释的基础"。

《资本的界限》(Harvey, 1982)共分 13 章,前 7 章总结了马克思有关资本现象的论点,以利润率下降或者被哈维称为"危机理论"的初级循环结束。这与一般的马克思主义和其他主义的研究目的是一致的,它始终专注于资本主义的矛盾特点,试图看看资本主义的历史命运,换句话说,资本主义必然被社会主义取代。然而,货币和金融解决方案被看作资本主义生产领域的基本矛盾,并且阶级关系也被放在重要位置。但是,经济危机的初始构想显然是不够完善的。危机形成与金融和货币领域的变化直接相关,包括金融恐慌、通货膨胀和货币贬值,它们构成了危机理论的次级循环。最后,第三级循环理论处理了资本和危机构想的空间方面。在资本主义空间方面,正如哈维所说,"让我们建构关于资本主义生产方式的历史地理学的理论框架"。

资本的循环理论包括三个主要的内容,而且只能通过《资本的界限》的框架来理解。而且,根据哈维的论述,这也是一般马克思主义研究的方向。因此,我们将遵循这一思路来研究资本循环的过程。"循环"一词意味着在资本主义矛盾发展的背景下,资本循环与马克思主义理论其他部分结合的失败。此外,它还指向危机理论的主要部分。

1. 资本的初级循环:过度积累和贬值

马克思说:"利润率的下降趋势导致了生产过剩、投机、危机、资本过剩和人口过剩。此外,它揭示了资本主义生产遭遇了生产力发展的障碍,资本主义对财富增长毫无意义,这种特殊的障碍证明了局限性只是资本主义生产方式历史的短暂性特征。"[1] 长期的生产过剩是指以机会、以资本的过度积累通过生产和交换过程来赚取的资本。如果多余的资本不能被消灭或被吸收,很显然,它将退出流通领域。在这个意义上,资本是会贬值的。货币贬值发生在资本流通过程之外。对于马克思而言,危机的基础

---

[1] 《资本论》(第三卷),人民出版社,1975,第 210 页。

主要是在商品生产过程中出现的。为生产而生产的目的，是实现交换价值的基础，但不能保证资本生产在交换价值方面可以在所有时间实现。实际上，资本实现的问题导致了资本过度积累，即生产过剩。生产过剩也会带来过剩人口。过剩人口与过剩资本并存。

马克思的第一个关于危机现象的论述，是围绕商品生产的使用价值和交换价值两方面之间的辩证关系进行探讨的。交换价值是商品生产的主要目的，但是，它还必须包括使用价值，否则，就是没有交换价值的商品。在这个意义上，如果劳动体现不了符合社会需要的商品，那么就浪费了劳动力，因此劳动本身没有价值。这与马克思独特的价值理论相当一致。价值不仅体现了劳动时间，而且还体现了某种"社会必然性"，哈维认为这是马克思和其他政治经济学家之间的主要差异。马克思提出的"社会必要劳动时间"概念，同时被资本的价值和贬值的概念所使用。哈维说，社会必要周转时间的概念是价值这个概念本身隐含着的，并且没有独立的贬值概念，可以被带进资本循环的不同状态中。在这里，正如哈维建议的，"潜在危机总是潜伏在资本流通的时间和空间中，需要不断地克服各种各样的'瞬间'和'阶段'之间的分离"①。从这个意义上说，货币贬值和过度积累是密切相关的。它们是以不同的表象表示一致的潜在问题。在这一点上，哈维重复了马克思对萨伊（Say）和理查德（Ricardo）的批判。萨伊认为供给创造了自己的需要。理查德认为存在过剩资本，但不存在过度生产的商品。马克思对这两种观点都持否定态度。因为生产和消费的分离，意味着价值本身必须内化为无价值的分离。哈维继续说，通过这种方式，危机的可能与瓦解是价值名词本身的内化。

过度积累和贬值也应关心集中的趋势。哈维说，"马克思是在煞费苦心地强调利润的下降是伴随着利润量增加而发生的，这意味着，危机往往不是生产中剩余价值绝对下降的结果，而是由剩余价值的大规模生产无法跟上扩张的资本量导致的"②。此外，哈维认为，周期性的危机都会伴随着强大的中央集权的发展过程，是通过小规模企业实际贬值的资本被接管和它们金融和实物资产的价值被削减而实现的。通过这样的过程，"少数资

---

① David Harvey, *Social Justice and the City*, London: Edward Arnold, 1973, pp. 197.
② David Harvey, *Social Justice and the City*, London: Edward Arnold, 1973, pp. 197.

本家设法减少循环中资本的总流通数量,但是不以任何方式损害自己的经济活动为前提,创造同样数量的利润"①。在这一点上,贬值的代价是牺牲小规模资本家的利益。哈维认为集中意味着贬值现有资本。作为劳动力贬值,哈维坚信产业后备军是"结构性的必要"。这种"技术性失业"是要"贬值"手头的劳动力为未来的积累提供发展动力。危机时期不仅带来资本的重组,也带来贬值甚至破坏现有的资本。所以,"不平衡"是恢复过度积累,以还击通过撤回甚至部分破坏资本的资本。

危机也带来了另一个问题,即如何负担分配的成本。为了避免贬值的代价,每个派系都将寻求政治权力作为一种手段,去炫耀对他人的伤害。然而,有人认为,一旦必要贬值已经完成,过度积累被消除,那么积累便可以经常在一个新的社会和技术基础上更新它的过程。尽管如此,重复的危机,如马克思宣称的,将在一个更大的规模上展开,并且最后被暴力推翻。

2. 资本的次级循环理论:生产、货币和金融

危机理论下的"次级循环"——致力于整合金融、货币方面的事务与早期生产中的不平衡力量。"次级循环"理论主要假设危机的根源在生产领域,并以交换或货币形式表达自己。在这一点上,信用体系的角色,是将资本作为阶级的公共资金,以抵消那些个别资本家潜在的错误行为,这是生产"不平衡"的主要来源。由于这个原因,"消费和分配"的实现需要生产的协调,并且由信贷系统提供统筹能力。金融现象和生产活动强弱的内在关系可以用积累循环非历史性分析进行最好的说明,正如哈维所建议的那样。

积累循环可以归结为停滞、恢复、以信用为基础的扩张、投机狂热和崩溃五个阶段。哈维说,马克思的陈述可以在《资本论》(第三卷)中找到。积累循环的目的是捕获积累和技术变化之间的相互作用,以及固定资本形成、就业和失业与工资率、消费者的需求、虚拟资本的形成、信用货币的激增和在过度积累贬值的危机中货币的终极回报。经济危机的周期简要表述如下。

(1)停滞阶段:在"崩溃后复苏",产量下降,因此利润率很低。过

---

① David Harvey, *Social Justice and the City*, London: Edward Arnold, 1973, pp. 200.

剩库存以低于生产价值的价格出售。工资由于产品处理而不断减少。由于这个原因，有效需求较弱。信用不能提供大量的商品。相反，有剩余的可借出货币资本是相对安全的投资机会，并且缺少贷款资本的需求导致了对未来收入的悲观情绪，利率因此下降。自然地，资本过剩伴随着过剩的工人，换句话说，失业增加。停滞期也是一个调整未来经济发展的阶段。技术，在马克思主义的意义上，通过组织和制度变迁实现未来平衡的积累。

（2）恢复阶段：企业发挥优势的阶段。由于工资率较低，因此劳动力的剩余和利息下降，以及之前贬值的资本，为企业长期固定资本积累提供了充足的流动性，将资本集中在第一部类（投资品的生产）和扩大的就业中。此外，消费品的有效需求（部类二）在没有任何供给增加的情况下获得。作为融资的结果，工业资本家的力量相对强于金融家和银行家。因此，利率可以保持相对较低的水平。虚拟资本在这一时期不断积累，并且与商品流通紧密联系。经济的主导部门是消费品市场，因为有效需求增加了最终消费品。恢复期也导致了资本的不平均集中和利润率浮动变化范围大的情况，受在停滞阶段中创建的先决条件影响，个别金融资本家将流动的资本作为新的发展起点。

（3）以信用为基础的扩张阶段：这一阶段的积累周期在有效需求、工资、利率、就业和收入增加等许多方面都相对滞后，对未来收入（税收、土地地租、抵押贷款和工业利润）的乐观预期会出现。由于生产能力过剩，资本家的注意力转向第一部类，现金储备减少了。因此，对货币资本的需求，新的投资和流通的媒介都得到拓展。工业资本家将为争取剩余价值相互竞争，并寻求技术调整以使工资超过劳动力价值。固定资本的结构需要使货币资本家有较工业资本家更加强势的地位。哈维却声称，"企业的利润是未来的收益吸引借贷资本的唯一形式：工业资本家必须与土地投机基金、股票经纪人、政府债务经销商等竞争资金"[①]。

（4）投机狂热阶段：在此阶段失业率处于最低水平。工资和利率开始上升，企业利润下降。因此，作为解决方案，大量的虚拟资本将被创造。在这种投机热的推动下，来自均势的深度困扰是显而易见的。部门之间，生产和分配之间，以及信用货币流通量和实际产出价值增长是不成比例

---

① David Harvey, *Social Justice and the City*, London：Edward Arnold, 1973, pp. 190.

的。资本的价值构成迅速上升。劳动力不允许积累通过生产剩余价值的形式继续扩张，而实际的剥削率却下降了。只有虚拟资本的积累可以包装这一"裂缝"。投机泡沫破裂只是一个时间问题。

（5）崩溃阶段：危机的开始，虚拟形式的资本和不同形式的信用货币失去能量和自信。货币资本和商品生产之间的关系断裂。哈维认为，经济危机的首要表现是货币和信贷的危机。商品资本循环的瓦解使货币成为表现价值最安全的财富形式。商品形式的资本在寻求价值真实基础时被毁灭。失业率上升，工资率下降。消费者有效的需求跟随着这一趋势，导致了价格的崩溃。经过积累循环的这个周期，劳动者和资本会贬值。正如马克思所说的："为了几百万美元的资金，许多商品必须被牺牲。"

积累周期将在哈维空间发展的理论和历史分析中被阐释。积累周期不仅意味着资本主义生产方式的自我毁灭，也意味着灾难性的结局，同时意味着它自身的创造性毁灭。哈维说："积累周期提供了全新的'开放空间'，在这里生产力和社会关系可以彼此适应对方。投机活动与改进相结合，新产品、新技术（包括组织形式）允许进行个性化和私人试验与新产品的投机活动，新的自然和社会的基础形成，甚至整个文化、阶级结构和阶级斗争的组织形式都发生改变。这个原子的发酵实验创造了很多新的可能，虽然大多是肤浅和短暂的，但同时为以后积累提供了物质基础。"① 按照哈维的说法，这方面的猜测被马克思忽视了。因此，在一般情况下，危机是不合理的经济制度的合理化。"使崩溃合理化，并再结构化生产，从而同时消除新的和旧的外来元素。同时，它使社会生活其他方面符合资产阶级的要求。因此通常点燃一些有组织的或无组织的响应，不仅是对劳动的一部分，同时也影响了各种派别的资产阶级"②。

在内部矛盾之外出现"新工具和机构，新的阶级派别、结构和联盟，以及资本流通本身的新渠道。所有这些，都是发展资本主义不可缺少的一部分"③。尽管如此，哈维声称：如果基本的阶级关系保持不变，那么矛盾只是转向别处，在另外一个地方继续上演。很显然，危机理论中的循环理论，朝着一个更高的规模替代和重新创造了矛盾。除了内部矛盾，资本主

---

① David Harvey, *Social Justice and the City*, London：Edward Arnold, 1973, pp. 326.
② David Harvey, *Social Justice and the City*, London：Edward Arnold, 1973, pp. 326.
③ David Harvey, *Social Justice and the City*, London：Edward Arnold, 1973, pp. 327.

义以螺旋上升的方式改变自己。

在次级循环中,信用体系的权力是一种明确的阶级统治工具,以抵消生产的不平衡和确保资本的再生产。国家在这一点上,再生产的成本需要通过中央银行和其他机构的财政政策实现。危机的次级循环意味着"危机"的直接表达可以从商品的贬值转变为货币的贬值。国家的作用是重新构建组织,把危机控制在可控范围内。但是,要实现这一目标,国家面临着两个障碍,哈维认为:第一是阶级斗争。资产阶级阵营内部的斗争,以及国家机构内部阶级斗争的内化。第二是官僚工具,而不是将"自由市场"的解释设置成运动。

金融危机的三级循环理论与资本主义发展的周期性危机及其长期性问题相关。前者在内部改造资本主义;后者的结果是将资本循环、阶级形态、生产力和国家机构等进行不可逆的转变。这种转变主要是由于资本社会化不断增强的趋势造成的。首先是通过信用体系的机构,进而最终是国家对社会进行必要干预。然而,国际转型的选择变得越来越局限于国家干预。然而,国家最终扩大了其管理范围,并开始使用超越资本和劳动力的权威。在这一点上,哈维为我们提供了明确的马克思—列宁主义的方法:"危机包含在资本主义社会的法律、体制和政治的框架中,国家的决议越来越依赖于对赤裸裸的军事和专制权力的部署。资本主义改造的所有问题——无论是通过进化或革命的手段。社会主义转型的问题与前景发生了戏剧性的转变。"① 因此,哈维将他解决这一问题的构想指向了列宁的帝国主义理论。危机被有竞争关系的国家和拥有不同货币体系的组织所瓦解,国家间通过谁要承担贬值的后果这个问题进行竞争。关于出口的通货膨胀、失业、闲置生产能力、过剩商品等的斗争,成为国家政策的支点。危机的代价通过金融、经济、政治和有竞争关系国家的军事实力得到有差异地传播。正如列宁所坚持的那样,战争成为资本主义危机的潜在解决方案。帝国主义和新殖民主义,以及金融统治,成为资本主义世界经济的核心问题②。

3. 资本的三级循环理论:危机形成的空间问题

哈维关于资本积累的动态化研究的一篇文章分析了资本主义框架下的

---

① David Harvey, *Social Justice and the City*, London: Edward Arnold, 1973, pp. 328.
② David Harvey, *Social Justice and the City*, London: Edward Arnold, 1973, pp. 329.

城市化过程。在那里,哈维解释道:"我的目标是了解资本主义制度下的城市化进程。我将自己限制在城市化的资本主义形式中,因为我接受这样的想法,即在资本主义生产模式下,城市有一个特定的意义,城市研究不能在对意义(和现实)的彻底改造中展开。"然后,他解释说,他处理城市问题的两条主线分别是积累和阶级斗争。并且说,他拒绝先验的决定论与资本主义的简单化解释,因此资本主义的城市化及其相关评论被马克思进行了调整,后来又被他自己发展。"两个核心主题是相互不可或缺的,必须被视为同一个硬币的不同侧面——不同的窗口,从中可以看到资本主义活动的总体。"① 这样的辩证关系是建立在资本积累是资产阶级再生产其自身和占统治地位的劳动方式之上的。因此,积累必须与阶级斗争相联系。

哈维指出了资本主义两大基本矛盾:第一个矛盾是个人资本家的自身利益与资本家集体利益的对立。资产阶级内部的竞争延伸和强化了劳动过程。但这可能会导致进一步的剩余价值生产劳动能力的削弱。同时,这一矛盾产生了过度积累的趋势,并表现为"市场供过于求"、"利润率不断下降"、"剩余资本"或"剩余劳动力"等。第二个矛盾是阶级之间的矛盾。这主要与卷入积累过程的劳动者有关。哈维根据《共产党宣言》提出:"阶级之间的这种矛盾解释了资本主义的历史动态,并且在许多方面它都是认识积累过程的基本视角。"② 另外,可能有很多其他的矛盾,如积累和自然资源之间或当前和过去生产方式之间的矛盾等。哈维勾画了在积累过程中的三种资本循环的流动结构。

第一,资本的初级循环:该循环包含了生产过程和从劳动者中提取剩余价值的过程。这使资本家提取绝对剩余价值或相对剩余价值成为可能。前者意味着延长工作日,这是一种相当困难的方式。后者的方法是提高劳动生产率。它要求对劳动过程进行重新安排。相对剩余价值是超额利润,由资本家之间的竞争引起。固定资本和新的生产技术的应用,重新组织了合作和分工,使生产效率优于社会平均水平,是提高相对剩余价值的最佳手段。

---

① David Harvey, *The Urbanisation of Capital—studies in the History and Theory of Capitalism Urbanisation*, The Johns Hopkins University Press, Baltimore, 1985, pp. 1.
② 《马克思恩格斯全集》(第12卷),人民出版社,1974,第26页。

第二，资本的次级循环：哈维认为被他称为固定资产和消费基金的资本流动，形成了资本的次级循环。固定资产包括可以长期使用的固定资产和劳动工具的实物。后来这些资产被哈维称为生产的建成环境。另外，消费基金包括"作为辅助功能的商品，而不是直接投入消费的商品"[①]。耐用消费品，如洗衣机，是消费的物质框架。消费的物质框架被哈维称为消费的建成环境。建成环境中的一些部件承担着消费和生产的功能。同时，改变是有可能的。简单地说，所有在建成环境中的投资都是以生产、消费、交换和流通为目的的。由于资本的流动性和资本的长期存在，资本会出现盈余。资本初级循环的趋势是导致过度积累产生的周期性条件。过度积累的问题会由于资本进入次级循环得到克服。然而，个人投资者倾向于在资本次级循环中减少投资，相反他们往往在资本初级循环中过度积累。资本次级循环是一个长期的问题，是需要大规模解决的问题。同时，定价的问题也出现了。这样的投资是对所有个人资本家集体开放使用的。在一般情况下，资本家不能在两种资本循环中提供资本流动的平衡。在资本次级循环的流动情况下，特别是在重要的时期，国家和金融机构作为"神经中枢"发挥着重要的作用，虚拟资本、消费信贷、住房抵押贷款、市政债务、交通运输、住房或者其他公共设施等都会形成。这样，循环中的资本流动将会被调节、引导、增强，并流入新的投资领域。

第三，资本的三级循环：三级循环包含由生产力发展组成的所有投资，社会支出主要用于劳动力的再生产。科学发展被生产发展的需要所控制。劳动力的教育和医疗服务的改善是资本的目的。此外，三级循环包括投资合作、整合，以及通过思想、军事和其他手段对劳动力进行压制。哈维声称个人资本家因为许多原因不能在资本的三级循环中投资。"再一次，资本家被迫在某种程度上把自己变成了一个阶级，通常通过国家的机构，通过寻找投资渠道的方式来研究和发展自身，并转化为对劳动力的定量和定性的改善。资本家往往需要做出这样的投资，以便为资本积累提供充分的社会基础。但在社会支出方面，投资流动受到阶级斗争的强烈影响。在压制和思想控制方面的投资金额直接关系着有组织的工人阶级威胁的产

---

① David Harvey, *The Urbanisation of Capital—studies in the History and Theory of Capitalism Urbanisation*, The Johns Hopkins University Press, Baltimore, 1985, pp. 6.

生。由于国家会组织一场积极的阶级斗争，通过与资产阶级的要求完全吻合的方式完成合作。国家的作用，在地区循环的资本流动中的组织需要仔细的理论和历史阐述。"① 如果是这样，我们看到，资本的三级循环形成了资本主义生产方式和阶级斗争的结构要素中的很多重要方面。国家不仅是一种对资产阶级的压制手段，而且成为阶级的中介，表现为阶级行为。

二　经济危机：资本主义城市的基本规律

对于资本主义经济危机，马克思有过详细的论述。他认为资本主义经济危机的根本原因是资本主义制度本身，是资本主义的基本矛盾——生产的社会化与资本主义私人所有制之间的矛盾造成的，危机是资本主义积累过程中内在矛盾的真实表现。经济危机的可能性，早在简单商品生产阶段就已经存在，这是同货币作为流通手段和支付手段相联系的。但是，只有在资本主义生产方式占统治地位以后，危机才从理论上的可能变成了现实。随着简单商品经济的矛盾——私人劳动与社会劳动之间的矛盾发展成为资本主义的基本矛盾，经济危机的发生便不可避免。在《资本论》中，马克思认为资本主义自身具有"平衡发展"的潜在要求，但是这种潜力与资本主义社会中占统治地位的社会结构相对，这就导致了资产阶级与无产阶级的对抗。这种对抗是形成过度积累问题的主要原因。哈维认为，按照马克思的论断，过度积累的趋势不能被克服，但可以转变为次级和三级循环的过度投资。过度投资只是与资本需求相关，并不会影响人们的真实需要，不可避免地保持未完成的形态。因此，危机的表现形式出现在资本的次级和三级循环中。此外，哈维对《资本论》中的危机理论进行了进一步的完善和补充，同时吸收了列宁关于帝国主义时代经济危机和世界战争的观点。他从资本主义城市化的角度切入主题，认为资本主义竞争和积累都具有地域上的空间特征，资本积累的城市根源包含着固有矛盾，不可避免地要导致大规模的城市危机。

"慢性生产过剩"（Chronic Overproduction）使固定资产投资和消费基金项目贬值。危机将在社会支出、消费基金的形成以及技术和科学领域被

---

① David Harvey, *The Urbanisation of Capital—studies in the History and Theory of Capitalism Urbanisation*, The Johns Hopkins University Press, Baltimore, 1985, pp. 7.

观察到，因为在这样的领域投资潜力在下降。危机将会影响国家的金融结构，因为"后者'国家结构'，是相对独立的，可以作为独立的危机来源（金融、信贷和货币危机，财政危机等）"①。哈维按照不同的影响范围将资本主义经济危机分成以下三个层次。

第一个层次是局部危机。这种危机只会影响个别的部门、地域和组织机构。造成危机的原因可能是多样的，但危机影响范围有限。一般可以通过本部门、本地区或机构的内部运行予以化解，不会形成大范围的负面效应。例如，一些货币危机可以通过货币制度改革进行调整和消除，房地产业的危机可以通过其他部门的生产重组予以解决。

第二个层次是转换型危机。这种危机可以分为部门性转换危机和地域性转换危机两种形式，它们的共性是涉及资本流通的基本重组或者调节机制的重构，通过这种方式开辟新的生产投资渠道以化解危机。危机导致资本从一个生产部门或地域转移到另一个生产部门或者地域，也使得一些部门和地域衰落而另一些部门和地域兴起。这种类型危机的实质就是改变资本流动的方向以转移危机，因此需要资本流动和相关机构的重大重组。转换的控制可以发生在基础部门或地方。这种类型的危机与建成环境投资的关系十分密切，因为建成环境是在空间中固定的，并需要货币资本在地区与地区之间或国家间自由地流动，以便利商品的生产。

第三个层次是全球性危机。这种危机的影响范围很广，基本会涉及整个资本主义体系内的所有部门和地域。固定的资本和消费基金会出现贬值，科学技术危机、国家财政收支危机、劳动力生产的危机都会同时在资本体系的所有或者大部分地区发生。如在20世纪30年代的经济大危机和第二次世界大战，以及20世纪70年代末80年代初出现的经济萧条中可以看到这样的景象②。

哈维根据马克思关于利润率呈下降趋势的论断，延伸出了危机形成理论的"三个部分"：资本主义自由竞争带来了利润率下降和超积累，造成

---

① David Harvey, *The Urbanisation of Capital—studies in the History and Theory of Capitalism Urbanisation*, The Johns Hopkins University Press, Baltimore, 1985, pp. 12.
② David Harvey, *The Urbanisation of Capital—studies in the History and Theory of Capitalism Urbanisation*, The Johns Hopkins University Press, Baltimore, 1985, pp. 13.

了市场饱和、价格下跌、生产力闲置和失业率上升①。这些危机都产生于生产领域。为了解决资本过度积累的问题，政府会在危机来临前，将资本从初级循环转向次级循环，即通过金融机构向固定资产和消费基金领域进行投资。但是，金融领域同样会出现危机，因此这种方式并不能彻底解决问题。资本主义需要继续寻找新的投资空间，以释放过度的积累，获得理想和持久的投资回报。哈维总结了资本演化的三个基本的地理准则：一是打破资本积累的地域限制，当剩余资本的吸收出现问题时就会向海外输出资本，开创新的生产中心；二是所有生产要素要在特定的时间和地点汇集到一起，在那里生产新的产品，并被运到市场上进行消费；三是资本家总是会蜂拥到可以获得最大利润的地方，导致很多经济活动聚集在某个特定地区。由于资本家不会抑制利益驱动，结果过度积累按照地理原则进行释放，久而久之会在次级和三级循环中出现危机。这种危机与城市化成为全球性行为有直接关系，会成为普遍危机的导火索。换言之，不论将剩余资本在时空范围内进行怎样的整合与投放，危机永远都是资本主义生产方式中"无理性的合理化推动者"，不能够避免或消除。

哈维揭示了资本主义发展的基本规律。资本主义发展的不平衡，迫使资本主义社会调节其生产、交换、分配和消费过程中的种种不合理："如果不这样做，那么不平衡的发展不但不能得到解决，反而会加剧解决的难度，全球性经济危机应运而生。唯一的解决方案出现在资本主义生产方式内部，包括不同层次机构网络的整体重建。"②

三 空间危机：资本主义城市的必然趋势

危机理论的第三级循环试图完成对前两级循环的分析，从而解决资本积累过程中的空间和时间之间的相互矛盾。危机理论的三级循环其实试图完善对资本的分析。因此，我们认为，哈维的目标是将资本空间化，反之亦然。哈维在对帝国主义的辩证分析中，即在《资本的界限》中的最后一章，论述了这个开放的战略。地域发展不平衡、地理集中与分散、阶级和派系斗争的区域化和资本的国际化，与危机理论的三级循环，朝着全球危

---

① 高鉴国：《新马克思主义城市理论》，商务印书馆，2006，第177页。
② David Harvey, *The Limits to Capital*, Oxford: Basil Blackwell Ltd, 1982, pp. 431.

机、帝国主义、帝国主义内部竞争的全球战争方面发展，货币贬值是最终的结果。我们将着重研究危机理论的三级循环，因为这一主题是写作哈维《资本的界限》一书主要的目的。哈维说"要将地理发展不平衡整合为危机理论"①。

过度积累最终导致个人资本的贬值和劳动力在危机时代的贬值。然而，这发生在资本主义的不平衡的空间经济背景下，由于资本和劳动力的迁移率不同，所有的联系都发生在强加于流通过程中资本本身的时空界限中。劳动力和资本的流动却带来不同的劳动过程和资本形成过程，进而成为世界市场的抽象价值框架。通过竞争和处理危机，个别资本家的行为，在贸易中获得相对剩余价值。为了克服这些困难，哈维建议为了抓住形成地理不均衡发展的危机本质，大刀阔斧地进行假设。资本和劳动如果不是在正确的空间中发生就可能会导致贬值。如果没有通过国家行为或金融系统规划有意识的运转，大量的投机活动会同时在时间和空间中进行适当的协调。货币贬值是一种社会行为，结果导致劳动过程在低于平均利润的条件下完成，并且汇集了具体劳动（特定个人的劳动）与抽象的劳动（普遍的和社会的劳动）。它是"永恒"的时间和具体的地点。然而，更一般的形式是，危机是依靠特定地点和个别事件促成的。

如果要寻求相对剩余价值，我们需要进行技术变革或生产的区位转移，避免资本嵌入低劣的技术和不占优势的位置，从而遭受贬值。此外，相对空间的变化，由于交通和通信发展成为增加资本周转时间的手段，也加入这个过程。劳动者会在寻求更高的工资和生活水平的同时，也追随资本的要求。因此，劳动者会通过复杂的或特殊的过程以更确定的方式表达自己。贬值将会进一步加剧贬值的速度，通过个别资本家在空间中的竞争，工厂关闭、失业增多，并且工资下降。"货币贬值是发生在一定的空间范围内的，通过阶级冲突使权力合理化，绝对和相对剩余价值的竞争更加系统化。持续的空间重构，通过革命的价值再次被看到。但是，这是资本主义发展的基本特征②。"

过度积累是由个别资本家寻求超额利润和资产阶级的整体利益之间发

---

① David Harvey, *The Limits to Capital*, Oxford: Basil Blackwell Ltd, 1982, pp. 425.
② David Harvey, *The Limits to Capital*, Oxford: Basil Blackwell Ltd, 1982, pp. 426.

生矛盾造成的。换句话说，正如哈维所说，这是社会关系和生产力之间矛盾的结果，只有打破生产和剩余价值统一体才会发生和实现的。这种"理想的团结"只能导致货币贬值的危机。生产与实现的统一只能在一段特定的周转时间内，在一定的空间内实现。如果一个封闭的区域经济，由不同的相互依存的资本承担，哈维说："在这一区域内积累的收益率取决于在当地扩大的无产阶级数量，取决于这个国家的阶级斗争，创新的步伐，总有效需求的增长等，但由于资本家是资本家，过度积累还会增加。"① 积累过多会导致产生大规模的货币贬值的威胁。在这一点上，哈维指出，某种"空间修复"，为未来积累提供救济。"内部的辩证法"将运作和贬值转换为"外部问题"，尽管如此，因为该地区寻求外部的可能性，它变得容易受到全球不同的劳动力市场的影响。区际竞争被纳入议程，以联盟为基础的不同地域获得相对的权力。哈维指出，内部和外部的危机转换方式不是互相隔绝的。区域界限，如果它们是存在的，是能够穿透资本和工人的壁垒的。"会有一些地区出现繁荣，同时其他地区变得萧条。②"

哈维的危机理论事先假定一个封闭的经济环境，因此，"统一的积累过程"现在围绕着不同地点区分节奏。"地理学的不平衡发展有助于将资本主义的危机趋势转变为快速积累和贬值的区域配置补偿。"③ 新的区域配置是由危机转换造成的。但是哈维指出，这个过程存在强大的障碍，边疆可能会关闭，前资本主义社会可以抵抗原始积累，革命运动可能会出现等。同时，障碍也出现在资本积累整体矛盾逻辑本身中。如果地理扩张可以很容易地实现，劳动和资本的流动在适当的地区投放，那么会呈现小规模的危机，也可能产生区域贬值或空间结构的一些变化来吸引资本。然而，这又产生了一个重要的问题，旧的空间结构，已经形成地理惯性，在这里劳动是嵌入在固定的物理和社会基础设施之上，以支持特定的生产、分配和消费模式，创建了地理屏障，因此重组是资本积累的未来需求。此外，区域联盟试图保护其区域内的固定资本形成。由于这个原因，新的空

---

① David Harvey, *The Limits to Capital*, Oxford: Basil Blackwell Ltd, 1982, pp. 436.
② David Harvey, *The Urbanisation of Capital—studies in the History and Theory of Capitalism Urbanisation*, The Johns Hopkins University Press, Baltimore, 1985, pp. 427.
③ David Harvey, *The Urbanisation of Capital—studies in the History and Theory of Capitalism Urbanisation*, The Johns Hopkins University Press, Baltimore, 1985, pp. 427.

间配置无法实现，因为区域货币贬值是不允许的。对于地理惯性不能继续，哈维认为："地方联盟将大幅重组，技术和突然改变的（招致大量贬值）物理和社会基础设施，资本主义生产的空间经济、分配和消费被完全改变。"①

我们已经看到了资本主义是如何产生自身发展障碍的，过去死劳动的投放和未来资本积累的需要之间形成了内部矛盾。这一矛盾并非不能克服，资本主义城市中出现了"空间修复"的方法，这一方法便是避免危机形成和解决危机的方法。生产过剩和消费不足的一般危机是如何发生的？公民社会似乎也无力组织解决。那么，只有通过这样的方式解决："公民社会"内在的辩证力量超越自身极限，并且寻求市场支持。所以作为必要的生存手段，"空间修复"需要其他区域要么商品已经过剩或不足，要么工业普遍落后。黑格尔没有抓住解决公民社会内部矛盾的方法，哈维认为，按照马克思的说法，公民社会，我们可以称之为资本主义社会或狭义的资本主义的经济基础，还必须找到殖民地，从而允许一部分人口获得财产和回归到未让渡的生存状态，同时供应给资本主义本身以新的需求和领域。如果是这样，资本主义的内在矛盾在一定国家和地区的外部得到解决，（资产阶级）公民社会，将成为殖民主义的冒险和帝国主义政策。

这里应该指出，尽管马克思的"目的分析"，是关注资本主义，将其作为资本的"封闭系统"，但是，"为了检验我们的调查对象的完整性，排除附加环境的一切干扰，我们必须把世界作为一个国家，认为资本主义生产是无处不在的，并拥有自己所有产业资本"，② 马克思的研究侧重于对对外贸易和殖民问题的研究。殖民政策在资产阶级看来是十分必要的，"为了避免剩余劳动力被资本家剥削，私有财产与国家的权力被用来将劳动力排除在轻易获得的免费土地之外"③。因为，正如哈维所说，积累的过程需要资本家对劳动力需求和供给进行控制，以剩余劳动的方式创建与动员潜在的劳动力储备或产生的技术性失业。所以，尤其是在开放的前沿，资本主义社会关系必须被复制。因为这个原因，哈维发现，马克思拒绝黑格尔

---

① David Harvey, *The Urbanisation of Capital—studies in the History and Theory of Capitalism Urbanisation*, The Johns Hopkins University Press, Baltimore, 1985, pp. 429.
② 马克思：《资本论》（第一卷），人民出版社，1975，第287页。
③ 马克思：《资本论》（第一卷），人民出版社，1975，第52页。

的提议，而是认为可能会存在一些资本主义内在矛盾的空间修复机制。如果是这样的话，地理上的扩张是一种"治愈"资本主义的内在矛盾的方法。积累过多、消费不足、失业和劳动力过剩以及市民社会围绕阶级竞争不断增强的极化，在富人和穷人之间出现两极分化，它们都是资本主义经济危机的表现形式，也许，通过另一种生产方式，甚至有自我毁灭的本质。哈维说，"摆脱这种状态，唯一的办法是资本和劳动的贬值，并认为还存在一些其他方式，可以用资本和劳动力在危机过程中所产生的动力成功处置通过地理扩张带来的盈余"①。哈维还对"马克思对资本主义的内部矛盾和对空间修复的前景进行评论"，他在三个内在关联的现象中讨论这个问题：外部市场；消费不足；多余资本借给外国是为了创造外国和国内生产的外部需求。过度积累的问题扩散到更广大的地域。国际收支平衡与外贸失衡问题出现。唯一的解决办法是使占主导地位的国家按照本国的实际能力来消费和生产。他认为并没有长期存在的空间修复可以为资本主义内在矛盾的彻底解决提供方案。

生产资本输出：剩余资本提供了新的空间以创造"新鲜"的生产力。但盈利只是意味着资本的创造，资本必须被再次使用。过度积累加剧了地理扩张。因此，唯一的解决办法是提高新开发地区的生产能力。但这将意味着竞争对手积累能力不断增强，同时内部的过度积累加剧。哈维表示："如果新的区域可以有效地从国内吸收盈余，那么它必须被允许自由地发展，进而成为全面的资本主义经济体。反过来，它也会产生自己的盈余，并与国内其他地区进行竞争。"②然而，如果新的地区以限制和依赖的方式发展起来，进而与本国进行竞争，其扩张的速度是不足以吸收国内新兴盈余的。英国资本输入美国的例子是最典型的，后来又输出到印度。这意味着如果贬值没有扩散到新的地区，结果将是在广阔的地理范围内传播矛盾。

哈维声称，空间修复的特殊形式是资本主义自身生存空间的修复，通过它可以在资本主义征服的空间之外收回自身的时间。他认为通过地理方式解决资本主义的内部矛盾需要多年。"在地方和区域层面转换危机在这

---

① David Harvey, *The Urbanisation of Capital—studies in the History and Theory of Capitalism Urbanisation*, The Johns Hopkins University Press, Baltimore, 1985, pp. 431.

② David Harvey, *The Urbanisation of Capital—studies in the History and Theory of Capitalism Urbanisation*, The Johns Hopkins University Press, Baltimore, 1985, pp. 57.

个过程中是正常的，达到一场真正的全球资本主义危机有赖于沿着资本主义路线进行变革。"① 进一步变革的可能性，将取决于新的生产力和新的劳动。所以，我们现在转向哈维建议作为解决资本主义内部矛盾的第三个方案："空间修复。"

原始积累和劳动力过剩：资本主义的发展依赖于不断增长的劳动工资和剩余劳动力。换句话说，资本主义的发展依赖于马克思所描述的产业后备军。哈维在研究了马克思《政治经济学大纲》和剩余价值理论的基础上得出结论：总量增长过快，作为扩张的总体轨迹停顿的经济危机，可能会在更多地方出现。

马克思分析了三类剩余人口：潜在的、浮动的、停滞的剩余人口。我们可以简要地说，从潜在的剩余人口看，它包括有财产的人口和无产阶级、手工业家庭成员等，甚至妇女和儿童也是劳动力的一部分。浮动的剩余人口是由积累的动力创造的，如技术劳动的节约和商品生产价值的降低。在人口自然增长的背景下，这些机制产生了一种新的劳动力。停滞的剩余人口相对于其他剩余人口发挥的作用并不明显。哈维遵循马克思的逻辑，最后得出结论："一个特定的公民社会，可以看成一个封闭的系统，积累会不断加速，直到所有的潜在元素都被吸收，人口自然增长达到极限。流动人口必须越来越多地成为产业后备军的主要来源。人类社会正从原始积累以及资本主义的家庭关系转向由技术更新引起的失业。"② 潜在和流动的无产阶级被纳入激烈的阶级斗争议程中，可以用来反抗资本家。哈维指出，虽然他们可能不会被系统地意识到，但对潜在后备军的剥削，比对流动劳动力的剥削会造成更深远、更频繁的危机。

公民社会的外部原始积累通过地理扩张，通过资本过度积累和可能的新劳动力后备军被治愈。然而，哈维指出另一种可能性。这种可能性可以提供某种"种植经济"（Plantation Economies）和"新制度的殖民剥削"（The New System of Colonial Exploitation），这样创造出来的劳动盈余可以从国外转回国内。在爱尔兰问题的背景下，哈维重新制定对爱尔兰问题和它

---

① David Harvey: *The Urbanisation of Capital—studies in the History and Theory of Capitalism Urbanisation*, The Johns Hopkins University Press, Baltimore, 1985, p57.

② David Harvey, *The Urbanisation of Capital—studies in the History and Theory of Capitalism Urbanisation*, The Johns Hopkins University Press, Baltimore, 1985, pp. 57.

与英国资本主义关系的马克思主义观察视角：原始积累在一个地方提供了剩余劳动力，可以在后一个地方激发积累，压低工资，破坏英国工人的组织力量。但是，如果没有奴隶制，哈维说，这种可能性取决于劳动力在工业部门和生产中心的自由流动。这就要求取消对劳动力流动的所有限制。尽管如此，在这里出现，授予外国劳动力自由移动的特权，也需要劳动力在本国实现自由流动。后者可以在任何工资水平较高的地方流动。在这里，哈维指向马克思在《资本论》（第二卷）中对殖民主体的描述："边缘的原始积累和本国的或在一些发达的非资本主义社会的原始积累一样重要。只有这样，资产阶级才能确保在全球范围内对劳动力的需求和对劳动力供给的控制。"①

作为结束语，哈维建议通过分析以下三个矛盾的形成和发展，指导资本主义的历史地理发展。第一个矛盾：只有通过空间的生产才能克服空间的矛盾。第二个矛盾：资本主义的内在矛盾可以通过空间修复得到解决，但这样使资本主义矛盾的范围转移到更广的空间，给它们更大的自由。与前两个矛盾交叉，第三个矛盾是：资本主义推动空间修复以克服内在矛盾的行为越是猛烈，通过空间生产克服空间紧张的程度越深。过度积累、地域扩张和地理景观的改造都会继续跟随这些矛盾发展。通过对这些公式、形式的分析，哈维实际上揭示了马克思的基本命题，资本主义遭遇到它自己的障碍，这暗示着它必然要寻找地理维度来解决这一问题。这和其他许多二元论不同，长期为地理调查制造困难的概念性问题，如一般概括和在特定的地点和时间中独一无二的人类活动和经验之间的关系，根据哈维的论断，是可以处理的。例如，采用抽象劳动和具体劳动的双重概念。但这一概念更富有成效的解释是，为地理和空间关系整合到一般的社会理论中提供途径。基于这样的命题与资本主义社会关系下的空间生产中存在的矛盾，可以理解资本主义历史地理的异常和特殊性。在这样的背景下，哈维在理论上认为，现象反映了完美的理论概念，如城市化、区域发展和不平衡地理发展是可以实现的。

---

① David Harvey, *The Urbanisation of Capital—studies in the History and Theory of Capitalism Urbanisation*, The Johns Hopkins University Press, Baltimore, 1985, pp. 59.

四　不均衡地理发展：资本主义城市的空间图景

不均衡发展（Uneven Development）是在资本主义制度下，以土地市场自由化为追求的高回报率的投资方式所造成的地理现象，它导致了贫困与富裕地区相毗邻的空间效果。随着资本变得更加具有流动性，它在一个地方的投资和随后的撤资变得更加容易，结果就导致了城市繁荣和萧条的循环不断提速，曾经繁荣的区域，如高科技的硅谷或者"工业衰退地带"（Rust Belt）的城市市中心街区，会将其制造业输出到国外，因为全球投资的策略为寻求更低的生产成本和最高的利润提供了便利，于是这些区域就会变得萧条。繁荣和萧条的循环以及其空间后果被学界高度关注，也衍生出了很多对这一现象进行解读的理论。

世界城市体系和新的国际劳动分工问题是20世纪70～80年代西方城市学研究的重点领域。西方马克思主义学者并没有将眼光仅仅局限于对国家的阶级关系或者是中心—边缘的依附关系等具体问题的研究，而是将问题扩展到了资本主义世界体系发展进程的高度，进而分析城市化和阶级关系产生与发展的变化条件，从全人类社会发展不平衡的高度认识不同国家的城市化问题。

最早对世界城市体系和国际劳动分工问题进行研究的学者是沃勒斯坦，他提出的"世界体系理论"对西方社会科学的影响深远。世界体系理论的主要观点有以下几个：①现代资本主义经济组织是一个全球系统，不只是建立在国家基础上；②这个体系分为中心、边缘和半边缘三个地带，中心地区占据政治经济统治地位，而边缘地带在经济上依附于中心，半边缘地带兼有前两者社会经济的混合特征；③中心地区发展形成工业生产体系，而边缘地区提供原材料，并依赖于中心地区所决定的价格；④这种世界经济格局起源于欧洲农业向资本主义的逐步转变①。这一理论虽然并未直接涉及对城市的分析，但是它对世界经济关系的历史和结构性解释，为我们分析不同国家的城市化进程提供了理论框架。因此，哈维将世界城市体系理论运用到了自己的城市思想中，同时加入了马克思对资本主义阶级分析的方法，使得哈维的城市思想具有极强的说服力。在哈维看来，阶级

---

① 高鉴国：《新马克思主义城市理论》，商务印书馆，2006，第172页。

的概念不仅仅存在于国家的范围内，而且也存在于整个世界体系，这也正是资本主义世界体系的重要特征之一，是资本主义对以往社会体系的根本性超越。世界体系内部存在着经济专业化的空间等级，将全球空间分为了中心—边缘地区，资本积累过程中的不平等交换不仅存在于资产阶级和无产阶级之间，也存在于中心地区和边缘地区之间，这就是空间不平衡发展的重要表现。资本主义也正是依赖这种不平等关系才得以运转至今，中心地区和边缘地区之间长期横向分工和资本积累的运动产生的不等价交换体系是维持资本主义发展的重要力量。半边缘地带是中心和边缘地带的缓冲地带，起到避免过度不平等的作用。少数的发达国家长期持续发展正是得益于对"边缘"和"半边缘"地带的剥削和掠夺。

哈维将沃勒斯坦的理论纳入了自己的城市研究。资本主义世界经济体系在不发达国家打造了众多的"首位城市"（Primate City System）。这些城市是边缘国家或地区的第一大城市，人口规模大，劳动力供大于求，非正规经济部门膨胀，劳动力结构不平衡，过度城市化现象显著，是发达国家资本积累的重要载体。虽然城市发展的不平衡受一个国家经济制度、政治制度和价值观等多方面因素的影响，但哈维认为更重要的是要从冲突因素的角度去考察，发展中国家的落后现象应从殖民主义扩张、资本主义国际剥削和政治控制所造成的不平等关系中寻找根源。中心国家的发展依赖于边缘国家或地区为其提供原材料，这也造成了边缘国家或地区的经济模式与发展水平低下的情况。同时，不发达国家的农村资本主义发展也导致了更多的农业人口失业，成为城市潜在的劳动人口，促使城市非正规经济部门不断扩张，并最终形成了城市对周边农村地区的统治和对发达国家的依附。

"新城市理论"的主要代表人物乔·费金和迈克尔·史密斯认为，当前的城市体系出现了新的国际劳动分工模式，即不再是具有不同国家归属的中型公司相互进行国际贸易，而是跨国公司在许多国家进行巨额投资，并相互进行商品和服务贸易，或由跨国公司与其他大公司在世界各地区和城市的组织系统进行贸易[1]。哈维认为，这种新的国际劳动分工同样能够描述和分析中心和边缘资本主义公司经济和地理空间之间的复杂联系，能够解释世界不同国家和地区城市的变化。伴随着新的外资工厂的开工，第

---

[1] 马克·戈特迪纳：《城市研究核心概念》，江苏教育出版社，2013，第208页。

三世界城市成为新国际经济体系中的分散化生产场所。西方国家一方面在新国际劳动分工中占有控制和协调位置，另一方面其国内城市产业结构发生了变化，特别是制造业部门就业人数下降，出现了众所周知的"去工业化"进程①。跨国公司的资本流动去向直接决定了一个国家或地区城市经济的发展方向和就业机会的多少，一个国家某个城市的投资缩减和失业可能与其他国家的发展或者其他城市投资和就业的增长直接相关。多国公司和跨国公司在当今世界中扮演的角色越来越重要，它们可以利用劳动市场的空间差异进行剥削和掠夺，进而造成地理空间的不平衡发展。

哈维对不平衡发展观点的分析，为我们认识城市提供了新的视角，历史—地理唯物主义带来了对于不平衡过程的更加普遍的思考。地理不平衡性的关键要点是在不同时间范围内为不同投资者提供整个建成环境的营造或毁灭以及与之相伴的社会结构。与此同时，在不同地点会与其他地点进行永无止境的竞争以吸引投资。在此过程中，它们往往会扩大不平衡，使资本得以利用一个区域的或国家级的构造反对另一种构造。不平衡发展和国际劳动分工的新变化解释了地区和国际范围内资本的相对积极流动和劳动力的相对被动流动现象，资本的城市化进程为劳动力流动提供了方向，劳动力通常按照资本的要求进行流动。因此，造成空间变化的核心机制是资本，资本主义公司将资本注入可以赢利的地方，减少或避免在资本积累前景不乐观的地区投资。在美国和欧洲城市中心区出现了"去工业化"，制造业更多地转移到第三世界国家地区，反映了劳动力市场的进一步国际化。同时，也说明了无论劳工力量在什么地方取得较高的工资收入，资本家都会权衡置换生产地点的长远利益，寻求在劳动力相对廉价的地点投资而获得更多的利润。当然，从长远的观点来看，影响社会不平衡发展的决定性因素有多种，平衡和不平衡都是相对的和变化运动的，不平衡发展是未来相对平衡发展的必由之路；而新的不平衡因素又会在新的时代条件下产生，从而引导人类社会向更高阶段迈进②。

---

① 高鉴国：《新马克思主义城市理论》，商务印书馆，2006，第175~176页。
② 高鉴国：《新马克思主义城市理论》，商务印书馆，2006，第177页。

第四节　空间布局与建成环境的马克思主义批判

资本主义城市是一个由众多不同元素构成的复杂建成环境，资本主义城市实质上是由建成环境所组成的"第二自然"。资本主义城市生产过程的实质是建成环境的生产、创造、交换和消费。但建成环境是由资本塑造的，因而要受到资本的控制，土地所有权和地租收益是资本的主要来源，资本的流动会影响城市的空间布局，基础设施建设是资本投放的主要方式，资本的过度积累会造成城市危机。针对以上问题，哈维提出了对空间布局和建成环境的马克思主义批判。

一　过度积累：资本主义城市的主要矛盾

哈维认为我们需要了解资本主义制度下城市过程的结构性连接，将建成环境（Built Environment）（生产和消费）中的资本流动和劳动力再生产的社会支出作为看待城市的两种不同方式。对于哈维而言，城市进程与建成环境形成和劳动力再生产相关。并且，为了说明建成环境投资的周期性改变，他还提及了经济学的定义。哈维正确指出：任何理论命题的考验来临时，我们都需要通过历史经验和实践政治建立与它们之间的关系。然后，他将注意力转向在建成环境中控制投资的过程。"建成环境"是一种复杂的复合商品，包括无数不同的元素。它是长期性的，很难改变，而且空间是固定的，并经常吸收大量投资，资本通过一定的逻辑实现了对建成环境的投资。如果假定国家没有在促进巨大的公共项目建设中扮演重要的角色，个别资本家"离开他们自己的计划，那么个别资本家倾向于在建成环境中投资不足和过度积累"。哈维声称："理论上认为，过度积累可以通过金融和国家机构吸收，信用体系中的虚拟资本创造物，并通过产出和投入在建成环境中的投资来弥补差额。这个转变从初级到次级循环的过程中都可能发生，是产生危机还是比较顺利地完成积累取决于中介机构的效率。"① 尽管如此，哈维指出，这个过程的界限是，在某一点上的投

---

① David Harvey, *The Urbanisation of Capital—studies in the History and Theory of Capitalism Urbanisation*, The Johns Hopkins University Press, Baltimore, 1985, pp. 19–20.

资将成为非生产性的。在危机时刻，建成环境下的交换价值，会失去其意义。但在建成环境中的资本贬值不一定必然破坏使用价值，而成为建成环境的有形资源。然而，这种物质资源可以作为贬值的资本使用，因此它可以承担免费商品的功能，帮助建立新的积累基础。由此，马克思认为，利润率的下降也是可以受阻的。对于哈维而言，在建成环境中构建符合资本积累规律的循环模式是可能的。这种规律不仅取决于资本积累，而且还取决于在建成环境中的物质基础和经济的生命周期，后者意味着变化必然是相对缓慢的。为此，哈维认为，建成环境是可以指向"长波"周期的历史证据。哈维说，戈特利布最近的调查显示了 8 个国家 30 个城市地区的 15~25 年的建成环境循环。19 世纪，在英国和美国之间建立了大西洋经济。哈维指出在建成环境中的长周期投资，使资本和劳动力在国际经济投资中从一个地点流向另一个地点。同是 19 世纪的商业危机，也将英国的本土资本转变为海外投资，反之亦然。资本主义的整个经营，通过抵消围绕着全球地理扩张过程的震荡实现了大体的平衡增长。建成环境的不均匀空间发展作为保持全球相对稳定的一个至关重要的元素，维持了 19 世纪的不列颠统治下的和平。这些危机都是部分和转换的例子。

  一方面，20 世纪 30 年代和 70 年代的全球危机，部分可以解释为利用这种方式解决不平衡发展问题的例子。哈维声称每一次全球危机带来的转变，很大程度上是将资本投资在建成环境中以解决过度积累的问题。例如，1969 年和 1973 年的"房地产泡沫"以及 1973 年彻底触发的经济崩溃等。城市化进程与资本主义积累的帮助联系到了一起，表现为过度积累和贬值的双重特征。物质意义上的城市化过程是指通过资本流动形成的建成环境。当然，资本流动到建成环境中，需要资本和劳动力的剩余。但是，剩余资本和剩余劳动造成的过度积累不是 18 世纪英国发展的必需品，从封建主义向资本主义的过渡，将过度积累直接绑定到资本主义生产方式中。英国有大量的剩余资本，大部分进入了建成环境中，为高速公路、运河建设投资，改进了农业土地（地租）和资产阶级的消费。这样的投资主要是针对金融需求而不是价值。另一方面，长周期的投资作为一种现象出现在从封建主义过渡到工业资本主义的过程中。哈维表示，这个例子告诉我们，货币供应和资本市场结构中的长周期和波动之间有着密切关系。剩余资本和与过度积累相联系的长期循环作为 19 世纪中叶的过度积累，为

1840 年英国工业革命提供了可能性。控制和调节资本的初级和次级循环的"神经中枢"发挥着越来越重要的作用。1830 年之后，根据纯粹的资本主义逻辑，资本循环影响了政府和私人活动。1846 年和 1847 年起源于英国的金融危机，伴随着"在铁路建设方面非凡的成就"，是资本主义世界第一次真实的和普遍的危机，并成为导致法国 1848 年七月革命爆发的重要原因。法国也存在大规模的非生产性公共工作，这是政府债务存在的主要原因。

哈维问道：贬值不可避免的结果是什么？如果贬值是有效的，根据我们的理论，那么它必须留下可以作为进一步发展基础的使用价值。在哈维看来，通常贬值资本会造成实物资产饱和的景象。19 世纪末，城市轨道交通系统的破产，系统留下了实物资产。

交通运输发展的过程是在建成环境中旧投资造成空间障碍的一个很好的例子。交通投资在克服过度积累方面的成绩是非常显著的，因为它增加了资本的周转时间，使更多的流动资金停留在空间中。哈维说："在资本主义制度下……我们看到一个克服所有空间障碍的趋势"（马克思），"用时间消灭空间"，"当然这个过程的特征通常是表现为长周期的方法……空间发展不平衡，和周期性大规模的资本贬值"①。但是，悖论是由于为了克服空间障碍，用时间消灭空间，空间结构被创建，其本身成为进一步积累的障碍。创建的结构产生了"空间均衡"和"空间和谐"，但这个固定的空间违背了生产力的发展规律和克服空间障碍的趋势。因此，空间配置将被破坏。实际上，资本主义现有的景观表达了死劳动超越活劳动的力量，它用一系列的物质限制禁锢和抑制积累过程。因此，过去的交换价值不得不为了未来积累而贬值，尤其是在危机时期。

二　土地地租：资本主义城市的资本逻辑

在哈维对城市的分析中，地租是对地主的土地使用权及其附属物的支付。"未加工土地的纯支付"被马克思称为地租。哈维认为，除非另有规定，土地价值只取决于地租。因为地租被地主抽取，因此必须保证经济和

---

① David Harvey, *The Urbanisation of Capital—studies in the History and Theory of Capitalism Urbanisation*, The Johns Hopkins University Press, Baltimore, 1985, pp. 24.

商品交易的全面货币化。哈维表示，马克思会考虑将地租作为分配的纯粹关系，而不是生产关系。此外，马克思和其他政治经济学家，除了马尔萨斯之外，都没有指出地租、积累和流通在资本的积累中扮演何种积极角色。但是哈维试图揭示地租、土地所有权和地主在资本循环以及空间组织中的一些积极作用，揭示他们在生产中的关系。为了完成这个任务，哈维认为：理论上的挑战是在价值理论本身的框架内定义一个连贯的地租。反过来，资本主义土地所有制形式的真实身份，也要考虑土地财产作为虚拟资本的一种形式在土地市场上的经营活动。另外，土地地租存在的原因，以及地理空间的组织形式将被分析。

土地的使用价值：土地的使用价值是"自然的免费礼物"。资本家获得优质土地的使用价值将会获得相对剩余价值，换句话说，与其他资本家相比，获得超额利润。土地所有者可以获得适当的超额利润，并将它们转换为土地地租，而不以任何方式减少平均利润。超额利润是个人利润与该行业或行业中平均利润之间的差额。土地的优势不是这个利润的来源，但是它的基础，正如哈维所说，超额利润依赖于技术发展。

空间、场所和地点：由于具有使用价值，土地不仅是生产的一个工具或手段，也为地点和空间提供运转的基础。① 哈维说，马克思对空间的利用价值没有系统的研究，但是这样的缺陷可以通过回到使用价值、交换价值和价值本身的概念得到克服。首先，空间的属性，如位置、形状、大小、尺寸等，事实上都是使用价值的属性。它有可能通过区分土地在空间上的位置和研究它们之间的空间关系，使所有物体在空间中达到均衡。区位优势可以通过资本的行动体现。资本的投资，如交通运输和通信发展的投资，创造新的空间关系。然后，他将使用价值的空间属性作为社会创造的品质带回分析的领域。创造新空间意味着创造新的空间关系。

土地所有权：在从封建社会向资本主义社会的过渡时期，土地所有权的性质发生改变，这有助于土地所有权与土地经营权的分离，也导致了封建土地向商品转化。因此，土地所有制是资本主义积累的基本条件。由于这个原因，马克思说在没有找到土地所有权的时间和地点之前，土地所有

---

① 马克思：《资本论》（第三卷），人民出版社，1975，第190页。

权就创造了它自己的剩余价值理论,使土地成为商品可以进行交换。哈维说,如果土地成为商品,它可以"自由交易","然后它变成比较特殊的商品,因为土地将为获得地租而被购买"①。而这样的地租年收益可以被视为对一些假想的、虚拟资本的兴趣。从这个意义上讲,地租是不一样的。随着资本主义的发展,土地变成了虚拟资本的一种形式,土地市场功能的独特特征就在于它是有息资本流通的一个特殊分支。地租是一种金融资产,像所有虚拟资本形式一样,交易是为了要求未来的收入,这意味着要求从土地利用中获得利润,更直接地说,要求从未来的劳动力中获得利润。哈维说,通过这种方式,土地所有权实现了真正的资本主义形式转化。但对于这一点,土地必须向资本自由流动开放,使土地的所有者可以减少到能够持有这个虚拟资本为止。

土地地租与土地财产权的矛盾作用:土地财产权的本质是资本主义与劳动阶级关系的再生产。从过去到现在,土地财产权都是原始积累的动力。土地财产权是在劳动力和土地之间建立的一种障碍。此外,尽管它消费资本家的产品,但是它仍被保留,甚至增强。不存在土地财产权的地方,它就会被创造。虽然它是产品的消费,但国家土地所有制意味着资产阶级和资本的公共属性。哈维说,国家土地所有权是私有化行动的严重障碍。土地私有财产的连续性履行了所有形式的私有财产的意识形态与合法性功能。在工人阶级的家庭所有权方面更是如此。实际上,一般意义上的私有财产的神圣不可侵犯在允许地租支付方面被保存下来。哈维声称,很少有人注意到资本协调流动的积极作用和通过土地的方式可以获得积累的广泛支持。土地所有权在资本初级循环中的积极作用可以在"农业的合理化"方面支持工业化。在工业和农业之间的劳动分裂达到适当平衡的成果,并且社会总劳动能否合理分配到不同的农业生产线,关键取决于资本通过土地自由流动的能力②。随着资本主义的渗透,"地租……仅仅束缚了土地的竞争开发",哈维加上了一句,地租也束缚了土地开发的"资本积累"。另外,不同种类的地租对超额利润没有影响,从而使资本家竞争对手之间的利润率趋于相等。这种情况,也打开了产品的新生产方法,而不

---

① 马克思:《资本论》(第三卷),人民出版社,1975,第347页。
② 马克思:《资本论》(第三卷),人民出版社,1975,第361页。

是寻求"不公平的优势"。哈维声称资本主义的胜利已经迫使土地所有者在构建生存环境的过程中扮演积极角色。土地利益终于通过将有息资本渗透进土地而失去独立地位，转变为资本的组成部分。

三 资本的流动与布局：资本主义城市的基本法则

如果社会关系的转变和资本主义的物质空间发展不均衡，那么我们就应该关注"资本主义发展的不平衡"。但是，尽管这是现实，历史—地理变化仍旧呼唤理论的检验。哈维认为，马克思主义对空间组织问题只有"零星的、零散"的探讨。帝国主义与新殖民主义的探讨运用了许多空间概念。然而，从那里找不到空间理论的"良好的基础"。哈维认为珀莱克斯（Palloix）和伊德路（Aydalot）的构想是很有启发的。列斐伏尔关于"空间的生产"、"政治空间"和"空间主要的城市语境"等论断引导人们关注人在社会再生产中的作用。卡斯特关于城市化的研究已经取得了"有意义的结论"。另外，有许多关于区域发展的研究，存在可能但没有以任何严谨的方式阐述整个问题［利佩茨（Lipietz），1977；独龙（Dulong）1979；桑托斯（Santos），1979；卡尼、哈德森和雷万思（Carney，Hudson and Lewis），1979；梅西（Massey），1978，1979］。另外，德戈德马尔（De Gaudemar）（1976）的论断，对于哈维而言，是解释理论问题的一个开拓性的尝试，另外谢赫（Shaikh）清晰地研究了对外贸易与价值规律。

资本主义的地理发展不平衡，可以看作一种"无限的多样化"，其中包含多种问题：如殖民主义和新殖民主义政策在不同的民族国家实施；城市地区的居住分异；市区街头帮派的争斗；组织和传达社会意义和象征意义的空间设计；劳动分工中地区模式的增长；多样化的市场系统的空间结合（金融、商品等）；产业后备军在空间中的集中与分布；阶级联盟的地域概念，如社区、地区和国家层面的建设等。哈维认为，尽管"空间……具有所有使用价值的属性，但商品生产将使用价值转化为社会价值。然后，我们要考虑如何利用物质空间的属性为使用价值定位，特别是通过商品生产转换成社会空间。由于商品生产需要理解使用价值、交换价值和价值之间的关系，它遵循我们理解空间布局的方式，在其社会方面也必须建立如何将使用价值、交换价值和价值在生产和使用的空间布局中相互融合的机制"①。空间整合是必要的普遍性的价值形式。不同地点的商品生产通过交换过程相互联系。只有这样，价值才能成为抽象劳动的社会形式。空间整合的本质其实是"资本和劳动力的地理流动"。如果实现这样的流动，那么空间整合可以成为现实。如果这样，我们应该处理资本本身的具体物质循环过程。为此，哈维提出了一些子标题：如运输关系和作为商品的资本流动；可变资本和劳动力的流动；货币资本的流动；生产过程的定位；建成环境的空间布局和社会基础设施的地域性等。最后，哈维将资本和劳动力的流动当作一个整体进行了简单化处理。他要做的是对资本空间化的尝试，反之亦然，或者换句话说，研究资本循环的空间基础。

1. 交通运输业与资本流动

交通运输属于物质生产的范畴，对劳动—空间和地理位置改变具有重要的作用。交通运输业（在资本和剩余价值理论的基础上），以区位的优劣为其产品定价。良好的交通系统减少了流通的时间，因此为灵活积累释放了未经使用的资本。② 良好的组织系统通过快捷的分层运输减少了空间距离。重要的不是市场在空间中的距离，而是运输可以达到的速度。运输服务作为一种生产力，有助于克服空间障碍，进而征服整个地球。资本必须消灭空间与时间，尽可能减少资金周转的次数。商品交换价值越高，就越需要良好的交通和通信系统。其实，交通和通信系统的发展改变的不是地理上的距离，而是空间的相对结构。随着空间关系的变化，资本主义在不同地点的相对优势和命运也将发生改变。由此，哈维得出的结论是，"一些人遭遇劳动力、固定资本和消费基金（房屋等）贬值的同时，至少获得其他的享受，如时间、超额利润，意味着生产和消费的升值"③。因此，哈维声称贬值无论是什么原因产生的，都发生在特定地点，具有地理特殊性。这暗示着在建成环境中的固定资产会通过竞争导致货币贬值。尽管如此，投资者呼吁对特定地域的货币贬值进行保护，限制竞争、国家规定或国家垄断都是保护的重要手段。在这一点上，哈维指出

---

① David Harvey, *The Urbanisation of Capital—studies in the History and Theory of Capitalism Urbanisation*, The Johns Hopkins University Press, Baltimore, 1985, pp. 375.
② 马克思：《资本论》（第二卷），人民出版社，1975，第 377 页。
③ David Harvey, *The Urbanisation of Capital—studies in the History and Theory of Capitalism Urbanisation*, The Johns Hopkins University Press, Baltimore, 1985, pp. 379.

存在一种困境：如果竞争被限制，那么生产力的发展将被阻碍。解决这一问题的方案是在建成环境的交通系统中将固定资产拆分，这意味着通过信用体系和国家的工具拆分运输形式。固定资本形成的建成环境，例如通过运输投资，带来土地市场和地租的分配问题。哈维说，对固定的交通基础设施进行的投资，会在服务领域造成适当的土地价值上升。通过土地投机、土地出让和土地税等一些手段去推进、阻碍或引导交通投资。在这里，哈维再次指出地租起到重要的协调作用，并在资本主义经济发展中有积极作用。但造成的直接影响是交通基础设施的建设取决于投机和政治机制，而不是更常见的市场机制。哈维从这些方面关注了资本主义的主要矛盾。运输和通信基础设施建设需要更高的技术和高价值的资本组合，同时减少限制剩余价值生产的阻力。然而，由于自身的弱点，如果总体利润率被维持，就需要通过政府部门排除这些基础设施的使用。资本密集型的基础设施最严重的影响是造成空间和特定地点贬值的高度脆弱性。中心的矛盾显而易见，在很大程度上，价值必须是固定在土地上，以实现空间的整合和消除空间的资本壁垒。但是，有时"生产空间中的价值"会成为障碍。生产空间中的要素，如果价值没有丢失就不可移动。另外，在交通网络中特定价值的保护意味着对一般价值未来扩张的限制。出于这些原因，哈维指出运输系统的强烈贬值和重构，暗示着空间结构的形成和空间一体化是不可避免的。

2. 可变资本与劳动力的流动

当劳动力成为占主导地位的资本构想所不可缺少的工具时，它就变成了固定资本。另外，如果劳动者成为主体，他就被迫遵循资本的规律，无论他是否在流动。按照资本的需要协调劳动力流动是工资差异出现的信号。更有趣的是，劳动力在地理上的自由流动帮助工资率实现平衡，使劳动力平均价值在不断积累中保持平衡。劳动力的易变和地域流动性以及工作内容的差异，是资本流动的本质。与流行的资产阶级的信念相反，自由劳动者在实践中特意减少"自由资本"[1]。劳动者的流动性越高，资本就越可以采用新的劳动过程和利用优越的位置。自由流动的劳动力是资本积累的必要条件。然而，没有绝对自由的劳动力转移。例如，工业后备军必须

---

[1] 马克思：《资本论》（第一卷），人民出版社，1975，第381页。

为进一步积累保持稳定的数量。否则，资本必须找到方法来保持后备军拥有失业救济、社会保障、福利计划等基本生活保障，因为个别资本家不会承担这样的负担，通常会全交给国家。由于保持劳动力储备到位是必要的，随着劳动者技能提高，资本家会在某些地点进行投资，以改善和再生产劳动力，这是抑制劳动力流动的重要手段。但是特别的需要不一定能符合积累的一般要求。个别资本家或资本家团体，在追求自己利益的过程中，也会遏制劳动力流动的总体方式。这可能不利于资本主义制度的发展。

劳动力的素质提升也创造了商品以外直接的资本主义生产关系。劳动力的再生产是不完全受资本家控制的。并且再生产持久的和经常固定的社会和物理基础设施，需要一定数量和质量的劳动力。为了达到这个目的，大量的资金必须作为投资被吸收。此外，还有一种类型的基础设施只对劳动力的生产和再生产有用。在这一点上，哈维做了很好的阐释："由于邻里被专业化的再生产所组织，并且可能与蓝领工人的再生产不同，这就导致了当代都市住宅分异的逻辑。当住宅分异被强加上历史、宗教、种族和文化的差异时，这种社会再生产地域专业化趋势就更加明显。社会再生产的过程，会结晶成一个相对永久性的局部拼凑，实现区域间甚至国际的专业化。这种拼凑的区域，也可能在劳动力的价值和价值生产中形成差异市场。"① 哈维声称，资产阶级为了分离和控制工人阶级而使用这种差异。资本家可以偶然支持或反对社会政策，克服种族歧视和民族主义、宗教、性别国家主义所产生的问题，并且克服在资本循环方面劳动力的差异。但是，哈维说，这样的资本家会为劳动力自由流动设置障碍。很明显，个人的自由流动不一定与社会再生产的机制相一致。广泛的自由流动破坏了传统的社会纽带，如家庭组成和社区生活。出于这个原因，即使有利于资产阶级，特定形式的社会再生产也需要通过资产阶级慈善活动或国家干预被保留和稳定存在。19世纪的城市改革主要与工人阶级的社会福利相关。在这里，哈维认为资本家存在着双重态度。对他们而言，劳动力的自由流动是维持积累必不可少的，但他们也需要将劳动力固定在某地，保持劳动力与市场的分离，这是社会控制和给再生产过程提供足够数量和质量的劳动

---

① David Harvey, *The Limits to Capital*, Oxford: Basil Blackwell Ltd, 1982, pp.388.

力的重要方式。这种双重态度是由一般资本主义内部矛盾所产生的，并产生劳动力地理流动、工人自身独立性的反作用。

3. 货币资本的流动

信贷资金是最具流动性的资金形式，因为唯一需要克服的物理障碍就是通信系统。在交通运输系统的发展过程中，与信贷经营信息传递最相关的就是通信。信用货币在眨眼间穿越空间，通过这样做，可在一个似乎无限的空间中整合与协调商品生产和交换。正如马克思所说，只有当一个完整的交易系统存在，价值才能成为特定商品的交换价值。在此之上，哈维认为越是自由的信用货币流转，反映出的价值关系和交换关系就越完美，商品货币作为一般等价物就更加有意义。然而，即使拥有"理想"的货币形式，一些悖论和矛盾也会由于地方和不同的政治特点而显现。假设自由的信用货币与不同国家和不同地区的货币体系存在冲突，由于不同的法律、制度和政治安排而出现"货币的阻碍"。如果这种情况出现，要克服空间障碍就必须有其他空间结构被创造。在危机时期，信贷资金不得不追溯到货币在地理上存在差异的基础。国家使用贸易保护主义的货币政策，以确保信用体系的可行性，使价值和剩余价值的生产可能在国界或其他边界产生价值增加，并做出适当援助殖民地或帝国主义的冒险行为。每一个国家都试图通过保护政策来保护其货币基础，同时又限制资本流动，这是一个悖论。哈维补充说，劳动力的流动也可能被控制。这种情况导致了不同国家货币体系的不稳定和不确定性。

四 建成环境的生产：资本主义城市的地理建构

哈维认为个别资本家在特定地理位置上的优势，取决于持续和多样的资本和足够的有效需求转换到市场中的代价、利息资本、大范围配套服务的成本，以及土地价格。这些费用根据不同性质的自然（所谓"自然"的资源禀赋）、社会、政治和经济条件等影响劳动力价值、中间投入成本、有效需求水平等。生产商也从事空间竞争，即为有利的地点和位置进行的竞争，为特定的市场地区的统治进行的竞争等。这些主要的考虑是处理地点对特定市场领域的控制。哈维认为，这些考虑也处理了理论问题。我们的任务是从马克思主义的角度来解释它们。在空间竞争方面，哈维声称，由于马克思的研究目的不在此，他忽略了这一趋势。马克思对经济的研究兴趣是由市场运行的表面现象开始的，市场被假定为是功能完善的。在充分竞争的条件下，区位优势意味着超额利润，这是相对剩余价值的某种形式。哈维从通过劳动力价值下降来分析影响资产阶级作为一个永久的整体剩余价值角度来区别这个剩余价值。因此，超额利润这个术语拥有个体的区位或技术优势方面的含义。但是，应该注意的是，如果这样的优势继续被个别资本家拥有，那么它会通过地租被消除。这是理解地租的不同方式，通过它的功能寻找资本主义的超额利润。通过位置或适当的地租，以及通过生产资本的地域流动，资本主义生产利润率将趋于均衡。这一过程对对抗资本积累会产生长期效应。具有讽刺意味的是，通过竞争，在一个封闭的平台中，由于均衡平均的利润率，利润率逐渐趋近于零。哈维认为资产阶级区位理论注重空间竞争而不是深层的社会关系。

哈维在生产过程中进行了区位分析，实际上给了利润率下降趋势以空间的解释版本：个别资本家，为了自己的利益和追求利润最大化进行的竞争，倾向于扩大生产和转移生产地点到能够产生更多剩余价值的地方。资产阶级所谓的"空间均衡"，对于哈维而言，只是导致积累危机的一部分原因或者所谓的"瞬间"。将生产过程中的空间经济引导到一个长期的不平衡状态，再以一种讽刺的方式，将其转化为限制聚集空间的危机。哈维在这里提出的假设在整体的流通和资本积累中活跃的时刻得到了确认。这是资本主义空间经济的"不平衡地理发展"的辩证概念化。这样的辩证结果不仅存在于危机形成的过程中，而且是空间问题的解决途径。但是，哈维认为有可能创造"空间修复"以对抗资本主义的内部矛盾。

很显然，个人资本主义超额利润的来源是技术或地理位置优势，或是两者兼备。然而，这样的优势，对于哈维而言，只是意味着时间的竞争。同时，地租也是消除来源于区位优势的超额利润的一种工具。这对继续扩大生产的剩余价值相当重要。地租始终围绕着区位的利润率达到均衡，因此需要迫使个人资本家通过技术变革，让其重新回到追求超额利润的狭窄道路上。空间均衡或哈维定义的平均利润率（Equalisation of Profit Rate），直接面对着采用新技术或地点转移带来的空间竞争。这也会带来一定的反作用。反作用的第一种方式是生产过程中资本的强化。在这种情况下，如果扩大规模经济，那么永久性的剩余价值不能增加；剩余价值创造的水平变得恒定，并且重新分配更加容易。如果资本的技术密集度增加，由于个人超额剩余价值存在导致平均利润率下降。为了稳定的利润率，一些生产商——竞争对手必须逃避生产。这被哈维称为"特定地点的贬值"。反作用的第二种形式是资本妥协只能导致失业率上升，因此工资下降，抵押商品的市场缩水，这迫使相关供应商创新或重新选择地理位置，但是生产资料需求在增加。此外，还有其他的反作用形式。在内部，劳动过程可以通过分离执行者和设计者得到改变。例如，替代熟练和非熟练的劳动力，或者通过替代原材料，或通过改变技术或发展生产力，如蒸汽机和电力等，对一些区位和地域扩散进行限制。此外，作为一种反作用，通过技术和组织变革，生产活动可能在空间中集中。哈维说："生产的地理集中与地域专业化和分散的紧张关系是非常明显的，并且与资本积累有关的技术动态不能独立理解。反过来，这样的地理效应创造了个别资本家获得超额利润（暂时）的区位运动。"① 哈维最终的结论是，重新定位技术改进与剩余价值创造才是密切相关的过程。如果因地理位置不同获得的超额利润消除了，反过来，资本家会通过技术改进寻找新的超额利润。

但是，如果存在劳动力过剩或劳动剥削程度较高的情况，那么通过技术改进或重新定位的竞争取得超额利润是隐喻的，有其他过程将区位稳定的模式。在不同行业内，不同比例的资本使用不同的资本要素。周转时间越长，在资本主义生产的空间经济中，地理和时间惯性越大。惯性通过贬值的方式被特别地强加到空间中。惯性意味着时间和空间的修复，以及生产景观的稳定。在这一点上，资本的界限出现了：因为资本主义越来越依赖于通过固定资本（包括嵌入在特定生产中的景观）彻底变革劳动力的生产价值，通过发现时空修复（特定的地理分布），成为需要被克服的障碍。

与过去的投资有关的停滞和不稳定的新兴资本之间的紧张关系出现了。这种紧张关系表现在资本主义生产地理本身上。通过过去投资的混合贬值和相关空间的配置，这种紧张可以被克服。通过危机，一般贬值打开了为新的技术和新的空间结构形成新资本流动的可能性。哈维回忆说："货币贬值总是……发生在具体地点。它没有被均匀地散布在所有地理位置上。事实上，空间竞争的本质保证了在一个地方取得的超额利润的同

---

① David Harvey, *The Urbanisation of Capital—studies in the History and Theory of Capitalism Urbanisation*, The Johns Hopkins University Press, Baltimore, 1985, pp. 281.

时，将在其他地方出现货币贬值。"① 因此，危机将围绕着水平的表面展开微分效应。生产资本家仅购买土地的利用价值，使它们在具体地点贬值时可能转移到其他地点。资本和劳动力的流动只发生在冻结一部分社会总资本的价格时。如果是这样的话，嵌入某个地方的资本创造了国际资本家之间的派系冲突，通过建成环境的资金流转暗示着经济主体将产生新的作用。"地主收取地租，开发商在改进的基础上领取差额地租，建筑商赚取企业的利润。金融机构提供货币资本，反过来在换取利益的同时，他们可以资本化任何形式的收入，将所使用的建成环境变为虚拟资本（资产价格）和国家可以利用的税收。"② 多个角色和组合是可能的。法蓝（Tapalov）和拉马什（Lamarche）就分析了这样的生产系统。应该注意的是，越多的资本循环进入这个系统中，直接用于生产的资本就越少。

地租、利息和税收的分配类型有助于我们了解该系统是如何运作的。如果土地所有权是纯粹的金融资产，换句话说，土地是虚拟资本的纯粹形式，那么地租是土地价格的基础，它通过运作来分配资本和劳动到指定地点，影响今后的生产、交换和消费的地点，塑造劳动地域分工和社会生产的空间组织，并且通过建成环境支撑起生息资本循环。由于信用制度对土地房地产市场和国家债务流转具有影响，它会对地主、开发商、建筑商、国家和使用者施加压力。生息资本通过固定资产的方式表达它在本地或世界层面的发展趋势，是地租、利率和税收波动，以及在某地投资或撤资的信号。

哈维还要求非生产性土地和房地产等投机性质的资本创造真正的价值。是什么原因让人们对房地产投机者、土地经纪人等保持宽容？哈维声称从资本主义的角度来看，削弱投机性有同样令人厌恶的结果，因为建成环境中空间配置的转变，将保留必要的物理景观，可能在未来的积累中不会实现。猖獗的投机和不加节制的挪用……产生了一种混乱的发酵，从而使新的空间配置不断增长。在信贷宽松和扩张阶段，投机重新获得了成功，在危机的后续过程中成为合理。创造新的空间形态的投机浪潮，对资本主义的生存和其他形式的投机同样重要。如果这样的话，我们的结论

---

① David Harvey, *The Urbanisation of Capital—studies in the History and Theory of Capitalism Urbanisation*, The Johns Hopkins University Press, Baltimore, 1985, pp. 292.
② David Harvey, *The Limits to Capital*, Oxford: Basil Blackwell Ltd, 1982, pp. 412.

是，资本主义空间经济学的生产和建成环境的资本循环同是"危机形成和解决不可缺少的环节"①。

社会基础设施不过是建设在经济基础之上的上层建筑，与资本循环和建成环境之间的关系相似。但应该指出的是，上层建筑反作用于经济基础不仅仅意味着一种上层建筑取决于一定数量的被创造出来的剩余价值的支持。相反，哈维拒绝相对自治理论和社会基础设施形成的经济学方法。他说："极端的例子是，有些人坚持独立权力和社会基础设施相对自治，另一方面，有些人将社会基础设施仅仅看作积累的要求去思考（否认错综复杂的交错，历史和传统的重要性）。"② 哈维认为资本流通方面应关注的问题是：资本循环不得不被认为是连续的价值扩张过程。价值循环通过社会基础设施成为循环总过程的一个时刻。因此，这一刻必须在资本循环全部过程的关系中被发现。

资本流入社会基础设施建设中意味着生产剩余价值的条件改善。但对于个人投资者来说，获得的利益是发散和不确定的。资本家必须将自己作为一个阶级，通常是通过国家的机构，以集体方式来满足自己的需求。如果他们需要通过社会支出整合和拉拢工人，那是因为，工人已经积累了足够的权力要求增选。更为重要的是，他们是为了改善社会条件而进行大量资金的投资，并依赖于未来的有效需求。因此，这种类型投资受到了货币贬值的折磨，最后成为对建成环境的投资方式。具有讽刺意味的是，这样的投资需要大量积累资本，会造成过度积累加剧的问题。否则，在投资中吸收的资本就会损失。

进行社会改造的地区将吸引资本。但是哈维指出，改造地点的区位地租甚至基础设施的维护成本，以及沉重的税收或较低的剥削率可能会使资本家往别处迁移。在以前享有特权的地区积累的资产，破坏了它们创造的价值，从而失去了它们的特殊位置。如果我们回到反射的方法及相关的经济理论会发现，哈维提及了社会基础设施的地理发展不平衡和这种发展的矛盾特征。社会地理的发展不只是反映了资本的需要，而且是强大和潜在的破坏性矛盾

---

① David Harvey, *The Urbanisation of Capital—studies in the History and Theory of Capitalism Urbanisation*, The Johns Hopkins University Press, Baltimore, 1985, pp. 398.

② David Harvey, *The Urbanisation of Capital—studies in the History and Theory of Capitalism Urbanisation*, The Johns Hopkins University Press, Baltimore, 1985, pp. 400.

的运动轨迹。在历史上的一个时刻，社会地理形成的资本需要，不一定符合后来的要求。由于地理景观是很难改变的，而且往往是长期投资的重点，那么它就变成了需要被克服的障碍……社会基础设施的周期性重构，因为这个原因，所以通常伴随着危机的过程。投资在具体地点的贬值体现在社会基础设施的建设中，将传统生活方式和各种形式的地方保护主义建立在社会和人类的破坏之上，然后成为资本主义下的危机形成和解决的一个核心要素。这一观点也得到许多支持社会基础设施地理流动性的人的支持。"有知识和高超技能的劳动力……在地理上流动，在地理再分配的一般过程中，成为'技术转移'和'人才流失'非常重要的两个方面。"[1]

哪里是国家社会基础设施生产的地方？哈维说，国家是资本流入这个领域的最重要的渠道。国家由于两个原因被卷入这个过程。首先，国家是资产阶级共同利益的表达方式，它因为不能或不愿意代表个别资本家的利益，成为阶级斗争的中介和社会敏感区。国家可以参与生产性投资，例如，承担改善社会条件或稳定社会秩序的功能，或者管理长期的有效需求。国家财政政策，因而成为资产管理的积累过程中的重要工具。它以国家形式组织固定的地理环境，遵循动态的投资规律。国家的领土组织和国家的边界是迄今为止最重要的地理边界，成为投资过程动态变化的地理结构。更有趣的是，危机期间特定地点的贬值也会导致特定国家资产的贬值。

第五节　垄断资本主义的马克思主义批判

哈维在资本主义生产方式的背景下发展城市化理论的出发点是为了让当代资本主义与垄断资本主义发生关联。《资本的界限》和《资本的城市化》两本书可以看作是这一理论的萌芽。

一　垄断资本主义：资本主义城市的必然选择

当代全球经济中，经济被地区和全球的空间制度所组织。正如哈维所

---

[1] David Harvey, *The Urbanisation of Capital—studies in the History and Theory of Capitalism Urbanisation*, The Johns Hopkins University Press, Baltimore, 1985, pp. 402.

说，这个经济和空间结构得到德国经济学者勒施的详细说明和经验性的理解。同时，在剩余价值的挪用和获取中被理解。相似地，弗兰克（Frank）以拉美国家为对象，用资本主义的逻辑理解空间结构。弗兰克和勒施的分析模型十分相似。在不平等的经济结构中，大量剩余从欠发达国家流入发达资本主义中心。但应注意到，发达国家大都市中心自身内部分裂了。当代都市是"交易最大化的体系"，将剩余价值扩散到影响经济发展的所有部门。但是最初剩余价值可能被获取，第二（生产）、第三（服务部门）和第四（金融和金钱经济）部门都暗示着当代大都市的脆弱性。因为，如果剩余价值的增长速度超过被创造的数量，经济崩溃就会发生，利润便会下降。

研究当代城市的另一个视角是将其与"垄断资本主义"发生联系。大都市提供了技术创新的实验地点和大公司的运营场域。同时，大都市反映了经济活动中垄断的组织形式。对于哈维来说，根据马克思、列宁、巴兰（Baran）和斯威齐（Sweezy）的理论，垄断是资本主义生产的需要，并且竞争不是永久开放和自由的，而是很多地区垄断的竞争形式，通过时间，合并成为更大的垄断。在历史上也是一样，城市中心是垄断力量的核心。"重商主义城市"在现在资本主义中依然存在。当代垄断将剩余价值快速地投入循环以获取更多的剩余价值，使财富成为一种速度流而不是被储存的商品。"财富"组成了被法律支持的现金流。

这种现象的真实表达是资本主义包含了不断增长的物理不稳定结构，为了维持利润率提高，需要更快地循环剩余价值。在这个过程中，大公司的目标是保护和增进剩余价值循环的速度。因为这个原因，缩短剩余价值的循环时间很重要，但是流动的速度如果不能被保存和缩短，财富增长的前景还是会很黯淡。哈维认为解决方法是建立金融集团，使之在很多国家运行。发行灵活多样的股票，接管有利润的投资渠道，剥离没有利润的企业。集团不仅是连接市场、国家或地区的渠道，而且哈维说它们也是无地域的国际组织。这样做，可以增加剩余产品的生产和循环速度，这是"利润率下降趋势"的必然结果。这些进程在现代城市结构中有广泛的影响，我们看到了城市化的扩散和企业不断合并。人口和经济活动在大都市地区的地理集中可能与剩余价值的集中相似，被掌握在大型机构手中，如大企业或国家代理。这种类型的人口、经济活动和剩余价值的大量集中可能与复杂机构的保护和提升全球空间经济水平相关。这些机构被组织在资本主义制度中，从弱小的城市中心和内陆到资本主义活动的中心都受其控制。垄断资本主义对城市结构的另一个影响，如雅各布混淆和抱怨的那样，城市中心的生产能力被限制了。因为都市经济开始被混乱地组织，丢失了创造性的环境、创新企业的技能和活动。这导致了哈维所说的，根据马克思在《哲学的贫困》中定义的竞争不会被垄断改进，垄断不可避免是最大化竞争的结果。换句话说，哈维认为创新、竞争加剧、垄断和取代是资本主义历史的标准结果。这里，地理维度方面最重要的结果是加快了活动中心的转变和剩余循环在地理上的转变。资本主义活动在地理图景上取代了城市化进程的运行。

追随琛兹（Chintz）的观点，哈维也认为大工业企业创造了基金，因而完成在金融方面的独立。由于这个原因，公司的剩余资本在本地区的公司内部循环比外地区公司循环快。剩余资本的大量集中将在大城市范围内支持企业的活动，引导剩余价值的流向。剩余价值循环并不是自由流动的。它在一个封闭的经济结构中流动。新产品和一些部门不是直接服务于大众的，而是通过一些中介，如按揭代理或小型贷款企业参与实际财产运行。但是垄断限制了剩余资本的流动创造有效需求的问题。避免这一问题的策略是创造新的需要，通过郊区化和运输政策，重组大都市的建构形式。哈维认为当代大都市不仅是处理剩余产品的可能场域，还可以作为操纵有效需求的来源。因此，剩余产品被大量生产成为城市的建构形式。但是，如果资本主义经济被维持，现在有必要让城市化产生扩大的消费。在资本主义社会中，国民生产总值的大量增加事实上都有赖于郊区化进程。

二 郊区化：资本主义城市的扩张策略

关于郊区化，哈维将其看作有效需求和剩余产品的处理方式。在当代资本主义城市中，建筑的经济生命通常短于它们的物理生命，通过重建，剩余价值循环的速度加快了。哈维说这种策略最典型的代表是房地产业，企业需要在郊区土地和建筑物上投资，同时在土地使用转变过程中，通过减少其他部门资金的流动，刺激一定位置的房地产和商业资产发展，进而产生利润。哈维认为，在大城市的经济发展中，在满足贫困人口需要方面还存在大量潜在的有效需求。马克思将这部分人口称之为"工业后备军"，换言之，即剩余劳动力。工业后备军在资本主义生产方式中有很多功能，它可以被当作条件去组织劳动并成为经济扩张的动力。贫困人口是资本主义经济的稳定装置。哈维认为可以将之视为在商品劳动力中组织创造物缺乏的结果，在这个创造物中一些因素受欢迎，一些受抵制。因此，可以认为"在资本主义体系内，适应市场是消除贫困的筹码。资本主义社会收入的分配，在一定限度内，被结构性地决定了。因为自治的市场导致了不同收入群体城市内居住结构在地理形式上占有不同的空间，这像是资本主义经济结构的表达。因此，当代大都市的居住隔离与再分配城市中典型的居住隔离的表现有本质不同，具有很强的代表性。"

很明显，从现在开始，有必要将资本主义社会的不平等和贫困看作结构性和功能性的，而不是效率下降的长期结果。社会不平等和贫困是剩余劳动创造的必要产品，是劳动作为商品"制度性缺乏"的结果。企业规模的扩大，大量剩余价值的集中，大规模垄断的创造，新需求的产生和旧规划的过时，以及缺乏结构性的维持机制，都是造就资本主义的适应性方法。但哈维认为，它们都不能改变资本主义的基本特征。这种经济整合在当今全世界的大城市化中都是有效的。哈维认为资本主义经常被垄断充斥。它不是要创造一套新的体系，反驳资本主义发展的历史证据，而是通过创造性毁灭构建一个更加开放和个人的资本主义社会。

第六节　资本城市化的马克思主义批判

从20世纪70年代开始，哈维就在不断在资本主义积累规律中，通过对马克思的《资本论》进行系统的研究，寻找资本与城市过程整合的可能性。20世纪80年代，哈维最关心的主要问题是说明资本是如何城市化的或城市是如何资本化的，反之亦然。哈维第二个关心的问题是从资本主义制度过渡到社会主义制度的战略问题。他回顾了自己的研究历程："我开始思考这个问题是在十年前，现在，研究的结果大致是这样的：我们是否可以在城市过程中推动一个理论和历史的资本主义理解，通过假设资本主义生产模式的运动规律进行研究？……问题的答案是肯定的，只要这些定律可以提供时间和空间动态变化的严格规定……我现在的问题是，资本是如何城市化的，以及城市化带来的后果是什么呢？我认为这个问题的答案，它对了解未来的资本主义，以及对过渡到可替代的生产方式前景产生深刻的影响。"①

一 资本的城市化：资本主义城市的突出特征

资本循环的演进过程是哈维在资本主义制度下理论化城市过程的指引。在资本主义社会生活再生产过程中，所必需的使用价值基本上是在资本流通过程中生产的商品，其主要目标是交换价值的实现。

$$M - C \{ LP + MP + \cdots + P + \cdots + C' - M + EM - etc. \}$$

M 代表的是货币；C 和 C′代表商品；LP 代表劳动力；MP 代表各种生产方式；P 代表生产过程，过程中的最后一刻，货币附加物；EM 代表利润。哈维开始研究资本的城市化，通过将不同时刻的货币、商品、劳动力、生产中的资本循环（和它的再生产）仔细检查后将其整合成一些类型，并在不同时刻进行转换（马克思称为质变）。哈维说，"每一时刻都有不同的地理流动能力，不可避免地转变为某种空间运动"②。

商品交换的时刻：货币创造了在空间和时间上购买和销售分开的可能性。一种商品可以在这里购买，在那里出售。但是哈维发现时间和空间的交换维度是"由社会决定的"（例如，交通通信和信用体系的发展）。空间分离导致时间财富的损失。换句话说，货币资本需要克服空间障碍。为此，"商品市场成为与众不同的地域交易模式的节点，在时间和空间上有效地协调是一个重要的需要考虑的因素"③。如果信贷资金被放在一边，时间和运输的成本会限制商品的流动。因此，时间和成本成为衡量物理距离的标准。这些可能性和生产的社会技术条件，与社会和地理区划直接相关。哈维认为"如果资本的流通是商品交换在时间上的地理运动，那么"商品市场的地理结构就

---

① David Harvey, *The Urbanisation of Capital—studies in the History and Theory of Capitalism Urbanisation*, The Johns Hopkins University Press, Baltimore, 1985, pp. 185.
② David Harvey, *The Urbanisation of Capital—studies in the History and Theory of Capitalism Urbanisation*, The Johns Hopkins University Press, Baltimore, 1985, pp. 185.
③ David Harvey, *The Urbanisation of Capital—studies in the History and Theory of Capitalism Urbanisation*, The Johns Hopkins University Press, Baltimore, 1985, pp. 186.

不仅仅反映了资本循环和资本主义起决定作用的发展动力"①。

劳动力的重要性：资本的城市化历史至少部分是其不断发展的劳动力市场的地理历史。城市化过程发挥着从地理空间中整合劳动力市场形式和功能的作用，使工作机会取代劳动力在原则上成为可能。劳动力或资本主义制度下的劳动者成为一种商品，不得不每天晚上回家，并且在第二天早晨前再生产自身。如果是这样的话，劳动市场是由劳动日决定的，是劳动者出行时间和成本的制约因素。劳动力市场随时间发生变化。大规模的资本投资使工人旅行时间大大减少。哈维指出，当人口增长和外国劳动力供给增加时，劳动力供给也需要对劳动力再生产进行资本投资。在激烈的阶级斗争和熟练工人短缺的时刻，这种必要性不断增加。工人供给的数量和质量将会影响积累的前景和生产发展的动力。哈维说，结果使位于不同地理位置的劳动力市场之间形成了巨大差异。这也正是资本主义城市化所反映的②。

生产的重要性：生产过程的技术条件是资产阶级内部竞争和阶级斗争的需要，辅以从一个产业部门溢出影响另一个产业部门的结果。哈维对马克思的方法进行了修正，通过资产阶级内部竞争和阶级斗争点燃了空间竞争，有利位置的指令和社会技术结构的选择是响应特殊地理形势要求的一部分。这对他来说，是更好地理解社会和地理分工的方法。劳动过程的社会和技术组织，换句话说，生产过程实际上取决于劳动力和商品市场的地理位置。生产过程的地理分离对地理差异更为敏感，并允许资本家利用自然或社会差异进行资本积累，并从中受益。但是，另外，这样的分散不具有地理上集中的优势。一般的结果是，尽量减少空间分离而在地理上集中，这与地理扩散之间形成紧张关系。如何解决这种紧张关系，对城市体系的形成和发展有重要影响。但是后来，因为城市体系的形成便于空间流动的紧密配合，影响了解决紧张关系的方式。因此，从结合社会劳动地域分工的好处方面，转化成加速积累。

变现的重要性：资本主义市场交换的前提是生产和消费的分离。城市结构反映了工作场所、消费空间与时间的分离。哈维对农民和工匠文化并

---

① David Harvey, *The Urbanisation of Capital—studies in the History and Theory of Capitalism Urbanisation*, The Johns Hopkins University Press, Baltimore, 1985, pp. 187.

② David Harvey, *The Urbanisation of Capital—studies in the History and Theory of Capitalism Urbanisation*, The Johns Hopkins University Press, Baltimore, 1985, pp. 187.

不熟悉。消费的空间分离与劳动的空间隔离极为相似。哈维说，马克思不像关注生产一样关注这一现象，因为后者是资本循环的霸权时刻。资本的流通要求对生产商品的有效需求不断增加。有效需求只能是由工人购买的生活必需品、资产阶级购买的生活用品和奢侈品，以及资本家购买的投资和中间产品提供。此外，消费基金的最终消费是必要的。长期生活和固定的消费是消费基金重要的组成部分。"消费空间的分离是城市中心和城市之间相对固定的社会和物理空间结构的分离。"[1]

货币的重要性：货币可以是某种贵金属，如黄金是理想的信贷资金。货币代表着社会力量最大可能地分散和集中。它可以以某种手段和在某个地方集中社会力量。它可以在国家债券、抵押贷款、股票等虚拟资本中长期使用，它可以作为一种社会力量支配空间和时间。但在资本主义制度下，哈维认为金钱力量的所有可能取决于其使用的资本。货币、金融和信贷是有层次的组织中枢神经系统，在整个循环过程中，控制整个资本的流通，通过私人行动表达阶层的利益。金融市场从商品和劳动市场中分离出来，并且获得生产权的资助。城市中心通常在一个分层组织的地理结构中，可以成为"协调、决策与控制的中心"[2]。资本周转时间必须在竞争中缩短。哈维修改了这一现象的空间表现，因为围绕着空间的运动需要时间和金钱的竞争迫使资本主义走向消除空间壁垒和用空间消灭时间。所以，哈维说，作为时间和空间的高效组织，货币是资本主义城市化的最重要方面。正是因为这个原因，资本循环不断地改造其地理景观。在这样的背景下，哈维认为资本积累、技术创新与资本主义的城市化必须并肩发展。

二 工业化城市：资本主义城市的积累中心

工业城市是积累的新中心。通过对生产中劳动进行直接剥削取得盈利是工业城市的重要标志。这意味着劳动力和生产力的地理集中（集中体现为工厂系统）和开放的世界市场已经形成。反过来，意味着通用货币和信贷的整合。劳动过程中的剩余价值的生产和循环渗透到即时的生产和消费中心中，

---

[1] David Harvey, *The Urbanisation of Capital—studies in the History and Theory of Capitalism Urbanisation*, The Johns Hopkins University Press, Baltimore, 1985, pp. 189 – 190.

[2] David Harvey, *The Urbanisation of Capital—studies in the History and Theory of Capitalism Urbanisation*, The Johns Hopkins University Press, Baltimore, 1985, P189 – 190.

是工业城市崛起的信号。劳动力和商品市场成为城市景观，在生产和消费方面造成空间和社会分裂、分化，及社会技术差异。但应当注意的是，从以前的城邦到相对强劲的资本主义国家都创造了劳动力、商品、信贷市场的自由发展，以及在地域和部门之间资本和劳动力自由流动的可能性。民族国家打破了旧的垄断控制，产生了以城市为基础的阶级联盟。哈维对比了法国、德国、英国和美国的工业化发现，它与旧的城市结构和产业资本密切相关。他指出，在法国一些人认为，相对停滞的资本主义在法国无法打破现有的城市化模式和当时以城市为基础的阶级联盟。只有 19 世纪的圣埃蒂安，是法国城市的创新典范。另外，在其他三个国家，许多新的工业中心，由国家权力直接支持。随着时间的推移，旧的城市联盟的垄断地位将被削弱，尽管 20 世纪的底特律和 19 世纪的曼彻斯特是例外。资本主义的内部竞争和阶级斗争是推动资本积累的合理物质生产和社会景观的城市化动力。哈维认为在生产、社会技术条件中寻找有利位置，是城市化进程的主要驱动力。

哈维认为，在劳动的国际分工和工业城市中，地域发展不平衡是资本主义制度的一部分。每个工业城市的个别表现都成了定义抽象劳动、世界市场的标准值工具。通过分析出现在资本家和工人之间的阶级分化给工业城市带来的政治环境问题发现，社会动荡是占主导地位的因素。按照哈维的定义，工业城市是一个不稳定的存在，不论是在经济上还是政治上，都依赖于制造矛盾而生存。其无政府主义的本质源于过度积累的危机，表现为技术发展、失业上升和作业技术难度降低、移民和部门内部斗争，以及社会各阶层之间的争斗。城市间的竞争将压力推向对产品的创新和技术变革方面，这是工业城市生存的原因。另外，创新构成了过度积累的基础。

如果我们回到最初的问题，即如何吸收盈余而不使贬值和破坏成为可能呢？哈维认为过度积累的周期性危机表明这个问题没有简单的答案。盈余的吸收有两种方式：一是在工业城市的社会和基础设施中进行长期资本密集型的投资。二是通过地域扩展，"寻找空间修复的方式"。基于早期资本主义原始积累的城市或穿透到资本主义工业化社会，美国的案例是过度积累问题的解决方案。在这些定义中，哈维找到一个非常有趣的连接点。他说："工业城市是必需的，因此，帝国主义的城市……必须准备在政治和军事帝国主义中结合经济帝国主义，依靠技术优势和创新，结合生产的组织、资本市场和贸易，在社会和地理中分化。"① 哈维将许多国家或国际层面的问题，看作城市的工业化和工业城市化的核心问题。他声称："城市间的竞争，不断的技术创新和过度积累，以及地理扩张构成了一个不稳定的混合体。事实上，这是产生国家的地缘政治对抗和两次世界大战的潜在因素，进而造成了城市财富的巨大破坏和不平衡地理发展。"② 哈维发问，是否有任何其他处理资本主义内部矛盾的解决方案，不会造成那么大的破坏性？

三　凯恩斯主义：资本主义城市的发展路径

关于过度积累和消费不足，哈维认为，这是资本积累产生的两个必然结果。如果 19 世纪资本主义是以生产竞争为基础的，那么 20 世纪的资本主义是由垄断产生和发展起来的。寻找解决生产过剩和消费不足的方法，指向了主要的分配和消费问题。在这样的时代，资本主义本身从"供方"转变成了"需方"。大公司、信托和卡特尔主义的出现，对抗了过度的竞争。垄断生产的地理景观暗示着保护生产的集中或者维持已有的集中。垄断控制着一些地区和城市，哈维说，扭曲的"相对空间"反对外部竞争。比如在美国，钢铁价格是由匹兹堡外加体系帮助控制的。哈维说，"它用很多年……去赢得内部竞争……并使用它们的力量去命令空间和操纵对它们有利的地理扩散"。③ 然而，追随西葛兰的观点，哈维认为，在没有竞争的情况下，大公司会面对空间劳动力和市场的双重问题，这是获得剩余价值和稳定收入的来源。规模的扩大和垄断生产意味着必然要认识到大众消费的重要性，而不是特殊的和奢侈品的消费市场。而且很明确，大众消费市场只能由工人阶级来支撑。哈维认为，这是福特主义的基础。工资增加补偿了生产力的提高。但是，当工人没有充分的补偿时，大公司被迫实行在地理上分散的战略，以确保市场控制基础上的扩大。但是，哈维补充到，它必须等待交通和通信的发展来改变空间关系。

另外，分散的企业将减少城市地区相同产业的竞争。但是，分散的大

---

① David Harvey, *The Urbanisation of Capital—studies in the History and Theory of Capitalism Urbanisation*, The Johns Hopkins University Press, Baltimore, 1985, pp. 201.
② David Harvey, *The Urbanisation of Capital—studies in the History and Theory of Capitalism Urbanisation*, The Johns Hopkins University Press, Baltimore, 1985, pp. 202.
③ David Harvey, *The Urbanisation of Capital—studies in the History and Theory of Capitalism Urbanisation*, The Johns Hopkins University Press, Baltimore, 1985, pp. 202.

公司迫使城市地区间进行竞争，为了表现劳动力和商品市场的能力，社会和实物资产受到大公司的剥削。企业对某些地方的依赖性失去意义。创新中心开始转移到政府和企业研究的实验室中。尽管如此，"新产品的创新"保留了它传统的城市基础。1847 年和 1848 年在欧洲发生的信贷和商业危机，标志着金融体系发生重大变化，并最终于 19 世纪末，欧洲在金融体系大变革的背景下完成了转型。金融资本的兴起是有目共睹的。其增加了空间和部门的货币资本的流动性，哈维认为，允许更精细地调整劳动力分工的社会和地理之间的关系，允许金融资本长期投资的实现，以及允许以债务融资形式投资城市基础设施，将"降低空间障碍，帮助用空间消灭时间"①。这意味着，当越来越多的无拘无束的企业看到自身独特优势来自投资时，城市基础设施的地域扩大将会实现。通过回顾哈维主要的逻辑观点，我们认为：这样做的效果是将城市基础设施的生产更紧密地融入资本流动的整体逻辑中，主要是通过货币资本需求与供给的运动反映利率。城市建设周期因此变得更短，与地理空间中不平衡发展运动一样。但是，不只是"生产性消费"（生产力的提升）的投资，"最终消费"（资产阶级和工人阶级的生活水平的提升）也需要利润的实现。信用在生产和消费两方面完美的搭配是经济长期增长的现实需要。为此，必须对分配关系进行干预。在这个意义上，限制个人企业的发展是不可能的。信用体系需要面向这些任务，它成了以需求方城市化转变为供给方城市化的主要载体。在需求的背景下，哈维指出，存在两个相互关联的问题：一是利润分配分散化，同时金融市场和货币资本集中化。该解决方案需要一个集中的决策功能，决策权掌握在几个人或几个城市中心手中。哈维指向了个人所得和这种垄断集权的狭隘地缘政治目的。二是与垄断集权终结的形成有关，其次与"虚拟资本"的形成有关。如果"疯狂的投机"和不可控的债务需要虚拟资本来调节，无利可图的投资和消除负面影响的生产性过度积累，可能很容易转化为债务的过度积累，不赚钱的资产在国家对经济进行宏观干预的背景下产生。对于资产阶级来说，民族国家是最容易控制的空间，是传统的财政和货币政策制定的制度框架。在这个意义上，凯恩斯经济政策转

---

① David Harvey, *The Urbanisation of Capital—studies in the History and Theory of Capitalism Urbanisation*, The Johns Hopkins University Press, Baltimore, 1985, pp. 203.

向需求方的城市化。福特主义反映了工资的增长，在市场的压迫之后会发生，"打破"未能将其自身转变为国家管理的凯恩斯式的新政机构。因此，伴随着"二战"的创伤，尤其是美国的资本主义城市化成为现实，政府回应了 20 世纪 30 年代过度积累—消费不足的问题。

凯恩斯式的城市是"消费的加工品"。城市生活围绕"国家支持、部门经费消费"这一主题形成。"凯恩斯政策彻底改变了……时间和过度积累的空间位置。"① 过度积累的时空转移可以实现虚拟资本的无限创造。哈维声称，尽管凯恩斯本人认为财政赤字是短期策略，公共赤字会继续增长，剩余资本和劳动力的权力会转移到社会和物质基础设施中。但是哈维认为，如果投资能够产生更多的剩余，另一轮的转变可以实现。交通运输和福利投资，如教育、健康、住房是从提高劳动质量的角度考察的特别逻辑。这项投资项目加速了资本在生产和消费中的周转。然而，20 世纪 70 年代初，系统对部门融资的依赖程度将提升公共、私人和企业债务的数量，大部分资本被投入城市基础设施建设中。试图货币化债务抑制了通货膨胀，货币贬值而不是那些大宗商品和其他资产贬值是最终的结果。尽管如此，反对通胀的尝试只会导致"资本的城市化"的风险。为此，1973 年，房地产市场、银行和金融机构的金融财产崩溃。在这样的背景下，1974~1975 年的纽约市财政危机转变为非凯恩斯方法基础上的城市发展进程的全新模式。

城市地区的空间重组，通过郊区化和基础设施建设表现出来。郊区化可以通过土地投机、房地产、汽车交通运输业和公路建设变为现实。事实上，郊区化和空间的重组需要有效的需求，创造许多必要的消费项目，成为解决消费不足问题的方法。当然，世界贸易的增加，战争中受损城市的重建以及武器装备的有效需求是另一个主要来源。哈维说："现在很难想象，如果没有郊区化和城市的发展，战后资本主义怎么能存活下来。"②

然而，通过分析凯恩斯主义，哈维提出了一些解决时间和空间过度积累问题的方法。他着重介绍了其中的三种：一是解决高通货膨胀率的问题。二是"固定的碎片空间"作为地理分散和城市扩张的结果，暗示着进

---

① David Harvey, *The Urbanisation of Capital—studies in the History and Theory of Capitalism Urbanisation*, The Johns Hopkins University Press, Baltimore, 1985, pp. 205.
② David Harvey, *The Urbanisation of Capital—studies in the History and Theory of Capitalism Urbanisation*, The Johns Hopkins University Press, Baltimore, 1985, pp. 207.

一步的郊区化和寻找空间修复面临的障碍。这与过度积累问题相关。三是由于需求本性，资本表现为"消费者主权"、"个人主义"、"空间中竞争的需要"、"生活方式和地位"，并将其纳入经济议程，而不是资本本身。因此，消费空间分离以生产为代价被过分强调。哈维认为这是危险的挑衅。因为供应和需求的自动匹配，会通过有效提高债务阻碍经济发展。因此，在城市所谓的"生产车间"和"消费中心"之间存在一个紧张的关系。哈维声称："对于消费的物质和社会基础设施的投资，再加上再分配的政治，不一定会为资本主义生产创造良好的氛围。"① 此外，公司的地理流动和从某一城市到另一个城市快速流动的金融资本，更容易受到就业损失、资本外逃和企业投资的影响。这种困境是正常的，特别是在20世纪70年代。但是，"凯恩斯主义城市的生产是对作为资本主义消费不足的根源问题的回应"②。在资本的城市化方面，空间的生产和长期投资是生产的主要含义。关于生产和消费统一体的必要性，哈维声称在凯恩斯主义的城镇化背景下，"城市化作为一个整体，不能缺少作为生产车间的功能而生存，不论对消费不足问题的回应是不是为了努力创造一个后工业城市，但城市化生产仍旧是解决许多问题的途径"③。

四 后凯恩斯主义：资本主义城市的未来前景

20世纪60年代的后凯恩斯主义，见证了凯恩斯主义政策的无力。国际竞争，伴随着欧洲和日本经济的崛起，增加了全球资本流动。全球资本流动的增加，将过度积累的问题作为剩余资本吸收的前景再一次提上日程。为此，出现了"通胀融资"挑衅"国际借贷"的浪潮，导致20世纪80年代在世界范围内发生的债务危机。这种政策产生了剩余资本和劳动力，出现了城市建成环境生产（地产投资、办公建筑、住宅开发）的螺旋式发展和较小程度的社会工资的膨胀（教育和福利）。然而，作为对1973年通货膨胀的回应，房地产市场崩溃，借贷成本上升，资本和地方财政危机的虚拟形式成为

---

① David Harvey, *The Urbanisation of Capital—studies in the History and Theory of Capitalism Urbanisation*, The Johns Hopkins University Press, Baltimore, 1985, pp. 211.
② David Harvey, *The Urbanisation of Capital—studies in the History and Theory of Capitalism Urbanisation*, The Johns Hopkins University Press, Baltimore, 1985, pp. 210.
③ David Harvey, *The Urbanisation of Capital—studies in the History and Theory of Capitalism Urbanisation*, The Johns Hopkins University Press, Baltimore, 1985, pp. 210.

危机发展的必然命运。在这种情况下，资本进入了向次级和三级循环转换的步伐，同时伴随着经济衰退和更激烈的竞争，把提升生产效率和增加投资明确提上议程。建成环境资产的过度积累和社会支出领域的义务是明确的。投资的低收益率是摆在过度积累问题面前的主要困境。它试图尽可能多地营救或削减投资，而不造成大规模实物资产贬值和提供服务的破坏。凯恩斯主义与城市化问题的分野，与 20 世纪 70~80 年代的经济问题相关。哈维认为，在一定程度上，城市化已经成为问题的一部分，所以它也必须是解决方案的一部分。然后，他立刻回答了解决城市问题的办法，那就是从 1973 年之后，城市化过程发生了根本转变。转型包含了货币和财政政策的意外变化和出现在国家和城市之间的社会和空间劳动分工方面强有力的竞争。我们可以说，这个问题是消费不足的问题，也就是"滞胀"。哈维认为解决这一问题的方案是在剩余生产和盈余实现方面建立生产平衡，而不是通过虚拟资本的吸收。这使与生产组织相关的问题在战后凯恩斯政策提出多年之后仍旧是研究的焦点。这个问题主要集中在需求和消费不足的问题上。

哈维将城市划分到资本主义的供给方面，他认为存在四种可能性。为了明确的利益，城市地区作为有竞争力的经济和地理单元，在资本主义地理学的不平衡发展中被关注。第一种可能是劳动力空间分工的竞争；第二种可能是空间消费分工的竞争；第三种可能是指挥功能的竞争；第四种可能是再分配的竞争。下面我们简略地研究它们[1]。

劳动力空间分工的竞争：意味着创造优越的竞争地位和良好商业环境的可能性。要实现这一点，必须提供适当的城市条件，以提供分配的绝对价值或相对剩余价值。先进技术的发展和生产系统的组织，以及社会的进步是进一步获得剩余价值生产相对优势的物质结构，通过对劳动的攻击，使后者成为社会运动，并获得其斗争胜利的结果。失业、工作不稳定、工资减少、降低活劳动的标准、动员潜在和流动的产业后备军是为了提高劳动力利用率。

空间消费分工的竞争：城市竞争体现为为了抓住一部分流通收入，而获得好的生活环境。文化和娱乐产品被推销，新的生活环境被建构。除了这样的物质投资，城市还必须有创新的外观，成为不同文化和生活方式可

---

[1] David Harvey, *The Urbanisation of Capital—studies in the History and Theory of Capitalism Urbanisation*, The Johns Hopkins University Press, Baltimore, 1985, pp. 213-221.

以兼容的地方,城市服务必须支持这样的氛围。哈维说:"在这个舞台上竞争激烈,导致在文化帝国主义中的地缘政治斗争。纽约、洛杉矶、伦敦、巴黎和罗马等城市的生存在很大程度上取决于其在国际竞争中的文化霸权地位,以及对全球流通收入的分割。相反,城市间的竞争,如上面所说的,在城市的空间劳动分工中为了取得更好的地理位置而进行竞争,强调了城市作为炫耀性消费和文化创新中心的作用。"[1]

指挥功能的竞争:在这种的竞争中,城市可以尝试成为金融资本、官僚决策过程和信息系统的中心。这种类型的竞争需要基本的基础设施。城市在交通和交流的全球网络中的高效与核心地位至关重要。这意味着大量的公共投资被使用在机场、快速运输、通信系统和其他可预期的需求方面。配备各种各样的支持服务,特别是快速收集和处理信息的服务,要求其他类型的投资,而这些特殊技能要求城市提供某些教育(商业和法律学校、计算机培训设施等)。哈维声称,这个领域的竞争是非常困难和昂贵的,因为现有的垄断,像纽约是很有竞争力的。此外,这样的指挥中心拥有跨空间的分层组织,机会通过新的通信系统改变相对空间结构层次;例如,新中心区域可以出现,改变社会和空间的分工和消费。哈维指出,20世纪70年代到80年代的危机,伴随着城市功能的快速增长和地理调整的多种力量,见证了城市间的竞争。因为根据马克思的观察,金融家以产业资本为代价变得更强大,由于控制货币和信贷,在危机时期他们控制了资本主义的生命线。最后,他声称,如果城市的未来将是纯粹的有指挥和控制功能的城市,那么这种城市间的竞争效果,可以被看作一个信息化城市、后工业城市服务于中心的城市。

再分配的竞争:这种竞争主要集中在来自政府机构或私人渠道的再分配中,如教会、工会和慈善组织。再分配实际上意味着一种地域发展不均衡。哈维认为1980年以后,美国从政治设计到财政支持为社会工资的赤字提供融资防御开支,带来了许多城市地区的经济繁荣。由康涅狄格州、长岛、北卡罗来纳州、得克萨斯州、加利福尼亚州和华盛顿州所组成的地区,其经济优势便是这样形成的。哈维说这样的流通渠道取决于政治、经济和行政审判。

---

[1] David Harvey, *The Urbanisation of Capital—studies in the History and Theory of Capitalism Urbanisation*, The Johns Hopkins University Press, Baltimore, 1985, pp. 213.

总而言之，上述四种竞争的模式可以在一个混合体中运行。例如洛杉矶，这种运行模式在 1973 年以后取得了良好的结果。无论做了什么选择，它们是否成功，竞争的强制性规律的结果存在一个悖论。哈维告诉我们会有很多对立的结果同时出现，以下情况是可以被观察到的：资本外逃的形势严峻、失去工作，以及生产企业撤资，产业空洞化、滞胀、作业技术难度降低和低工资劳动的常规化，血汗工厂死灰复燃等，这是工业化早期的历史所特有的，即使在先进的资本主义的大都会，户外工作的新系统、分包和作业、贫困和社会分化依然存在。特别是哈维观察巴尔的摩后发现，在为日益增长的贫困人口提供经济适用房，基于种族、性别的歧视对住房进行剥夺，饥饿、医疗保健和教育的缺失等方面政府无能为力。一直伴随着某种城市复兴的"中产阶级"的计划，投资的重点在休闲娱乐、购物中心、旅游、炫耀性消费、高新技术产业、交通和通信的发展等。作为结果，如果这是资本主义城市化模式转型的结果和竞争"强制性法则"的自然结果，它会同哈维的观点，"资本主义城市化摘下伪善的面具，让我们看到了资本主义城市化的本质，凯恩斯主义的社会规划者在第二次世界大战中勇敢地与之进行了斗争"① 相一致。

第七节　思考与启示

一　资本逻辑的本质及社会影响

　　在 21 世纪的经济和社会生活中，货币、资本与文明之间的关系愈加复杂。资本带来的影响遍布现代文明的一切领域、范畴和逻辑，尤其是资本与城市危机、文明危机之间存在的内在联系值得理论界深入探讨。哈维对城市经济进行猛烈抨击的起点是资本，资本是当代资本主义城市发展的最重要动力，反映了资本主义生产方式的所有特征，是我们研究城市的重要视角。因此，全球化和网络化时代的资本，已经不再是一个经济范畴，同时也是社会关系和阶级关系的范畴，这使资本的身份发生了本质性的变化。经过一百多

---

① David Harvey, *The Urbanisation of Capital—studies in the History and Theory of Capitalism Urbanisation*, The Johns Hopkins University Press, Baltimore, 1985, pp. 218 – 220.

年的发展，资本所引起的社会结构变革，已经与马克思所描述的阶级对立、资本家简单的剥削大相径庭，它已经影响了世界的各个角落，代表着现代文明普遍的发展模式，对它的批判意义也逐渐消融在它强大的逻辑之下。因此，如何超越对资本的传统认识和评价体系，应对当前马克思主义所面临的巨大挑战是当前资本研究的重大现实问题。我们应该认识到，对资本的哲学考察与批判应当从学科分立的壁垒中解放出来，超越固有的和常识化的研究模式和解释范式，深入理解资本和资本逻辑与现代文明的关系，以及对现实生活的深刻影响，反思资本的合理性、效用性及其限度问题。因此，对资本批判理论的当代阐释与发展，不仅关系到马克思主义的发展前景，也对当代中国社会主义现代化建设的实践具有重要启示。

在哈维看来，资本的逻辑不但规定了经济活动的规则，而且规定了人们活动和交往的方式，在传统社会中由道德、传统和社会规范所规定的很多东西，当下都由资本所规制，资本替代了宗教、道德的很多功能。这事实上反映出工业文明和人化自然观的实质，资本的逻辑在某种意义上已经成为整个世界具有本源意义的东西。在资本主义世界，资本逻辑已经与资本主义的本质结合在一起，经济活动中的计算和预算变成资本对利润的无限追求的逻辑，资本逻辑在资本的扩张运动中得到了完美诠释。资本主义社会的本质就是资本逻辑的本质。资本的扩张过程还是经济理性向社会各个领域不断扩展的过程，资本逻辑的扩张过程也使这种逻辑从理性走向非理性。这种逻辑带来的负面效应也显而易见，主要表现在三个方面：第一，从经济层面看，资本逻辑导致经济活动中逻辑的颠倒，不是生产决定需要，而是虚假需求决定生产。第二，从人本层面看，资本逻辑不断追求扩张必然使劳动者、工人阶级受到摧残。资本增值的全部秘密就在于资本占有劳动。第三，从哲学层面看，资本逻辑的扩张导致主体的消亡。当一切社会关系都变成货币关系的反映时，主体自然消失了。

在资本逻辑的支配下，不断被制造出来的消费需求实际上是虚假的需求，这种需求给人们一种假象，似乎人们的需要永远无法满足。这种假象的产生与以资本逻辑为主导的意识形态密不可分，深刻地影响了人们的身心及阶级意识。资本的逻辑成为人们行为的依据和准则，人因此丧失了作为主体的主体性和多样性，人的主体性被普遍的科学所取代，在现实生活中表现为主体性为资本逻辑服务的颠倒认识。

二　中国城市化的政治经济学解释

哈维对当今城市化研究的最重要贡献体现在他用马克思主义政治经济学的方法论，通过对资本"三次循环"过程的详细阐述和对过度积累问题的深入剖析拓宽了城市化的研究领域。虽然城市化除了包含人口的集中和劳动力市场的构建外，还包含着地区经济结构转型和城市地域空间变化的过程，但是由于研究手段所限，以往的研究大多从人口转换角度对城市化进行分析，表现为人口城市化的分析维度。随着哈维对土地地租和建成环境等概念的深刻阐述，学界开始关注衡量城市化过程中建成环境动态变化的指标体系构建，为城市化研究提供了更为合理与客观的研究方法。新的研究方法，为中国城镇化提供了政治经济学的解释框架，一方面为中国城市化的发展质量提供衡量的标准，另一方面也为中国城市化的发展方向提供了理论指导，加深了我们对城市化的认识。

第一，要关注城市发展方式的健康与合理性。所谓城市的建成环境是与自然环境相对应的概念，是指为了维持人类社会的可持续发展，在城市自然环境的基础上，通过长期的社会实践，对自然环境和城市面貌进行人为改造，创造人造景观和物质生产体系，积累物质基础所形成的人工环境。城市的建成环境是人类智慧的结晶，是城市化的重要物质载体，是资本积累的重要方式，通过对建成环境的研究可以考察城市的经济结构和空间构造。在哈维的分析中，资本会经历三次循环，其中二级循环与城市化的关系最为紧密，生产和消费的建成环境共同构成了城市建成环境的主体部分。在当代城市中，生产和消费的元素在不同的经济和技术条件下，按照不同的规则进行生产，同时有一些元素，如交通和信息技术，同时承担着生产和消费性建成环境的双重功能。建成环境的属性也十分特殊，它既是长期存在的概念，又具有一般性的特征，有着需要大量资本推动、空间上固定和一旦形成就难以改变的属性。通过对建成环境的分析，可以了解城市化进程中的生产性建成环境和生活性建成环境各自的发展过程。从中国的城镇化过程来看，在改革开放以前，我国城市建成环境主要布局于生产性投资方面，尤其是在工业方面，形成了很多工业区、工业带，以产业发展带动城市发展是当时中国城市化的重要体现。一些大型企业大多布局在城市中心，在企业周边布局了一些住宅区和市政基础设施，以办企业带动城市化是当时中国城市的主要特点,生产型城市是那时中国城市的主要形态。在改革开放后,城市基础设施和房地产行业受到了高度重视,我国进入了资本次级循环的高速发展时期,这提高了城市的现代化程度,随着大批新建住宅拔地而起,中国城市扩张速度不断提升,城市用地结构也发生变化,以房地产行业带动城市发展成为引领城市发展的主要手段,大型购物中心、主题公园、多功能复合影院、娱乐城、体育场和公共消费场所拔地而起,使城市成为消费效益最大化的地区,当前消费型城市是中国城市发展的主导模式。生产型城市和消费型城市的出现有一定的历史背景和必然性,一方面在一定历史时期中促进了经济的跨越式发展,另一方面也留下了很多弊端,需要在未来的城镇化发展中予以纠正。比如,生产型城市留下了大片的"铁锈"区域,这些城市中布局了一些资源型和污染型产业,企业的占地面积大、工业污染、基础设施老化、用地紧张等问题较为突出,不仅与城市功能完善和空间布局的优化的要求不相适应,也对企业扩能提质造成了空间约束。而消费型城市则使城市处于当代城市意识形态的核心部位,正如哈维所提到的,消费型城市的意图就是要去创造一种环境,让城市在其中变成一个富有吸引力的居住和参观之地,并且首先是要在这里消费,"城市治理的任务就是,简单地说,要求诱使高度动态和可塑的生产、财经和消费流入自己的空间"①,使城市追求风格与时尚的多变性和折中主义,而不是追求持久的价值,追求引证和虚构,而不是创造和职责,让繁荣和热爱的形象超过城市的实质,高速发展的房地产业、零售业、旅游业和娱乐行业成为支撑消费型城市发展的主要方向,资本的大量流入和高速循环成为消费型城市赖以生存的基础。但是次级循环也会成为普遍危机的导火索,当投资不能及时将价值返回资本积累进程中时,在实体经济中就会出现经济危机,给中国的经济社会发展带来不稳定因素。因此,在中国的城市化进程中,我国更要注意运用发展哲学指导建成环境的合理性构建,注重城市正义和空间正义,解决城市固化和功能失调的问题,朝着建设生态城市、海绵城市和信息化城市的方向不断前进。

第二,要关注郊区化现象。城市空间扩展的主要方式是城市建成区用地的外延扩张过程,这种外延扩张过程有效地推动了城市内部空间的重

---

① 斯蒂芬·迈尔斯:《消费空间》,孙民乐译,江苏教育出版社,2013,第42页。

构,也导致了郊区化和逆城市化过程。正如哈维所说,当资本缺乏赢利机会时,就会寻找新的方式来吸收过度积累。在当代城市发展中,城市规模扩张和空间延伸为解决过度积累提供了良好的方式,郊区化和旧城改造是当前典型的空间扩张方式之一。对郊区化的结果要一分为二地分析。从好的方面看,郊区化实现产业结构的调整、改善城市生活环境、优化城市内部空间结构、提高隐性城市化质量、推动农村城市化的发展。从负面影响看,由于建成区过度蔓延所导致的摊大饼式空间扩张问题十分严重,这种空间发展方式失去城市规划的引导作用,占用了郊区大量的绿地、农田,并且还引发了一系列的城市问题。当代城市的城市病问题十分突出,其中环境破坏和交通堵塞问题最为显眼。随着中国的城市人口突破了总人口的50%,城市化已经成为引领中国发展的最重要引擎,郊区化也成为城市发展的必然选择。因此,在未来的城市建设中,我们要趋利避害,使城市发展达到最优化,使中国顺利渡过城市化过程的矛盾凸显期。这就需要从城市的发展理念方面进行突破,摒弃高速、低质的发展模式,构建合理的城市发展价值观,倡导有序、合理的发展理念。郊区化的发展需要一定的基础,首先是城市的经济社会发展达到比较高的水平,其次是市民的生活消费能力和价值观发生质的转变,最后城市的基础设施和公共服务已经较为完善。只有具备了以上几个条件,才能支撑郊区化的顺利发展,不会出现发展不均衡和空间隔离的问题。所以,政府在城市化进程中要承担起监督和引导的职能,立足中国现实,制订合理的城市发展规划,在尊重客观实际的前提下,指引空间的合理化发展。根据本章的分析,应当从几个角度加以规制:第一,要充分重视土地的开发问题,对土地供应量进行合理规划,合理安排用地范围,避免城市的无序蔓延,造成土地使用的失控;第二,保证资本的准确投放,避免资本的过度积累和快速贬值;第三,要保证城市郊区始终处于循序渐进的合理发展状态,正常发挥城市发展各阶段郊区应有的职能[①]。

---

① 邢忠、魏皓严:《城镇化进程中城市边缘区的理性分期推移》,《城市发展研究》2003 年第 6 期。

第五章 大卫·哈维的城市政治批判理论

阶级关系是研究当代城市发展的重要维度，代表了城市社会中复杂和重要的社会关系。通过观察资本主义城市的历史，我们可以得出结论，阶级矛盾和冲突是引起城市社会变革的能动力量。大卫·哈维始终坚持阶级分析和阶级斗争的观点，将阶级关系看作研究城市进程的重要工具。他不仅探讨了劳动力的地理学、阶级斗争的形式、劳动力的政治困境和城市革命的形成与发展过程，而且着重研究了阶级关系在城市空间和建成环境生产中的作用，阶级关系的空间差异以及城市在阶级形成、阶级意识和阶级斗争实践中的作用。在研究中，哈维吸收了韦伯等人的阶级分析方法和观点，从多维度分析了城市结构和社会差异，指出阶级斗争导致了社会民主权利扩大和资产阶级让步，促使资本主义社会实现阶级关系的更新与再生产。

第一节 劳动力的地理学与资本主义景观

阶级结构和阶级斗争分析在马克思主义理论中占有重要的地位。马克思曾指出："在我以前很久，资产阶级的历史学家就已经论述过阶级斗争的历史发展，资产阶级的经济学家也对各个阶级作过经济上的分析。我的新贡献就是证明了下列几点：一是阶级的存在仅仅同生产发展的一定历史阶段相联系；二是阶级斗争必然要导致无产阶级的专政；三是这个专政不过是达到消灭一切阶级和进入无产阶级社会的过渡。"① 哈维遵循着马克思的研究路径，将阶级与阶级矛盾摆在了研究的中心，除了支持马克思的分析外，他还将城市空间作为阶级分析的重要场域，创新地分析了城市与阶

---

① 《马克思恩格斯选集》（第四卷），人民出版社，1972，第332页。

级关系、阶级斗争、阶级意识之间的必然联系。

在阶级结构和居住分异理论方面，哈维研究了居住分异和社会结构之间的关系。为此，首先，他介绍了晚期资本主义社会的阶级结构，然后，将居住分异和社会秩序结合成一个整体。出于谦虚的态度，哈维承认他的研究是初步的、粗略的。哈维基于对马克思作品的初步阅读，首先描述了阶级理论的框架。其次，他研究了吉登斯和普兰查斯的作品。但他的观点更接近普兰查斯的国家相对理论。

一 劳动力的社会关系与阶级结构

"阶级"的含义与生产方式紧密联系，因此可以在特定的历史背景下对其进行考察，它并不意味着一套固定的范式。马克思对于阶级问题的关注焦点是阶级的形成，或是用吉登斯的术语表述，即阶级可以形成现实的力量。我们也可以称其为阶级的历史形态。哈维正确评价了马克思所说的"资本主义社会的基本关系是资本和劳动力之间的权力关系"，认为它是通过经济一体化市场模式直接展现出来的。如何分配国家的产品，是由劳动的代表（通常是工会）和资本（通常是雇主）之间的阶级斗争的结果所决定的。而且，这种权力关系相对稳定，可以通过"多种制度、法律、强制和意识形态的支持，通过国家机构提供或管理"[1]。哈维指出，根据马克思的说法，存在"两个对立的阶级"，它们之间是一个假定的关系。资本主义社会中基本的社会关系是阶级结构形成的原始力量，并不必然产生二分的阶级结构。"两个对立阶级"是马克思用以揭示资本主义生产的剥削性质而创造出来的。另一个值得注意的是结构分析与规范分析的区别。哈维指出，关于阶级的概念和阶级角色，前者是关于阶级角色的拟人化，暗示着人类本身。在马克思的纲领性著作中，结构的分析成为规范性范式，哈维还指出，"阶级斗争的实际成果表现在劳资关系方面，作为对现实社会结构的描述，可以使用分析和规范的结构来呈现一个经验主义的正当性"[2]。然而，正如哈维所陈述的，以马克思分析的波拿巴雾月政变为基

---

[1] David Harvey, *The Urbanisation of Capital—studies in the History and Theory of Capitalism Urbanisation*, The Johns Hopkins University Press, Baltimore, 1985, pp. 111.

[2] David Harvey, *The Urbanisation of Capital—studies in the History and Theory of Capitalism Urbanisation*, The Johns Hopkins University Press, Baltimore, 1985, pp. 113.

础，斗争的成果不是发生在资本主义基本的社会关系中，换言之，是发生在资本和劳动的基本权力关系中。如果是这样，应该有阶级结构形成的第二个推动力。哈维将这种推动力分为两种类型。

一种是"剩余"，这是由不同的生产方式的历史或地理上的衔接所产生的。哈维发现剩余的误差可能持续、被转化和表达，虽然微不足道，但需要被纳入社会结构中。一旦转化并融入社会结构，它们便有助于解释过渡阶层的存在。地主所有制，造成了相对永久的下层阶级，如美国黑人便可以被解释为这样的人群。另一阶级结构形成的推动力产生于资本主义社会发展的动力中。哈维指出它们是"衍生的力量"。跟随着吉登斯的思路，他把这些力量分为五个类别：劳动分工和功能专业化；消费、阶级或分配的分化；权力关系；阶级觉悟和意识形态；以及流动的机会。

第一，劳动分工与功能的专业化使得无产阶级和资本家阶级中形成了鲜明的阶层。社会冲突可能发生在社会阶层中，从而代替在马克思意义上的以阶级斗争为纲的社会分化。

第二，社会分化也发生在消费领域，因此是根据消费和分配标准来构建的。哈维指出，马尔萨斯是第一个在资本积累的延续性方面提出有效需求理论的人。哈维解释他的做法：他不仅建议用特定的机制来刺激消费，而且某些消费阶级必须存在以保证可持续的消费。

第三，社会分化发生的另一个媒介是权力关系。这意味着管理职能，在很大程度上被理解为国家活动的领域，是法律、行政、官僚、军事和政治功能的集体混合体。在权力关系的领域内，国家活动和公司企业提供了社会关系的基础，从而维护了资本和工人之间的基本权力关系。通过这样做，他们"服务于生产、流通和分销的组织。在这里，应当指出的是，虽然存在的权力关系是资本积累的动态协议，但他们似乎并不依赖于资本和劳动力的关系。在一定程度上，自治是它们的重要特点"①。

此外，值得注意的是，哈维还引用了马克思剩余价值的理论，认为在工人和资本家，以及资本家与地主之间存在持续增长的中产阶级；阶级觉悟和意识形态是社会分化的第四种力量。在资本主义社会中，政策和经济是分离的。这是影响阶级觉悟和社会意识产生的一个基本媒介。哈维还指

---

① 马克思：《资本论》（第一卷），人民出版社，1975，第114页。

出，意识形态和政治斗争对阶层意识形成很重要。这对了解劳动冲突的形成过程和成因十分重要。冲突的一方可能是定期雇佣和大量失业的下层阶级，也可能是一个种族或民族。在这里，哈维为我们提供了他的论证逻辑："这明显是将资本主义的利益转变为冲突，随后冲突变得多样化。因此，我们可以清楚地看到，资产阶级的思想和政治在其自身中创造了非常有利的社会区别，而不是成为划分资本和劳动力之间的界线。"① 另外，在资本主义社会中，除了政治和经济的分离外，还存在经济与政治管理领域的分离，这也使得国家在经济冲突中表现为中立的地位。例如，为争取政治和法律平等的斗争将发生在政治领域，从而从资本和劳动力在市场上的基本权力关系上"转移注意力"。政治管理领域和经济之间分离的其他逻辑可以在越来越多的资本主义国家干预中被看到。哈维主张国家干预主义，积极支持资本权力关系之上的劳动。但是，事实是，国家可能会把劳动的一部分放入一定环境，国家干预从来没有绝对的中立。不过，他承认，"这种现象一部分是真实的，因为国家机构会在不同派系的统治阶级之间进行仲裁……并且在不同阶层的工作人口之间进行仲裁"②。如果是这样的话，经济和政治管理领域之间的分离需要这种明显的中立。总之，哈维与马克思的观点保持一致，并指出，"总的来说，社会中占统治地位的思想都是统治阶级的思想"③。在这样的霸权中，资本主义创造了一种社会意识，允许社会差异与资本积累和社会劳动关系的永久性一致，而不是将一个政治阶级意识直接指向资本劳动关系的转型。大众文化、大众教育对主流的资产阶级意识形态的形成起着非常重要的作用。哈维重申马克思的说法，阶级将成为可观察到的个人的集合，当他们把所有的分歧都归结为自己的阶级身份，将所有的矛盾看作资本和劳动之间的斗争时。在这里，阶级再不是理所当然的本质，而是体现了斗争与意识的辩证的过程。如果是这样，那么社会分化和相关的社会意识状态都是积极的。

在对社会和居住分化之间的关系进行说明之前，哈维关注到流动机会

---

① David Harvey, *The Urbanisation of Capital—studies in the History and Theory of Capitalism Urbanisation*, The Johns Hopkins University Press, Baltimore, 1985, pp. 116.
② David Harvey, *The Urbanisation of Capital—studies in the History and Theory of Capitalism Urbanisation*, The Johns Hopkins University Press, Baltimore, 1985, pp. 115.
③ David Harvey, *The Urbanisation of Capital—studies in the History and Theory of Capitalism Urbanisation*, The Johns Hopkins University Press, Baltimore, 1985, pp. 115.

是社会分化的第五种力量。资本积累、流通和实现需要个人在位置、技能、消费模式等方面做出适应性变化。因此，社会流动的机会是必不可少的。但是，哈维说，在无限的流动中会产生不稳定的社会。为此，哈维声称要在资本主义社会的组织和结构中进行流动。"流动性"结构（Structuring of Mobility）或"控制型流动"（Controlled of Mobility）发生在劳动分工中。所以，这是合乎逻辑的，如果阶层间的流动性是被控制和限制的，流动性将主要发生在阶层之间，从而加深社会分化。控制型流动的解释是哈维与吉登斯所说的市场能力。市场能力是关于个人的市场技能、角色、地位和个人在社会中的功能。哈维认为，市场容量反映了社会地理的分布差异，因此，它限制了作为社会中社会分化结果的流动机会。

二 居住分异与社会关系再生产

早在20世纪初，很多学者就对城市中的居住隔离与分异进行了详细分析。如芝加哥学派的代表人物路易斯·沃斯就认为"肤色、种族遗传、经济与社会地位、品位与嗜好等方面的不同也会导致个体在空间上的隔离"。[①] 同样，哈维也认为阶级结构直接影响了不同阶级的个体在城市中的居住环境，围绕着住房问题展开的斗争是当代城市发展中的重要问题之一。

对于社会结构与居住分异的关系的理解，哈维提出四个假设：第一，住宅分异，可以用资本主义社会中的社会关系再生产来理解；第二，住宅区（街区、社区）提供了社会交互的独特环境，个体在相当大的程度上获得他们期望的价值观、消费习惯、市场容量和意识状态；第三，人口集中会分裂出具有不同特色的社区，进而形成马克思主义意义上的阶级意识的碎片化，从而通过阶级斗争使资本主义向社会主义转型；第四，居住分异模式反映和融合了资本主义社会中的许多矛盾，创造和维持的过程是不稳定和矛盾的。如果这些假设被证明以上所述是"真实"的，哈维声称，住宅结构和社会分化之间的连接或必要环节就可以显现。

有了以上四个假设的支持，哈维反过来提出这些论点：第一，居住分

---

① 路易斯·沃斯：《作为一种生活方式的都市生活》，孙逊主编《阅读城市：作为一种生活方式的都市生活》，上海三联书店，2007，第9页。

异意味着有差别地获得稀缺资源,需要获取市场的支持(吉登斯,1973);第二,居住群体暗示着消费群体;第三,住宅小区、邻里或社区,是社会经验的原始来源(纽森,1970);第四,居住分异产生独特的社区;第五,当居住分异形成相对固定的社会团结时,社会意识会发生转化,邻里和社区成为重点,这种形式的社会意识成为政治行动的基础,那么社区意识会取代阶级意识作为行动和核心社会冲突的跳板;第六,哈维暗示了不同的社会意识产生不同的社会冲突。事实上,阶级意识,会出现与社会秩序相一致的居住分异,将城市分解成不同的社区意识。换句话说,"社会经验"被废除。此外,关于劳动力分工和再生产的独特社会价值系统,也成为流动性机会的约束。

哈维指向社会和居住空间分异辩证法的历史渊源。由于目前社会分化过程是由连续的转变和社会形态的碎片化造成的。例如,工人阶级邻里之间的互惠关系就是一个很好的尝试。同时,哈维问道,新的社会阶层的出现是如何作为一个涉及居住分异的独特的中产阶级存在的?他的回答具有双重意义:首先,居住分异由外在于个人或集体意志的力量产生。其次,居住分异过程仍然是理解投机开发商、投机地主、房地产经纪人的重要参考。因为,在具体的意义上,居住分异实际上是解释建成环境和住宅区是如何产生的。因此,这个答案表明,我们应该回到政治经济的分析中去。首先,政府和金融机构的职能,是城市化进程的监管机构和管理人员。在宏观层面上,资本主义社会再生产和资本积累的永存,是"国家的需要",是综合性的。

哈维声称,居住分异和独特的住房市场是"被生产出来的",给个人剩下的"必须适应他们的偏好"。市场制度排除了广泛的选择——特别是对社会中的贫困人群而言。居住空间分异的产生,至少在广泛的范围上,是从资本主义生产过程中所产生的力量,它不应被解释为自发的和个人喜好的产物。那么,哈维说,人们都在不断寻找自我表达和在日常生活、工作场所、社区和家庭中实现他们的潜力的方法。尽管有这样的"极小的变化"和"不断探索",哈维仍认为存在一定规模的行动,在那里个人失去对社会存在条件的控制,并且个人逐渐意识到自己的无能为力。它是指"个人没有选择,只能遵从,并且市场中的事物之间的关系取代了人与人之间的社会关系"①。值得庆幸的是，资本主义社会秩序的居住结构将其自身的矛盾也带入了资本积累方面，社区必须被投机活动破坏，增长必须发生，整个住宅区必须转变为满足资本积累需求的形式。哈维给出了美国郊区的例子，作为对经济和社会问题的回应去处理资本主义积累中存在的问题，其中，现在形成了一个社会和经济变革中存在的根深蒂固的障碍。他指出，政治权力在郊区的保守主义积累，排除了生活方式方面和特权方面不需要增长的情况。而且，郊区化意味着工作和生活机会空间的进一步分离，这是一个"非理性"的资本主义生产的景观。

第二节　劳动力的空间分配与城市革命

哈维吸收了普兰查斯的观点，指出了造成资本主义社会阶级差别的主导力量：一是来自资本与劳动者之间权力关系的差异；二是来自资本主义矛盾和进化性的多种次级力量；三是过去旧生产方式社会关系的残余力量。这三种力量导致了当代城市社会的阶级斗争和城市革命。同时，他认为阶级斗争的一个重要解释是关于建成环境的使用价值与交换价值的矛盾冲突。

一　建成环境中的劳动力分配

哈维认为，在发达资本主义社会，始终围绕着建成环境展开着关于劳动力、资本和阶级的斗争，因此应在先进资本主义社会寻求建立理解阶级斗争的理论框架。"建成环境"被哈维定义为"房子的物理结构，道路、工厂、办公室、污水处理系统、公园、文化机构、教育设施等的整体"②。另一个类似的定义是：资本主义社会必然以自己的形象创造物质景观——广泛适用于生产和再生产的大量物理资源的人工构造。他还声称，空间的生产或创作空间，充满了矛盾和紧张。此外，资本主义阶级关系不可避免

---

① David Harvey, *The Urbanisation of Capital—studies in the History and Theory of Capitalism Urbanisation*, The Johns Hopkins University Press, Baltimore, 1985, pp. 121.
② David Harvey, *Consciousness and the Urban Experience – Studies in History and Theory of Capitalist Urbanisation*, The John Hopkins University Press, Maryland, 1985, pp. 36.

地围绕着现有的冲突进行大量生产。这一过程的主体，创造空间被假定为四个有区别的利益关系，即"资本寻求适当的地租"；"资本寻求利益和利润"；一般"资本"和"劳动"。除此之外，"固定资本"和"消费基金"之间存在着明确的区分，并且建议将其作为建成环境中的概念分歧来处理。固定资本项目用于生产，而消费基金项目则用于消费。在创造空间的过程中，资本（无论是地租、利息、利润或是在一般意义上的资本），都是资本积累的可持续性的阶级利益，空间的方法与劳动相比有着截然不同的目标。对于劳动而言，建成环境是一个消费和自我再生产的问题。但在资产阶级各派系的利益之外，"一般资本"的地位和行为构成建成环境的生产，成为提高生产和资本积累的使用价值的出口。

哈维将自己的注意力转向"结构性冲突"方面，它与劳动力使用消费基金相关，而不是在直接的生产过程中使用固定资本。这种冲突的出现，成为阶级斗争的一个方面。他认为，这将使我们能够揭示社区冲突和工业冲突，以及以社区组织和以工作为基础的组织之间的关系。哈维非常严肃地提出决心，他说，"资本对劳动的支配是资本主义生产方式的基础……所有类型的因果关系流动，以及劳动力和建成环境之间的关系，只能在这方面理解"①。如果有一个连续的资本积累，这似乎很符合逻辑。劳动和建成环境之间的这种关系，将被工业生产系统的分离所分析，因此被称为工作地点与消费地点的再生产。哈维认为，工作地点和居住地点之间的分裂意味着两种独立的斗争。第一种斗争是从工作场所中发源的，并试图增加消费基金的购买力，换句话说，提高工资率，并改善工作条件。另一种斗争，在一般的社区、邻里和居住场所发生，是针对剥削的第二个形式和侵占的商业资本、土地财产，以及类似的东西展开的。斗争的第二种形式是与生活成本和条件相关，而不是直接与工作过程相关。考虑到工作和生活在工业资本主义中真实的历史划分，哈维认为生活和工作本身就是一种人为的划分，是资本家生产系统的"二分法"。在下文中，笔者将着重介绍剥削的第二种形式，对劳动和资本、利息和利润、资本干预建成环境的斗争进行分析，最后呈现哈维所建立的社会和阶级意识。

---

① David Harvey, *Consciousness and the Urban Experience——Studies in History and Theory of Capitalist Urbanisation*, The John Hopkins University Press, Maryland, 1985, pp. 37.

私有财产的制度，不包括作为生产条件的土地，也排除作为生活条件的土地，需要嵌入在建成环境的使用价值中，把劳动、非财产，加入对土地所有权、地租和建设利益占用者的冲突中来。劳动力的生活水平取决于建成环境中资源的质量和成本。劳动力为了保护和提高其生活水平，处理在生活中发生的各种问题，涉及创建、管理和使用建成环境的一系列运行。社区冲突可能由一些问题引发，如"地主对地租的过度占有"、"房地产市场投机"、"住宅建设成本的通货膨胀"，日益恶化的城市基础设施的高成本导致的通货膨胀，拥堵、缺乏可达性的就业机会和服务、公路建设与城市更新、生命的质量和美学问题等。为什么私人财产会导致如此多的社区冲突？因为这直接关系到一个事实，即垄断权力所赋予的私人财产安排，不仅产生了适当的地租权力输出，也产生了空间所有者控制的"自然垄断"。劳动力、地租占有者和建设者三个主体之间存在着紧张的关系，他们每个人都给建成环境造成矛盾。但他们中的一些联盟和策略是可能的。房东试图提高他们的住房财产的回报率。如果回报率很高，劳动力可以通过转移到一个更便宜的房子或租住廉租房等回避问题。斗争的结果，还取决于这个集体的经济和政治力量，以及在特定时间和地点的供应和需求的关系等。

　　由于地产商以较低的成本建设了新的房子，房东获得的垄断地租可能减少。在这种情况下，垄断地租挪用多少旧房屋的利润，部分是由新住宅的建设成本决定的。但是，地主可以增加土地成本，或土地开发成本，或者通过土地规划的权限进行调整。因此，地主处于优势。另外，劳动力可以向地租控制的结果施压，因为出租房价格下降，新的建筑活动也减慢。因此，稀缺性被生产。对于工人而言，通过新的交通方式，相对空间发生变化，可能会逃避地主的垄断力量。新的、廉价的交通方式可能会让工人生活在被垄断地租控制的地点之外。但应该指出的是，能否让通勤成为可能取决于工资率、工作日的长度和运输成本等因素。尽管如此，哈维认为问题是空间压迫依然存在，在当代，穷人、老年人、受压迫的少数民族等层出不穷。对这些群体的关注仍然是一个主要问题。

　　总的来说，资本与劳动之间的冲突，源于建成环境的交换价值与使用价值之间的矛盾。对于前者，建成环境的生产需要的是有利可图的商品，而对于后者，则是需要提高使用价值以提升生活质量。尽管如此，谋求和寻找使用价值带来的利润往往是前后矛盾的。因此，资本对劳动的支配，使资本主义生产方式可以延续，不仅在劳动场所通过生产价值实现，而且在消费领域中通过提高生活品质也能实现。正是由于这个原因，哈维认为，一般资本在有限的和短视的派系利益之上，可以承担围绕建成环境的斗争，这简单地取决于相对劳动生产率、地租的占有者和建设者的力量。它必须起到平衡作用，才有利于再生产资本主义社会秩序。关于建成环境如何在斗争中干预资本，哈维引证了柜台信息服务的例子。在阶级斗争的语境下，揭示了私有财产和资本主义政治思想之间的关系。居住地的劳动工资与地租收益分配之间的斗争，是反对私人财产垄断的斗争，"棘手的问题是地租和工资之间的关系，……很容易滑向资本和劳动之间关系的问题"。① 如果是这样的话，一般在建成环境的斗争中干预资本的方法是在工人阶级中"扩大个人屋主"。这一功能，可以被看作加大至少在原则上对工作阶级、私人财产、个人主义伦理观的拥护，其结果是工人阶级的碎片化，工人阶级变成家庭业主和租户。

在住房的问题上，私有财产或房产是资产阶级思想的杠杆，它用来反对公共财产和国有化的要求。同时，由于多数房产拥有者，通过抵押融资创造了债务—阻碍（Debt－cumbered）工人购买房屋，使得金融资本在房地产市场和控制新房投资方面占据霸权地位。住房的所有权也造成工人比地主弱势的可能性。这意味着另一个分裂。也就是说，通过外部的利益，把这些工人投入建成环境中来寻找价值分配。哈维认为，在美国，郊区与中心城市之间的紧张关系是生产的条件，富裕郊区的所有者以牺牲其他工人利益为代价试图保护他们的资产，甚至提高他们的资产价值。为了保护私有财产，国家允许劳动者回到作为一部分土地所有者的位置，并且以财产作为消费的条件。因此，哈维说，我们不应该感到惊讶的是，一般资本与劳动者都会反对地主的利益。在建成环境中，资本干预的第二个原因与劳动力再生产的成本有关。地租的过度占用，肯定会增加劳动力生活成本，进而劳动力有提高工资的需求。因此，这降低了利润率，最终使资本积累率下降。为此，资本家可以支持工人的要求，通过公有产权下的廉价

---

① David Harvey, *Consciousness and the Urban Experience – Studies in History and Theory of Capitalist Urbanisation*, The John Hopkins University Press, Maryland, 1985, pp. 40.

保障性住房，提供给工人维持基本生活的低工资，通过国家机构、建筑生产的工业化，通过土地利用总体规划生产建成环境的合理化、新城镇建设项目，以及其他类似的项目促进工人阶级的利益得到保障。然而，哈维认为，只有当工人阶级积累的力量"把工资与生活成本相联系时"，资产阶级才会对这样的事感兴趣。

此外，资本主义对过度挪用的地租进行了回应，可以将其概括为建成环境生产、社会服务和社会支出的统一体。"为了维持劳动力再生产成本最小化，作为一个整体的资产阶级可能会寻求集体的手段，在投资和分配的过程中，在建成环境中对劳动力进行干预。"① 所以，资产阶级和无产阶级可能在某些危机中相互支持。尽管如此，哈维认为这种"联盟不是伪造的无私，而是起源于劳动力的工资率和劳动力再生产关系"。② 作为一个整体的资产阶级的第三种干预发生在总体的理性和集体消费之上。有效需求是资本主义生产的非市场化造成的。这暗示着工资率一定比例的上升与商品生产有一定联系。然而，哈维说，这一比例承担了部分工人工资的合理消费。对资本积累的理性消费，意味着市场购买和家庭工作之间的某种平衡。这种合理性是通过技术的疏导，通过原始的集体消费或者国家机构的干预，形成其"教化"的影响。工人阶级通过政治渠道对社会服务和福利提高要求。这样的需求与资本积累的要求相一致，与凯恩斯主义财政政策相一致。通过集体化，消费者的选择从失控的个体行为的无政府状态似乎向可控的国有领域转变。

建成环境具有唯一性，因为它包含了许多的共同元素，如道路、行人、污水系统、公园等。这些东西都是集体消费为公众提供的一个"自然"的集体消费形式，资本可以很容易通过国家机构迁移。此外，正如哈维所预言的，总的负面外部性作用是由个体的行为引起的，导致与个人要求相关的各种各样的集体消费。因为这些原因，建成环境需要集体管理和控制，因此，它几乎肯定是资本和劳动之间斗争的主要领域，斗争的焦点是什么是好的积累和什么是好的劳动者。哈维还指出，建成环境的特点是

---

① David Harvey, *Consciousness and the Urban Experience – Studies in History and Theory of Capitalist Urbanisation*, The John Hopkins University Press, Maryland, 1985, pp. 44.

② David Harvey, *Consciousness and the Urban Experience – Studies in History and Theory of Capitalist Urbanisation*, The John Hopkins University Press, Maryland, 1985, pp. 44.

"固定性"、"长期性"、"融资性和摊销性",这意味着"强制力"被运用于生活中的每一天,"资本旨在动员",通过强制力来帮助维持积累。汽车交通城市的建设是一个很好的例子,建成环境的"强制力",是所谓的建设高速公路的游说团施加的压力。这个游说团包括很多资本家,如汽车公司、汽油和橡胶制造商、建设得利者等。哈维观察到,美国这个游说团改变了美国的面貌,并且通过使用建成环境强制力实现了它们产品消费的合理增长。然而,哈维认为,劳动不能抵抗这种由资本本身强加的使用价值的配置,但可以通过转变,使它们适合自身的利益和目的。例如,汽车可以变成逃生的手段。因此,哈维得出结论:"资本在工作和生活的地方对劳动力的支配,是资本主义生存的前提,不应被视为'劳动力不能战胜的特殊问题',这种双面的支配并不意味着有一个且只有一个劳动力使用价值的定义,是适合积累需要的。"① 尽管如此,存在许多可能性,资本的容忍度有明确的界定。劳动在这些"界限"中也能为之奋斗,但是,要想超越它们,才意味着真正斗争的开始。

最后,哈维处理了劳动的社会化和自然的关系。资产阶级不能忽视劳动过程中劳动者的生活。劳动者在工作过程中的社会化也是通过控制居住场所实现的。因此,资本试图形成和塑造社区中的工作者,或使一般生活场所符合工作场所的要求,建成环境通过一般实业家和特定的社区建设者被使用,实现资产阶级价值观和工人责任意识的构建。工人阶级的住房拥有率起着重要的作用,例如它创造了尊重私有财产权力和社会稳定的个体。哈维指出,在发达资本主义国家历史上一个永恒的主题是寻找那些能够改善生活条件的地方,提高幸福感、可塑性和劳动效率。对于这种功能性的幸福感,通过资本家建立的一些"示范社区"得到体现。哈维举了乔治·普尔曼的例子,1880 年,乔治·普尔曼为他的工人建了一座城镇,避免了劳资纠纷和罢工,并增强工人工作期间的电力供应。但他还是面对了工人罢工,他的梦想最终在 1894 年破灭。哈维认为,这个实验证明了资本家对劳动者在工作和生活的地方的直接统一控制是不能实现的。可以肯定,即使是 19 世纪的资本家,"资本与居住空间和劳动力之间的直接对抗,也加剧了阶级的紧张和冲突,

---

① David Harvey, *Consciousness and the Urban Experience – Studies in History and Theory of Capitalist Urbanisation*, The John Hopkins University Press, Maryland, 1985, pp. 47.

因为劳动者可以很容易地识别敌人,无论是在公司提供的住房、公司、公司的社会服务还是在工作地点本身"①。因此,资产阶级一步步从直接参与建成环境的供给和管理转向创建一个"住房供给"私有化的领域,地主阶级供给独立的住宅,零售业和批发业充当中介,政府提供社会服务和公共产品。这类"中介的影响"弥漫着对劳动不满的情绪。

从这一点上,哈维指出,"自然"是马克思所认为的"可能",是指挥人类事务最根本的关系。这种关系实际上是指工业资本主义的一个工作过程,工人降低成为商品,工人变成了自己的产品、生产方式并最终成为自然本身的异化。哈维追随马克思的观点认为:这是人与自然的关系,但本身是"非自然"的。不仅工人的生活而且资产阶级的意识已经受到非自然的影响。工人除了反抗工业资本家在文学和意识形态上的入侵,回归自然的运动,还要通过资产阶级给自己创造一个乡村气氛或寻找一种城乡连续性,这已经在思想和实践中都发生了。在过去的一个世纪中,英国的霍华德和奥姆斯特德,这个世纪的刘易斯·芒福德一直倡导这种综合,哈维说有必要遵循这一发展趋势。城市工业秩序产生类似但更具体的情感,并使工匠和工人的思想神秘化。他们都喜欢资产阶级趋向于分享一种常见的浪漫主义自然形象。工厂的功劳存在于理想化的自然中,与自然景观有周期性和有鉴赏性的联系,作为"回应",它被放在一个神秘的位置,它减少了休闲时间之类的概念,如消费。哈维认为想象力的自然由高山、溪流、海、湖、树木和青草组成,远离工作场所、装配线和工厂,在那里自然的真正转型不断发生。哈维指出,资产阶级已经意识到自然关系对众人的重要性。解决城市工业生活难以忍受的工作条件已成为城市自然景观配置的决定性因素。与工作和大自然创造的张力进行对应,哈维引用雷蒙德·威廉姆斯(Raymond Willams)的观点认为:"我们经常试图解决工作和休闲、社会和个人、社会和国家的分化,不仅是在我们的花园城市,而且还包括乡镇的房子和乡村别墅,星期和周末。"②

---

① David Harvey: *Consciousness and the Urban Experience – Studies in History and Theory of Capitalist Urbanisation*, The John Hopkins University Press, Maryland, 1985, pp. 48-50.
② David Harvey, *Consciousness and the Urban Experience——Studies in History and Theory of Capitalist Urbanisation*, The John Hopkins University Press, Maryland, 1985, pp. 55.

尽管如此，哈维声称，这些解决方案是"自然和工作的对应关系"，一直以浪漫的神秘化自然为基础，掩盖而不是揭示了失落和异化的资本主义社会意识的实际来源。如果仔细考虑所有资产阶级的艺术和诗歌，以及所有的城市规划和设计实践，我们可以看到，它们都在生活的地方提供一定的条件，而在工作场所不能真正提供补偿。对于工人，资产阶级提供的是一个关于自然居所的包装关系，作为对异化的正当性补偿，或是使工人被迫接受资本主义社会的途径，与资本积累的需要相一致，而不是人类生活的需要。哈维做出了一个更富有成果的鉴定，由工作和自然的分离造成的紧张关系的解决方法，在劳动的建成环境中部分定义了使用价值。对劳动的控制支配了集体存在的条件，资本通过定义建成环境重新定义了使用价值。劳动者努力重组自己的生活模式而正面遭遇了资本。劳动者的努力被资本颠覆，在资本的逻辑中，经常通过国家机构，分配劳动力价值和合理的消费模式。

哈维定义了三种工人阶级生存的意识形态和解决方案：个人行动；社区行动和集体行动。第一，每个工人独立尝试捕捉最好的资源和最佳位置。劳动者的意识是由个人主义伦理所反馈的。这种个人竞争表现在城市空间中被阿隆索和穆斯提出的土地使用决定模型所描述。这意味着每一个代理商通过预算约束相互竞争，最大限度地发挥自己的效用。竞争投标功能的构思和级差地租的水平，以及按照级差地租进行分配，创造了以工人个人行为为基础，与社会和工资的分层相一致的空间结构。

第二，社区行动假设个体是以自我利益为主导的群体，源于"意识的起源点"或"共同体意识"。这是稀缺的公共资源之间的竞争。哈维说，它已经成为每天的秩序。当它被看作地租的挪用时，社区的行动和控制变得更加有趣。这样的控制可能是未来投资或新发展的一个"障碍"。哈维说郊区保守主义的回应是这样的。一些立法、政策规划和策略可以通过地方政府的权力来控制社区。比如，无论是房主还是开发商，都通过社区意识创造了垄断地租的背景，通常通过支持一派的利益而牺牲另一派。哈维认为，社区行动创造了工人阶级内部的斗争，并且根据个人竞争假设了非常不同的城市空间结构。

第三，与竞争性个人主义和社区行动形成对比的是阶级斗争的第三种情况，它暗示着充满阶级意识的无产阶级反对一切形式的剥削，不管是在工作场所还是在生活场所。工人通过集体战斗去提高他们所有人的价值，这种行动通常是以一派获得利益而牺牲另一派（通常是穷人和弱势群体）为代价。在城市空间中，这种情况下的地租是在阶级斗争中的强迫劳动。这里的地租与住宅分化有关，造成社会和收入分化[①]。

应该指出的是，哈维对三种阶级斗争情况的定义并不是关于实在的时间和空间的，相反，是关于一个连续的可能性。他指出，要理解这一"连续性"，取决于具体情况的具体调查。例如，在美国，这种意识和斗争都是由个人主义的解决方案所支配，而在欧洲，可以观察到更多有阶级意识的工人阶级。什么样的意识是更有利于资产阶级的？肯定是个人主义和社区行动。哈维将这些有利条件与地租支出相联系。因为资产阶级创造了一种效果，即地租支出的条件是由劳动而不是由人创造的。对于哈维而言，建成环境中公开形式的冲突取决于人们意识形态的斗争。

二 阶级斗争与城市社会运动

在哈维看来，既然城市化在资本积累的历史中扮演了如此重要的角色，既然资本和它的盟友必须要通过改变城市面貌才能得以维系，那么无论我们是否承认，某种类型的阶级斗争一定会不可避免地发生。这种阶级斗争可能与马克思时代所探讨的有所不同，但是由于资本一定会将其意志强加于城市发展和市民的生活，正如资产阶级曾经所做的那样，因此一个重要的政治问题不可避免地出现：被压迫的城市会以怎样的形式，在什么样的程度上对资本的控制进行反抗，市民会通过怎样的方式维护自身的利益？

哈维关注到以城市为基础的阶级斗争。从 1789 年开始，经过 1830 年和 1848 年的巴黎公社运动，巴黎连续的革命运动构成了最显著的 19 世纪的阶级斗争。这些斗争都是在城市中发起并蔓延的，城市成为阶级斗争的中心，而城市权利则是斗争的焦点。20 世纪 60 年代以来，美国的城市暴动风起云涌，随后爆发的包括所谓"布拉格之春"在内的其他运动，以及基本同一时期的西班牙反弗朗哥运动的马德里街区协会的兴起，都是城市

[①] David Harvey, *Consciousness and the Urban Experience——Studies in History and Theory of Capitalist Urbanisation*, The John Hopkins University Press, Maryland, 1985, pp. 60.

阶级斗争的生动表现。21世纪，这些古老的故事在西雅图、华尔街重现，示威活动不仅仅发生在城市的中心，更重要的特征是抗争和反抗精神都是通过城市的各种网络以明显的方式蔓延开来的，城市已经成为当今政治运动和反抗运动的重要表达场所。"这些场所的实际特征是非常重要的，对这些场所在形体上的改造和社会上的改革以及地区组织建设都是政治斗争的武器。在军事行动中，行动地域的选择和修建在决定胜负上起着重要作用，同样，这一点也适用于城市环境中的群众抗议和政治运动。"①

当前，城市阶级斗争的主要目标不是推翻政府或者反抗阶级压迫，而是要干涉城市的经济活动，通过干扰大城市中心的生产和商品流通以及服务秩序，从而阻止政府行动或改变政策取向。但是，这种发生在城市中的行动是否具有全球性、世界性或为全人类普遍愿望，以及它与城市生活的特性是否有特殊关系，是值得思考的问题。换言之，资本主义城市本身是否具有反资本主义斗争的基础呢？如果有的话，又是什么构成了反资本主义斗争的基础呢？

在我们普遍的认识中，城市社会运动与阶级斗争和反资本主义斗争是分开的，或者是后者的附属物，阶级斗争和反资本主义斗争的根源是生产中对劳动力的剥削和异化。马克思持这样的观点，因此他忽略了城市斗争的重要性，并不认为这是革命的潜力。在马克思看来，反资本主义斗争的本质就是要从根本上解除生产中资本对劳动力的剥削，最终目标是消灭剩余价值以及相关的所有事物。从表面上看，这种革命目标与城市化并不搭界，即使这种斗争是通过民族、种族和性别现象反映出来的，即使斗争是在城市生活的空间中展现出来的，城市和城市空间仍然是被忽视的。经典马克思主义还认为反资本主义的斗争想要取得胜利必须要深入资本主义制度内部，通过改变阶级关系来实现。这种观点显然是狭隘的。从实践上看，工人阶级在扮演资本主义掘墓人的角色斗争中并未取得胜利，马克思设想的工人自我管理的目标也并未实现，这些目标长期以来并没有成为替代资本主义的全球性选择。其实原因很简单，在资本主义经济体制中运营的所有企业都受到"强制性竞争规律"的约束，"强制性竞争规律"是资本主义价值生产和实现规律的支撑基础。如果有企业以较低的成本生产了

---

① 大卫·哈维：《叛逆的城市》，商务印书馆，2014，第120页。

某个产品，那么生产类似产品的企业要么倒闭，要么以更低的成本生产该产品以求得生存，这样做的结果是要么工人失业，要么工人会得到更少的收入。实际上，工人们始终处于集体的自我剥削的状态，与资本施加的压迫如出一辙。

在哈维看来，消除生产中的阶级关系，要通过世界市场的自由贸易，消除资本主义价值规律对生产条件的影响。反资本主义的斗争一定不仅仅是关于劳动过程中的组织和重新组织，尽管这是根本，但还必须找到能够替代世界市场中资本主义价值规律的其他政治和社会的选择。①

如果我们不将城市暴动或游行示威看作无产阶级的起义或者完全不是以阶级为基础的运动，而将其看作一场城市社会运动，是为了维护公民权和城市权利而发起的运动，我们的视野就会豁然开朗。为什么要这样看待城市中的这些运动呢？理由十分简单。第一，在当代，阶级剥削已经不再局限于工作场所，正如我们所知的房地产市场、金融市场正在无形中剥夺着我们生存的权利一样，我们生活的方方面面都能感受到这种剥削。第二，传统工厂类的无产阶级正在消失，那些没有组织起来的城市化的生产者们也参与到了城市化的活动中，他们每一个人都在资本积累的宏观经济发展中发挥着核心作用。因此，哈维呼吁要倡导一种将城市权利作为阶级基础的政治需求，建构一种城市权利，这种权利不是排他的个人权利，而是一种集体权利。"所有致力于城市生产和再生产的劳动者都具有集体的权利，不仅仅是对他们所生产产品的权利，还有决定生产什么样的城市生活，在哪里和怎样生产的权利。如果打算复兴城市生活，在主导的阶级关系之外重新建设城市生活的话，就需要建设新的民主载体。"② 我们需要将城市重新改造和创造成为一个社会主义政治体制的载体，根除贫困和社会不平等，治愈环境和生态的创伤，停止城市化生产带来的资本积累。而想要达到这一目标，最终需要通过寻找城市反叛与反资本主义运动的联系，用城市革命的方式摧毁现有的城市，创造新的城市生活。

三　政治地理学与城市革命

城市革命是人类社会进化过程中的重要一环，是城市实现更新和再发

---

① 大卫·哈维：《叛逆的城市》，商务印书馆，2014，第125页。
② 大卫·哈维：《叛逆的城市》，商务印书馆，2014，第120、139页。

展的重要手段。哈维从地理学视角切入城市革命的研究，不但考察了城市革命的阶级基础和革命过程，而且对当代城市革命研究的方法论进行了更新，形成了独具特色的分析方式。

1. 政治地理学与政治困境

地理是带有政治色彩的。对于工人来说，地理既是一种资源也是一种威胁，这一点同样适用于他们的企业和管制他们的机构。理解地方和空间，也就是理解不同空间尺度之间的复杂关系，就必须具备地理学的想象。当前，劳动阶级被困在某种地理困境中，所谓的困境就是人们在追求一个表面上很合乎逻辑或很理性的行动目标时，实际上却给其中一些参与者带来消极后果。在资本主义世界，工人之所以面临地理困境是因为在一个地理尺度上对他们有意义的事情也许会给其他地理尺度上的工人带去不幸的后果。① 正如哈维所说：我们常常将自己局限于一个地理尺度上思考问题，把那个地理尺度的差异当作政治分歧。这意味着不平衡的地理发展加剧了工人在地方尺度上定义自己利益的倾向。例如，处于世界贫困地区的工人几乎不可能支持发达地区的工人争取提高已经相对较高的工资和改善相对较好的工作条件的行动。因此，问题并不仅只是工人倾向于将地方利益放在第一位，而是地方利益的性质变化取决于地方工业、地方生活水平、地方最低生活工资等。

在《社会正义与城市》一书中哈维论证了工人阶级的这种地理困境，并探讨了突破这一局限的革命方法。哈维用地理学的视角思考了城市革命和它的目的，他的论述是从讨论托马斯·库恩（Tomas Kuhn）的著作开始的。为何和如何开始地理学思考的革命？作为回答，哈维使用了托马斯·库恩那部脍炙人口的著作《科学革命的结构》中的观点。托马斯·库恩通过革命的方式调查了在自然科学中发生的变革。他说"通常科学"，使用了存在的范例。但是，在时间中，某种异常出现，并且建立新范式，异常的出现，是时间的危机，也是新范式开始产生的信号。库恩以社会科学为基础发展了科学革命的相关理论，这也显示出社会革命的模式激发了他研究革命方式的灵感。但是，他没有在社会和政治科学方面使用

---

① 诺埃尔·卡斯特利、尼尔·M. 科、凯文·沃德、迈克尔·萨默斯：《工作空间：全球资本主义与劳动力地理学》，刘淑红译，江苏凤凰教育出版社，2015，第 121 页。

革命。哈维认为托马斯·库恩对革命的概要讲述打开了批判的大门。第一，库恩的书中，异常是如何产生并最终形成危机的，并不明确。这里，哈维建议区别重要的事件和重要的异常。第二，与新异常相关的问题被接受，这是库恩批判的中心，那就是"给科学进步提供完美的解释，同时很明确科学思想是物质活动的基础"①。还有一个问题是，库恩的分析是否可以延伸到社会科学领域。库恩认为在社会科学中，没有在通常的异常中达成一致。但是，哈维指出，经济学接受异常，比如亚当·斯密（Adam Smith）和20世纪30年代的凯恩斯（Keynes）都是研究异常的经济学家。② 20世纪30年代，失业成为危机的异常结果，后来出现了凯恩斯经济学。这种情况，在自然科学和社会科学中有相似的定义，哈维认为"地理学思考中的历史，确实可以成为分析的一面镜子。传统地理学的中心命题是定性的和唯一的"③。很明显，社会科学不是操纵社会和控制发展的唯一动力，也需要理解定性和一般性。在"定性运动中"，新经验主题被发现：如距离—衰败功能是空间形式中一系列商品和尺度的开始。这种新方法论在社会科学中为规划师们提供了操纵和控制的方法。

在哈维说明社会科学革命的可能性后，他关注了"反革命"的概念，这不是库恩在自然科学中提到的。约翰逊（H. G. Johnson）在他的《凯恩斯的革命和货币反革命》一书中提到了"反革命"的概念。如哈维所说，作为对凯恩斯经济学的挑战，约翰逊视货币主义者为反革命。同时，通货膨胀和失业也被视为时间的异常，这一点和凯恩斯经济学家的观点相左。尽管哈维不认为约翰逊在这方面很明智，但他认为分析需求是很重要的，因为在自然科学中"反革命"的概念没有出现过。

在人类寻找控制和操纵外在世界方面，自然科学和社会科学是相似的。社会科学异常形式背后的推动力是以人类利益为中心，渴望操纵和控制人类活动。如果这样，问题是谁将控制谁，谁的利益会发挥控制作用，另外，如果控制从所有人的利益出发，谁将定义自己为公共利益？哈维指出，历史告诉我们利益是由一些社会核心团体和社会科学依赖于存在的社会关系所定义的。正如，概念是现象的产物，它们被设计用来描述。在这

---

① David Harvey, *Social Justice and the City*, London：Edward Arnold, 1973, pp. 121.
② David Harvey, *Social Justice and the City*, London：Edward Arnold, 1973, pp. 122.
③ David Harvey, *Social Justice and the City*, London：Edward Arnold, 1973, pp. 123.

点上理论变成极化；一个革命理论通过获得接受新的异常，根植于理论中的社会关系本性是真实世界的现实化。另外，反革命理论是用威胁社会变革的方式处理革命理论的重要假设，通常革命理论的接受将产生，或通结合合或颠覆，阻止革命成为现实。

哈维追随恩格斯的看法，认为亚当·斯密、大卫·李嘉图（David Richardo）和马克思之间的关系像瓦瓦希尔（Lavoiser）和僧侣的关系一样。马克思反对史密斯和理查德的政治经济学，特别是他们对剩余价值概念的理解，认为抓住剩余价值就是抓住理解所有资本主义生产的钥匙。很明显，马克思主义的范式是威胁建构资本主义世界的力量。马克思主义是一种革命理论，将面对价值"边缘理论"的反革命理论，使它远离史密斯和理查德分析中面临的障碍。

哈维解释了他开始的问题，即如何和为何开始地理学革命的思考？他通过"定性的革命"缩小边缘，收回"个体生态学"试图测量距离衰退效果，并且辨别商品、服务的范围。"更多的"社会学科中的情况不足以证明思想中革命的正当性，对个体生态学问题、城市问题和国际贸易问题都不能完美解释。总之，我们的范式没有很好地处理现有的问题，地理学革命是为了推翻现实而不断走向成熟。哈维认为用地理学的视角思考革命是必要的。

2. 城市革命的方法论

为了更好地分析城市革命，哈维在书中接受了一种工具主义者的科学哲学或者说科学理论的观点，可以看作折中接受了基特（Keat）和厄里（Urry）的理论观点。这种"地理学思考"的革命，要求在实证主义之外实现一种理论的酝酿。实证主义在20世纪60年代具有很大影响力，并且根据哈维的观点有很多不同的路径可以追随。哈维认为我们应该放弃以定性运动为基础的实证主义，而追随抽象的哲学理想主义。或者"我们也应该反对20世纪60年代以来以现象学为基础的实证主义"[①]。但是，无论怎样，他意识到现象学的方法可以导致理想主义回到原始的实证经验主义，就像它们能进入社会的唯物主义意识形态一样容易。另外，行为的视角可能有两条道路去追随。这种"重叠"最清晰地表现在马克思

---

① David Harvey, *Social Justice and the City*, London：Edward Arnold, 1973, pp. 129.

的著作——《1844年经济学哲学手稿》和《德意志意识形态》中。这些书给了马克思的思想体系以有力的现象学基础。但是，哈维将我们的注意力转向实证主义和马克思主义的普通观点和它们的一些本质的区别上。它们都有唯物主义的基础和分析方法，实证主义简单地寻找理解世界的方法，但是马克思主义试图改变它。尽管如此，对于我们来说，区别有很多而且很重要。如哈维总结的："实证主义从现实中存在的所有缺陷出发勾画它的范畴和概念，而马克思主义则是通过使用历史的辩证，通过事件和行动，来形成和展开自己的范畴和概念。例如实证主义方法使用亚里士多德传统的双重价值逻辑来检验假设：假设可能是真的或假的，一旦范畴确定就会一直如此。相反，辩证的方法加深理解的过程，允许解释对立、包含的矛盾和看似矛盾但实际真实的说法，并指出解决的办法。因此它与对和错相关，真理存在于辩证的过程，而不是源于过程的论证。论证可以被设计为真理，只要给定时间和案例，就可以通过其他时间证明其矛盾。辩证的方法允许我们转化分析，如果需要将解答作为问题，将问题作为解答。"①

哈维注意到了关于马克思主义的方法论和认识论，但是没有注意到马克思主义的本体论，即决定论和马克思主义宇宙论的假设。但是，在《关于费尔巴哈的提纲》(*Theses on Feuerbach*) 一书出版后，实践哲学宣称本体论和认识论通过它自身独特的分析方法和假设实现了统一。应该再一次注意，哈维对辩证法的定义完全与"时间"和"过程"相联系。哈维在一篇名为《地理学的革命与反革命理论与贫民区构想》的文章中给出了批判性的回应。

哈维在文章中以含糊不清的方式提供给我们他的辩护和声明。在他的回答中，可以确定，他接受和拥护一种非常正统的态度，将资产阶级思想渗透到了资本主义社会的知识生产核心中。资产阶级思想作为一种统治与支配的思想被具化为一种认识论。"我接受马克思和恩格斯提出的，统治阶级在社会中生产统治思想这个命题，……整个知识组织（学习进程、教育系统的结构、不同学科知识的分离等）都反映了社会中统治者的兴趣，因为这些都是社会再生产的部分过程，……总体来说，所有的知识都弥漫

---

① David Harvey, *Social Justice and the City*, London : Edward Arnold, 1973, pp. 137.

着对身份地位维持现状和对反革命思想的辩护,这些可以起到阻挠变革成为现实的作用。因此,在地理学科中我们必须接受大部分理论构想将维持阶级地位和反革命的现状。"① 这些构想可能是以法律形式存在或者将从重要的现实问题方面转移人们的注意力。由于这个原因,思想中的革命十分重要,尽管在现实的日程中还不存在革命的实践。我们可以在凯恩斯主义革命中看到这样的例子,思想革命是可能并且必要的,尽管在社会实践中没有真实的革命。如果是这样,根据哈维所言,我们可以在生产方式的地位方面划分革命理论。凯恩斯革命是可能的,因为前几代人维护现有地位和身份的理论已经不再是我们理解改变了的环境的有效工具。哈维不否认,在学科中最初产生了革命的可能性,但是这只是完成革命理论的开始,这个革命理论可以通过革命实践证明其有效性。因为至少在思想革命中,学校知识的教授方式是另一个必须被克服的障碍。对于哈维来说:"所有纪律的边界都是反革命的,知识的分划允许身体政治的分划,统治只是作为知识的请求被提及。它也表达了很多学术团体的无力和无效。"②"如果我们至少在学术层面思考我们的问题,我们就必须从无纪律或元纪律方面进行思考。"③ 在不同边界的简单和折中的知识交换生产中寻找答案是没有希望的,也是远远不够的。内部的、多样的和跨学科研究是潜在的革命,但是不是真正的成功还有待于时间的检验。

遵循着马克思的实践理论,哈维建构了庞大的理论体系和一体化的实践方案。这项智力工作是识别真正的选择,选择内在于现存的环境,并设计出有效线路或通过实践能实现的有效路径。哈维进一步评论了智力对革命运动的贡献:"当所有人民意识到分析和行动相结合的必要性时,社会运动会变为学术运动,学术运动也会变为社会运动。"④ 在地理学中紧要的工作是什么?是放弃和反对维持现有地位和革命的构想?哈维呼吁地理学思想的革命必须被解释为地理学理论的重构,地理学理论的设计要给我们需要理解的现实以现代化的解释,另外帮助更广阔的社会工作去刺激一种政治意识,这部分人是可以被称为地理学家的那部分。

---

① David Harvey, *Social Justice and the City*, London : Edward Arnold, 1973, pp. 140.
② David Harvey, *Social Justice and the City*, London : Edward Arnold, 1973, pp. 141.
③ David Harvey, *Social Justice and the City*, London : Edward Arnold, 1973, pp. 141.
④ David Harvey, *Social Justice and the City*, London : Edward Arnold, 1973, pp. 145.

3. 城市革命的阶级基础

城市革命既然是一种真实的可能，同时又有方法论的指导，那么唯一缺少的就是领导阶级了。哈维认为，如果能够取得周边街区或社区广大群众的支持，以反对工作场所为主要对象的斗争是最有可能取得成功的。当然这个判断也需要前提，即工人与地方民众之间已经存在较为密切的联系，或者这种联系可以在短期内被构建。这种联系可以从由工人们的家庭组成的社区中"自然"产生，这也是最好的方式。但是如果是在较为分散的城市中，就需要有一种政治意识来构建、维护和强化这样的联系，否则社会运动就会因为缺乏应有的基础而失败。

除此之外，就是改变工作的概念。原先我们都狭隘地认为只有那种与劳动者产业形式相联系的工作才是革命的基础，显然在网络化高速发展的当代，这种认识过于狭隘，因此需要将工作的定义拓宽，凡是涉及与城市化的日常生活相联系的生产与再生产活动都应该是工作。实际上，阶级和工作都是来源于生产场所中的定义，这种场所是独立于家庭的社会再生产场所，这样的观念使得工作场所和社区场所分野，也导致了两种不同的斗争场域。但是，现在这种区别正在消失。越来越多的人在家中工作，将生活与工作场所合二为一，他们通过网络完成工作并获得报酬，而且在未来，这样的人群规模还会不断壮大。大规模的临时劳动部门，临时性的、没有就业保障的、没有组织起来的劳动者构成了这类部门的主要人群。同时，回顾历史，在城市反叛和抗争的过程中，这样的人群虽然也是城市革命的中坚力量，但他们的行动并没有组织性，而且态度反复无常。因此，传统的左翼并没有将他们看作可以合作的群体，而是将之看作"城市暴民"排斥在外，害怕接受他们。而现在的情况出现了变化，这一群体的人数激增到了我们不得不予以关注的程度，我们必须要接纳这一群体，而不是排斥，这对反资本主义政治至关重要。因此，只有重新定义工作和阶级的概念，改写我们对阶级基础的认识，才能最广泛地动员起一切革命的力量。同时，要将争取集体市民权利的斗争与反资本主义的斗争紧密地联系在一起，将获取市民权看作反对资本主义斗争的主要目标之一。

城市革命的重点仍旧是把生产中对劳动者的剥削作为反资本主义运动理论的核心。但是，斗争要将工人生活空间的回收与实现剩余价值的斗争相结合，赋予它们和发生在城市生产中的各种斗争相同的身份和地位。然后我们要回答的问题是，如何才能将城市中的人群组织起来呢？首先，我们要摒弃不同部门的特殊需要，建立起比较统一的意识形态和斗争目标，这对斗争的胜利至关重要。紧接着，就是要选择实现市民权和城市权的路径。从各个国家的实践来看，斗争会沿着三条路径展开：一是街区协会的组织。街区协会往往是地方组织，可以提供地方物品和协调居民间的各种冲突。街区总协会是一个"巢型嵌套式的层次结构"，是解决街区间冲突的平台，也是展开权利斗争的重要组织。二是通过行业部门协会进行组织。这些协会组织较为灵活，可以将所谓的非正规部门不稳定的工人组织到一起，它们的组织形式具有伸向供应链的长长的触角，既可以调动起周围农民和乡村人口的反抗力量，也可以在城市对乡村屠杀和镇压做出快速回应。这种灵活性得益于紧密的地理纽带，并与许多进城农村家庭所属的街区协会在地理区域上重叠，进而维持它们与自己原住地村庄的联系。三是传统的工会组织，其中最重要的是学校的教师工会。这些工会在新自由主义盛行的时代力量被不断削弱，但它们始终是具有地方性、区域性和全国性的组织结构，承担着与国家进行协商的功能。因此，应该充分重视它们的作用。同时，除了这些已有的组织形式，我们还应该从价值和理想层面去考虑，大众文化事件和活动常常是坚持和表达社会深层价值和理想的重要渠道，因此可以利用这些活动推进集体意识的建立，从而使市民成为更为有效的政治主体。

第三节　阶级联盟与城市政治

地域或者地区政治是资本主义政治的重要特征之一。哈维对地域性阶级利益和阶级同盟问题也进行了研究。在《阶级垄断地租、金融资本和城市革命》（1974）和《不平衡资本主义发展地理中城市政治的地位》两篇论文中，哈维集中论述了以社区为基础的阶级利益分化和城市阶级同盟等政治地理特征，形成了哈维城市政治学的基本观点。

一　结构性一致与阶级联盟

城市是一个巨大的资源系统，包含着经济、社会、心理和重要象征物等被创造出来的资源的地理分配，城市政治有资本积累的痕迹。哈维意识到城市的形成和资产阶级宪政对理解帝国主义经济逻辑十分必要。一个城市只有建立某种法律、私有财产、契约和货币安全的制度框架之后，资本积累才能在以价格垄断为基础的市场上繁荣起来。同时，资本积累也造就了城市的建成环境，两者相互依赖，共同发展。和大卫·哈维一样，汉娜·阿伦特也敏锐地观察到当代城市是资本逻辑居于支配地位的资本主义城市，权力与资本积累成正比例关系递增或递减。她说："资本的无限积累必须建立在权力的无限积累之上……资本的无限积累进程需要政治结构拥有'权力的无限积累进程'，以通过持续增长的权力来保护持续增长的财产。"① 在谈及资本如何才能无限积累时，大卫·哈维借鉴了列斐伏尔"空间生产"的思想。他认为在政治重组和资本积累的过程中，不断变化的空间关系发挥了必不可少的作用。列斐伏尔详细地分析了资本主义经过多次危机和重组长久生存下来的原因，即资本主义通过空间的生产而生存下来，但是他并没有能正确解释为什么空间生产对资本主义的生存至关重要，它又是如何发挥这种重要作用的。②

结构性一致是实现阶级联盟的物质基础。阶级联盟的形成是为了维持现有的生活条件和工作条件。它们都脱离了常规的阶级斗争，但又是必要的，特别是在空间关系的方式和积累的具体表现形式上。各阶级联盟的出现奠定了社会再生产的"防御"基础（既包含城市区域内积累又包含劳动力再生产）。为此，采取为理想的"社会进步"和"地方利益"辩护的运动，"社区的团结"和"社会支持"两者本质上是支持联盟的。它们都在当前的城市经济发展中拥有直接利益，无论是商人、工人、国家工作人员还是有专业职业的人都可以加入联盟。哈维认为，由于这个原因，所有的阶级和派别都能够走到一起，但是联盟是"不稳定的"。正如结构性一致所暗示的那样，当问题是关于未来的发展时，联盟内部的分裂和外部压力将变得更加尖锐。因此，"阶级联盟"形成的阶级利益，开始失去其连贯性。更糟糕的是，哈维认为，个人可以拥有多个身份，可以扮演许多不同利益的角色，可能是工人、房屋所有者、消费者、保护者或投资者，这些角色的利益往往存在巨大的差异甚至冲突。此外，公共投资决策会部分造成联盟地位的不平等。此

---

① 汉娜·阿伦特：《帝国主义》，蔡英文译，联经出版事业公司，1968，第23页。
② Henri Lefebvre, *The Survival of Capitalism*: *Reproduction of the relation of production*, trans F. Bryant, New York: st Martin's Press, 1976, pp. 23。

外，联盟不会消除垄断权力和特权，而是将这些矛盾内化，哈维指出"很多这样的城市和区域政治……包含了寻求群体和利益之间权衡成本与效益的方式，同时包含竞争和垄断权力，从而维护多数人支持执政联盟"①。由于许多外部原因，联盟的稳定性被破坏。首先，联盟的不同部分的地理流动性能力的分布是不均匀的。其次，资本与劳动的交换，以及收入再分配改变了联盟成员之间的权力平衡。简而言之，哈维说，"同样的力量走向城市经济结构性一致的对抗，也使阶级联盟变得不稳定和不安全"②。

这些已经存在的困惑和不稳定，给阶级联盟以形成的基础，其中创造了政治空间，一个相对独立的城市政治便出现了。当资本积累的创造性和破坏性被添加到政治中时，"政治艺术"就必须发展。正是在这一点上，为了建立统一和有明确意义地域—界限（place - bound）的社区，政治家才能允许存在相对稳定的和永久的联盟。这暗示着一个单独的"阶级政治"的形成，在美国，恩格斯说，它们推动了国家权力独立于社会关系的过程。在这样的背景下，整个城市管理以看似独立的社会动力源表达本阶级的利益。政治家是政治联盟的演员。他们试图建立一个将自己视为共同体的符号，并以公共利益的名义来进行裁决。

哈维同意地方政府在联盟建设过程中发挥着核心作用，却没有看见唯一的或最重要的方法。在市民社会中出现的政治过程比地方政府有更广泛和更深入的特别意义。甚至，它是用不恰当的手段构建了联盟目标。城市劳动力和商品市场的流动区域并非必然与民间社会联盟进程中的政治界限相兼容。众所周知，当哈维指出，城市重组需要长期的过程和城市地区的划分时，他认为行政区、郊区和中心区与趋向结构的连贯性和阶级联盟的形成是不适应的。为此，更核心的手段和其他非正式组织的形成需要在市民社会中形成有组织的阶级联盟。如果是这样，那么就存在"可能性矩阵"，即一个执政联盟的代理人不是"预定的"，并且其确切的组成是一个谈判问题，许多不同的可能性都会出现。联盟投入的工作可以有多种多样的甚至是相矛盾的目标。资本和劳动的要素可以在相同或不同的部门中看到，政治方向可以改变。一边是以城市为基础的革命运动和以地方选民为

---

① David Harvey, *Social Justice and the City*, London：Edward Arnold, 1973, pp. 151.
② David Harvey, *Social Justice and the City*, London：Edward Arnold, 1973, pp. 151.

基础的城市社会主义的强大传统，另一边是看似强大的增长性联盟，或者是由本地管理机关结成的联盟体。在所有的情况下，每个政治联盟通过政治方向、资源和手段以及最重要的"限制"生产它的独特之处。所有联盟的内部紧张局势将立即产生冲突，并将会形成一个新的统治阶级联盟。

执政联盟在其代理人、任务和影响下进行配置和组合，给其自身以独特性和特殊性。为此，城市区域的政治经济发展会出现相对自主的情况。但问题是政治联盟的突发事件如何协调，才符合资本主义生产和消费模式的要求。哈维认为，这种执政联盟的面貌不仅是兼容的，而且是资本主义地理空间运行进程和矛盾发展所必须经历的阶段。这是因为任何一个统治阶级联盟都必须适应资本循环的基本逻辑，如果它仍然存在于资本主义制度下，便成功地再现了它自身存在的条件。

关于由谁来控制地方政府的问题一直存在争议。有三种观点占据主要位置，即精英观点、多元论观点和管理主义观点。虽然精英集团对政府的控制根深蒂固，但是不同群体间权力的相互竞争，也会对城市政治产生重大影响。城市系统中，如果可达性和接近性伴随着分配的转变而改变的话，那么地区价格也会改变，并且通过扩张使个人的真实收入暗中改变。城市空间形式的改变和持续不断的城市资源的老化、更新和创造的过程将成为影响收入分配和再分配的主要机制。这个范围的改变，使团体兴趣和团体行为发生作用，参与改变城市体系的空间形式。因此，将一些重要的团体组织在一起，开展集体行动与政府讨价还价，在很多时候会从外部领域影响这些群体的实际收入。对于哈维来说，当前城市体系中的实际收入分配，是政治进程可预期的结果。更有趣的定义是"任何试图理解实际收入不平等机制的人，都必须理解城市运行的政治进程"①。

为了这个目的，哈维介绍了在城市政治活动中出现的联盟。这种联盟可以被解释为争取有利决定权的游戏参与者，任何人都可以将联盟看作一种资源，可以在谈判中使用。资源可以是金钱、投票权，也可以是适当的信息或者社会、政治影响力，成为联盟就可以充分依靠这些资源取得胜利。"结果通常对胜利的联盟有利，失败者一无所有。这种情况在城市政治中十分常见。这解释了我们的预言，有力量的团体会以自身优势占有地

---

① David Harvey, *Social Justice and the City*, London：Edward Arnold, 1973, pp. 153.

区决定权。在政治讨价过程中，资源是不平等的，因此创造了未来资源处置的不平等，最终强化了权利的不平等。"①

　　一个联盟将在政治讨价过程中练习，并且成功地为自己提供集体物品。团体的规模也十分重要。大的团体，可以提供大量的可选择的集体物品。因为团体越大，集体行为失败的概率越小。另外，如奥尔森（Olson）所说，特权和中介团体通常会战胜潜在的、大的团体，因为前者通常有组织和活力，而后者通常是无组织、无活力的。哈维认为通常是小的、有资源的、组织良好的团体能击败大范围的无组织的人。他还指出，正如奥尔森所说的大量人口因为个人利益驱动而加入群体，只有通过文件或强制才可以将他们与集体物品组织在一起。因此，很容易理解分配和地区决定者会表达小群体的渴望，而不是大群体的原因。大团体无能为力的原因，也正如奥尔森所分析的那样：第一，大团体成员不可能为了集体目标而放弃个人小的资源需求；第二，大团体不可能轻易地保持持续的政治立场和目标，因为与一个小团体谈判，团体内利益的竞争会减弱团体的讨价地位。对于大团体而言，交易、外部文件或机构组织都需要成功，只有有力和紧密结合的团体才能克服内部和外部的障碍，并且在所谓的"无决定权"问题决策上获得胜利。同时，科特勒（Kotler）讨论的帝国主义地区的中心事件和内茨（Netzer）、汤普森（Thompson）支持的中心城市剥削郊区假设，指出城市地区不同团体的政治力量是不平衡的。在这个意义上，平等的前景和通过现存的政治进程得到公正收入分配是没有机会的。

二　城市政治与政府干预

　　最近，一些政治学家如米特尔曼，在解释全球经济内部发生的复杂变化时，开始强调区域组织在超国家和次国家层面所发挥的重要作用。哈维在《新帝国主义》一书中也认为在全球化时代，非正式、易渗透却难以确定的权力的领土逻辑——区域性——在资本积累的时间和空间分子化过程中不可避免地产生了，他再次断言地区结构性一致是解释全球经济内部正在发生的复杂变动的重要因素。区域组织在超国家和次国家层面发挥了重要作用，区域经济体内部和相互之间的区域竞争和专业化已经成为资本主

---

① David Harvey, *Social Justice and the City*, London：Edward Arnold, 1973, pp. 153.

义运转的基本特征。他尝试用权力的资本逻辑和权力的地区逻辑说明资本帝国主义的新特征，但是他对地区逻辑的分析只是从类的历史转变对特定时期资本主义发展现状的描述为出发点，而没有进行深入的剖析和更具普遍性的总结。哈维只是展示了几个简单的关于政治力量地区认可和一般国家和帝国政治的例子。由于他在资本主义国家框架之外识别地区逻辑的特征，因此只关注到了国家管理者和政治家的自我兴趣、国家建立和管理的特殊风格、地缘政治资源策略的竞争等问题。[1] 在实践中，他关注由资本主义内部和外部尺度所决定的地区逻辑。当地区逻辑受资本主义国家发展的独立道路影响时，他便没有提及作为资本主义国家政治轨迹和国家权力之间的共性关系。相反，他直接强调特定历史的相对重要性和资本帝国主义在特定阶段、时期的地区权力逻辑。这意味着他对权力的地区逻辑的说明已经决定于权力的资本逻辑，而不是单纯在地理方面展开。[2]

对抗力量的第一种形式：哈维在《社会正义与城市》（1973）中指出，需要让城市主义接近政治问题，而不是将它们看作一个语言问题或市场交换经济内部的反应和解决方案。对市场经济的破坏性有很多补偿的力量。哈维详细介绍了"再分配"和"互惠"。他认为无论何时何地，自我调节的市场经济在城市空间的组织中都有重要作用，政府将其职能调整为支持和控制。在工业化的开始，城市政府主要的职能分布于提供公共产品和服务上，这些产品和服务对于企业主而言无利可图，但可以消除工作人口的较低工资带来的负面影响。政府机构的规模和功能通过时间不断扩大和增强，并且为公众提供了公共（和私人）的商品，并通过私人和公共规划建设有公共利益的城市社区，在塑造当代城市的地理方面意义重大。例如，美国早期混乱和个人主义的工业城市，已转变为一个多元互惠的城市，公共部门成为一种独特的对抗潜在市场交换的力量，同时支持资本主义社会生存所必需的结构条件。在这样的系统中，政治和官僚系统的部分功能在自我调节的市场经济中再分配。

哈维声称，资本主义国家政府干预的目的，是使市场正常运作和改善

---

[1] David Harvey, *The Limits to Capital*, Oxford: Blackwell and Chicago, IL: University of Chicago Press; reissued with a new introduction, London: Verso, 1982, pp. 1 – 2.
[2] 赫曦滢：《资本帝国主义视野下的领域逻辑与权力逻辑》，《科学社会主义》2012年第1期。

市场自我调节的破坏性结果。为了保持正常市场运作，通过金融机构的支持，政府出台了不同的政策，使得某些部门的风险被吸收，垄断被阻止。实际上，国家干预与城市起源的历史相关。"国家……需要干预城市的出现。"① 在国家层面上，国家政策对大都市有着重要的影响。例如，20世纪30年代，FHA（联邦住房协会）投入运行以支持住房抵押融资。被萎靡不振所困扰的金融机构得到了支持。这一政策的结果是促进了郊区化的发展，因为FHA提供的贷款直接进入了资本市场，同时它也增加了住房存量经济的淘汰率，从而提高了剩余价值的流通率。这种政府的政策也从创造就业、增加生产，扩大到经济资源配置的领域，被视为国家利益，通常是用于防御、卫生、教育等。

资本主义国家政府干预的第二个目的，是消除市场经济的负面影响，实质上是改变城市结构。"片面的社会收入分配降低了有效需求，降低了劳动力的质量。为此，必须重新分配收入和永久性财富。"② 可支配收入在社会各群体之间分配的改变，体现了当代城市的面貌，导致了资本主义福利国家都市形式的实质性改变。例如，英国和北欧福利国家政策的结果具有"双重结构"。在这些国家，公共和私营部门可以很容易地被区别。哈维认为，这种分化，在城市建设中能够看到。在英国城镇，公共部门提供住房、教育和公共健康服务。这样的二元论城市与美国的有很大不同，通过个人的思想信念，二元论在很大程度上是可以避免的，除非规则是社会最富裕阶层所制定的。富裕阶层特权出现是政府干预的结果，在美国创造了一种非常不同的城市结构，这与为穷人提供社会福利的国家不同。尽管如此，哈维声称福利政策不应该威胁到市场交换经济。一直以来，工业后备军和原始积累的过程是必需的。在这种情况下，瑞典是个典型的例子。瑞典消除了资本主义市场经济的消极影响。它利用欧洲南部的工业后备军，实现其原始积累，并通过其与全球经济的联系实现发展。哈维说："这个例子的寓意是特定的区域可以成功地执行福利政策，在一定限度外转移一些与资本主义市场交换相关的主要矛盾。"③ 在一定区域内，福利国家政策的有效性并没有被限制，但总体上说，在全球经济中逐步重新分配

---

① David Harvey, *Social Justice and the City*, London：Edward Arnold, 1973, pp. 155.
② David Harvey, *Social Justice and the City*, London：Edward Arnold, 1973, pp. 156.
③ David Harvey, *Social Justice and the City*, London：Edward Arnold, 1973, pp. 159.

是有限度的。此外,他继续说:在这一点上,福利国家严重损害了自我调节市场的运作和剩余价值的流通,限制了重新分配。哈维说一些社会主义者没有看到这种限制和"盲目地相信社会主义可以通过再分配政策,而不是从根本上改变资本主义生产就可以实现"①。此外,在限制福利再分配方面,国家的地理范围是很重要的。试图重新分配收入和财富的大规模经济体,如美国是不可能成功的,正如在斯堪的纳维亚半岛所出现的情况那样。像美国这样的国家,将经济的负面影响向另一个地方转移是不太可能的。即使在中等规模的经济体,如英国,自我调节的市场也不允许收入分配结构的重大变化。尽管政府出台大量政策,但补偿主导市场自我调节的机制将总是倾向于实现某种自然的市场交换和再分配活动之间的平衡。这是因为要维持资本主义社会的经济基础,市场需求定义了什么是优先权。

在这里,经济问题转变成了阶级社会语言。那么,在市场交换降低了每个人在社区中地位的过程中,什么是这一进程的抵消力量?哈维说:我能买到什么或我拥有什么,地位、等级、声望和特权,都存在于早期的等级社会内,反击商品化过程。所以,哈维说,社会劳动分工是一个组织,就像一个微型的等级社会,而某些职业为"更高社会地位的不同民族、种族和宗教团体"存在而设计。政府、企业、专业团体的分层和内部排序,代表了等级社会,并提供了自我识别的方式。因此,可以得出结论,所有身份的形成和政治是一个均质过程,市场交换经济的商品化力量影响社会中的个人和团体。等级社会的表现形式影响政治活动和意识形态的形成。哈维声称,这是将来自社会的经济基础问题转化为政治问题和思想问题,以等级社会的语言拼写出来。例如,失业问题可以被视为劳动力市场中种族和种族歧视的问题。哈维认为:"在大城市的政治和政府中都弥漫着这种转化,只要某些事件发生就会转化,而不是仅仅被当作基本的经济问题处理。我们可以预期冲突以转移问题的方式被解决,有时围绕着(地理的)而不接触它的不确定结构——它试图推测许多当代的政治问题是关于资本主义国家的。"② 现在,哈维建议将对政治问题的分析作为主观的话语和行为领域的解构问题来理解。但是哈维直接批评了"还原论",他说

---

① David Harvey, *Social Justice and the City*, London: Edward Arnold, 1973, pp. 160 – 165.
② David Harvey, *Social Justice and the City*, London: Edward Arnold, 1973, pp. 163.

"存在一个深层次和不确定的阻力,甚至将问题转向市场交换领域,因为这样做是承认市场交换价值的终极决定因素——观念,是当前人类反抗的主要指向"①。哈维指出,马克思的异化理论是针对这种现象的分析,马克思声称市场交换问题的地位和威望只会蒙蔽我们的行动,从而有助于维持现状。还原论,如果有的话,只有在价值降低到市场交换层面时才是正确的,这必然意味着劳动的异化。

现代城市是等级社会的符号化。等级社会的特质如何在城市环境中表现出来?空间的层次性和符号性的组织是由主要的机构和组织控制的。神圣与世俗的空间被创建,今天的城市中心,与普遍的信仰相矛盾,是最大限度的拥挤的地区。因此,虽然是最不可到达的地点,但它仍然是中心,因为它是一个有威望的位置。有学者认为对它无情和冷酷的解析是代表着城市的威望、地位,甚至是资本主义的世界之轴的状态甚至神性,但这可能比它们竞标相对优势的区位更接近真理。对于哈维而言,表面上现代大都市构成了等级社会,是自我意识的产生方式。在美国的城市更新项目,虽然住宅结构的基本特征是通过竞争性投标过程表现的,它的许多"细微"可以被理解为等级社会的象征性标准,通过个体区分它们自身对抗均质的市场交换过程。蒂姆斯(Timms)(1971)形容的镶嵌城市(Urban Mosaic)可以看作市场交换和分层之上的再分配和秩序叠加。尽管如此,哈维说,以前虚假的社会组织阶层模式构造的象征性秩序与社会的基本经济结构无关。

互惠是抵抗、组织和团结的一种手段,在资本主义社会中重新构建了再分配和阶层,互惠最接近于社区的时候扮演传统的功能角色。从早期工业工人阶级的宿舍开始,作为一种保护手段的社区意识就已经十分重要。在一开始,互惠以血缘关系、宗教和种族为基础,但空间的流动性和社会结构变化的增加使社区失去了这样的联系。特别是空间流动减少了区域间的联系。哈维说,空间的临近性、地理的固定与社区的互惠无疑是相关的。他还声称,基于互惠行为为社区公共品和服务的供给提供了比以个人利益为基础的集体行动更好的机制,产生了社区和市场交换体系中的人类内在关系的潜在资源,从而将市场力量渗透到日常生活

---

① David Harvey, *Social Justice and the City*, London: Edward Arnold, 1973, pp. 163.

中。在过去的美国城市，民族纽带在封闭的社会结构中扮演了这样的角色。至于今天，可以说，互惠已经发展成新的模式。这是受威胁的社区的复活行为。城市社区发展的政治回应可以被解释为互惠，当它成为显而易见的行动时，以个人利益为基础的行动显然预示着失败。但值得注意的是，互惠的出现不是集体行动的替代，而是个人自我利益的实现。另外，笔者认为，哈维对互惠的解释为城市社会运动理论提供了有益的借鉴。

城市政治中的不平衡地理发展是《资本的城市化》（1985）中阐述的重要问题，这本书针对一些过去的同情者和现有从业人员对马克思主义传统疑虑的回应而写作。很多学者认为，马克思主义的资本逻辑和概念化的阶级斗争是关于城市政治和城市社会运动不充分和不相干的理由。也有人认为马克思主义过于笼统地揭示了具体地方和重要事件。哈维说，"我试图直接对抗这种潜在的不满意识……去展示如何、为什么、在什么范围内一个相对独立的城市政治会出现和它如何实现'相对自治'，这一过程不仅需要兼容，也需要资金积累过程"①。

哈维对以上问题的回答以一种论证的形式展开，积累是"一个时空过程"，劳动力的交换是空间的，并且城市地区的基本定义是地理上的劳动力市场。在松散的城市定义中，资本家在"局部劳动力市场"的背景下行动，"不稳定的阶级联盟"因此出现。城市经济出现"平行的趋势"，哈维称之为"结构性一致"。这就意味着科技不但主导了生产和消费，也主导了一系列的阶级关系。由于竞争、积累和技术变革，联盟本身并不稳定。在这一点上，出现了政治空间，一个相对自治的城市政治可能出现。然而，哈维认为这个"相对自治的城市政治"是非常有限的，因为哈维声称它只适合于积累和阶级斗争的地理变化，更有趣的说法是，也许缺失一把综合资本和阶级过程的钥匙，这样的相对自主性是汇集资本积累的逻辑与阶级斗争历史的主要手段。资本主义的地理不平衡发展实际上是城市区域竞争的结果。竞争是一种以城市为基础的阶级联盟。要完成这个论证，首先需要论证另外一个问题：资本主义是生产和消费的革命。资本主义的创新特征反映在社会的方方面面，甚至是个人生活的方方面面。城市政治遵

---

① David Harvey, *Social Justice and the City*, London : Edward Arnold, 1973, pp. 170.

循这个规律。城市政治的细节是投机性的、创新是不可预知的，因为它是资本主义生产创新和技术、区位变换的过程。由于这个原因，社会系统的代理人需要具有广泛的个人自由，可以向不同的方向发展。但这种自由受资本主义理性的原始逻辑约束。城市地区如企业家一样行动，也像企业家一样，可以被竞争的力量清算。在这一点上，哈维说城市政治以强大的甚至创新的形象出现，但是以地理空间中不均衡积累和不均衡的阶级斗争结束。从这一点上看，"纪律"和"自由"之间出现了冲突。因为后者可能暗示着对资本主义的要求不一致的解决方案。城市可能成为革命的中心。但巴黎公社事件的失败证明，只有两个可能的直接后果：要么是革命传播和席卷整个社会，要么是反动力量再次占领城市和强行控制政治局面。对于哈维而言，城市政治指的是"广义"的政治进程内的工作，存在于明确的空间中。固定的城市空间只有在一些"关键过程"中是有效的。那是城市的劳动力市场，它存在于固定的空间内。但是，值得注意的是，过程是在运动中的，城市空间也在不断变动。

关于城市劳动力市场，哈维指出，所谓的"城市"可以被认为是一个地理上相邻的劳动力市场。这样一个"地理上相邻的劳动力市场"是以"工作日"为框架的，其地域范围取决于通勤范围。哈维接受了斯道珀（Storper）和沃克（Walker）的评论，认为"异质的"和"空间束缚"是劳动力和每个劳工市场的特质。每个城市劳动力市场的特殊表现，是由劳动力供给的短期不适应性和劳动力作为商品的独特性导致的。劳动力市场本身是一种生活方式，因此是有意识的实体，不完善也表达了一些特殊的条件。因为工人阶级之间存在关于种族、性别、移民时间、民族、收入和区位方面的交通优势的分割，增加了产业后备军的不完美。总之，资本家必须适应这种短期的异质，哈维称之为"结构性刚度（Structured Rigidity）"。劳动力供给的短期异质可以通过移民来克服。然而，这种定性的解决方案面临劳动力充足与有关劳动力再生产问题之间的矛盾，如住房、教育、文化适应等。

在这种背景下，从资本积累的角度看，劳动力数量的增加是一种技术和组织结构的变化。在这两种情况下，资本主义的生产创造了过剩的劳动力。但技术创造了资本家控制劳动力的需求和供给、失业率和工资水平的可能性。尽管如此，新技术需要劳动力素质的适应。哈维认为基本素质应包含社会心理和劳动力文化进化的含义。哈维说，根据斯道珀和沃克的观点，大型企业反对向稳定的质量和数量的劳动力进行投资。同时，大城市的劳动力市场提供了资本家易于扩展的和新的投资机会。但是，这种集聚，由于缺乏强有力的移民政策将导致劳动力供给减少，从而提升了工资水平，并且引发了技术和生产组织创新。因此，这种现象将面临缺乏一定技能的可获得性。在这里，大城市的劳动力市场集聚有许多优势，如在劳动力供给的灵活性方面，以及在企业和部门内的动态变化方面。除了在城市劳动力市场的地理空间上描述规模经济，日常和长期再生产劳动力保证了再生产过程得以持续，马克思提到的劳动者的本能是自我保护也被哈维重复，在"家庭形成的复杂过程中，性别、家庭和血缘关系、人际网络、社区的团结、个人野心等具有重要意义"[1]。这些条件在资本家的直接控制（或其他人）之外，尽管资本家通过宗教、教育等间接渗透。资本家可能主导和支持一些计划来改变劳动力素质，将资产阶级内部其他团体（宗教、教育、官僚）纳入自己的议程，可以让资本家或劳动者进入战略联盟，由私人或国家共同努力提高劳动技能和素质。也就是说，工人可以通过技术垄断、控制其供应等相互竞争，这些工人可以产生独特的阶级文化。劳动力质量的另一个独特之处，可以从劳动的不同性质角度来理解。劳动是一种商品，但它被开发出来后，并没有像其他商品一样必然会随着时间的推移而改变。随着时间的推移，劳动生产率可以提高。劳动力城市子市场的唯一性与这相关，因为独特品质的开发需要长期的过程。但是，"竞争"的强制性法则，劳动力过剩和劳动价值的增加或工人的阶级威胁，都迫使资本家去掠夺先前获得的高素质劳动力，通过降低作业的技术程度、过度工作、恶劣的劳动关系、失业或转变他们的积累策略。但这些行动触发了阻力和斗争，因为按定义，他们威胁到安全的劳动。由于这个原因，哈维指出劳动力的价值（"理解为活劳动的物质标准……量级……如工作日的长度）"不仅是阶级—界限的过程，而且是积极的阶级斗争"[2] 的结果，通过在地理上的具体劳动市场的运行，强调而不是减少各自独特的品质。哈维回忆了恩格斯的《1844年英国工人阶级的状况》一文，其中描绘了劳动斗争展开的具体城市和区域的情况。

---

[1] David Harvey, *Social Justice and the City*, London：Edward Arnold, 1973, pp.171.
[2] David Harvey, *Social Justice and the City*, London：Edward Arnold, 1973, pp.175.

除了城市劳动力市场的分歧外，均匀性趋于显现。在这里，哈维介绍的"国家"是规则的单元，在远高于城市劳动力市场的更广阔的空间铸造它的网络。国家规定取决于一些劳动力市场，但最终施加于所有的劳动力市场。更有趣的是，阶级斗争通过国家趋于降级的城市劳动力市场，去接受一些国家规范的变化。因为这个原因，国家内部的差异被弱化为国家之间的差异。因此，通过对20世纪的观察，一个具有更连贯层次的劳动力市场从国际层次延伸到城市层次。在这里，哈维提出他所说的"城市劳动力市场"是分析等级制度的基本单元，因此是阶级斗争和劳动力演进的基本场域。他补充说，国家层面和地方层面的关系产生反馈和变化。国家干预可能是选择性的，因此造成一些差异，而不是始终如一的影响。此外，国家机构越是分散就暗示着劳动力市场差异性越大。差异也适用于阶级斗争的形式。在集体谈判过程中，工会给予了局部变化的可能性。尽管如此，哈维授权阶级斗争以更加开放的路径和"劳动者本能的自我保护"，远超过法律手段和集体谈判过程。各种非正式的过程在社会文化层面上会产生马赛克的城市劳动力市场，虽然它们可能是重叠和穿插的，但将上升成为分析区域和国家结构形式的重要单位。

哈维关于权力的领土逻辑的论点通过以下步骤加以构造。

（1）"权力"（在这个分析中是没有被定义的原始术语）可以通过地区的或资本主义的逻辑学加以积累。这种逻辑学是多样性的，可以被描述为独立的、相交的、互相盘绕的、相互依赖的、相互关联的、辩证相关的、互为主要或次要的、补充的、相互约束的、相互阻挠的、矛盾的、对抗的矛盾体。

（2）国家是以政治和外交的地区逻辑为基础，并以修复地区边界为方向而组织起来的军事力量。资本主义经济力量的空间逻辑是基础，经济力量不断在空间和时间之间流动。

（3）每种逻辑都存在矛盾。这导致了在一个螺旋上升的运动中，矛盾在持续相互适应和反应的过程中从一个逻辑被放置到另一个逻辑中，这反映在不平衡地理发展、政治地理斗争和帝国主义政治的不同形式和动力中。

（4）一旦资本积累的逻辑占据了经济发展的核心，帝国主义就涉及国家内部关系的处理问题，并出现一种特别的资本形式。对于哈维来说，资本帝国主义可以被理解为"第一，权力的地区逻辑和资本主义逻辑的双重辩证法；第二，资本主义国家的内部和外部关系"。

（5）不同形式的资本帝国主义依靠相对主要的资本主义国家或地区的权力逻辑，在控制地区政治经济进程和资本积累的分子进程中被辩证地混合在一起。政治和经济进程被国家和帝国的策略支配，或者国家和帝国在资本主义动机外运行的想法都是错误的。相反，领土和资本逻辑往往有潜在的紧张、分裂、矛盾甚至是对抗的关系。如果地区逻辑组织资本逻辑，那将导致经济危机的风险；如果资本逻辑削弱地区逻辑，那将导致城市政治危机。

三 城市规划的社会政治功能

一般情况下，一个政党或政府机构都会声称有益于全体市民利益，而实际上只是为了特殊利益集团的需要进行城市规划。一个明显的例子就是，地方政府会用中央政府的钱来复兴市中心，我们称之为"城市更新"（Urban Renewal）。大多数这类规划的目的是清除贫民窟和棚户区，将成千上万的低收入群体从城市的市中心迁移到外围，而鲜有对他们生活质量改善的关注。从美国的例子可以看到，从20世纪60年代开始的城市更新工程在城市留下了大片空地，支持政客的公司和相关利益集团获得一条将金钱变成市中心房地产的途径，大多数市中心百货商店建造了步行街，而且贫民窟得到了清除，但这些贫困人口仍然在贫困中苦苦挣扎。

哈维意识到城市规划本身并不像自然科学那样，完全以物质客体为研究对象。城市规划反映了一种意识形态，是对社会问题和社会改革在空间上的回应和反映。马克思主义学者认为传统的城市规划理论是为统治阶级服务的，反映了资产阶级的意识形态，忽视了阶级的内涵与民主职能，对实现共同价值和社会公正没有帮助。因此，哈维强调规划理论是形成规划的产物，在认识城市规划的属性时，要分析城市发展或土地使用中的阶级或利益关系，分析城市规划的社会政治功能，这样才能正确地揭示城市空间建成环境的实质意义。

第四节 抽象力量与城市群体意识的批判

货币、时间和空间的互动交织构成城市研究非常特殊的框架，作为社会权力的源泉，三者相互构建、相互整合，成为当代城市政治的主要特征。同时，货币、时间和空间也控制着城市的群体意识，构建了城市化的意识形态。

一　金钱和时空的抽象化进程

关于抽象的金钱、时间和空间，哈维认为都市嵌入在社会过程中，创造抽象的力量，在日常生活中影响具体的人。他继续说："货币的合理性和利率的力量，通过时间和空间分割，成为抽象生活的构思特点。"① 这种抽象的力量似乎比我们拥有更多的权力。由于异化的原因，抽象的力量有十分重要的政治意义：它要求解放空间中各种形式的统治，解放时间，并独立存在于纯货币估值之外，可以被纳入社会抗议运动的巨大广度和范围中。而且，对于一个建设性的城市来说，金钱、空间和时间都要被创造性地使用。

货币是社会中最有竞争力的力量。"这是一个真实的或具体的抽象，只存在于我们和我们之上的真实力量。"② 由于货币的单一抽象维度，以前相互依存的个人，被投入客观的依赖关系中，用马克思的话说，通过市场价格、货币和商品交易货币定位了"人之间的相互关系"。所以，货币作为一种抽象，在商品交换和劳动分工的具体社会实践中成为个人的统治者。只有通过货币关系，各种实际的劳动过程才能"得到平均的产出"。货币使以前不断增加的生产成为个人异化的力量。如果金钱成为个人之间的一切经济关系的中介和调节者和社会财富的抽象和普遍的衡量，以及社会权力的具体手段，马克思的论断就具有合理性。哈维问道：我们如何能在称为城市的框架内，定义货币的概念？

货币是"抽象劳动"的世界市场的一般劳动时间的对象化。所以，如果时间是衡量劳动的方式，如果劳动是一种运动，哈维说"货币共同体"（The Community of Money）取决于有社会意义的空间和时间。不用说，货币共同体暗示各种个人主义、自由和平等，货币经济的发展影响着社会生活的各个方面。它增加了个人的自由以及抽象和符号化的思维，由于它的

---

① David Harvey, *Consciousness and the Urban Experience – Studies in History and Theory of Capitalist Urbanisation*, The John Hopkins University Press, Maryland, 1985, pp. 2.
② David Harvey, *Consciousness and the Urban Experience – Studies in History and Theory of Capitalist Urbanisation*, The John Hopkins University Press, Maryland, 1985, pp. 3.

通用性和可衡量的特质，智力和许多社会差异的消除是货币操作的结果。齐美尔曾对货币进行诠释，但关于什么是概念化的货币的诠释是缺失的，正如哈维指出的，"任何资本循环（而不是货币）的考虑，阶级关系都隐含其中"。众所周知，货币对于马克思来说，是资本的唯一形式，也是资本的过程而不是一个实体。然而，对于哈维而言"货币共同体"可以通过空间和时间的综合来理解。

进入19世纪后，时间成为一种客观的存在和普遍性量度。与其他具体的抽象概念一样，是社会现象和阶级斗争的主题，以及商业运作、工作流程和休闲度假的度量。正如哈维引用马克思的话，时间经济最终降低了其本身的价值。交换和生产作为一个整体的资本流通需要单一的和普遍的时间网。而普遍的、抽象的、客观的时间是伴随着空间的快速征服出现的。此外，货币"作为价值的存储"和"作为一种社会力量"，在积累中变成"推迟时间"的方法，允许个人在现在和未来中进行选择。事实上，货币成为其价值的商店，时间变成"金钱"，反之亦然。时间的新意义和时间的新定义都与空间的征服有关。哈维举了中世纪商人勒高夫的例子，他发现了只有在空间中探索，才能理解"时间价格"的基本概念。如果时间是作为一个通用的、抽象的、客观的意义，是可以支配社会生活和实践的，那么，哈维认为在理论和空间中都没有错放空间对时间的优先性。但是，缺少的是，对优先权做法的赞赏。因此，空间属性和现象，比如位置、地点和提取基于私有财产和空间分工之上的地租抽取，以及地理的争论，似乎是"人类事务中强大和自治的力量"[1]。

交换关系中空间与金钱的关系正在发生变化。哈维说，马克思坚持认为货币允许同时在时间上和空间上分离买和卖。随着金钱、产品被投入商业循环，这些以前都依赖于自然、个人和本地的障碍现在已经不复存在。这样，货币成为围绕着传统社区和群体利益宏大多样性的综合者和统一者。货币经济的发展意味着一种地方绝对品质的消除和产生在全球范围内的货物和货币流通的相对和连续的地点。可以说，交通和通信技术的发展创造了世界市场和世界的空间，这是一个非常真实的、具体的抽象，关系

---

[1] David Harvey, *Consciousness and the Urban Experience – Studies in History and Theory of Capitalist Urbanisation*, The John Hopkins University Press, Maryland, 1985, pp. 11.

到每个人的社会实践。而货币意味着活动和地点的宏大多样性，它也将大量货币集中于一些人和地方。

作为空间的表现，哈维认为，航海、测绘和土地清册绘制了土地的财产权利，使空间成为抽象的、客观的和同质的，地图制造商、工程师、实体国家和建筑师都生产着不同的实践。除了普遍的、客观的和同类的表现，还发生了空间的商品化。影响是将所有的空间置于单一的金钱价值的量度中。但是，社会中空间含义的转变确实遭到了抵抗，正如哈维所说的。空间作为商品和实在的抽象最终代表着推翻独立和强有力的地主阶级的力量。特别是在19世纪的交通革命之后，土地变成了一种特殊的金融财产，一种虚拟资本的形式。这是空间作为实在抽象的胜利，在社会时间的关系中获得真正的力量。空间的质量和数量的转化过程也带来了社会悖论。空间变得均匀，进而打破了私人财产的壁垒。哈维回忆了列斐伏尔的城市主题，拨款、个人使用和空间的支配，国家和阶级的目的产生了社会张力。空间是在以谁的想象和以谁的利益来塑造的？答案是：这个角色由货币所扮演的民主来控制。空间的功能以土地价格为基础，并且以支付能力为基础。

创造和统治，特别是19世纪的土地市场，意味着城市空间的戏剧性转变。在理论界，它分裂成以涂尔干为代表的关于社会空间的社会团结理论，后来芝加哥学派社会学家用于研究和识别"道德秩序"的组成。一些专业人士成为进步城市的改革者，他们概念化的空间、时间和金钱成为具体的抽象。"空间作为真实抽象的胜利"是伴随着普遍接受"空间与时间相比，是一个与人类事物更不相关的维度"。马克思改变了教皇的话，使用了"消灭空间"短语。哈维认为马克思坚持说，劳动时间可以定义金钱，同时时间或利润的价格是由资本主义逻辑的基本维度所决定的。而且，哈维认为，"从这个角度看，马克思的思想源自他所看到的所谓资本主义必要动力，是消灭空间的约束和空间的冲突，与特殊的地点相结合"①。正是由于这个原因，越来越多的交通运输发展和通信技术已成为资本主义历史不可缺少的方面。不断加速的"时间毁灭空间"的进程，宣告

---

① David Harvey, *Consciousness and the Urban Experience – Studies in History and Theory of Capitalist Urbanisation*, The John Hopkins University Press, Maryland, 1985, pp. 16.

了运动、速度和流动的优势。这些对象包括人、信息和商品。作为一个样本国家,美国被描绘成一个充满着移动的空间。运动和移动——作为时间的高贵功能会带来"任何传统社区感"的消散,或是韦伯所谓的"无空间的城市境界"。

哈维简要地阐述:"货币、时间和空间形式之间的互动关系……交织成有非常特殊性质的框架,整个社会生活正是我们现在所知道的网络。"[1] 货币共同体表达了时间和空间组织的特殊性质。货币代表"抽象的社会劳动",换句话说,社会必要劳动时间,是不同的具体劳动过程的整合。强加于新的时间或者是哈维说"编年的网络"(chronological net)的新挑战,空间和货币化创造了价值的替代概念。时间和空间,首先,不管它们是什么东西,都会在可能的交换价值中失去自己的价值。普遍和抽象的公共时间,激发资产阶级知识分子的探索。例如,乔伊斯和普鲁斯特试图探索一种替代的私人和主观的时间感。在劳动过程中,让工人争分夺秒地争夺休闲时间。新的空间组织通过个人财产的实际特点和国家直接干预约束实践,引发了各种城市的抗议运动和社会斗争。另一种生活方式的运动和人民公社,如20世纪60年代的,和以前的19世纪空想主义者和社群主义者,都寻求另一种价值定义。新的空间秩序和时间约束,以及金钱社会、个人主义和利己主义打破了所有形式的社会和社群的团结。

哈维认为宗教和法西斯的可替代性选择会导致更多的问题。这种"社会运动……拒绝理性和在神秘主义、宗教或其他一些先验的或主观的意识形态中寻求安慰"[2]。作为对"压倒性的合理性的现代生活"的回应,以宗教为基础的替代品反对用货币所定义的社会共同体。事实上,法西斯主义同样产生另一种意义上的社会共同体,将自己变成"绝对体",造就完全不同的历史时间感,并且与"崇拜价值"建立紧密的联系,反对以货币为框架的社会秩序。"法西斯"思想指向对货币社会共同体所支持的合理性的反对,以及对"共同体历史象征"的反对。哈维也指出了一个悖论,马克思主义在实践中受到损害。他声称它们通常依附于理性规划思想,经常

---

[1] David Harvey, *Consciousness and the Urban Experience – Studies in History and Theory of Capitalist Urbanisation*, The John Hopkins University Press, Maryland, 1985, pp. 16.

[2] David Harvey, *Consciousness and the Urban Experience – Studies in History and Theory of Capitalist Urbanisation*, The John Hopkins University Press, Maryland, 1985, pp. 20.

在实践中拥抱国家主义的共同体定义，反对它们自己的国际主义意识形态。另外，哈维认为几乎所有的"持不同政见者的文化、政治或社会运动"，必须面对社会的金钱权力。哈维认为，当他们无法面对这个权力时，他们不可能成功。

货币、空间和时间作为社会权力的来源是互相支持的，它们中的一个会指挥另外两个。为此，哈维回忆列斐伏尔所说的，"社会的空间……创造社会再生产"空间，控制空间等于掌握了在社会再生产中的控制权。而且，正是因为这样，空间被赋予了控制社会再生产的权力。而且，"具体—抽象"的空间、时间和金钱，这三个日常生活的框架，是挑战我们社会生活的中央控制。独立的和内在联系的抽象金钱、时间和空间创造了它们的网络，这定义了社会行动的参数。所以，时空地理学家所忽略的是世界市场形成需要适当的货币形式。货币存在的理由是表示了社会劳动时间。事实上，是交换关系和空间分工出现的原因。因此，没有货币作为资本的形式，社会再生产的辩证法是不可能被理解的。

资本循环可以用时间消灭空间。对于哈维而言，这并不意味着在资本主义发展史上，空间重要性的下降。相反，正如哈维所定义的，呼应列斐伏尔《空间的生产》一书中的观点，资本主义通过自己的空间生产而生存，资本主义通过寻求"空间修复"将内在矛盾转向安全的地区。在这个例子中，使用了"资本的共同体"一词而不是货币，这就"需要地理上的深化"和加快资本主义积累进程的速度。这一过程带来了永久性的资本主义的地理景观，"这是一个暴力和痛苦的过程"①。被生产的东西必须被摧毁。社区和地方必须被摧毁。抵抗、反抗和抗议出现。快速社会转型在不一致的背景下，一个高水平的权力——国家必须作为一种社会存在被卷入其中。国家管理和保存一定质量和数量的货币，定义了许多社会生活的时间框架。同时，国家提出一个整体的空间框架，以容纳和促进无数和零散的决定，来塑造城市发展。货币、空间和时间的整合，可以通过"自由资本主义国家的极权主义"来提供。在这种干预下，哈维说，国家，除了它的权力、权威和合法性之外，还从作为阶级力量的知识分子、专业人士和

---

① David Harvey, *Consciousness and the Urban Experience – Studies in History and Theory of Capitalist Urbanisation*, The John Hopkins University Press, Maryland, 1985, pp. 24.

学者，以及资本和劳动力之间的阶级战争中取得利益。哈维观察到，社会主义似乎坚持考察每件事的可能性，资产阶级国家想做但是做不到。它们通过生产力的卓越组织和国家计划分配的空间和时间的卓越合理性，来反对由货币占统治地位的市场，在实践中接近社会主义。哈维基于社会主义经验和自我批评，与列斐伏尔和杜卡罗斯（Duclos）的观点达成一致，他回忆说：一些外部权威的空间和时间使用的总体合理化，也许比混乱的市场分配更加压抑。因为作为社会力量的两个来源，空间和时间的控制可能意味着一种形式的阶级统治，这实际上是想要淘汰的[①]。

二 城市化的意识形态

资本主义的城市化是"时间和空间的循环，由货币、空间和时间具体交叉的抽象而形成"[②]。这样的城市在政治观点和行为中充满紧张。首先，个人主义从货币消耗中取得权利，与以赚取货币为来源的阶级经验相比较，为了连贯和统一的阶级政治，对社会和心理的基础进行了分类。相似的，自由时间的使用与普遍合理的社会和谐发生冲突。所以，个人主义的货币和社会协调的要求彼此相对。除了出现在个人和社会寻求时间和货币指挥的紧张关系之外，空间指挥消耗了更高的价值。金钱、财产权、车和住房都是个人指挥的结果，定义和保护了空间。另外，没有金钱、财产的定义，可以通过暴力指挥空间，制定它们的集体空间。然而，更严重的紧张是由私人财产造成的，它限制了空间的流动性，并创造了"分散的统治权"。私有财产也逃避了有效的时间组织。因此，私人拥有和捍卫的空间权力使城市结构进一步静止和僵化。为此，通过规划手段和控制进行国家干预是必要的。尽管，哈维认为，这种权力可以用于根本不同的阶级目的。国家权力可以用来为资本流通开辟新的空间。或者，国家的界面空间，为了制止从那些为了生存而占据适当空间的人手中抽取大量的货币收入。所以，如果有某些阶级目的，土地国有制和废除私有财产权不一定能解放空间的普通挪用，这是合乎逻辑的。此外，这种

---

① David Harvey, *Consciousness and the Urban Experience – Studies in History and Theory of Capitalist Urbanisation*, The John Hopkins University Press, Maryland, 1985, pp. 32.

② David Harvey, *Consciousness and the Urban Experience – Studies in History and Theory of Capitalist Urbanisation*, The John Hopkins University Press, Maryland, 1985, pp. 250.

干预的状态,甚至可以意味着空间的有限权利,通过私人财产和保护社会空间的其他机制受到侵蚀。多维的和复杂的资本主义城市意识形态,伴随着时间、空间、货币的发展成为社会力量的源泉,使其产生矛盾、混乱、分裂、挫折,无论是在城市社会运动中还是阶级政治运动中。但是,每个政治运动都反对占统治地位的资本,在某些时候,需要面对这样的困惑。

资本主义城市是最密集的社会和政治混乱的舞台,以及资本主义发展不平衡中不朽的见证和移动的辩证法。而问题是,如何穿透神秘,解开困惑,把握矛盾。资本主义已经成为一个日益城市化的空间。因此,这样的城市化分析,给资本主义发展轨迹以强大的见解。另外,这一过程的主观意义是一个重要问题。因为日益扩大的城市化使城市步入了发展的初级阶段,在这一阶段中,个人在围绕着他们的经历、生活对社会转型与社会结构做出反应。通过日常生活形成意识,与城市的发展同时出现,也意味着时间和空间的初始意识;社会权力及其合法性;占统治地位和社会互动的形式;生产和消费的自然关系;以及人性、公民社会、政治生活。城市化进程中的混乱不会导致某种意识,但可以形成极化甚至复杂的阶级结构。尽管通过城市化给予的意识不能被视为虚假的,但哈维坚称,这是"必然的盲目崇拜"。但那种误解的产生,使貌似合理的行动,甚至矛盾关系指向更深层次的社会目标。由于盲目崇拜,通过"阅读城市生活"可以导致而不是改变实际的城市生活。这不只存在于资本主义和资产阶级的思想中,也存在于社会主义者的思想中。

哈维认同城市思想家齐美尔(Simmel)、沃思(Wirth)和斯耐特(Sennet)对城市美德的思考。对于哈维而言,他们通过直接对马克思、韦伯、涂尔干提出的经典方法进行质疑,解决了这一问题。这些人将问题放置于思考的边缘,在前人无法穿透的拜物教和生产中得出完整的解释。齐美尔(Simmel)认为通用和抽象的时间和空间组织,不可能消除个人的淘汰和限制个人的自由,这些都是货币经济的成本。另一方面,沃思(Wirth)受到芝加哥学派生态学的影响。与这些作家相比,马克思和韦伯有明确的框架去理解城市社会以及它的生产和组织模式。所以,即使马克思和韦伯没有直接指向城市问题,哈维也帮助他们构建了明确的名称、系统和全面的分析。他宣告:"因此,我所分析的问题,是建立在马克思主义的详细复杂分类视角之上的，由理论家如齐美尔和沃思完成。意识的城市化将被理解为资本城市化。"①

作为一个策略，哈维提出"意识形成的五个轨迹"：个人主义、阶级、社会、国家和家庭。值得注意的是，每个轨迹都依赖于其他的几个而存在，并且资本主义式的城市化是它们产生的条件，将意识形态烙印上自己的品质。个人主义形成于自由运作于市场中的货币，与有限的意识和货币支出的个人自由有关。与阶级意识形成鲜明对比的是，意识是从货币的经验中得出的。货币和资本产生"双重异化"，积累了足够的反抗力量去快速处理异化问题。但是，这些异化自己避免"真实的政治行动反对占主导地位的一方"。而且，哈维表明，以阶级为基础的政治行动不可能成功，如果它们威胁到"真实和珍贵的东西"。

一方面，作为社会意识，哈维处理了货币和资本的共同体关系，而另一方面，处理了"明确"的地方共同体，如城市、城镇和街区的概念。尽管如此，因为通过资金和资本定义的社区逻辑，使社区成为明确的地方，而不是被建立、撕裂或作为赢利能力被放弃的相对空间，它们之间的区别就消失了。另外，在人的具体生活方面，这样的地方意味着具有特殊品质的绝对空间，可以关注到特定的地点界限。在这种情况下，无论是有意识的还是政治行动，可以确定的是，都是沮丧和分裂的。给定地点和资本共同体之间的紧张，如哈维所定义的，可以通过当地的政治和统治阶级的联盟，以资本的利益为前提得到解决。通过想象制作商品化共同体，城市间的竞争和合作主义策略可以通过紧张关系得到治愈。另外，"货币化的个人主义"是"消费者主权"的一个很好的例子，一般性货币中的消费阶级创造物，试图将"活跃的社区建设"作为反对货币社会的尝试。追求利润和阶级限制的资本循环逻辑，甚至对家庭和国家存在特别的见解和态度。哈维认为几乎所有的反对派政治，如无政府主义、女权主义、社会主义、生态主义运动，以及城市起义，还有大量的城市社会抗议运动，都反对货币的力量和资本的支配，以及一个专制的国家。他还补充说，社会中的特权阶层可以反对货币共同体。

---

① David Harvey, *Consciousness and the Urban Experience – Studies in History and Theory of Capitalist Urbanisation*, The John Hopkins University Press, Maryland, 1985, pp. 252.

此外，哈维还指出个性化的货币消费者主权的问题。社会的某些方面在"社会关系和道德规范"方面不可忽视。家庭是一个非常特殊的意识形成的轨迹。它带来了劳动力再生产、性别关系/养育孩子的问题。正如恩格斯所说，它只有通过国家权力和生产关系的问题才能解决。以前马克思和齐美尔同样认为家庭会随着工业化步伐的加快和货币化的发展开始瓦解。但是哈维说，这些预测是有争议的。家庭作为一种制度已经改变，而且它在适应个人雇佣劳动条件和城市生活的货币运算方面已经起到了至关重要的作用。家庭可能是对个人的一种"保护装置"，以对抗货币共同体的破坏性过程。但是，在某种程度上，社区可以提供个人对货币异化的保护环境，家庭的作用会逐渐减弱。类似地，哈维建议，可以权衡社区与劳动力再生产的差异和基本阶级的关系。作为阶级统治的形式，更权威的家庭模式可以被复制到劳动过程中。由于这个原因，家庭绝不是一个被动的代理人。家庭的野心有助于塑造社会空间，同时也可以成为阶级和就业结构转型的主体。

家庭扮演的角色与功能与城市化资本积累模式的变化有关。哈维观察到，"二战"后，"家庭消费经济"已在再生产和消费方面出现了。家庭的购买力，可用于指挥空间，这意味着国内家庭汽车保有量和国内生产增加。哈维引用帕尔（Paul）的观点，认为国内生产是穷人家庭的生存策略。如果是这样，家庭作为一种制度，它通过与个人主义、社区、阶级和国家的关系，需要不断适应资本主义城市化。它是个人的保护装置，为个人提供了机会和乐趣。但更重要的是，家庭可能会鼓励通过社区和阶级行动退出斗争去控制作为社会力量来源的货币、空间和时间。来自家庭的意识趋向于对一个更广阔的内心世界的观察，因此，这样一种内在的"意识"，似乎对资本主义构成威胁。

国家"必须提供具有充分基础的权力机构，拥有充分的授权以解决冲突、利用集体判断、追求集体行动，并界定公民社会是一个完整的整体"①。国家的合法性，哈维认为"不得不依赖于它的能力来定义一个公

---

① David Harvey, *Consciousness and the Urban Experience – Studies in History and Theory of Capitalist Urbanisation*, The John Hopkins University Press, Maryland, 1985, pp. 260.

共利益高于个人主义（个人或家庭），包含阶级斗争和冲突的利益共同体"①。当国家成为或被视为追求某些特定利益的集团时，国家开始失去其合法性。国家中的专业人士可以将国家作为工具来表达自己的利益，并且以公共利益的名义在整个公民社会中设计一套官僚的管理和技术方案。这方面的权力中，哈维同意帕尔和桑德斯的观点，接受"城市管理"在城市政治进程中的贡献。哈维认为国家有特定的意识形态。②

哈维反对国家的不变概念，认为它并不独立于个人、阶级、家庭和社区。它适应于这些其他轨迹的转移，也关系到资本主义发展的动态变化和资本的城市化。他回顾说，围绕着城市治理问题形成的阶级联盟，并没有被正式的行动渠道所限制。行动的正规渠道确实是长期实践建立的经常制度化的集体行动，并且是统治阶级联盟的一部分。哈维说，正如我们在历史上看到的地方管理转型的例证，资本主义的城市动力需要匹配变换的政治和行政结构。此外，专业管理和技术专家的思维，也遵循相同的发展进程。在资本主义的城市化进程中，同时可以找出组织时间、空间和货币的适当形式。由于这个原因，国家机器的力量对资本主义城市的正当管理至关重要。尽管如此，哈维给城市阶级联盟形式以优先于某些形式的国家力量的权力，通过联盟发挥其力量。城市社区发展"不平衡的资本主义地理"，需要部署权力组织形式。因此，"资本"的城市化发展的基本导向力，需要公私合作的伙伴关系，而不是单纯的城市管理。哈维当然地接受了现实状况，国家行动也可以同化个人主义、家庭、社区和资本。占主导理性的国家征税可以导致国家行为模式和其他轨迹冲突。对于哈维而言，他认为在学术精英和国家力量之间存在"紧密的联盟"，可以在两者的立法中造成负面的影响。

三 城市社会和政治冲突

多样化和混合的实践主导了社会和政治运动中的城市。自我认同和自我意识在利己主义、阶级关系、社区的一致性中被创造，国家合法性的下

---

① David Harvey, *Consciousness and the Urban Experience – Studies in History and Theory of Capitalist Urbanisation*, The John Hopkins University Press, Maryland, 1985, pp. 260.
② David Harvey, *Consciousness and the Urban Experience – Studies in History and Theory of Capitalist Urbanisation*, The John Hopkins University Press, Maryland, 1985, pp. 260.

降和家庭的脆弱，以及物质、意识、行动的原因和社会行动的动力造成许多上下起伏的迷惑。所以，城市社会和政治运动也是一个混乱的课题，就没有什么可惊讶的。每一个特殊的视角都会告诉我们特定的真理。多维的事实中存在多维意识，它的形式与资本主义的城市化进程结合在一起。在城市社会和政治运动的背景下，卡斯特定义了一个混乱的面貌，是对马克思阶级分析有效性的怀疑。哈维问道：这是否意味着我们要放弃马克思的理论观点，混合一些折中理论的视角？"不完全是"，他回答："如果资本主义继续作为生产的主导模式，那么我们必须开始生产模式的分析。资本的流通是我们获取和利用我们的集体和个人社会权力的基本途径，除了把阶级关系放在我们分析的中心之外，我们别无选择。在这个意义上，阶级关系入侵和支配所有其他的意识轨迹。然而，这并不意味着一切都可以简约为对阶级关系的分析。这样做会失去任何能理解资本主义城市角色的能力。问题是建立马克思主义的主题，从而将城市的过程融入一种资本主义生产方式的理解。"① 为此，哈维基于他的论点对资本循环示意图进行以下解释：

$$M\text{——}C \{LP + MP \cdots P \cdots C'\text{–}M + Em\text{——}etc.$$

在资本循环的过程中，日常生活的物质环境被生产并复制。资本和劳动是阶级关系的基础。从一种资本形式转换到其他形式，所谓的蜕变，正如哈维之前所说（见上一章），是"空间"的，换句话说，资本流通也是地理结构的相互作用。在资本的流通过程中，个人主义的货币在交换时刻发生了资本的循环。另外，劳动力再生产要求建立家庭和社区，这是资本和收入流通的依赖。最后，国家必须在这个过程中的每一刻都存在。在城市阶级联盟的背景下，它也是资本主义地域发展不平衡的主要代理人。它将绝对空间整合为全球资本主义相对空间，因此，地方阶级联盟在资本主义的生存中至关重要。

如果是这样，货币定位于资本循环和收入的每个方面，通过空间限制劳动力市场，通过家庭关系和社区实现劳动力的再生产。国家存在于资本循环的每一刻，并通过对资本主义的发展、不平衡的地理发展以及地方阶

---

① David Harvey, *Consciousness and the Urban Experience – Studies in History and Theory of Capitalist Urbanisation*, The John Hopkins University Press, Maryland, 1985, pp. 264.

级联盟而发展。哈维认为，可以建立资本主义生产方式的马克思表达，并且给出了一个明确的空间维度。这是哈维最早的论断，城市化可以首先被理解为在空间和时间中特定过程的交叉而产生独特的地理结构和社会关系。这些关系后来被转变成城市生活的规范。城市的符号进入意识的城市化。社会和物理符号、权力和地位作为写入物理景观的范畴必须被认真研究。

城市政治经济中的结构性一致，使城市的政治经济产生了一种独特的意识。每一个城市文脉都表现出其独特的意识形态，传统、民俗、文化，甚至神话。为此，哈维说，文化的独特性可以与政治经济学相区别。然而，文化发展相对自治的进程受制于空间和城市之间的竞争，文化支配的形成，蹂躏了文化帝国主义。在这样的背景下，被创造的文化绝对空间面临着世界范围内相对空间的改变。

四 城市化意识的政治困境

城市化意识的折中性立场是什么？资本主义生产方式的创造性和破坏性"伴随着它所有的复杂、冲突和身份的分裂"，在这方面，政治动员是如何发生的？资本主义发展的历史，从凯恩斯主义到后凯恩斯主义的变化，明确地表明，资本主义的生存困境一直伴随着资本的城市化困境，并且在一个全新的城市化意识背景中，为在资本主义地理发展不平衡中的城市生存前景进行了分类。

在所有被嵌入资本和意识的城市化的元素中，"协同攻击"是反对资本统治的有效方法。哈维建议，将采取联盟的方式聚集力量来真正挑战资本的权力。尽管如此，并没有联盟的自然基础和许多分裂的潜在参与者。必须要考虑的问题是，通过进行社区或者独裁主义的国家镇压，而不是破坏资产阶级的个人自由。哈维认为，忽略货币和作为货币的资本之间的差异，导致许多社会主义者盲目假定价格垄断市场的废除和中央计划体制的建立。哈维基于货币和货币资本的分析拒绝这个假设。哈维提出一个具体的建议，没有什么比用"共同开发"代替城市间竞争的策略更合适的了。他只是说我们别无选择，只能把革命的城市化放在我们政治战略的中心。他总结道社会主义已经解决了资本主义的同步改造和城市化的独特形式问题。

第五节 思考与启示

一 阶级分化的城市政治学

正如我们在本章中分析的，传统马克思主义者认为所有在资本主义体系里的劳动者都拥有相同的政治利益，这不仅体现在工人要求更高的薪酬和更好的工作条件方面，而且还体现在最终创造一个多数人不必为少数人工作的后资本主义体系上。然而，我们看到由于多重社会分工的作用，阶级分化日趋激烈，雇佣工人的政治利益显得异常复杂。在 21 世纪的当下，我们需要对工人阶级的城市政治学进行详细分类，这样可以帮助我们掌握不同工人可能拥有的政治议程，或者相同的工人可能阐明的政治议程，进而实现对工人阶级的多元化团结。按照国际流行的观点，城市政治学包含以下五个方面。

（1）阶级政治：在马克思主义者看来，工人可能强调阶级利益，即作为更广泛的工人阶级或阶层的一部分，工人应该得到更高的报酬和更好的工作条件。这是传统马克思主义已经提到的政治议题，在当下唯一不同的是工人阶级的范围有所扩大，工厂工人从拥有固定职业，转向了更加灵活的就业方式，使工人阶级的外延不断扩大。

（2）职业政治：工人的政治元素不如他们的职业特征重要，因为职业成为他们将自己归类为某个阶级的主要方法。因此，职业是进行阶级分化的重要手段，它可以将工人阶级区分为管理者、决策者或执行者等，进而使不同职业的人具有不同的政治需求。

（3）身份政治：工人也许不是从阶级或者职业角度强调获得更高报酬和更好工作条件的利益，而是选择与职业生活相关的非阶级身份，即个人的身份。因此，在某些条件下，女性也会强调她们作为妇女的共同身份以突出这一点，跟男人相比，她们的薪酬更低，工作也不如男性的工作受人尊敬。同性恋者、有色人种、少数民族等人士也会表明他们的身份，以此表示因身份而受到的工作场所歧视。这种身份政治在城市中占有重要地位，并且重要性在不断增加。

（4）再生产政治：再生产政治与阶级政治有直接关系但又不同于阶级政治。失业者和就业不足者会争取最简单的政治：即工作和挣钱养活自己和家属的权利。得到最低生活工资，保证物质和某种程度的社会再生产。在城市政治中，再生产政治对城市的发展具有重要的作用，是保证经济社会正常运转的重要手段。

（5）生活政治：生活政治关注的是超出工作场所所关注的"生活质量"问题，工人和文明社会所有群体团结在一起，因此，在一个干净的环境里生活就是一种影响所有人——工人和非工人的"生活政治"问题。我们要注意生活、再生产和生活政治不能简化成工作问题，而是影响工作的因素。在当今城市，人们对生态环境、可持续发展等环境议题的关注度日益增加，生活政治逐渐成为城市政治中最为核心的议题，也成为主导城市发展的主要考量因素。

以上五种分类并不能涵盖城市政治的所有议题，任何市民选择定义与自身相关的主要利益仍然是复杂多变的。因此，城市政治也是一个开放性问题，要实现城市又快又好的发展，就需要关注不同社会群体的政治需要，提升不同阶层群众政治参与程度，使全体市民成为城市的主人。而在全球化时代的当下，全球阶级逐渐形成，跨国资本家阶级正在崛起，这需要组织起跨城市和地区的工人行动，用一种新型工人国际主义，构建面向全球的社会运动政治学。

二　全球阶级的形成与跨国资本家阶级的崛起

随着全球化和网络化的深入发展，我们原有的阶级认同正在解体，新的认同可能进入重要的过渡时期，社会表象的旧框架已经不再适应当下的城市与社会发展。工人阶级、干部、中产阶级，这些范畴既没有考虑到工人与其他雇佣劳动者之间的某些新的重合，特别是在信息加工领域，也没有认识到劳动的临时化导致整个雇佣劳动阶级的分割与分裂。同时，工人和政治组织对于如何代表一个多元的雇佣劳动阶级也穷于应付，因为在雇佣劳动阶级中，客观的趋同现象既同社会、文化、民族分裂的强大势头发生冲突，又同伴随着信息革命进入工薪阶级的青年和妇女的种种新的期望相左。因此，一个突破城市和国家的阶级模式正在形成，全球政治格局正在酝酿一场历史性的变革。哈维关注到了这一趋势，并试图用地理学与政治学相结合的框架解释这一重大历史现象，进而找到避免政治危机的方法。

在哈维的分析中，我们看到，在全球化的背景下，在国家阶级和跨国阶级分支之间，正在形成一种新的阶级分层或阶级轴线。为了更好地对跨国阶级进行分析，我们要回到哈维的分析框架，从在对抗性阶级形成中具有基础地位的社会关系，以及由基于这些关系而出现的阶级斗争所产生的特定阶级或阶级分支说起。阶级并不是在一个体制、政治和文化的真空中形成的。马克思在其阶级分析中清晰地把阶级界定为相对于生产资料和生产过程的集体立场。当前，随着民族国家在世界资本主义的发展中开始反对跨国或超国家一体化的趋势，资本作为相互竞争的个体资本的总和这一现实，以及它们在特定空间范围内作为一种阶级关系的具体存在，主要是由地理因素决定的。换言之，在由国家经济体所组成的世界中，阶级是围绕国家的积累循环而形成的。因此，哈维从资本循环的角度阐述了资本从民族国家中解放出来的政治意蕴。资本——资本主义生产过程中生产出的财富——循环越来越与生产脱离联系，越来越直接地摆脱政治和体制的控制。这表明全球化对国家内部和国家之间的社会阶级和集体的关系进行了重新界定。民族国家再也不是资本主义的组织原则，再也不是阶级发展和社会生活的体制"容器"。

当前，资本主义发展已经成熟，生产过程及其伴生过程的全球分散化和碎片化正在全球化经济下展开，从而对民族国家资本积累的分配过程进行重新界定。这一过程也使得围绕在社会生产过程周围的国家凝聚力变得碎片化，并且将生产地点从民族国家转移到了跨国空间。因此，资本的全球流动不但改变了民族国家与资本积累之间的关系，也改变了阶级之间的关系。一个全球阶级正凌驾于国家阶级结构之上。随着国家的生产结构日益跨国融合，那些通过民族国家而得以发展组织结构的世界阶级正经历着与其他国家的"国内"阶级进行超国家融合的过程。全球阶级也可以分为全球资产阶级和全球无产阶级，全球劳动仍旧沿着跨越国家边界的新旧社会等级保持着高度分层。此外，全球阶级的形成还带来了统治阶级和从属阶级之间关系的变化，从而对世界政治造成一定的影响。哈维关注到了后福特体制的重构和新的资本—劳动关系对跨国阶级形成和发展的影响，全球资本家在剥削阶级的基础上重构了阶级关系。正如迈克尔·哈特和安东尼奥·奈格里在《帝国》中对全球无产阶级的定义：从大的范畴而言，无产阶级包括那些劳动直接或间接被剥削，并从属于制定资本主义生产和再生产规则的那些人。因此，一个全新的全球无产阶级出现是一种潜在而巨大的积极发展趋势，因为它打开了抵制和解放的可能性。

同时，跨国资本家阶级也正在崛起。本地生产体系通过跨国化过程融入全球化的生产循环，本地和全球积累的逻辑倾向于聚合，并且此前资本家之间以国家为主体的竞争形式开始获得新的特征。资本家之间的竞争仍然很激烈，但考虑到积累过程越来越去地域化和资本家的跨国一体化，竞争越来越发生在一个跨国环境中的垄断集团之间，进而使世界范围内的主流资本家阶层形成了全新的跨国资本家阶级。这并不是说存在一个单一的跨国资本家阶级，将所有的资本家都包括在内。跨国资本家可以根据其所拥有或控制的跨国资本而被定为在全球阶级结构之中。跨国资本家阶级与国家或本地资本家的不同之处在于它处于全球化的生产之中，操纵着全球性的积累循环，这就是从空间和政治层面上给予了它在全球体系中的超越任何本地领土和政体的客观阶级存在和认同。跨国资本构成了全球经济的"制高点"。因此，跨国资本家阶级是新的世界性统治阶级，这些人开始寻求获取整个跨国资本家阶级的根本性阶级利益，并且成为一个自在和自为的阶级。当前，资本主义的全球化通过对资本家阶级的向心力作用和对工人阶级的离心力作用，提升了全球资本对全球劳动的相对权力。因此，要突破跨国资本家阶级的控制有必要建立一种全新的无产阶级联盟，从更高的层面推动社会运动政治学。

三　超越城市：构建面向全球的社会运动政治学

由于阶级斗争从城市层面上升为全球层面，当代工人需要一种"全球地方感"（Global Sense of Palce），简而言之就是需要从自己的地方身份出发去发现一种能够让他们团结起来的主线并将这种力量传递给那些还被困在城市空间中的工人。在单纯捍卫工作地点的努力毫无效果，向外迁移也不可行的情况下，为了实现城市和地方的利益，工人就必须积极建立超越城市的关系，以应对一个强大的跨国资本家阶级。

扩大工人行动范围，是现代劳工运动的核心。正如哈维所说，这种方法"使……个体认识到将他们分离开的空间（如何）影响他们……让他们判断其他地方事件与他们的相关性，（并且）创造性地使用空间"①。一直以来，哈维所指的空间并非全球尺度，而是常常指国家的或者充其量指的是广区域尺度，工会则是最主要的工人机构，通过这个机构，工人得以组织反抗企业和管制机构的行动并扩大行动范围。然而，今天我们已经看到一个城市的工人必须认识到他们的命运与远在地球另一个角落的许多工人的行动是息息相关的。这不仅仅只是因为现在工人阶级的数量比历史上任何时期都要多，还因为它实际上包含了地球上每一个地方的工人，当然也包括每一个信仰、民族和肤色的工人。资本的全球高速运转将阶级斗争带到了世界的所有角落，不论是发达的资本主义国家还是欠发达世界都不能幸免，跨国资本家阶级对工人阶级的压榨和控制无处不在。而传统的工会运动未能将工人斗争与文明社会的其他群体联合起来，相应地，跨国工人行动的当代景观超越了工会组织，并包括了一系列非工会开创性组织。工会和非工会行动的结合给予当代工人一种克服根植于城市的脆弱性的方法，那就是构建面向全球的社会运动政治学。

21 世纪的工人运动，一直存在着经济活动与工会组织地理尺度逐渐分离的现象。城市和国家工会组织很难应付那些雇佣工人，他们的家属和其他文明社会群体的地方生活的跨国家的过程。为了与这些过程的尺度相匹配，我们需要构建一种新的工人组织，它应当是非国家组织，始终围绕着跨国劳工的权益维护而展开工作，可以用协调的多样性取代组织的一致性。换言之，它是一种新型的工人国际主义，打破城市和国家的地域限制，实现无国界的团结和面向全球的阶级斗争。也有学者把这种更松散、包容性更强的草根工作方式描绘成"社会运动联合主义"（Social Movement Unionism），指工人群体与所谓新社会运动的联盟，为了问题或者一个奋斗目标而发起运动。与一般的工会运动相比，这是一种更灵活的自下而上组织起来反抗企业和管制机构的方式，强调工人利益和文明社会其他群体利益的协同作用。

正如哈维所分析的，非正式劳动成为当今时代新的劳动形式，因此在国际和全球尺度上，社会运动联合主义最重要的核心就是非正式劳动。这些劳动包括家庭行业中的无偿劳动，无固定雇主的工人有偿工作以及雇主

---

① David Harvey, *Social Justice and the City*, London：Edward Arnold, 1973, pp. 24.

违反正常经济活动规章制度的有偿劳动等。这些工作在数量和收入意义上都非常重要，团结这些力量是构建全球社会运动政治学的重中之重。当前，这种跨国和全球化的社会运动方兴未艾，还未能形成抵抗全球资本家阶级的核心力量。但是，从某种意义上说，全球化的社会运动跨越了地方进而再造了经济景观，超越城市和国家的合作，可以使工人免于地理上的竞争，避免不均衡发展，这样可以产生更多包容性强、更关心外界而不是只关注自己的反抗企业和管制机构的工人斗争，将为未来的全球政治发展开辟新的可能性。

第六章　大卫·哈维的城市社会批判理论

除了从政治经济学和政治学角度对当代资本主义城市进行批判，哈维还对城市与空间的社会属性进行了反思，在空间辩证法和历史—地理唯物主义的基础上，突破了城市形而上学的局限。他以城市的区位、社会结构、社会组织、生活方式、社会心理、社会问题和社会发展规律等为主要研究对象，用马克思主义的方法批判了城市和城市社会，进而主张一种时空结合的城市社会批判理论。通过对当代资本主义城市少数民族聚居区、种族隔离、贫民窟和棚户区等社会现象进行剖析，阐释了城市权利不平等现象的普遍性，进而通过主张城市正义与空间正义，勾画了未来城市世界的发展图景。

第一节　城市与空间的社会属性

哈维对蕴含于城市中的社会关系的探讨，是从分析和评判马克思的城市空间理论开始的。马克思的城市理论受历史决定论的深刻影响，表现为线性的时间维度，而缺乏对社会和人类历史的空间维度的考察。因此，他从城市属性和城市社会性的角度，构建了全新的城市主义，为城市社会批判理论奠定了理论基础。

一　城市的概念与属性

什么是城市？不同时代背景下的城市又有什么不同的特点？这是一个看似简单却充满不确定性的学术问题。在经济学家眼中，城市是生产力和生产关系复杂交织，经济活动密集发生的场所；在历史学家眼中，城市是社会生活和建筑物在空间不断更迭的历史；在政治学家眼中，城市是不同阶级角力的场所，政治活动上映的舞台；在地理学家眼中，城市是劳动地域分工的重要结果，是劳动力和生产资料聚集的地点。可以确定，城市首先是一个物理空间，是个有边界的地域空间。城市的主要特点是居住的密度极高，人口相对众多且具有文化方面的异质性①。同时，城市也具有社会性。

哈维对城市的看法是从跨学科多角度出发的，他摒弃将城市的定义局限于某一学科的看法，认为只有将城市放置于广阔的物质和社会条件中，才能呈现城市的全貌。他认为城市可以从物理属性、社会属性和文化属性几个角度加以理解。城市不但承担着经济功能，也同时具有政治和文化功能。城市不是外在的场所，而是事物自身的属性，它本身不仅是一个建筑形态，更是一个空间形态。这是哈维城市理论重要的理论基点。资本的登场与运行，是现代性城市造就的总根源，哈维用一系列论证告诉我们，资本需要并创造了怎样的城市空间。在哈维看来，资本主义城市与资本主义的出现与扩张有着密切的联系。资本主义城市得以存在和发展的前提是服从资本增长、效率和利润的准则。资本主义城市空间是资本流通与积累，劳动力、商品与货币互动的特殊区域；资本主义城市空间是一种特殊空间构造的"第二自然"人工环境；是一个汇聚了众多矛盾和冲突的特殊地域②。从哈维对城市的定义和理解来看，他吸收了当代西方社会学家的研究精华，将社会性视为城市的本质，从社会关系和社会构成要素的角度来把握和理解城市空间。同时，他更倾向于从马克思主义政治经济学的视角来认识和理解资本主义城市。

城市化在传统上被定义为城市形成与发展的进程。城市化涉及社会活动，遵照社会发展和变化的相互依赖的过程在空间中定位自己。对于城市化的研究通常是从历史和比较两个维度展开的，通过对城市化的描绘来展示大城市兴衰起伏的历史。从历史学角度研究城市化是研究的一个重要方法，历史中的城市化要回答这样的几个问题：城市是如何形成的？需要具备怎样的主观与客观条件？早期的城市是什么样子？社会组织在城市化进程中的作用是什么？当代城市的研究与传统的有何不同？在发达国家，城

---

① 马克·戈特迪纳：《城市研究核心概念》，江苏教育出版社，2013，第6页。
② 大卫·哈维：《巴黎城记》，广西师范大学出版社，2010，第3页。

市化问题通常涉及去工业化以及郊区化问题，高新科技和金融服务业在城市化进程中扮演了重要角色。显而易见，哈维也注意到了这一点。

将城市空间关联到众多主题，众多主题均具有空间性特征，是哈维重要的写作风格。哈维说：我将在整体与部分之间采取折中途径，试着从一连串交错而连锁的主题来理解历史—地理的转变。"整体中各个部分相互关系构成特定时空下社会转变的驱动力量。"① 他也以这种方式阐述经济整合方式、剩余价值创造和城市化方式之间的关系。应该注意到一种经济制度有很多种不同的形式，一种经济整合方式也可以和其他方式相结合，在特定历史时期，不同方式间有一种相互影响的平衡。哈维建议我们理解城市化的历史发生形式要通过评价特定时段不同经济整合方式的平衡影响，并且通过那时每一种方式的假设来检验不同的形式。

哈维指出要用"相关"的方式理解"互惠"、"再分配"和"市场交换"的概念，而不是以固定不变的方式来理解城市。相似地，"城市化"不能适用于任何社会和任意时间，如果使用相关的定义，城市化和经济整合方式都是相同社会和经济有机体相关的两方面，一个可以用来定义另一个。哈维认为我们不能在一般意义上通过将城市化效果归因于特定的经济整合方式，但是我们可以将后来城市化特征作为镜子来理解之前城市化的质量。哈维认为城市化，作为一种普遍的现象，不应当被作为特定城市的历史，而应当是城市体系内的历史。因此，特定城市的历史只可以被理解为城市体系历史中剩余价值循环的一个方面。

二 空间的社会关系与归属

在哈维的不少研究中，他会引述马克思的观点，这反映了他对马克思思想的欣赏和认同。在《巴黎城记》的第四章"空间关系的组织"一部分中，他开头就引述了马克思的话："生产越是仰赖交换价值，乃至于仰赖交换本身，对流通成本来说——通讯与运输的工具——就会让交换的外在条件显得越重要……资本一方面必须致力于拆除所有空间障碍……并且政府控制全球市场，另一方面则必须致力于以时间来废除空间。"② 因此，哈

---

① 唐旭昌：《大卫·哈维城市空间思想研究》，人民出版社，2014，第22页。
② 大卫·哈维：《巴黎城记》，广西师范大学出版社，2010，第5页。

维意识到了政府正采用各种措施改进流通性，把空间同质化，即通过把空间进行整体上的粉碎和分裂，使之变为可以自由转让的私有财产，可以在市场任意地买卖。这就是用速度打造新的时空，城市空间在不断扩大，但速度将空间压缩，这是一种古典地理学中不存在的辩证性空间，因此哈维称自己的理论是辩证的、历史的、地理的唯物主义。空间压缩的结果也显而易见，空间障碍越来越不重要，资本对空间内部场所的多样性越来越敏感，各个场所更注重以不同的方式吸引资本。最终的结果就是造就了一个高度一体化的全球资本流动的空间，经济内部会出现分裂、不稳定、短暂而不平衡的发展。集中化与分散化之间的紧张关系，会以各种新的方式产生，并在一个新的城市世界中不断发展。

城市是一个居所，是一种现代性的创造，是资本的节日，同时是人文的断裂与痛苦。金钱的共生性取代了所有社会联系的纽带关系，群体意识逐渐解体，它用"创造性地破坏"重构了空间的归属感，让公共空间与私人空间的疆界变得模糊，其间充满互渗的孔隙。这种空间归属的缺失涉及了下文将提到的城市文化问题，笔者将在下文重点阐述。

三 新城市主义

城市主义是以密集、多样性和复杂的社会组织为特征的生活方式，致力于赋予大城市内部的生活以相对独到的理解。新城市主义（New Urbanism）是建筑师和规划者的运动，旨在使我们的社会具有规范的增长模式，可以郊区的扩张和限制性住宅飞地为例证[①]。简而言之，新城市主义倡导的就是市民参与城市规划的过程，使得我们的邻里社区（Neighborhood）、街区（District）和走廊（Corridor）的建设更加体现空间上的平等与公正。新城市主义有诸多的拥护者，如安德雷斯·杜安伊（Andress Duany）、伊丽莎白·普拉特—兹伊贝克（Elizabeth Plater-Zyberk）、贾梅拉·克雷亚（Jaime Correa）、史蒂文·比特森（Steven Peterson）、芭芭拉·里滕贝格（Barbara Littenberg）、马克·斯基门蒂（Mark Schimmenti）和丹尼尔·所罗门（Daniel Solomon）等，他们被称为"新传统主义者"。他们致力于使城市生活管理回归到以人类行为为导向的自然社区。在这些学者看来，这样的社会和社区首先

---

① 马克·戈特迪纳：《城市研究核心概念》，江苏教育出版社，2013，第120页。

要满足人们与邻里互动的需要,能够步行或乘车去上班或购物,这就需要在建筑社区时满足人们对街头生活的需要。

哈维也是新城市主义的倡导者之一,他的思想深受雅各布的影响,认为当今的增长模式使得城市异化,城市的规划和设计都反映了资产阶级和政府的意志与目的,广大无产阶级被空间隔离与分化。20世纪初兴起的郊区化,反映了资本主义城市空间中的不平衡发展,经济条件富裕的中产阶级迁往郊外,内城中则遍布贫民窟和棚户区。郊区化的原因十分深刻,它不是被动生产的,而是作为一种资本积累的积极因素主动参与到了城市空间的构建中。随着人口向郊区迁移,经济活动的中心也随着改变。最早跟随迁往郊区的是零售业和服务业,但是由于城市发展使制造业面临空间的拥挤、成本上升等问题,所以制造业不得已也迁往郊外。所以哈维倾向于把郊区生活看作被创造的一种神话,这种神话来自个人主义的占有欲,它是由广告人培育的,是由资本积累逻辑所驱使的,但是哈维也十分清醒地指出这种神话所面临的矛盾和问题。在他看来,"美国郊区,曾经是资本积累内部矛盾的一种反映,如今成了经济社会发展变化的一种障碍。为了维护郊区的生活方式和特权,排除不必要的增长,郊区的政治权力越来越趋于保守"[①]。因此,我们需要将多中心大城市区域重塑为建立在充满机会的社区基础之上的地方化场所,重构建筑艺术与社区建设之间的联系。

哈维认为要按照邻里街区、街区和交通走廊来建设城市空间。他设想中的理想邻里街区规模很小——从中心行走至边缘只需五分钟。它是多样化的,包括平衡地混杂在一起的寓所、工作场所、商店、公园和诸如学校和教堂之类的公民机构,它有"一个为公民建筑和公共空间所主宰的中心,还有某些类型的边缘。邻里街区中的土地使用都以有益于行人的、以换乘为导向的交通走廊系统相连接,该系统可为居民提供徒步、骑车、开车或换乘公共交通工具去上班、上学、购物和娱乐的机会……这种景象与今日占优势的郊区模式形成了鲜明的对比;延伸中的、依赖汽车的、同质的区域,缺乏公共空间,没有清晰的中心与边缘"[②]。同时,街区也需要被重构,那种需要与不同的经济功能完全分离的"现代主义"的基本规划前

---

① David Harvey, *The Urbanization of Capital*, Oxford UK: Basil Blackwell Ltd, 1985, pp. 122.
② LeGates and Stout, *The City Reader*, 3rd Edition, UK: Routledge, 2003, pp. 21.

提现在已经消失了。因为去工业化，当今的城市区域极少有工厂的存在。因此，城市不再受那种现代派规划者的控制，他们总是力图通过分离主义思想将城市进行分区，当今城市依旧受到汽车交通所带来的噪声和污染的严重折磨，这并未逃出新城市主义规划者的范围，但他们未将后者的不便归因于现代主义的传统。最后，走廊应该成为街区与街区的连接通道，也是它们的分隔线，其中包括人为和自然的双重元素。从哈维对城市的重新构造可以看出他从根本上反对当前的郊区扩张模式。他在《希望的空间》一书中提出，我们是"类存在物"，人类被赋予了特殊的力量和能力，可以按照有利于自身生计和繁殖的方式来改变环境。但是，因为受到建筑师和规划者的想法驱使，我们犯了物理主义的错误，只关注城市的空间构造，而忽视了人为尺度的邻里街区，并未创造一个满足我们需求的社区环境。因此，他呼吁广大人民群众要觉醒，积极参与改造我们自身的空间和时间秩序，通过我们的行为影响随后的进化，对所有的物种做出积极的选择，并通过他们的行为来改变后代所必须要应付的物质和社会状况。

第二节 城市权利不平等与城市贫困

城市权利不平等是当今资本主义城市的主要特征之一，也是哈维社会批判理论的核心。这种不平等通过少数民族聚居区、种族隔离、贫民区和棚户区等地理现象得到了淋漓尽致的表现。城市贫困不仅仅取决于经济因素，也反映了城市的阶级性和社会性。所以，哈维呼吁通过在城市化过程中对剩余资本实现民主管理，建立起真正的城市权利。

一 城市权利不平等

人是一种权利的存在，人的社会属性决定了人具有社会身份与享受权利。因此，要重视研究城市权利的逻辑与历史的必然性。大卫·哈维曾经这样定义城市权利：这是一种按照我们的意愿改造城市同时也改造我们自己的权利[①]。在哈维看来，当我们提及人权概念时，我们的指向仅仅是以

---

① 大卫·哈维：《叛逆的城市》，商务印书馆，2014，第3页。

个人权利和私人物权为基础的权利，而没有深入新自由主义霸权和新自由主义市场逻辑的层面去认识，因此也就没有从根本上挑战新自由主义的合法性和国家行为的合理性。所以，他一直在探索迄今为止一直被人们所忽视的人权之一———城市权利。城市权利可以从广义和狭义两个层面上去理解，广义的城市权利泛指一切与城市和城市发展有关的权利，比如土地权、居住权、道路权、生活权、发展权、参与权、管理权、获取社会保障的权利、主体资格等；狭义的城市权利特指由于城市发展所产生或带有鲜明城市性的权利，比如获得城市空间、参与城市管理、拥有城市生活的权利。① 从实质上看，城市的基本关系之一就是权利关系，没有城市参与者与管理者之间基本协调的权利关系，就不会有城市发展的和谐，更谈不上城市的正义与社会的公平与效率。

城市权利是一项集体权利，哈维之所以认为它重要，是因为人在建设城市的过程中一直都间接地改造着自身。换言之，由社会力量所推动的城镇化进程在不知不觉中改造了人类。正如城市社会学家罗伯特·帕克（Robert Park）所言，城市是"人类最终始终如一坚持的，并基本上最成功地按照他的意愿去改造他所生活世界的尝试。另外，如果这个按照人的意愿改造而成的城市是人所创造的世界，那么这个城市也注定是人要生活的那个世界。这样，城市居民在没有明确意识到改造城市也是在改造自己的情况下，在城市建设中间接地改造了自己"②。所以，当我们思考要生活在一个什么样的城市中这个问题时，我们首先要回答我们究竟要做什么样的人，我们寻求怎样的社会关系，我们要和自然构建怎样的关系，我们需要怎样的生活方式，我们要坚持怎样的价值观等问题。因此，城市权利远不止我们所说的获得城市资源的个人权利，而是对城镇化进程的某种控制权，对建设和改造城市的某种控制权。总而言之，是用激进的方式控制和改造城市的权利。笔者认为，哈维的这种观点对我们思考如何改革城市发展的民主政治制度有很大帮助，值得仔细分析。

在哈维看来，大众的城市权利一直处于被剥夺的状态，我们生活在一

---

① 爱德华·苏贾：《寻求空间正义》，高春花、强乃社译，社会科学文献出版社，2016，第4页。
② Robert Park: *On Social Control and Collective Behavior*, Chicago University Press, 1967, pp. 3.

个日益被分割、散碎且易发生冲突的城市里。哈维认为城市化一直以来就是一种阶级现象,无论是在封建社会还是在资本主义社会。这一特征没有发生改变,城市一直都是通过剩余产品的地理和社会聚集而发展起来的,只是它们的发展动力有所不同。在资本主义社会,剩余总是来自某些地方和某些人,一般只有少数人可以控制剩余产品的使用。正如马克思所说,资本主义的基础就是对剩余价值无休止的追逐,为了生产剩余价值,资本家必须生产剩余产品。这意味着,资本主义永远都在生产城市化所要求的剩余产品。反之,资本主义也需要城市化来吸收它无止境生产出来的剩余产品。因此,资本主义发展与城市化之间呈现出一种内在联系[①]。正如我们所看到的,资本主义产出的时间序列增长曲线与世界人口城市化的增长曲线大体平行。哈维以蒂特马斯(Titmuss)对收入的定义为切入点展开他的论述。城市空间形式和城市运行的社会进程发生的改变导致个人收入的改变。城市体系的改变创造了一些"附加效益",并且这些效益在城市人口中被不平等分配。另外,通过"附加效益",哈维也处理了城市人口中的无价资源的区别分配问题。通过这种方法,他试图解释现代社会的一个看似矛盾但实际正确的说法,伴随着技术的快速变革,城市影响的增强产生了结构性问题,并且在城市化进程中进一步加深影响。

城市发展有很多方式,哈维依赖于一种平衡分析,寻找最佳的资源分配方法。换句话来说,依赖于城市发展的这种自然平衡,帕累托最佳方法(Pareto Optimum)已经给定了收入分配的方式,阿隆索(Alonso)和米尔斯(Mills)改造了确定的模式,威尔逊(Wilson)发展了统计的重力和负熵模式。但是,对于哈维来说,主要的问题是城市的不同部分适应城市体系的转变,并且有不同的调整能力。这种有区别的适应导致了积累过程增加了收入分配的不平等。哈维指出这些模型的主要缺点造成了城市体系永远是一个有差别的不平等的状态。哈维指出平衡分析的重要性,同时哈维具体指出了几个造成权利不平等的因素。

(1)可到达和接近性:城市空间形式的改变,也改变了商品价格的可达性和任何家庭代价的接近性,这种改变还导致了城市体系中收入的再分配,进而造成不同人群的权利不平等。

[①] 包亚明:《现代性与空间的生产》,上海教育出版社,2001,第47页。

（2）客观性：即"客观性影响"和"溢出影响"。客观性通过城市体系中的一个元素被创造出来，并且影响城市环境的其他部分。消极和积极的影响是无价的，并且出现在城市体系之外。个人或公共活动可以创造一些外在的影响。劳里（Lowry）评论道："在城市中任何事情都影响其他事情。"哈维认为在城市中很多在继续的事情可以被理解为试图通过组织外部影响的分配去获得收入优势，并且随着社会财富增长的影响，收入也在同步快速增长。政治进程对地区的外部利益和消费有深刻影响。事实上，有很多例子可以被视为地区政治活动的表现，它们作为空间外部领域分配的基础机制，通过这种方式使得直接收入不断增长。

（3）工作和住房地域的改变：城市中地区经济活动的改变意味着地区就业机会的改变。地区居住活动的改变意味着获得地区住宅机会的改变。这种改变与运输成本相关。城市体系中地点转变改变了就业和居住机会，并且因此再分配了收入。随着内城住户工作机会的减少，穷人的运输成本增加了。在可达的郊区雇佣机会方面，穷人收入的灵活性在城市社会系统中通过城市空间形式的不灵活性创造了永久的不平等。没有天然不平等的结果和住房市场的公共干预，工作机会的增加是不可避免的。因此，哈维简单地总结到城市中空间形式的差异性导致了收入再分配的不平等。通常，富人和相对有资源的人可以获得更大利益，而穷人和资源匮乏的人只能拥有相对有限的机会。这意味着在快速变化的城市体系中收入再分配功能正在退化。

（4）土地价值的改变，改变土地财产权。哈维认为不同类型的联盟将会出现。通信相互依存的形式和帕累托最佳选择的自然毁灭，通过房地产市场或者空间逻辑显现。只有这样的压力可以以其他个体为代价，保留或提高土地权的价值。同时，政治上有权力的团体和城市早期居民可以在房地产市场上获得更多利益。

在哈维的理论形成之后，出现了一批基于空间认识论来研究城市权利问题的学者，其中爱德华·苏贾的观点引起了很多学者的重视。在苏贾看来，城市权利的斗争从未脱离空间的范畴，正义的地理学或者空间性对正义而言，是一种整体性、构成性的要素。在城市实践中，正义与非正义是城市空间问题的关键性指标。"地域权是一个更具普遍性的术语，虽然它包含着诸如主权、财产权、行为准则、监督和权限等概念的各种暗示，但主要是指各种空间范围的生产和再生产。"① 这种观点与哈维不谋而合，都是着重强调了资本在城市权利中扮演的重要角色，城市权利既是资本塑造的重要结果，同时也是资本主义政治意志的核心产物。

综上所述，导致城市权利不平等的因素是多样的，来自我们生活的方方面面。从本质上看，是资本主义制度将弱势和边缘化群体禁锢在资本流通和积累的链条上。城市权利不平等也是必然的，因为它是资本主义制度本身的必然产物。如何改变现状？哈维对这个问题进行了思考，当前唯有加强对生产和剩余资本的民主管理才能缓解这种不平等。因为城市发展是剩余资本使用的主渠道，所以只有通过城市化过程中对剩余资本的民主管理，才能建立起城市权利。当然，这不是一个彻底的改造方案，哈维指出需要一个建设性摧毁的时刻，使用暴力的经济掠夺来实现对财富的再分配，以被剥夺者的名义宣称他们的城市权利——改变这个世界的权利、改变生活的权利，以及拥有按照他们的意愿彻底改造城市的权利。

二 少数民族聚居区与种族隔离

少数民族聚居区（Ghetto）大部分属于一个社会群体的成员，相对而言非自愿地独占城市或郊区区域，这个词从来都不是中性的，而是暗示着由贫困、失业和不符合标准的住房所构成的区域。造成少数民族聚居区的原因有很多，根据卡尔特、格莱泽和维格多尔（Culter, Glaesser and Vigdor）的说法，城市隔离主要是三种原因导致的：第一，聚居区化所带来的非自愿隔离，因为白人会采取集体行动，通过非正式的或正式的手段将黑人隔离在特定区域，因此这种行为是"集体行动的种族主义"；第二，不同的生活方式会导致不同人种生活在不同区域；第三，"白人"迁移是造成隔离的重要因素，白人主动迁移到郊区的白人社区，导致了黑人的非自愿隔离。少数民族和种族隔离并非只发生在美国，随着全球化影响的加深和不稳定的地缘政治所引起的跨国移民模式，越来越多的欧洲国家正在经历种族和人种方面的群体流入，以及它们随后在大城市特定区域的隔离。这个问题逐渐具有了普遍性，成为影响城市和谐发展的重要因素。

---

① 爱德华·苏贾：《寻求空间正义》，高春花、强乃社译，社会科学文献出版社，2016，第4页。

哈维经过对巴黎和巴尔地摩的分析，发现在这些发达国家的大都市中少数民族和种族隔离现象十分突出。这些被剥削和隔离的人要么在资本或资本家政府的控制下劳动，却被剥夺了创造性的劳动成果，要么为了给资本积累让出空间，而被剥夺了所有财产、生活资料、生活空间，甚至历史、文化和社会风俗习惯。这种解读的方式，让人联想到了马克思笔下的无产阶级形象，哈维也正是通过重新阐述阶级的概念来反对种族隔离和歧视。哈维认为对不同群体进行空间分散和地理隔绝是美国工业劳动力空间隔离的主要机制之一，这种分散与隔绝造成了不同人群的绝对不平等，也导致了一部分人形成了非自愿的"共同体"。这些共同体可能来自某个民族、某个种族，但是更重要的是这些共同体穿越了种族和性别的界限而具有明显的阶级共性，它们是新时代的"工人阶级"，它们可能不是劳动剥削和工人阶级政治组织的主要产物，却具有共同被剥削的阶级特性。对这一阶级群体和以城市为基础的阶级斗争进行分析，也是哈维城市研究的核心问题之一。

以往，剥削的概念仅仅限于剩余价值生产场所的工厂和车间，产业工人一直被赋予"工人阶级先锋队"的称号，是无产阶级的主要革命力量。但是，随着时代的发展，我们发现剥削无处不在，不单在工作的场所，在家庭生活的场所同样存在，如少数民族聚集区和社区。因此，反对资本主义的运动也不再是针对工资和劳动条件，而是关于公民权和城市权利的诉求。这种阶级剥削起源于围绕着生活、工人阶级的权力构成方式，具有明显的阶级性。

三 贫民窟与棚户区

贫民窟（Slum）与棚户区（Shanty Towns）是一个集中而密集的住宅区域，主要的特征是住房不足，居民贫困潦倒，社区功能缺乏。尽管研究中强调的重点通常放在日益破旧的房屋上，因为这是贫民窟最主要的特征，但是，贫民窟和棚户区还存在很多潜在的"痛苦"，如公共服务不足、医疗和教育资源有限等，而且其居住人群还遭到社会普遍的漠视。结果，贫民窟就成了一个由不足的住房加上不充足的社会服务等构成的区域。贫民窟的人口一般都由少数民族或者移民组成，这与上一个主题研究的对象相吻合，因此这两个问题也具有一定的内在关联性。贫民窟和棚户区问题大多发生在发展中国家，有研究显示，在一些发展中国家，在贫民窟中生活的人占城市人口的 30% 有余。可见，贫民窟问题是城市发展中的突出矛盾之一。

哈维在《社会正义与城市》一书中，探讨了贫民窟的形成问题。哈维对贫民窟的一些案例进行了分析，对其形成机制及后果进行了分析。贫民窟问题如果被放置在全球化的大背景下，在西方城市理论中通常被看作城市不平等发展的中心假设，哈维再一次将城市社会问题与城市土地使用理论结合在一起，探讨了贫民窟和棚户区是怎样形成的。

在哈维的地理学中，城市土地使用理论是从芝加哥城市社会学的分析中获得的灵感。芝加哥城市社会学派也因此成为地理学思考中最有影响力的一个分支。对于哈维而言，芝加哥学派对有关城市形式的空间规则定义是描述性的，认为要关注通过经济体系运作产生的社会团结。以此作为批判的基础，哈维细数了资本主义与城市的关联，芝加哥学派发展了城市土地使用理论，但在用来解释贫民窟时，存在严重的缺陷。对于芝加哥学派的社会学家来说，城市体系中的不同群体和活动以道德命令联系在一起，他们仅仅在道德命令的强制中寻找位置。另外，恩格斯在他的《英国工人阶级的状况》一书中描述了一幅曼彻斯特阶级发展的图景，那是工人的广场、商业地区，上层和中产阶级、金钱贵族相互区分，城市中的不同部分被分割为贫困和富裕的不同地区。恩格斯注意到曼彻斯特的规划和其他大城市或多或少是一样的。哈维指责道，很遗憾当代地理学家已经看到了帕克（Park）和伯吉斯（Burgess）的作品，而没有看到恩格斯赋予他们的灵感。

城市土地市场的自由经济理论，起源于冯·杜能（Von Thunen）的边际主义经济著作，后来被阿隆索（Alonso）和穆斯（Muth）发展，城市中土地使用被看作土地使用竞争投标过程的结果。竞争投标收益使土地租金高于附近的土地。社会团体根据它们投标租金的弧线选择它们的位置。在这个理论中，差别是巨大的。理论依赖于通常被称为住房市场的帕雷托最优性选择的成功与否。投标租金弧线作为边际主义的手段可能被做出，模型说明贫困是因为缺少交通费产生的。喜欢住在中心地区，是因为那里的租金高于外围地区，结果是空间饱和和市中心地区的拥挤。理论中的预言是什么？是贫困群体必须居住在它们负担最少的地方。但是，没有理论认可这种状况的存在。哈维建议，我们的主题是消除贫困。因此，这个主题中唯一有用的政策是消除使理论成为现实的情况。批判和反对不是针对理论，而是它的物质基础。一些合成的真理被理论化了。他继续建议我们希望冯·杜能关于城市土地市场的理论不要成为现实。因为这会使理论问题成为现实的机制。很明显，竞争投标使用土地需要被取代，要寻找一个社会控制土地使用和社会控制房产的部门。

但是，哈维警告我们，不要过于简单地理解阿隆索—穆斯理论：一个假设理论的机制不必与现存机制相同，现有机制是与理论一致产生的结果。竞争市场是导致贫困形成的根源，事实上它可能是最危险的指向。因此，所有成功的理论都在警告我们，竞争的市场机制是有缺陷的。我们应该如何理解这句话？第一，哈维区别了理论机制和现实；第二，他暗示在竞争市场机制中可能存在没有缺陷的机制。以这种态度来看，笔者认为哈维并没有使自己从自由主义的假设中解放出来。尽管他声称：在资源稀缺的背景下，市场体系是可能实现的，因为只有在这种情形下，价格决定商品交换，市场才能兴起。市场经济和它的财富依赖于稀缺，哈维认为如果稀缺被消除，市场经济将会崩溃。更进一步说，生产力不得不找到出口，因为浪费的进程和需要的进程被同时创造。并且他再次反对自由主义的契约，建议不能消除稀缺，除非消除市场经济。

另外，在马克思主义的著作《1844年英国工人阶级的状况》中，恩格斯将大城市一些地区地租的增长，解释为人为的土地价格增长，是中产阶级化在发展过程中的必要阶段，是一部分土地估价回收的结果，与它的地区地租相一致。恩格斯也说明了19世纪城市贫困地区的悲惨遭遇，他认为事实上，资产阶级只有一种方法解决住房问题，也就是说，以当前这种方式解决会继续再生产新问题，这种方法叫豪斯曼（Hausmann）方法，不论怎样看待豪斯曼方法，结果在哪里都是一样的，问题只是被转换到了其他地方。相同的经济需要在第一个地方生产它们，也会在下一个地点继续生产它们。恩格斯认为只要资本主义生产方式持续存在，没有希望独立解决住房问题或者解决其他影响工人命运的社会问题。解决方法存在于废止资本主义生产方式和批准工人阶级自己的生活和劳动方式之中。哈维在分析了美国的经历后得出了与恩格斯相似的论断。尽管哈维指出了恩格斯分析中的不足与不明智，但他提出了几个有号召力的问题，如哪种规则是经济体系的核心。除了资本主义市场经济的根本特征之外,所有的问题都被讨论了。

第三节 社会正义和空间正义

在谈及正义问题时,哈维努力地回应了马克思的正义观。马克思一直反对抽象的正义原则,因此在很长的时间里他猛烈地抨击了正义理论。马克思认为:"这些抽象本身离开了现实的历史,没有任何价值。"① 为此,马克思也反对对资本主义进行单纯的道德批判,认为要抓住生产方式这条主线,从政治经济学中找到批判的依据。在生产方式没有发生变化的前提下,通过分配方式的改变与调整来实现正义是不可行的。所以,很多学者认为马克思的正义观可以被称为生产性正义。对此,哈维也有深入的研究,并修正了马克思的观点。哈维指出:"我无意放弃以转变生产方式作为根本目标的方法,但若因此划地自限,不去在意它在消费、分配和交换世界中的意义,那就错失了某种政治驱动力量。所以,我认为有必要重新引进正义概念,但又不改变生产方式的基本目标。"② 因此,哈维在肯定了推动生产方式变革根本作用的同时,也强调了正义的批判力量,其重建正义的目的是批判资本主义的空间生产过程与方式。寻找城市正义就是要努力实现城市理论的转变潜能。基于这种寻找,首先要了解城市生活的日常现实,其次要寻找重塑现实的办法,最后重新定义和想象新的生活方式。

一 正义与非正义地理的产生

埃里克·斯文哥德在《分裂的城市》一书中指出,正义问题不能独立于城市条件之外,不仅因为大多数人居住在城市,也是因为城市浓缩了浸润于现代社会的多种张力与矛盾。当不同意识形态和不同文化背景的人们追求具有争议的正义概念的时候,关键问题是在多大程度上这个有争议的概念能够让人们想象出清晰有用的理想。虽然正义的概念已经广为人知,

---

① 《马克思恩格斯文集》(第一卷),人民出版社,2009,第526页。
② 大卫·哈维:《资本的空间》,王志弘译,群学出版社,2010,第28页。

但是对城市生活的正义究竟包含哪些内容一直含糊不清,寻找这个定义从本质上就是寻找通向城市正义的道路。当前,空间正义与社会正义已经成为一个理论问题,经验分析的焦点,社会和政治行动的目标。正义问题之所以重要,是因为它所呈现的是一个因果地理学,是一种空间的表达,不仅仅是一个社会背景的反映,或者一套可以描绘的物理对象。"正义的地理学或者空间性是正义自身的构成性、内在的要素,是正义和非正义何以社会化构成并随时间进化的关键部分。如此看来,寻求空间与社会正义就变成基本的甚至是不可避免的。"① 为地理而斗争,是从空间视角对正义的理解,它所强调的是作为正义而发生的地理学。换言之,伴随着追求正义而发生的地理学不单单是社会与政治进程的必然结果,而且还是影响城市形成与发展进程的重要动力。通过空间的视角,可以帮助我们更好地理解与认识城市,理解社会正义与空间正义如何缘起与维系,以及正义是如何成为民主社会行动的重要目标的。对正义的探索不只是要说明空间维度的重要性,更多的意义在于树立一种深刻的信念,即空间视角具有广阔的社会意义,空间思维不但能够丰富人们对于现象的理解,而且可以扩展实践知识的潜力,帮助人们改造世界,增加理论经验与发现创新潜力。这些也正是寻求空间正义与社会正义的基本前提条件。

城市为定义正义提供了各种途径和启发。在柏拉图的《理想国》中,作者支持把正义作为个人伦理导向的论点。但是,在城市社会中,正义的内涵包括城市基于个体市民行为积累的内在本质,在某种意义上讲,是对正义的地域性描述。了解空间正义与非正义既需要了解社会和经济之间的关系,更需要了解关系中的空间内涵,需要详细论证哲学观念中正义的固有价值。在城市实践中,不管制定怎样的城市发展战略,城市中的种族隔离,发达国家对不发达国家的剥削,全球不断变暖的趋势等问题,始终困扰着城市。这就需要我们重新构建一个强大的"他者",采取行动来改变或者重构地理以增强城市的积极性而削减其消极意义。空间绝不是一个绝对的真空区域,恰恰相反,它充斥着政治、意识形态及其他暴力,处处充满了对抗的力量,这些对抗的力量总是在努力维持现有的特权与权力地

---

① 爱德华·苏贾:《寻求空间正义》,高春花、强乃社译,社会科学文献出版社,2016,第1页。

理。我们只有带着重塑的批判性空间视角来审视空间，重新定义和解读正义的概念，才能找到正义的真意。

为什么要走向一种全新的空间意识，追求空间的正义和社会正义呢？这主要是由以下几个原因导致的：第一，人类居住在多标量地理中，小到家庭，大到全球经济的不均衡发展，正义与非正义始终处于对抗的状态；第二，正义的社会化地理学极大地影响着人类生活，并创造了一个永恒的利弊不均的结构；第三，这些地理及其影响可以通过社会、政治行动进行改变。① 当前，正义的力量已经渗透到了生活的方方面面，它超越了种族、阶级和性别的层面，强化了集体政治行为意识，形成了一种建立在分享经验基础上的团结感。因此，只要能够跨越不同政治视野的差异，形成全新的正义概念及正义伦理，就可以重塑空间性，塑造全新的社会进程。

空间与城市的正义与非正义之争交织于三个互动的地理学难题之中。第一重是通过勾画界限和空间的政治组织，由外在的非正义地理形成，如种族隔离和殖民控制等；第二重是在本土化地理意义上的非正义地理，它往往是内在与内生的，来自个体、机构和公司的歧视性决策导致的分配不平等；第三重非正义有较强的地域性，它根植于所谓的地理不平衡发展和非正义的全球化，尤其是在地理不平衡的领域，构成了城市和全球之间的空间非正义。关于非正义的理解可以从空间非正义、社会非正义和权利非正义几个角度加以审视。

非正义地理可以被看作一个过程或者结果，可以从多维度和多个社会层面加以研究。从广义角度看，非正义地理也包含着人类自身，人类伦理和发展的主题都包含于其中。从狭义的角度看，非正义地理主要是指环境正义的缺失。随着人类改造自然能力的不断增强，由人类行为所造成的全球变暖和环境变迁愈演愈烈。由人类与自然环境共同构成的有效边界使空间正义有了明确的概念边界，也构成了我们对非正义地理分析的维度。在当代，全世界大多数人都居住在城市，人类已经步入了城市社会的时代，若有必要将空间的正义与非正义放置于一定的地理环境中，那它必然会有两个基本的面向。第一，是要面向城市的具体自然与人文环境；第二，是

---

① 爱德华·苏贾：《寻求空间正义》，高春花、强乃社译，社会科学文献出版社，2016，第18页。

面向公正地使用城市为人类提供的社会资源和自然条件。同时，与城市环境有关的正义与非正义，并不仅仅局限于有限的区域范畴，城市生活与不同的地理环境和政治环境都息息相关。因此，在空间正义的设定中有必要标注地域性、民族性和全球性的维度，同时不同的国家和民族要更加直接地用本土化的方式表达何谓"空间正义"。

二 空间正义的理论化

所谓"空间正义"，即在城乡区域发展中，除了追求资源分配效率之外，还要照顾不同的群体的利益，尊重区域内每一位居民的基本权利，创造人人可享的基本保障和公共服务，提供均等自由的发展机会。其核心是兼顾效率与公平，政府与市场实现整体利益与长远利益的最大化。在哈维的研究中，城市社会和空间都与资本问题相互缠绕，社会正义与空间正义也是在空间生产的过程中产生，他延续了列斐伏尔对空间的认识，"对生产的分析显示我们已经由空间事物的生产转向空间本身的生产"[1]。因此，空间正义问题的本质就是资本批判问题，脱离资本批判就不存在空间正义，这是哈维空间正义理论的基本指向。因此，他通过对资本的批判建立了自己的空间正义观。构建空间正义的理论需要五个核心步骤：寻求空间正义的理论基础；将正义理论化；审视空间正义的历史辩论；研究哈维和非正义的城市化；发展和扩张其他学者的城市权利思想。遵循着以上的脉络，我们要系统地构建空间正义的理论体系，进而确定"批判性空间观"的范畴，明确正义与非正义在空间研究中的重要性。

空间正义的理论基础：理论建构是研究空间正义的一座桥梁，可以将抽象的认识论与本体论紧密联系。所有的理论都起源于人类存在及我们置身其中的世界本体论假设。大多数社会理论都将假设的注意力集中于人类社会、时间和历史方面，很少强调生活的基本空间。因此，以空间为视角重建本体论既有必然性也有重要性。我们应该重新平衡"三位一体"的本体论，人类的历史应当有三个而不是两个人类生存的基本或本体论品质。这三个维度应该是社会相对于特定的社会，当今相对于历史，空间相对于地域。社会、历史和空间的维度同时出现、相互作用、不分主次。因此，

---

[1] 大卫·哈维：《叛逆的城市》，商务印书馆，2014，第5页。

新本体论起源的产生给予我们重要的意识,即人类生来就是空间的存在,空间性是人类最基本的属性之一。地理发展的不平衡是创造和维持个体和社会的不平等,进而导致社会和空间非正义的一个重要因素。有了以上认识,我们迈出了寻求空间正义政治实践的第一步,为研讨理论化的正义打下了基础。

正义的理论化:在西方的文化中,一般正义理论的发展都是源于希腊城邦或者是城邦国家的形成,民主原则和对社会正义理念的意识由此产生。关于城市和空间的正义最早起源于对城市公民权利和公民行为的认识。此后,罗尔斯发展了分配正义的理论,认为一个普遍的、规范的、科学的正义理论是建立在理想和理性思维之上,避免受到各方面偏见的影响,这包括了某个特定的社会秩序中的等级、性别、种族、居住地或其他特殊的地理位置的权利和影响力。这种正义观念主要与自由平等的理想和公平分配的有价物品相联系。在此之后,爱丽丝·玛丽·扬在《正义与政治差异》一书中强调将正义研究的中心从结果转向过程,从保证平等和公正转移到尊重差异和多元化的团结一致,注意力要放在社会结构所产生的不平等和不公正上。在空间方面,她对领土正义和环境正义乃至城市权有了系统的论述,进而促成了正义空间化理念的形成,特别是关于区域的民主或民主区域化的观念成为她寻求大规模多元化团结一致的创新产物。

空间正义的争论:20 世纪 60 年代以来,人们开始系统地重新审视地理与正义之间的关系,并形成了三种交织的空间正义或地理正义方面的创新思潮。第一种思潮特别关注社会和空间之间诱发因素的平衡辩证关系。第二种思潮以领土正义为出发点,朝两个方向发展,一是建设一个基于不平等和社会福利的地理研究的自由主义方式,二是由马克思主义地理学到非正义城市化批判性研究,它采取更加激进的路径。哈维就是倡导领土正义的代表性人物,他以更加有活力和政治化的方式定义了领土正义,认为正义和地理的焦点并不注重结果,而是注重产生不公平地理的进程,寻求各种歧视性做法下的正义根源。第三种思潮介于前两者之间,源于列斐伏尔的城市权理论,是全新的空间理论。城市权斗争的目的在于公平合理地分配城市资源,更重要的是获得对产生不公平的城市地理过程的控制权。

哈维的空间正义观:在《社会正义与城市》一书中,哈维对罗尔斯的正义理论进行了批判性重构,摒弃了对结果的过分强调,而是重点关注正义产生的过程，他将领土正义界定为刚刚获得的社会公正分配。由此他引申出一系列观点，空间组织和区域或地域资源分配应该满足人们的基本需求，只有从公共和私人投资的位置或空间格局中获得积极的需求或收益增值率，一个地域或区域的资源分配才可以更公正。哈维还将资本与空间正义进行了联系，他对资本批判的立足点是资本的城市化与城市空间生产的非正义性。资本的城市化不仅仅是资本在空间进行排列和重组，更重要的是这种城市化是当今资本主义社会剥削的根源，是一种统治模式和财富生产与分配的基本方式，由此产生了生产与再生产的空间非正义。与此同时，资本全球化是"资本主义空间生产基本过程发展的全新阶段"①，资本主导下的全球空间生产布局导致了资本主义剥削形式由以往的资产阶级对工人阶级的剥削转向对国家与地区的剥削，加剧了世界的不平等和空间的非正义。这种空间布局造就了中心—边缘的空间等级和依附关系，导致了全球空间生产等级格局支配下的空间非对称性交换与结果的不平等。

对于如何对抗资本主义的空间生产，实现空间正义，哈维也进行了思考。他认为对空间正义性的批判不仅仅是认识与反思资本全球积累的现实需要，更重要的是寻找推进和实现空间正义的可能性路径。"至关重要的不是仅仅试图解决问题本身，而是首先对抗并改造产生问题的过程。"② 因此，空间正义的诉求最根本是要从根源上对抗资本主义的空间生产过程。

哈维指出："资本主义永远试图在一段时间内，在一个地方建立一种地理学景观来便利其行为；而在另一段时间，资本主义又不得不将这一地理学景观破坏，并在另外一个地方建立一种完全不同的地理学景观，以此适应其追求资本无限积累的永恒渴求。"③ 正是资本主义空间生产的这种固有矛盾为空间正义的实现提供了可能性。因此，哈维振臂高呼要唤醒对空间批判的意识，而走向空间的实践与行动，通过唤醒人们的空间选择与空间反抗的意识来实现空间正义。在这个过程中，最重要的是开拓阶级斗争与反抗的新形式，剥夺资本主义对空间生产的控制权，以边缘空间整合一切反抗的力量，颠覆中心—边缘的空间等级布局，最终实现空间正义。

---

① 大卫·哈维：《希望的空间》，胡大平译，南京大学出版社，2006，第53页。
② 大卫·哈维：《正义、自然和差异地理学》，胡大平译，上海人民出版社，2010，第460页。
③ 大卫·哈维：《新帝国主义》，初立忠、沈晓雷译，社会科学文献出版社，2009，第83页。

列斐伏尔的城市权思想：列斐伏尔重新确立了寻求正义、民主和公民权利的城市基础。正如哈维所阐释的那样，列斐伏尔认为日常城市生活的正常运作导致不平等的力量关系，表现为城市空间中不平等、不公正的社会资源分配。处于不平等、不公平地理空间的弱势群体要求取得更大的社会权利和更多的资源，界定了夺回各种城市权的斗争，其目标是要寻求对塑造城市空间的更大控制权。换言之，是向那些以民主的手段维护其地位的既得利益群体要民主。① 城市权的寻求是一种持续的、更加激进的空间再分配，它要求在资本主义制度下积极参与全方位的城市生活。

20世纪以来，城市权的概念越来越多地出现在我们的视野中，城市权的当代复兴成为理论界的新热点。正如世界城市权宪章所说，城市是一个隶属于全体居民的富有的多元文化空间，每一个人都享有城市权，不因性别、年龄、健康状况、收入、国籍、种族、移民，也不因政治、宗教或性取向，更不因保留的文化记忆与认同而受到歧视。城市权与城市正义的概念边界越来越模糊，进而融为一体。而构建系统化的空间正义理论还需要理论与实践的不断深入，加强对正义的认识和理解。

三 社会正义的内涵

对社会正义的概念，哈维试图从哲学层面阐释和谐正义的城市形态。在新自由主义思潮横行的当下，定义社会正义需要重新定义权利和自由，重新构建人们所栖息的社会程序。城市变迁在重构正义的斗争中扮演着重要的角色，因此我们要为正义之城的权利而战斗。大部分的地理学家理解地区问题都是通过一定的工具，如帕累托（Pareto）提出的地区理论，并且制定一套有效的标准。哈维指出，有效性与最小化空间运作的集合与成本有关。在地区决定的详述中，收入的分配被放在一边，哈维认为这导致了"不受欢迎的道德和政治判断"。对于哈维来说，效率和社会公正是不可替换的，但是从长远看，两者是一回事。哈维引用了色拉叙马库斯在《柏拉图的共和国》一书中的论述，认为"每种形式的政府制定了基于自身优势的法律"，所以正义在哪里都是一样的，是强者的优势。正因为公

---

① 爱德华·苏贾：《寻求空间正义》，高春花、强乃社译，社会科学文献出版社，2016，第92页。

正仅仅是一切统治阶级所需，所以公平永远是相对的，而不平等却是绝对的存在。哈维认为不公平感是驱动所有人追求社会变革的最有力的温床，这正是我们探讨社会正义的必要性所在。

哈维意识到社会正义的概念是指向"好社会概述"的有限参与，是正义理念与权利概念的有机融合。当我们将权利与公正的概念加以联系时，我们看到依托于权利和社会正义概念的某种优势社会程序就会出现，这一程序会挑战当今社会的固有社会程序。相反，如果将权利和社会正义两个概念分开表述，一个作为主导而另一个作为附属，那么仅仅是从一个主要的社会程序转移到另一个社会程序，而不会对现有社会秩序造成颠覆。社会正义的原则是什么？它起源于承担合作的劳动进程，适应利益和负担分配分开的原则，并且与社会和机构的编排有关，与生产和分配的活动相结合，因此延伸到了权力核心的冲突和当局的决策、影响力的分配、社会地位的给予，建立规制和控制活动的机构等领域。

社会正义的含义有两个哲学起源。一个来源于由休谟（Hume）和卢梭（Pousseau）及其他实用主义者发展起来的社会契约理论。哈维认为由罗尔斯（Rawls）、雷舍尔（Rescher）和朗西曼（Runciman）等人发展起来的现代正义的含义更容易被接受和理解。哈维依据《社会正义与城市》这个大篇幅作品，在地理学中不断寻找社会正义原则形成的相关性和有效性。

分配正义是探讨正义问题的传统视域。在加入道德问题后，罗尔斯（Rawls）、雷舍尔（Rescher）所说的正义可以根据很多的标准来理解。内在的平等，可以从供给和需求、内在权力、功绩、通常贡献、实际生产贡献、获得和牺牲等方面来评价。但是，追随着朗西曼（Runciman）的观点，哈维只关注了社会正义本质中的三个内容，以及它们的重要性，即需要、通常贡献和被生产的功绩。另外一个设想是在一系列的地域和地区中，为了达到社会正义最大化去分配稀缺资源。

（1）需要：哈维认为需要是一个相对概念。它依赖于人类意识和需求。它的改变导致社会的转型。需要可以根据不同分类有多种定义，并且没有随着时间发生改变。哈维总结了它们中的几个：食品、住房、医疗、护理、教育、社会和环境服务、消费商品、再创造机会、邻里和睦、交通便利。这些指标在给定时间里以满足生活的最小化数量和质量定义了基本的社会标准,并且克服什么是需要和谁需要什么的相对性定义,哈维建议使用消极和积极的方法来分析,哈维建议寻找多种方法相结合的研究方法。一般商品的贡献暗示着一个地区如何分配资源影响了另一个地区的情况。地区和地区间的乘数分析,增长极和外部效应被用来处理这个问题。空间体系可以改进已经存在的地区和地区间的乘数,或通过再构造地区与地区间乘数加以再组织。

(2)价值:价值意味着分配额外资源去补偿社会和自然环境的困难。但应该注意,如果个人仍旧住在这种困难的环境中,他们应该在社会正义的原则下得到补偿。并且,如果对普通商品没有贡献,额外资源的分配就是不正义的。

让我们将空间组织的正当问题,换成另外一种表达,即空间正义。在空间组织中完成分配的正当性,哈维建议设计一种空间组织形式,获得最少机会的地区前景被最大化。这在分配资源方面是有效的。这要求一个中心授权,授权控制分配。仁慈的独裁者、仁慈的资本家或机构有这样的权力。在这种背景下,这个问题依赖于一定的条件。集中对减少不同地区的差异是有帮助的,相反分散将作为"补偿"给分配不利的地区,那些地区被有钱的地区所剥削。如果剥削出现,分散将是最好的策略,当剥削不存在了,中心能得到更好的发展。哈维支持大城市控制或者邻里管理是与之有关的手段。

在将垄断形式的控制放在一边后,哈维关注了个人资本主义体系是如何在地区正义方面运作的。在这个体系中,资本会直接流向利润更大的地区。哈维认为正如博茨(Borts)和斯坦(Stein)所说的:这个过程将持续到利润回报在所有地区间达到平衡。同时,另外一些人,如缪尔达尔(Myrdal)认为这会导致增长的不平衡。对于哈维来说,不论增长的结果是什么,很明显,资本都将会流向承担很少成本或最少优势地区。正如在内城,结果是产生了局限性,资本不能满足更多的需要。根据哈维的分析,如果不改变整个资本流动进程,这种形式的资本流动可能受到挑战。作为内城中的私人住宅,因为资本流动到其他有利润的郊区,出租房屋无利可图,大楼贬值。这意味着资本逃离了需要地区去影响流通以迎合需求。在资本主义制度下好的、合理的行为,就是按市场需求去选择资源分配。事实上,这些讨论和定义都暗示了哈维已经与自由主义决裂,并向左翼政治不断靠拢。

有可能通过中和这种资本流动以支持需要移民的地区吗？征税、地租补贴、金融机构直接的批准可能都是政府干预市场的形式。政府贿赂金融机构使其回到内城的地租市场承租接管公共住房的义务也是干预的表现。第一种解决方法意味着为郊区创造一个更大的资本相对匮乏的空间。这方面的例子很多，更多有优势的郊区为了增加回收的速度从而抓住更多的资本，结果只有以金融机构的利益为出发点增加回报。正如斯威齐（Sweezy）和胡贝尔曼（huberman）所指出的：资本主义意味着为了自己不变的资本主义利益而服务。哈维认为这些资本主义利益是与客观的社会正义背道而驰的，因为市场体系在交换价值基础上的功能之所以能够存在，是因为有可以交换的产品和相对稀缺的服务。

（3）稀缺和市场：在这点上，哈维很清楚地看到了市场的逻辑是与正义原则是相一致的。他开始关注自由的稀缺概念。假设稀缺是一个真实的状况，所有的经济机构都起源于它，因此产生了一个抽象的问题，即经济活动是怎样被组织的？

稀缺概念反对复杂的经济稀缺是社会组织准许市场发挥功能。稀缺必须在社会中被生产和控制，因为没有它，价格固定市场就不能发挥功能。这种情况的发生听从一个公平严格的控制，通过生产方式将资源流动带进生产过程。产出的分配可能为了维持稀缺性而被控制。通过合理的排列，稀缺会被保持，并在市场中保存交换价值的完整性。在资本主义市场经济中，哈维认为如果稀缺的角色被接受，紧跟着剥夺、挪用和开发也会伴随着市场体系同时发生。这个现象的空间表达是地区间严重的挪用，会导致一些地区被开拓，一些地区被利用。同样，城市体系和城市化已经被建立在剩余产品的开发之上，并表达着相同的进程。这种城市化和城市的定义必然导致对马克思主义分析主题的关注。

在这种争论后，很难理解社会正义和空间体系在自由主义中被定位的原因。对于这个问题，哈维认为可以使用自由的方法和语言在社会主义论断的折中关系中来表达，从而达到反对自由主义的批判观点。现在他接受了左派政治的存在。他反对以资本主义经济体系为基础的开发，并认为在这个体系中没有实现全部正义的希望。哈维指出一些人认为市场体系促进技术创新和经济增长，因此最后拨款不应被看作开发，因为所有利益会流回劣势地区。哈维不反对这种长期利益的产生，但是他说拨款在一些情况下是正义的妥协，但在市场机制下拨款不是对社会正义的妥协。在市场经济中，市场是稀缺的基础，大量剩余产品在大公司和机构的控制下进行集中，剩余产品以社会不受欢迎的方式被消费，如城市中显著的消费和建设，如武装力量、浪费等。所以，剩余产品不是以社会正义的方式被积累，因为剩余必须以稀缺永存的方式被吸收。

什么是发达资本主义社会解决社会正义问题的途径？那里，社会剩余必须转化到需要的部门和地区。因此，哈维建议我们需要转向新型组织，市场被取代，稀缺和剥削体系被消除。刺激工作的动力是稳定降低工作强度，而不是以任何方式减少对社会有用的总生产力。但是，哈维意识到这是对现存体系的极大挑战。尽管哈维对现有经济结构基础上的市场不抱有任何希望，但是他没有逃脱自由的前景。他认为有效的开发最好等于对分配现状有法律效力的认可，我们需要探索效率和分配的集合体，但是要做到这些，我们首先需要对分配问题的细节进行探索，这个问题已经被禁闭了很久。现在，很清楚为什么正义问题被放进自由主义的形式中。因为它仍旧将正义问题的起点放在资本主义市场经济的分配方面，通过建议正义和市场的妥协和共存，价格—固定市场和社会正义原则的对立关系被试图解决。但两者有不同的逻辑和不同的进程。我们认为这个矛盾和折中地位，如哈维在自由主义的形式中所倡导的，将发展成为更加激进的自由假设批判，并因此埋下了社会主义的种子。

第四节　后现代的城市文化

20世纪初，著名的城市学家帕克在《城市：对都市环境中人类行为之考察的建议》一书中对城市与文化的关系进行了深入的剖析，指出城市中各种文化现象已经聚合在一起，进而形成了文化地区。从近代的历史来看，城市社会面临的最主要问题就是社会问题，除了经济和政治的视角外，城市文化同样是探讨城市社会问题的重要维度。哈维也同意以上观点，他通过对当代资本主义城市文化变迁的根源、后现代主义城市文化的特点以及文化价值观和文化发展动力等问题进行分析，对当代资本主义社会进行了猛烈的批判。

一 城市文化变迁的根源

作为社会学概念，现代性总是和现代化的过程相伴而生。现代性有很多表现，是经济、政治、文化以及社会四个层面相互运动、相互影响的发展过程，文化变迁有着深刻的政治和经济根源，后现代也表现出同样的特征。20世纪70年代以后，"后现代主义"的思想在西方的文化艺术和社会思潮中不断启蒙、不断发展，学界从不同角度对后现代进行了阐述。面对这股后现代主义的汹涌大潮，哈维依然用自己的独特视角加以对待，他依然坚持马克思主义的基本立场和分析方法，强调要将后现代主义作为一种社会文化现象来看待，要用马克思主义的方法论和本体论来加以理解。如果要深入剖析后现代主义的本质，和一般学者相左，哈维将后现代看作一种需要被明确阐述的历史状况。

马克思主义认为，物质资料的生产不但解释了人类社会及其变化的重要因素，同时也推动了人类历史的进步与发展，社会现象层出不穷，但是在现象之外并不存在绝对和永恒的社会法则，所有的规律都是特定历史的产物，是与一个时代的生产方式相关联的社会关系和社会规律。从这个基本原理出发，哈维认为现代主义的实质及其演变，特别是后现代主义的崛起，其根源都在于资本主义的生产方式——不断追逐利润。[①] 在哈维看来，马克思对当代资本主义的分析是从商品开始的，现代性问题与商品有着千丝万缕的联系。商品是我们生活中不可或缺的消费品，因为它同时兼有使用价值和交换价值的重要属性，而显得格外神秘。商品的交换价值通过货币的形式加以表示，商品经济在无形中也消解了传统社会中社群的关系与纽带，使我们的社会从一种直接依赖熟人和亲密关系的传统，转向了依赖陌生人和非个性化（客观）关系的现实。货币之中隐藏着极强的"分裂"能力，通过一系列的政治经济过程转变成为必然的社会和文化特征。

哈维继续引用马克思的分析，指出市场交换的前提要以某种劳动分工将人与产品进行异化与分割。在资本主义社会，存在着比市场交换和商品

---

① 寇浩宁：《戴维·哈维论后现代文化变迁的根源》，《华北电力大学学报》（社会科学版）2012年第6期。

生产更加丰富的东西。雇佣劳动的存在，将生产资料与劳动者进行了人为的分隔，这种分隔废除了传统而古老的生产方式，同时也是多次革命的直接结果。劳动者与生产资料的分离是与过去彻底的决裂，是文化意义上传统主义与现代主义分裂的基础和条件。从另一个角度看，将普通的人转变为雇佣劳动者还实现了劳动者与产品的分离，劳动者与劳动的客观条件从此脱节，实现了本质上的分离。从此，市场交换的本质也发生了改变：资本家将劳动力不再视为活生生的人，而是生产的工具，劳动者成为生产的一个环节，与工具有着相同的功能。资本家与劳动者之间的关系也简约为一种货币交易的关系（货币购买劳动力——工资），这赋予了资本家随意处置工人劳动的特权。通过以上分析可以看到，"他者"的观念并不是原始存在的，而是在资本主义生产方式的基础之上逐渐演化而来的，是生产和再生产出来的新概念。工人阶级是"他者"的核心力量，由于始终处于劣势的地位，它会"表现"出愚昧与迟钝的特点，在市场经济条件下，商品交换的拜物教看不到劳动力"商品"背后的人性和感受。资本主义并没有直接发明"他者"的概念，但是以各种高度有组织的方式助长和利用了这一概念。

资产阶级为什么要不惜一切代价推动科技革命和技术创新呢？马克思曾经给出了明确的答案。由于市场竞争存在强制性法则，对剩余价值的向往促使资本家不断通过寻求在技术和管理上的创新，维持和增强自身的赢利能力，从而使资产阶级进入创新的跳跃式发展中。另外，由于劳动者被限制在工作场所中，不能自由地行使自己的权利，劳动者在市场中主张提高工资的能力十分有限。总而言之，阶级斗争在一定程度上也是推动资本家创新的重要力量。从资本主义发展的历史来看，持续的创新并非创新型企业家（熊彼特观点）的个体行为，而是由资本主义的竞争强制法则和阶级斗争的实际所决定的。哈维在分析了马克思的观点后认为，不断创新的重要后果是毁灭过去的发明与劳动技术，"创造性的破坏"力量始终隐藏在资本的流动和投放中。创新的过程使社会的不稳定和不安全情况不断加剧，成为资本主义周期性危机不断发生的重要推手。

为了持续地赚取剩余价值，资本家会不断探索一切可能赚取利润的方法以开发新的生产线，这意味有更多的消费需求将被资本家们创造出来，这一进程的重要结果则是使城市更加不安全和不稳定。这是由于新生产线的应用会使大量的资本和工人进行转移,整个生产部门面临被淘汰的命运,伴随着资本家寻求新的市场、新的原材料、新的劳动力和新的生产场所,城市的外延被不断扩大,新的城市空间不断开拓。资本被重新安置到了更加有利可图的场所,为城市发展的不稳定性增加了新的地理维度。另外,时间的革命在空间拓展的同时不断发展,资本家们通过压缩资本的周转时间获取更多的利润。资本主义由于本身既是一种生产方式,又是一套社会制度,本身具有流变、短暂、分裂和不确定的本质特征,本身就含有"创造性破坏"的可能。因此,如果说后现代性唯一确定的东西就是它的不确定性的话,那么就不难看出这种不确定性来源于何处。[①] 我们考察后现代的文化也需要到资本的本性中寻找根源。

二 后现代主义城市文化的特点

工业社会是与农耕时代相对应的概念,农耕时代是一个"经验的时代",人们依靠实践总结经验指导现实,而当前的现代工业社会则是一个"体验的时代",人们的一切行动都是由理论来指导,通过实践与理论的契合,总结事物发展的规律,进而预知未来。当前,后现代思潮风起云涌,很多学者将后工业社会理解为理论超前的时代,人们用一种全新的视角看待事物的发展,用新的理论解释社会的发展和预测事物未来的走向。后现代性思潮已经超越了现代性成为一种长期的发展趋势。后现代者已经彻底修改了城市空间的现代主义概念。现代主义者视空间为由各种社会目的共同塑造的人造环境,所以空间始终是社会规划的附属品。而后现代主义者将空间与社会剥离,视空间为一种独立自主的社会存在,空间的塑造并没有固定的模式,而是根据美学目的和原理加以勾画,与任何社会目标都没有必然联系,同时或许也避开了达到永恒和其自身作为一种目标的"无关利害的"美。后现代城市文化有以下几个特点。

1. 后现代城市文化是大众文化

大众文化是与精英文化相对应的概念,是区别于高雅文化的文化范式。过去,我们对于高雅文化通常有所偏好,而对大众文化漠不关心。但是,随着我们进入了后工业社会,大众文化的地位正在发生变化,与高雅

[①] 大卫·哈维:《后现代的状况》,商务印书馆,2003,第155页。

文化之间的差距正在缩小，人们对艺术的态度也发生了颠覆。20 世纪 60 年代以后，有学者对博物馆和美术馆品位进行了严格的学术等级划分，对供奉艺术作品的做法加以抨击。艺术家克雷斯托就旗帜鲜明地指出要强调艺术的即时性体验性，要学会拒绝永久性的艺术，同时反对将艺术作品商品化与物化。在市民社会的层面，旧的高雅文化和大众文化的区分正在消失，当前的艺术更加接地气，它无处不在，不再是精英文化的唯一表达。很多学者认为，艺术可以存在于人的思想和肉体中，同时也广泛存在于大众文化中。

2. 后现代城市文化是一种消费文化

这种城市文化有着丰厚的物质基础，文化经过了长期的演变已经成为一种消费方式，同时也是一种艺术形式。消费文化的主要特点在于"没有规则只有选择"。著名学者鲍德里亚为消费文化给出了很好的注解。在鲍德里亚的视域中，商品已经变成索绪尔意义上的记号，并且其意义也是不确定的；因此消费就绝不能只理解为对使用价值、实物用途的消费，而是对记号的消费。[①]除了消费的意义外，消费文化还代表着享乐主义的精神，始终追求一时的快感，强调强烈的自我表现意识，也由此破坏了宗教的传统，对既有的社会规则造成了颠覆和挑战。随着世俗社会不断发展，宗教对我们日常生活的影响渐趋衰微，这造成了社会价值的真空地带出现。正如丹尼尔·贝尔所说的："现代性的真正问题是信仰问题。"[②] 这一问题既是长久存在的，也是需要通过宗教复兴才能得以解决的。对于填补宗教信仰真空的问题，不同的学者有不同的立场，有的认为需要依靠艺术的力量加以填补，有的认为需要通过构建新的消费伦理加以解释，这些看法既有一定的针对性，同时又都是片面的。在笔者看来，要探寻重构信仰的具体途径，需要回到日常生活中寻求答案，在时空关系中定位伦理的价值。

在微观的层面上看，消费文化有着深厚的内涵，不但囊括了正式的宗教制度与活动，同时也代表着具体的实践活动和社会进程，所有这些都拥有神圣的象征。总而言之，我们可以认为消费主义带来了商品的大量丰富和资本的不断膨胀，但是并没有掩盖消费与文化的神圣性。消费文化可以

[①] 迈克·费瑟斯通：《消费文化与后现代主义》，译林出版社，2000，第 124 页。
[②] 迈克·费瑟斯通：《消费文化与后现代主义》，译林出版社，2000，第 169 页。

看作是后现代文化的一个分支，它已经超越了现实的存在，取得了在艺术上的胜利。

3. 后现代城市文化是一种消解文化

后现代城市文化的另一个显著特点就是从话语文化向形象文化的转变，并且通过"后现代无深度文化"体现出来。文化从浅层次来看是一些客观存在的碎片和影像在人脑中的组合与重现，它无时无刻不被模仿与复制着。这些通过感官看到的符号和影像为我们塑造了一个虚拟的世界，让人们存在于失真的感知世界中，看到的所有一切都飘浮不定，人的意识被电视文化所限制。在当今时代，网络和电视成为我们认识世界的重要媒介，信息、影像、记号给人们连续叙事的能力形成了无形的威胁。在电视和网络中我们看到的只是现象的体验，无法通过意志判断获得持久的意义。这种无知和不确定导致了文化消解。人们过去对城市的认识大多源于实践，源于对历史、传统的解读，源于对艺术的欣赏，而现在这一切都让位于后现代的全新体验模式，让位于城市文化，文化的传统意义消失殆尽。因此，很多学者总结到，后现代的城市其实是一座影像的城市。

另外，作为城市变迁重要见证的城市建筑，也是文化和历史传承的重要标志，后现代主义的城市文化在建筑艺术中也留下了痕迹。后现代的建筑风格与现代性有着较大差异，其最大的特点是价值观取向的多元化和对装饰的崇尚。后现代风格的城市建筑能够接受多元的解读方式，通过风格的差异来表达对现代性建筑的否定与超越。在对待装饰的问题上，现代主义建筑家们对此是持否定态度的，正如阿尔多夫·洛斯所说"装饰是犯罪"。[①] 而对于后现代主义者而言，建筑与非建筑的关系十分紧密，而且后现代主义建筑正是在这种辩证的关系中吸收新的能量来发展后现代城市文化的。

综上所述，后现代的城市文化与现代性有着千差万别，它通过否定"一元"来建构自身的体系，用包容来应对多样。后现代性是当今城市发展的导向工具，通过形成和解构文化来建立新的文化意识，在提高鲜明个性的艺术与生活的秩序中，具有重要地位。上述城市文化中存在诸多的特征，虽然在以往并不存在，但并不意味着对旧的城市文化框架的抛弃，相

---

① 史蒂文·康纳：《后现代主义文化》，商务印书馆，2002，第113页。

反是一种超越和完善。而这更需要认可、容忍广泛的差异。所以说，后现代的城市文化是个多元的、宽容的、承认差异的文化，它给我们带来一个异质性的世界。

三 城市的社会价值和文化动力

在探讨过后现代的建筑风格和城市文化后，哈维将他对社会价值不平等的思考加入了文化因素。他认为，个人的价值取向和文化品位也影响了真实收入的分配。文化包含着很多经济问题，甚至是纯经济问题。

哈维是如何将价值系统与真实收入、环境改变的概念联系在一起的呢？资源可以认为是对科技和文化的评价，是联系两者的桥梁。对于哈维来说，资源的观念是关于人类所有财产的。文化和技术是影响真实收入的量度。更有趣的定义是文化和技术可以控制相同的资源，但是如果它们的价值不同，它们就会产生不同的实际收入。个人和团体的认知技能和文化价值暗示着不同的态度，朝着有资源的方向倾斜。有资源能力的城市空间可以命令、控制和操纵个人的兴趣，个人的认知技能是可以被刺激并成为动机的。认知技能可以依靠环境的教育、智力和经验形成，并且这些认知技能反过来可以影响特定个体的资源价值。

另外，城市体系中不同群体的文化态度可以用来评估不同的城市资源体系。正如帕尔（Pahl）所说的：高收入和受过高等教育的群体更倾向于激发空间的活力。相反，低收入群体更容易受到空间的限制。进一步说，高收入群体将物理环境作为一种可使用的资源，相反低收入群体本身会被限制在某种环境中。哈维认为对于不同文化的影响评估，应该构建一个跨文化的比较视野，并要将实际收入的分配理论包含其中。

社会和文化价值的不断增长是异质性的，不同的城市环境创造了不同的文化。为了降低构建文化的困难，哈维认为应该建立一种地区组织，可以减少不同社会和文化价值在道德、阶级、地位、地区等方面的差异。邻里和地区组织扮演了整合的角色。事实上，很多地方已经有了这样的实践。哈维指出，在城市体系中存在着一个强大的力量，它可以对文化的异质性和地区的差异起到调节作用。因此，他反对伯特·马尔库塞（Herbert Marcuse）关于"单向度的人"和梅尔文·韦伯（Melvin Webber）将空间表达为"无地域的城市"的论断。

第六节 思考与启示

一 城市社会结构的辩证分析

社会学对于哈维而言，是一种研究"人的行动方式"的科学。它把真实世界的相互作用抽象化，用概念把这些相互作用的形式表达出来，以便能够对人类社会进行更为深入的研究。因此，社会学就成为一种社会的几何学。城市的社会结构是表达个人行动的主要手段，不仅是个体生活在社会中，社会也生活在个体中。社会是个性的根源，也是个性的否定。资本主义的城市社会生活始终处于一种无法调和的矛盾中：一方面是推动与发展个性的必要条件，另一方面又是扼杀个性的凶手。① 在哈维对城市社会的批判中也处处存在辩证分析的思想传统，他认为社会的形式和内容存在着一种辩证性的相互依赖的关系。因此，对城市社会结构进行研究，社会关系是不能忽略的基本结构和不可避免的事实。哈维从三个维度研究了城市的社会结构，即个人、家庭和社会群体，他从人与社会的辩证关系出发，展开了自己对城市社会的批判。

第一，城市中人的属性。社会的现代性是货币经济发展的重要结果之一。大城市拥有巨量的人口，形成了很多庞大的社区，扩大了居民的生活范围，给予个人更多的自由，但与此同时也降低了社会关系的质量。大城市拥有着细致的社会分工，分化对于居民的影响十分突出。极端的分化加速了社会中的个体化和异化，这也是城市的重要功能之一。大城市的居民为了掩盖自己的肤浅和冷漠，对其他都感到厌恶。大城市的生活因此变得缺少人情味和难以捉摸。② 大城市中货币经济高度发展，社会生活缺少人情味，是当代资本主义城市的重要特征，当资本的理性和唯理智主义成为主宰城市的发展动力时，人的个性就会消失在金钱和理智中。因此，城市中人的属性与物并没有区别，都是被资本和货币异化的产物，是资本主义经济链条上的一个组成部分。哈维认为在现代社会理解人的属性，要从分

---

① 黄凤祝：《城市与社会》，同济大学出版社，2009，第96页。
② P. Saunders, *Soziologie der Stadt*, Frankfurt am Main: Campus Verlag, 1987, pp. 94.

工和异化的角度来考虑，分工切碎了市民完整的社会生活，使市民的生活局部化或者段落化，个人不单是家庭这个自然组织的成员，同时也是一个联合体的成员，个人从属于集体。为了保证集体的功能性、完整性和延续性，集体要求个人在社会冲突和矛盾中，必须以集体利益为重。因此，在城市中，个人没有完整的社会关系，只是关系碎片中的一个章节。哈维猛烈地抨击了由这种分工带来的人的异化，认为分工导致了创造者与其创造的事物彼此分离，大城市所凝聚的客观精神，是客观精神的具体化。主观精神在城市中未能获得充分发展的机会，主观精神的外化和客观化，造就了文化的发展。最后，个人再也无法掌握客观的精神，文化因此成为一种凌驾于个人的力量。在当下的中国，城市中人的异化也与经济繁荣同时存在，经济的巨大吸引力使越来越多的人成为市民，但也带来了一系列不能克服的城市病，探讨人在城市发展中的地位显得尤为重要，建设以人为本的城市是中国城市发展的必由之路。因此，要促进城市化的发展就需要加大人口城市化的力度，我们面对的问题不单单是数亿的流动人口在城市中生存和发展的问题，更重要的是要解决他们融入城市、扎根城市的问题，形成他们自身的"造血能力"，还要通过提高流动人口的生活品质，提升城市的品质和包容能力，使城市成为人民安居乐业的乐土，成为创业的热土，成为人们精神的归宿。由于中国城镇化不断提速，传统的社会生活共同体面临着诸多挑战，特别在农村地区，传统的生活模式无法维系，而新的社会生活共同体尚未建立，在社会和精神生活领域矛盾凸显。大量的农村流动人口在城市扎根，他们应当如何融入城市的生活，是城镇化过程中不得不面对的重大现实问题。大量的存在差异的城镇居民如何和谐相处，组建有共同价值观念的共同体，在新的社会环境中融洽往来，是提升城镇居民生活质量的现实需求。一个健康的城市首先是以人为本的城市，是回归人类社会本性的城市，从"看不见人"的城市走向"看得见人"的城市。如果城市建设者们通过把握城市的社会本质属性开展城市建设，就会贴近人类本性和人民生活，满足人们的需求，激发人们参与社会生活和公共生活的热情，使社会治理格局日臻完善。① 因此，要通过一系列的建设活动来修复由于工业化和城市化加速带来的传统人类生活共同体的瓦解，

---

① 丁元竹：《城镇化进程中人的全面发展》，《文汇报》2013年12月20日。

实现人的全面发展，最终将城市建设成人民生活的共同体。

第二，城市中家庭的结构与功能。家庭在不同的时代有着不同的发展模式，随着社会的发展与变迁，家庭的观念和定义也在不断地发生变化。在原始社会，家庭可以被定义成一个氏族或部落。传统上根据家庭结构和特征，把家庭定义为在同一处居住的、靠血缘、婚姻或收养关系联系在一起的，由两个或更多的人所组成的集体。在当今社会，城市成为人口居住的主要空间，城市中的家庭就具有了自己的特点和独特的功能。有学者认为，现代家庭是通过生物学关系、情感关系或法律关系连接在一起的群体，能为其成员提供社会支持，在成员遭遇躯体或情感危机时能向其寻求帮助的，一些亲密者所组成的团体。从社会学角度来看，关系健全的家庭应包含8种关系，即婚姻关系、血缘关系、亲缘关系、感情关系、伙伴关系、经济关系、人口生产与再生产关系、社会化关系。随着传统家庭功能担负的职能逐渐社会化，在传统社会只能通过家庭获得的满足感，现在大多数可以从社会中获得，这使家庭对于现代人的意义发生了改变。在当代城市中，关系健全的家庭有以下三种类型，即核心家庭、联合家庭、主干家庭。这些家庭的规模较小、家庭结构简单、家庭模式多样。随着经济的发展，传统家庭在满足社会需要和维持社会秩序等方面的功能在现代家庭中基本丧失，经济功能也逐渐削弱。反之，在资本的驱动下，生产力发展改变了人们对家庭的态度。更多的市民选择工作而放弃家庭生活，尤其是女性工作的比例居高不下。而在农村地区，从土地和家庭中解放出来的人们开始涌向城市谋求更好的生活。这使得社会中空巢老人、留守儿童、丁克家庭、同性婚姻和合约婚姻等现象日渐突出，家庭的作用不断弱化。这些问题正成为阻碍城市社会和谐发展的重要因素，需要从重新构建城市社会结构的角度加以理解，重新突出家庭在社会结构中的重要作用。

第三，城市社区与邻里。几乎所有的城市都涉及处于相对独立空间中的不同文化之间的相互交流。这一方面可以导致新文化形式的诞生，另一方面也会促进社会隔离的形成。这些文化交流席卷了有着各种复杂社会网络的人，有些社会网络相互交迭，有些相互隔离，因此会形成形形色色的社区和邻里关系，这也是城市社会结构重要的组成部分。社区的概念很复杂，但基本都包含以下几个普遍认同：社区存在于一定地域范围内；社区是一种共同纽带；社区是一种社会互动。社区和邻里所指代的都是与社会组织特定方面有关条件的集合。社区和邻里具有社会内聚性特点，是一个与生俱来的属于人类的地方。在地方层面上，社会性和友善性是社会组织的一种自然结果，展示了一种社区感，一种占有共同领地的人们之间的牢固感情。这些感情基于一种浓厚的宗亲地方网络，并被雇佣、商业和休闲活动的模式所加强。毋庸置疑，持久性与稳定性在促进城市社会系统发展方面有着重要意义，尤其是工人阶级的稳定性。稳定性导致一种强有力的垂直宗亲关系和水平友谊关系，也导致了居住接近加强了朋友间的主要社会联系。工人阶级居住区中家庭成员间的居住接近程度相对较高，这不仅加强了宗亲成员间的互动，而且也突出了年长家长在加强宗亲关系方面的重要性。但是，当前的郊区化却扰乱了这种和谐的社区和邻里关系，呈现了一种引导私人生活的集体企图，生活的焦点是核心家庭对金钱、社会地位、消费持久力及享受其中的隐私的追求。郊区社区邻里包含了相当紧密的地方化社会网络，社区被不断分解成一些相互独立的亚团体，这些团体往往代表着一定的阶级利益，而排斥异己的存在，社区的精神纽带作用正在不断被削弱，社区和邻里的经济功能和管理功能不断强化，而社会的内聚力和参与程度却不断下降。

正因为如此，哈维不断强调要加强城市的社会构建。所谓的地方，"有许多表达方式，如环境、地点、区位、场所、邻里、区域、领地等，都与地方的普通属性相关。其中一些术语，如城市、村庄、城镇、大都市和国家，都是指某一特定地方。还有一些术语，如家、壁炉、跑马场、社区、祖国和景观，都有着如此强烈的地方内涵，以至于谈论这些词语时，都必须把它们与地方这个词放在一起"[①]。地方存在于并且被构建于观念的主观方面，同时被局外者看作并构建成一个外部的其他部分。城市建构要用一种排他和固定的方法来定义其他部分，同时人们要根据他们与物质世界的关系来定义自身的存在主义规则。当前城市结构在空间中的表现，体现了城市是人类与物质世界精神统一形式的基本单元。通过反复的体验和复杂的联系，人类生活的城市空间允许人类建构起地方，并赋予地方意义。并且随着时间的推移，地方的意义也会深化并反作用于人类的社会实

---

① David Harvey, "From Space to Place and Back Again: Reflection on the Condition of Postmodernity", in J. Bird et al. (eds), *Mapping the Furture: Local Cultures, Global Change*, Routledge, London, 1993, pp. 4.

践。城市社会结构与人类主观构建城市和地方的日常生活存在着辩证的联系，我们的生活根植于城市并超越了地方的概念。城市远远超出了一个容器或心理建构的概念，它既是本身又是其存在的语境。因此，我们呼吁要建立一种新型的城市社会结构：可以构建经济和社会生活的日常路径；可以构建人们的生活路径，既提供机会也产生制约；提供一个汇集了日常的、常识性的知识和经验的舞台，为社会化和社会再生产提供一个地点，提供向社会规范挑战的舞台。

二 城市社会极化与空间隔离

城市社会中贫困人口的社会极化与空间隔离是一个老生常谈的话题。在当代资本主义城市，经济重构和社会极化，伴随着社会和人口变化，显然大大推动增加了阶级和种族分裂。有学者称，"新贫困者"代表了一个由重构而产生的全新的城市地理元素。正如哈维所关注到的，在当今城市的极化景观中，存在着惊人拥挤的少数民族聚集区，由赤贫人群，通常是由那些被社区领导者和正统角色模式所排斥的少数人群以及大量未婚母亲及其孩子组成的与外界隔离的聚集区。社会极化与空间隔离给城市社会带来了诸多影响，主要体现在以下几个方面。

（1）城市滋生了贫困文化。贫困文化是被边缘化人群对他们社会地位的一种适应，代表了他们化解产生于资本系统中不可能获得成功的现实而产生的无助感和绝望感的一种努力。这种文化源于缺乏机会和热情的恶性循环，穷人由于长期生活在贫困之中，结果形成了一套特定的生活方式、行为规范、价值观念，即贫困亚文化。处于贫困亚文化之中的人有独特的文化观念和生活方式，这种亚文化通过"圈内"交往而得到加强，并且被制度化，进而维持着贫困的生活。在这种环境中长成的下一代会自然地习得贫困文化，于是贫困文化发生世代传递。贫困文化塑造着在贫困中长大的人的基本特点和人格，使得他们即使遇到摆脱贫困的机会也难以利用它走出贫困，这种贫困是当今城市面临的重大挑战。

（2）空间隔离与社会极化不断加剧。由于城市不断增长的复杂性和社会极化作用，差异与不平等成为城市社会研究的重要组成部分。社会分层和社会阶级在各种社区中都有表现，这导致了不同人群在居住和工作中的空间隔离，反之亦然。这些隔离是社会本身矛盾的缩影，社会中上层阶级、中产阶级、工人阶级和下层基层的分化，使得不同的阶层在城市中占有不同的空间，空间的隔离加剧了阶层的分化，同时阶层的分化也固化了空间的分化。这使得城市展现了充满隔离、交叠和极化作用的纷繁复杂的万花筒般的景象。从更广阔的背景来看，空间隔离和社会极化反映了城市发展的规律，在基于市场竞争和回报的城市社会，个人收入是唯一的最有意义的，来衡量人的地位和价值的指标，它与人们的受教育程度、职业、购买能力以及价值观有很大关系。很久以来人们就认识到，城市内部收入的地理分布不仅从微观上具有陡直梯度和断续重叠的特征，而且具有高收入家庭与内城穷人居住区间明显分区的特征。这确实清晰描述了城市人口地理分布的状况，表达了社会经济中存在的阶级分化和贫富差距。一些弱势群体在空间上呈现边缘分布，既包括他们居住的区位，也包括他们的活动空间，久而久之在城市中形成了断续的、鼓励的、地方化的组团，构成了城市社会发展的不稳定因素。因此，城市如何根据其邻里单位自身的特性和相对均质性而构建的问题，值得我们深入思考。

（3）城市不平等和冲突问题凸显。不平等包括两个重要的视角，一个是全球性的不平等，还有一个是国家内部的不平等。不平等现象也分为多个层次，有经济方面的不平等，如收入财产的不平等，还存在非经济方面的不平等，关系到人民的福祉水平，比如说健康和教育情况。自从大城市成为国家的重要载体和全球化空间兴起以来，伴随着工业资本主义的到来出现了大量的不平等现象。从国际层面看，各个国家的发展水平差距逐渐拉大，全球范围内平均收入的差距在减少，但绝对的差距还是相当大的。而且国家与国家之间的人均收入差距的缩小并没有改变不平等的城市面貌，国家内部的经济不平等反而不断加剧，大部分国家的不平等现象变得更严重了。从国家内部看，其实全世界的70%的人口住在近20年内国家内部更不平等的国家里。从教育和健康这两个非经济的角度看，不管是国家与国家之间的平均水平，还是一个国家内部的居民之间的差距虽然也在缩小，但是速度缓慢，在个别国家还有拉大的趋势。无论人均寿命还是妇女由于怀孕和生育而导致的死亡率，富裕的国家和贫穷的国家之间差距是非常大的，就是在国家内部这个差距也是非常大的。在城市的各个角落我们都可以轻易地观察到这种不平等，社会发展的不协调，许多社会问题不能通过均衡模式得到解决，久而久之就会导致社会冲突。社会是动态的，无时不在变化。整个社会体系处于绝对不均衡中，在社会体系的每一个部分都包含着冲突与不和谐的因素，是社会变迁的来源。冲突的结果也具有两面性，一方面社会冲突导致了社会不和谐，另一方面它还具有社会整合的作用，其问题在于冲突通过怎样的机制推动变革，阻止社会系统的僵化。一个健全的和稳定的城市社会应该保持开放、灵活、包容的状态，通过可控制的、合法的、制度化的机制，使得各种社会紧张能够得以释放，社会诉求得以回应，社会冲突得以消解。因此，冲突自身是一种释放敌意并维持群体关系的机制，可以为社会不满提供释放途径的合法机制。所以，在实践中我们要在承认社会冲突普遍性的同时，将社会和谐作为研究落脚点，深入挖掘冲突的社会整合功能。

以上这些问题最终汇集到了所谓的社会公平和公正的问题上，即如何构建城市正义和空间正义，使所有社会成员共享城市发展成果。正如哈维指出的，存在着很多相互竞争的社会公正概念，但他始终延续了艾里斯·杨的做法，将注意力集中在压抑的来源上。我们总结出六种与规划和政策实践有关的建议。

（1）在城市规划和政策制定中，必须直接面向创建社会形态和政治组织以及生产和消费的体系问题，无论是在工作地点还是在生活空间中，都要把对劳动力的剥削减少到最小。

（2）在城市规划和政策制定中，必须正视在非家长式统治模式下的边缘化现象，在边缘化的政治中找出组织和协调的方法，以便能够把这些受到这种特定形式压抑的人群解放出来。

（3）在城市规划和政策制定中，必须授权给受到压制的人群，而不是剥夺其接近政治权力的权利以及表达自己意见的能力。

（4）在城市规划和政策制定中，必须要对文化霸权主义保持警惕，通过各种手段去寻求在城市项目的设计和普遍的咨询方式中消除霸权主义。

（5）在城市规划和政策制定中，必须找出非排他性的非军事化社会控制形式，其中包含不断升级的制度化暴力，而不破坏对授权与自我表达的包容。

（6）在城市规划和政策制定中，必须认识到所有社会工程的必然生态后果都会对未来子孙后代和遥远地方的人们所产生的影响，而且要采取措施确保合理地减轻负面影响。①

这些问题是当代城市存在的诸多道德地理学问题中的一部分，现实世界要求我们同时考虑社会公平问题的这 6 个方面，而不是孤立地去应用它们，采用一种整体的方法去看待当代城市社会发展中存在的综合性和关联性问题，这意味着要建立某种关于优先权的舆论导向，并带着理性去解决特定地方或特定背景下的城市压抑问题。

三　城市社会转型与社会的可持续性发展

21 世纪以来，城市中的种种社会问题有增无减，对城市的可持续发展造成了压力，很多人对城市化的负面影响表示担忧。资本主义的全球化、技术的飞速发展和后现代消费文化的力量已经导致了经济不可持续和不安全的时代。工作、社区、家庭和身份似乎都不断受到威胁。正如理查德·森尼特（Richard Sennett）所指出的，广泛存在的不稳定感意味着对地方依附的加强。因此，有学者认为，我们已经进入了"危机社会"（Risk Society），解决社会问题的根本手段是通过改变资本主义系统对经济增长和消费的依赖来解决。哈维对这一问题保持着高度的激进态度，认为解决城市社会问题的方法存在于更小的分散化且自立的政治单元中，在那里有更大的参与性民主。费瑟斯通和拉希（Featherstone and Lash）则认为，在这个背景下，由于城市提供了建立在多样性、文明和价值观之上的开放公共空间的潜力，因而可能发挥新的作用。我们可以从城市社会中抽象出城市社会的可持续概念，这一概念和我们通常所说的可持续概念有一定联系，但是不单纯是指自然环境的可持续，而是与城市中的平等、社区和城市文明相结合。"城市社会可持续性，是一个对人类相互作用、交流和文化发展产生作用的长期生存环境的持续能力，它并不一定与城市中的环境可持续性和经济可持续性联系在一起，虽然这三个领域之间常常存在着关联。一个可持续发展城市的标志是活力、团结和居民共同的地方感。这样的城市没有公开的或暴力的群体冲突，没有明显的空间隔离和长期的政治不稳定。简言之，城市社会可持续性是关于一个充满活力的城市社会单元长期

---

① 保罗·诺克斯、史蒂文·平奇：《城市社会地理学导论》，商务印书馆，2009，第 152～153 页。

生存的问题。"① 这一定义为人们提供了一个宽容发展社会性的新观念。正如在我们本章分析中所看见的，当前的城市中存在着许多导致排斥、不平等和不容异己的力量。因此，我们需要从城市社会的可持续发展角度出发，考虑建设一个作为整体与和谐发展的城市存在，以帮助促生一些鼓励城市社会向可持续方向发展的观点、行为和政策。

---

① 保罗·诺克斯、史蒂文·平奇：《城市社会地理学导论》，商务印书馆，2009，第355页。

第七章 大卫·哈维城市研究的当代价值

作为当代最有代表性的马克思主义理论家，大卫·哈维的城市思想值得我们进行深入研究。美国著名学者 R.G.佩弗在《马克思主义、道德与社会正义》中指出："虽然我们不确定他们每个人是否会将自己划归为马克思主义学者，但他们似乎或多或少地都有以下特征：①扎根于马克思主义的语言分析传统；②是研究马克思或者马克思主义的学者；③对马克思主义或者至少对社会主义带有基本的同情。"应当指出，城市是当今时代切入马克思主义研究的新视角，正是这种以城市为核心研究对象的新视阈，使马克思主义焕发了新的生命力。大卫·哈维城市研究在马克思主义发展史上留下了浓重的一笔。他通过将地理学的视角整合进哲学和传统马克思主义理论，实现了哲学研究的空间转向。在他的研究中，始终围绕着资本和阶级两个核心概念，用历史唯物主义和辩证的方法论建构了城市政治经济学和政治学，通过城市批判为我们展现了当代资本主义的发展图景。因此，他是当前空间研究中最具代表性的人物，对我们从本质上把握城市及其发展规律有着重要的启示。

第一节 大卫·哈维城市研究与当代西方哲学的"空间转向"

马克思和恩格斯并未意识到城市时代是世界发展的趋势，仅仅认为生产方式的改变可以从根本改变资本主义的面貌，克服一切社会矛盾和危机，其中也包括城市问题。因此，他们仅仅是将城市看作容纳生产方式的空间，而并未对其进行专门研究。这种状况使得后人在现代城市问题上解释和阐述马克思主义著作具有很大的伸缩性、多样性。从研究内容来看，不同国家马克思主义学者研究的侧重点不同，其中许多著作反映了他们各自的知识传统，反映了城市发展和国家政策的差别。① 这样分散和随意的研究方式，使得马克思主义城市研究不能形成统一的风格，不同学者间存在较大分歧甚至对立。正是在这样的背景下，哈维将城市研究的目光投向人类社会的"一般"，这使他的城市研究显示出勃勃生机，并催生出了新的理论转向——"空间转向"，进而为城市哲学的构建提供了重要的理论资源。"空间转向"作为 20 世纪下半叶西方哲学界举足轻重的事件之一，迅速成为研究的热点。哈维将社会批判的视角转向城市，这一方面意味着城市分析在当代西方哲学领域引起的广泛关注并非偶然，对城市哲学的构建有重要的理论和现实意义。更重要的是，它意味着马克思主义是"城市哲学"研究的重要理论支撑，哈维的城市研究与马克思之间保持着继承、反思和批判性吸收的关系。大卫·哈维的城市研究为当代西方城市哲学的发展提供了重要的理论基础，在当代西方哲学史上占有重要的地位。

一 马克思主义哲学成为当代西方城市哲学的逻辑起点

哈维的城市研究具有鲜明的马克思主义传统，多年来他所主张的历史—地理唯物主义的研究方法，使当代西方城市哲学的研究方法更加丰富，研究手段更加多样。在大卫·哈维提出该理论后，很快引起了学界的关注和热议，更多的学者透过空间和资本积累的框架来审视城市现象，"将城市模式与更广阔的社会结构相联系，而不是将城市作为自我存在的进程；说明人们在城市所创造和发展的生活方式中，表达了工业资本主义发展的广泛特征"②。在当代西方学界，马克思主义与现代社会科学的有机融合，与当代城市现象同步发展，都是通过马克思主义学者的不懈努力和探索而实现的。在很长一段时间，很多人怀疑马克思主义的有效性和实用性，大卫·哈维用自己的研究回应了这一疑问，他不仅研究和运用马克思主义哲学阐释了城市现象，而且通过政治经济学和辩证法的方法，合理地解释了城市发展规律，进而揭示了城市的本质。

---

① 高建国：《新马克思主义城市理论》，商务印书馆，2006，第 282 页。
② Anthony Giddens: *Sociology*, Oxford: Blackwell Publishers Ltd, 1997, pp. 498.

大卫·哈维的城市思想在社会历史观、研究主题和研究方法方面都继承了传统马克思主义哲学的研究特色。首先,哈维认为城市的产生是生产力发展、生产关系发达到一定程度的产物。传统马克思主义对城市的分析,基本都是将城市看作社会整体结构的一部分,反映的是社会整体结构中的经济与其他力量之间相互博弈、相互斗争、相互矛盾的结果,哈维继承了这一观点。他认为强调社会整体系统,从整体出发认识城市,是分析城市有力的理论工具。城市既可以解释整个社会的运转过程,又能解释局部结构的发展变化。其次,大卫·哈维十分重视理论与实践的辩证关系。他延续了传统马克思主义哲学的研究方法,将对资本主义社会现实的批判作为自己的立场,将转变和改造社会作为研究的最终目标。哈维指出,有关资本主义城市的理论不仅可以作为理解城市社会的重要工具,也可以指导政治和社会实践,成为改造和重构社会的重要武器。因此,大卫·哈维注重对历史过程和空间转变过程的分析,从当时社会和经济的现实状况出发,将城市看作特定阶级与生产关系的产物,运用实证与历史唯物主义的方法,辩证地分析城市问题。虽然哈维并没有像马克思那样明确地提出要暴力推翻政府和发动阶级斗争,但是他也将维护城市的公平正义、将实现普通劳动者的利益最大化作为社会改革和重构的重要立场,这一点与传统马克思主义者是内在一致的。

大卫·哈维城市思想也对传统马克思主义哲学进行了创新和再系统化。他摆脱了传统马克思主义将城市仅仅作为资本主义发展"容器"的僵化看法,强调了经济利益(资本积累)和阶级关系(阶级斗争、国家干预)对于城市形成与发展的重要作用,并将城市作为能动的主体纳入城市的发展过程中,在马克思主义基本理论指导的基础之上,更加形象、具体、多维度地阐释了城市的多样性和多变性。最后,哈维将微观的城市现象上升到了宏观理论的层面,解释了城市社会的发展趋势,揭示了城市社会的发展规律,及造就城市现象背后的推动力量,这使哈维的研究从对城市表象的描绘上升到了揭示城市本质的层面,这一飞跃是哈维城市理论的重要创新。他将马克思主义哲学纳入城市学研究,将城市问题纳入了马克思主义哲学的研究范畴,最终使西方城市哲学与马克思主义哲学完美融合,也使得当代的城市哲学带有明显的马克思主义哲学传统。

二 关注城市的社会性成为当代西方城市哲学的理论特色

哈维的城市理论根源于20世纪下半叶资本主义的城市实践，当代资本主义是哈维城市理论思考的主要对象。哈维以资本积累和阶级斗争的辩证关系为突破口，通过对资本主义全球化视域下的城市问题进行探讨，尝试对资本的全球积累以及城市化进程进行一种以社会性为维度的阐释，并且鲜明地提出城市具有社会性。因此，哈维的城市理论不是一种书斋里的思辨体系，而是始终呈现出一种积极回应现实和推动实践的理论姿态。大卫·哈维的城市思想对马克思主义的发展和城市哲学的构建做出了不可磨灭的贡献，突破了人们对城市的狭隘认识，重构了城市的内涵和本质。他的研究成果让学界重新认识了马克思主义理论，促使马克思主义重新进入现代西方哲学研究的主要阵地。正如大卫·哈维所言："20世纪60年代以来出现的大量马克思主义著述，首先恢复了被西方的法西斯主义和冷战与东方的斯大林主义所削弱的思想传统，自身创造出了适应当代条件的新传统。"[①] 哈维的贡献可以体现在以下几个方面：一是通过将实践引入城市分析，使城市不再是外在于社会历史活动的封闭的、静止的和单一的物的体系，而是被有目的的社会实践所构建起来的社会空间秩序，这赋予了马克思主义与时俱进的解释力；二是通过对城市问题的探讨，开拓了城市哲学研究的新领域，使城市哲学更加丰满和具体化。

注重对城市的社会性进行研究也是当代西方哲学的理论特色之一。当代人类的城市生活方式已经发生了翻天覆地的改变，网络化、信息化、全球化成为当前城市化的现实语境。与之相适应，微观视域下的城市也不断被重构，这为西方城市哲学的发展提供了重要的理论契机，也使得哈维的城市理论成为城市哲学重要的理论资源。当代人类城市实践的多样性和多层次性成为当代城市哲学的现实质料，通过关注城市中人的生存样态，并通过对主导城市的各种社会力量的变迁进行探讨，弥合了长期以来城市分析与社会实践的断裂。对当代城市社会性的密切关注和把握，使城市哲学

[①] David Harvey, *The Urban Experience*, Oxford UK&Cambridge USA: Blackwell Publishers. Introduction, 1989, pp. 15.

能够穿梭于当代人类社会的各种形态，并使城市的范畴更加丰富。

三 跨学科的综合分析成为当代西方城市哲学的主要研究方法

城市分析往往表现为一个综合性的跨学科分析，就哈维的城市理论而言，其理论涉及了政治经济学、政治学、社会学、地理学以及城市规划学等学科，多学科交叉使城市研究具有较强的理论张力，并呈现出一种多维的理论研究视野。

当代西方城市哲学也沿袭了这一研究方法，很多学者尝试着将哲学与城市社会变迁的历史相结合，这种全新的尝试给传统的哲学研究带来了巨大冲击。哈维的城市研究既有对城市哲学层面的思考，也包含了对城市政治经济学的解读，他的研究涵盖了从城市化、全球化到日常生活，从资本积累的经济空间到后现代的文化等多种空间样态。以哈维为代表的当代城市哲学研究，将城市研究整合为包含对政治、经济、文化、社会子系统的综合与辩证的理解，并将城市哲学的研究视域放大到了不同的学科和研究视角。

四 通过城市批判实现当代西方城市哲学的重要变革

新马克思主义城市理论的诞生是哲学发展史上一次重要的变革。它以近代西方哲学终结者的姿态登上哲学舞台。哈维的城市理论具有鲜明的批判性，城市是哈维资本主义批判的重要维度，他的城市分析始终与对资本主义的批判结合在一起，通过城市批判，哈维揭示了资本主义城市的内在矛盾并对人类城市发展的趋势和理想形态进行了展望。之所以说哈维的城市批判实现了西方城市哲学的变革，并不仅因为以科学的实践范畴为核心构建的城市理论打破了长期存在于旧哲学中的主、客二元对立，更在于新城市观从科学的实践中发展了对"城市、资本、阶级"的认识更新与言说，最终实现了资本积累理论与历史唯物主义的相互构建，使当代西方城市哲学不断完善与重构。

哈维的哲学言说方式打破了近代哲学从概念范畴到思想体系的理论建构，转而从实践的观点说明概念范畴乃至观念的思想体系本身赖以产生的现实基础。正是这种表达方式的转变，使得哈维的城市理论的旨趣并不在于对现实生活的简单批判，也不在于从纯粹的、普遍的理想原则出发去建构人类理想社会的应然状态，而是使现实世界革命化，使现实世界向理想世界不断转变。他将城市的全部概念与丰富的社会现实紧密联系，资本积累和历史唯物主义的概念不再是通过分析概念本身的内涵来获取，而是根据概念所蕴含的丰富的历史事实去构建。

通过分析，我们可以看到历史—地理唯物主义的理论，被大卫·哈维一步步尝试构建而成。他第一个主要的研究集中在正义问题上，这似乎是永恒的范畴。通过专注于正义，他强调在可选择的社会视角中进行权衡。他发现不同的社会正义观产生了不同的城市生活。借鉴自由主义传统和激进观点，哈维指出，一个城市理论家不得不在可选择的框架中进行抉择。他自己的选择是辩证的马克思主义，从那时起，他的方法配备了马克思主义分析的理论和方法论工具。这样的选择把他带到资本和空间关系分析中，这并不奇怪。像马克思一样，他以资本的逻辑为研究起点，但原因有别于马克思。他主要关注的是资本的空间逻辑。所以，他的主要作品如《资本的界限》和《资本的城市化》，旨在分析这一逻辑。他在研究中深入使用生产方式、使用和交换价值、资本逻辑之类的概念。这反过来又导致很多作家在很多领域中批判哈维，如通过功能主义、结构主义、偶发事件及周围建成环境的斗争等对哈维的观点进行反驳。

笔者相信哈维的观点是正确的，这些批评都是错误的。因为他的分析不是结构主义的而是资本主义城市化的分析。在这个意义上，他的研究不是封闭的指挥、斗争和偶发事件，他直接将出发点的注意力集中于资本的逻辑。事实上，他最近的作品，指出了一个明确的方向，这是更敏感的领域和斗争。例如，意识的城市化强调了国家，但没有忽略资本主义城市。在哈维看来，绝对、相对和关系的空间之间（包括思维模式之间）存在区别，这是由卡茨内尔森提出的（1993）关于恩格斯的城市概念："城市作为绝对的空间（作为给定环境和框架）和相对空间（在其中的人和活动都是相互作用的），以及关系的空间（即空间维度是对象和社会过程的深入）出现在他的著作中。"[①] 因此，相对性意味着主体的共有性和互动性。另外，关系意味着相对论是客观性和社会性嵌入的方式。哈维的建议和关系

---

① 艾拉·卡茨纳尔逊：《马克思主义与城市》，江苏教育出版社，2013，第153页。

的辩证分析模式是与他对整体和部分之间的关系的整体感知完全一致的描述。

城市，可以选择更宽泛的定义，城市空间和城市区域（无边界定义是许多人希望做的）在作为一个"空间维度"的框架内被完全定位，通过哈维的著作和通过本书对哈维著作的研究尽可能多地表现了"内置对象和社会过程的概念"。尽管如此，在资本主义的现实中，存在着本体论的优先地位，而剩下的只是资本主义的战略地位。城市是资本主义生产方式发展不平衡的历史和地域发展的"地缘政治单元"。

生产力和生产关系之间的矛盾是指资本与劳动的二元对立，是同时关于劳动力剩余生产的过程和被资本确认据为己有的剩余的生产过程。这也是资本与劳动之间阶级斗争的矛盾基础。这种矛盾和冲突，无论是显性还是隐性的，都增加了剩余价值占有者内部的阶级冲突。阶级竞争的结果（哈维给了这类冲突以优先权）是过度积累的问题，或者说，是剩余资本与剩余劳动的问题。这是价值实现的问题，或如马克思定义的，利润率下降的趋势。为此，过度积累是与消费同样重要的问题，并被纳入资本主义的议事日程。所需吸收的价值被创造，但不允许资本贬值。因此，城市空间被创造，并且在资本积累和资本实现中重建。这是破坏、重建、医治资本主义过度积累的问题。城市空间意味着为资本实现不断增加的有效需求和过剩资本流动创造了建成环境，否则就会出现危机时代资本的贬值。投资规模大、资金流动性大，是建成环境形成的关键。

然而，资本流动是资本逻辑中的一个相互矛盾的过程。首先，新的资金流入建成环境，必须面对过去的资本。其次，过度积累的资本带来的投资意味着资本循环的限制，因为没有参与资本循环的资本不遭受贬值。因此，资本投入建成环境的过程中，在很大程度上是在危机的时刻，意味着从长远看，如果扩大生产会实现，就意味着资本自身的贬值，也意味着资本从未来生产中的撤出。对于资本来说，投资于建成环境的资本代表过去死劳动的遗产，或者说固定资本的形成。不断变化的资本主义景观，奠定了过去和现在的资本或劳动价值需求的矛盾。什么是哈维所说的资本界限？它主要是与资本主义空间的积累和过度积累相关的后果。哈维指出，积累的空间也必须总是在具体位置上。增加货币贬值资本流动完全遵循贬值和资本估值的可能性。对于这一点，资本主义地理发展不平衡是增值和贬值同时存在的，因为两者都具有特定地方的起源和结果。此外，这个过程是资本主义地理不平衡中城市间的竞争结果。而且，通过这一点，城市政治被插入地缘政治关注的一般框架的中心。

应该注意的是，建成环境中资金的流向，换言之，资本进入次级循环，产生大量的矛盾，因为它是资本主义生产领域的结果，不仅意味着形成建成环境中嵌入在固定资本中的资本贬值的可能性，而且导致货币资本的贬值。换句话说，通货膨胀。此外，在资本创造了新的建成环境后，在资本的次级循环中触发了城市政治活动，在资本的基础上创造了一个新的环境。这种资本流动的创造性破坏特征，改变了资本循环和劳动力再生产的环境。哈维解释建成环境形成的资本逻辑，以及资本积累的矛盾成因（生产过剩），资本循环（用"时间"湮没空间，通过交通和通信的发展，实现资金和资本循环之间的转换）和资本实现（保持有效需求的新鲜）。

对于国家，哈维反复写道，资本家"通过国家机构"和"资本介入"，成为一个阶级，或者更有趣的定义是，国家在阶级斗争和冲突中使资本家成为一个阶级。所以哈维在分析中没有给国家以任何位置，除了对资本积累的干预、流通和实现外，国家不是资产阶级的独立的实体。在一般意义上，资产阶级利用国家，作为其阶级形成的媒介对抗特定党派的近视利益，从而导致了资产阶级激烈的竞争，恶化了利润率下滑的趋势。由此，作为资本主义阶级内部矛盾的结果，国家在金融资本背景下组织了垄断资本主义。对于哈维而言，国家是一个中介，是组织和管理资本内在矛盾的机器，阶级斗争是他分析的重点。

相对剩余价值而不是绝对剩余价值的提取是哈维强调的延伸逻辑，正如在他的分析中看到的，生产区域转移和扩大，需要不断发展生产力，资本主义生产过程是依赖于有相对优势的机会主义而寻求优势位置和技术。为此，哈维强调阶级间竞争和冲突与他的理论相一致。在他的理论中，事实上，劳动似乎是一种无声的和整体的集中。在他的政治经济学研究中尤其如此。《意识和城市经验》（1985）一书中对1850～1870年巴黎的长篇描述，认为只有通过国家机构对金融资本进行干预（作为过度积累资本的结果），使资本进入巴黎的建成环境，工人和其他群众的利益才能被看见。这再一次与阶级说法相一致，即所谓的经济危机和战争的"革命条件"。

哈维认为群众的政治无能与互惠直接相关，他利用资本化和资本化的意识辩证分析这一现象。城市化的资本将工人的生活分为两半：工作和居住的（尽管这种区分带来经济成本，但这样的成本带来诸多经济优势）。这样的分裂，消除了资本家和工人之间的直接对抗的危险，分裂成看似两个独立的部分。在住宅或社区、邻里中，所有的景象都是劳动力的再生产领域的反映，工人和群众看到的只是资本的一小部分，是国家干预，以及所有其他集团形成的混合体，但他们不能看到真正的敌人。

另外，资本的城市化将人口与城市空间划分为若干个社区和邻里，分化了住宅、消费的机会和习惯、教育的可能性和愿望、社会阶层流动的机会等。更重要的是，货币的抽象力量与时空矩阵管理与国家、劳动力在思想上的内在表达、政治上无能结合在一起。在城市环境中，政治是资本及其意识的城市化框架。由于这些原因，不是阶级政治，而是阶级联盟政治被投入哈维的分析中。在相对稳定的城市经济中，阶级联盟是相对稳定的时刻，出现了"结构性一致"。尽管如此，资本主义在资本主义发展不平衡的城市化中不允许这样一个偶然的连贯性长久持续，并且城市阶级联盟内部矛盾处于运动中，导致联盟的崩溃，从而出现了另一个联盟。资本主义空间经济发展的不平衡，没有任何的长期稳定性。在这一点上，哈维通过寻求"空间修复"作为对资本内部矛盾的回应，寻求资本主义"空间修复"的解决途径，对从劳动过程的变化（改变生产组织，资本原始积累的新阶段）、生产的地理变化（各种区位变化）、城市间的竞争（可转化为国际竞争，作为各种地缘政治竞争、对抗等）到区域联盟在世界经济和政治层面的动力方面都进行了论述。

空间修复由于资本主义的积累、流通和不平衡地理等原因，其性质并不固定。新的联盟总是在危机的门前等待，这创造了重建的开放空间，并点燃了重建的引擎。在这一点上，城市间的竞争将进入可变资本循环内，获得新的机遇。城市的厂房、商业、城市消费、艺术和娱乐、金融和信心，在资本主义发展的不平衡地理劳动空间分工中出现。政治的性质取决于对空间修复作为结构性一致的选择。在新的空间分工中形成新的阶级联盟，需要不同的劳动力市场、新的生活环境和新的组织空间。同时追随其目前的空间和政治意识。资本生产它的空间，为此，哈维认为意识的形成、阶级的形成，各种意识形态方面的考虑是基础矛盾的扩展和矛盾转换。城市所做的是把劳动力转移到一个分裂的世界，用分裂的意识来取代资本和劳动的斗争。意识形态和政治通过空间转移了它们的来源。

通过以上分析我们不难发现，哈维的城市批判理论的逻辑顺序是从资本批判到城市社会批判。他通过对现实社会的批判实现了哲学观的转变，在对自由竞争时代的资本主义生产关系的经济学批判中发现了历史—地理唯物主义。哲学观的转变和新的世界观，成为哈维从事城市哲学研究的理论指导。他认为资本的本质是资本主义的生产方式，对资本的批判不再是单纯的否定，而是通过构建历史—地理唯物主义对现实社会经济关系进行分析，对其内在矛盾进行揭示，最终进行否定和扬弃。这种城市批判方法实现了城市哲学研究方法的历史变革。

第二节 大卫·哈维城市研究与当代人类的城市实践

城市不仅是一种物理建构，更是一个不断发展变化的过程。在不同的时代，城市有自己不同的特点和发展规律。城市理论的产生与发展和城市发展进程紧密联系，反映着当前城市的主要特征。哈维的城市理论有着深刻的时代背景，与灵活的积累体制、全球化和网络化有着不可分割的内在关联。正如哈维所说，空间的概念不是通过再认识哲学问题来表现的，而是通过研究和创造人类实践得到的。因此，哈维的城市研究时刻反映着当代人类的城市实践，为我们认识城市规律和本质提供了重要的研究线索。

一 分析当代人类城市实践的现实条件

人类的城市实践在时间与空间交织成的语境中得到了不断的创新与维系。当前，城市生产方式与积累体制发生了重大变革，随之在社会各方面引起了相应的变动。空间问题与城市危机日益凸显，引发了资本主义城市的一系列矛盾，也改变了人类以往的实践方式。因此，从人类城市实践的角度考量哈维城市理论的重要价值是一种有益的理论探讨。

1. 城市生产方式与积累体制发生变革

20世纪下半叶，资本主义经历了一场深刻的变革，这场变革在表面上看是全球化和网络时代到来所引起的，但本质上却是资本主义生产方式发生根本性变革的重要结果。随着资本积累方式发生转变，资本主义城市的各个方面都随之发生变化。20 世纪初确立的福特主义的资本积累方式，被一种更加灵活的积累方式所代替，促进了资本、劳动力的全球性流动，使得资本主义的城市面貌发生了翻天覆地的变化，与积累体制相关的社会与政治调节方式也发生着变化。

积累体制"描述了消费和积累之间净产品分配在长时期中的稳定作用；它意味着生产条件与雇佣劳动者再生产条件两方面转变之间的某种一致性"。[①] 特定的积累体制之所以存在是因为它与再生产方式保持一致。因此，哈维抓住了积累体制这根主线来观察 20 世纪晚期的资本主义发展。

第二次世界大战后，资本主义国家的发展模式发生了变革，凯恩斯主义大行其道，这使得"福特主义"的生产方式在发达资本主义社会得到了很大发展，主要的资本主义国家在短暂的停滞后很快恢复了活力，实现了飞速的发展。所谓福特主义，主要的指向是一种美国式的新工业生活方式，其最主要的特点是以市场为导向，以专业化和精细劳动分工为前提，以较低价格为竞争手段的刚性生产模式。这一理论是由安东尼奥·葛兰西（Antonio Gramsci）最早提出的，学界广泛认为，福特主义的生产模式及其内部从事大规模生产的工人之间的内在矛盾为理解资本主义重大的历史性转化提供了一个有益的分析框架，它也有助于理解 20 世纪中期形成的资本主义社会秩序的合法性。虽然福特主义有着以往生产模式不具备的优势，但是弊端也逐步显现。第一，扩大再生产的能力受到了限制，一些传统产品的生产技术已经成熟，难有突破，新市场开拓出现障碍，消费能力普遍紧缩，新技术更新换代缓慢；第二，劳动力市场、劳动力分配和劳动契约的不灵活使得创新能力受到抑制，提高劳动生产率越来越困难；第三，随着固定资产投资的数量和投资额度增加，投资回报的周期变长，投资风险变大；第四，很多产品在市场中出现了饱和，消费者的消费能力并未提高，使得福特式生产模式难以维系，生产能力和市场容量之间矛盾突出；第五，凯恩斯主义和福利国家制度的发展，使得社会性开支庞大，造成了政府的财政不足，抑制了发展能力的提升。由此可见，福特主义已经不能

[①] 大卫·哈维：《后现代的状况》，周宪、许钧译，商务印书馆，2003，第 121 页。

满足资本主义快速发展的要求，成为阻碍资本主义发展的因素之一，需要一个全新的积累体制来支撑资本主义不断向前发展。

20 世纪中叶发生在资本主义世界的福特主义危机，使发达资本主义国家进入了长达二十余年的缓慢增长和调整。这次经济结构调整与发生在 20 世纪 70 年代后半期的第三次科技革命相重合，在这段时间内，以信息技术和微电子技术为代表的新科技发展迅猛，这使资本主义国家内部的国家与企业、企业与企业、资产阶级与无产阶级之间的关系发生了微妙的变化，产生了很多新的问题，出现了以往没有的新变化、新特点和新形势。因此，一种更加灵活的积累体制随之出现，它以劳动力市场、劳动过程、消费和生产模式的灵活性著称，这种全新的积累体制出现的核心标志是造就了全新的生产部门、全新的金融服务模式和市场，商业、技术和组织创新得到不断强化，以往不平衡的发展模式被迅速扭转，各个部门之间和各个地域之间的关系发生了重大变化。

灵活的积累体制体现在以下几个方面：第一，随着第三次科技革命的发生，卫星通信等新的信息传递方式，使得个人与公共决策的时间维度不断缩小，运输成本降低，雇主可以用更加灵活的方式将各种决策很快传递到更为广阔和多样化的空间中去，这为资本积累打下了坚实的基础，时空限制变得不再重要，资本可以在更为广阔的时空中自由流动，这也是哈维所说的"时空压缩"的主要特征之一。第二，劳动力市场经历了一次彻底的重构，具有全日工作时间、永久身份和良好社会保障的就业群体不断缩小，"外围人员"显著增加，这些人包含两个群体，一个是具有技艺的全日工作雇员，另一个是没有全日工作、没有固定条件的临时工作者，临时、转包合同的和公共津贴资助的受训人员。伴随着劳动力市场结构的不断变化，工业结构也随之改变，劳动市场、消费者市场以及劳动过程的分散化，使劳动者在地理上的流动日益灵活，产品的创新速度不断加快，生产和消费周期都不断缩短。第三，全球金融体系出现了重组，金融的大幅度调整强化了灵活的积累体制。金融活动比以往任何时代都要频繁，并且更加分散，全新的金融工具和市场迅速在全球地理上流动，资金投放的地点更加灵活，回收的方式也更加多样化，金融日益变得具有渗透性，以各种令人迷惑的方式把时间上的未来贴现为时间上的现在。到了 20 世纪 70 年代，灵活的金融体制已经打破了在全球资本主义中起作用的各种势力的平衡，给予了银行和金融体制相对于企业、国家和个人更大的自主权。由此，灵活的积累体制被正式确立。

灵活的积累体制对资本主义社会的影响不仅限于经济领域，而是全方位的。这种更加灵活的流动突出了现代生活的新颖、转瞬即逝、短暂、变动不居和偶然意外特征，而不是坚持某种更为稳定的价值观，个人主义大行其道。我们当今的世界倡导的去中心化、差异性的后现代主义文化和政治正是在这种社会氛围下形成的。而且正如齐美尔所提出的，正是这种分裂和经济不安全的时代，对于稳定价值的欲望导致了一种对基础机构职权——家族、宗教和国家的极大重视，我们对国家、社会和家庭的认识，也在灵活的积累体制下发生了"突变"，这值得我们进行深入研究。哈维正是在这样的时代背景下，从空间维度入手对资本主义经济、政治和社会进行了猛烈的抨击，建立了独具特色的城市理论。

2. 全球性城市危机的降临

城市化是一个复杂的经济、政治、文化和社会发展过程，城市危机是在城市发展过程中出现的对城市发展造成不利影响的事件和现象。最早注意到城市危机的是美国学者肯（Kain），他在 20 世纪 60 年代就提出了"空间失配"的概念，指出白人居住的地区比黑人居住的地区拥有更多的工作和升职机会。由于这个原因，黑人和其他有色人种更难找到工作，工资待遇更低，通勤时间也更长，从而失业率更高，工作环境更艰苦。随着时代的变迁，城市危机也表现出不同的特点。翟坤在《对中国大城市危机管理的几点思考》一文中曾总结了大城市危机的三大特点：当前城市危机呈现向全球蔓延的特征；高度发达的城市往往可以加速危机的蔓延，也可以帮助化解危机，城市在处理危机中发挥的作用越来越重要；科学技术的发展对于城市而言是一把双刃剑，它既塑造了城市的便利和繁华，也埋下了城市危机的种子。城市危机的表现主要有以下几个方面：①市民的集体性恐慌，如集体性的抢购或者游行等行为；②种族或者阶层冲突，如美国曾经出现的种族骚乱；③社会失序，如 20 世纪 90 年代俄罗斯曾经出现的严重贫富分化问题。由此可见，城市危机带来的负面影响巨大，应该得到各国政府的高度重视。

城市危机从表面上看是城市管理或社会中出现的各种不和谐与冲突，但究其实质是资本主义经济危机的重要表现，在整个资本主义的成长历史中，城市化从来都是吸收剩余价值和剩余劳动力的关键手段。[1] 城市问题和城市危机集中反映了资本主义生产方式的基本矛盾。由于城市化的周期很长，建成环境中的大多投资有很长的使用寿命，所以城市化在资本积累的过程中具有特殊作用。城市化还具有地理上的特殊属性，如空间生产和空间垄断是积累过程不可缺少的部分——不仅仅是简单地凭借改变商品在空间上的流动而推动积累，而且还凭借不断创造和生产出的空间场所来推动积累。但正是因为这样的活动是长期的，所以需要金融资本和国家参与。从长期角度来看，创造和生产的空间场所显然是投机的，而且虽然这些活动的最初目的是消除过度积累，但会面临着今后出现更大规模过度积累的风险[2]，即城市危机。在新自由主义的城市政策的指导下，资本会向弱势街区、城市和区域重新分配财富，将资源注入"创业"的增长极，通过空间的渗透，造成空间、区域和城市的不平等。这种不平等和剥削行为在发达资本主义国家无处不在，通过多种暗藏渠道，大规模财富从穷人囊中转移到富人手中。资本再生产以多重途径通过城市化过程得以实现。但是，资本的城市化预先假定了资产阶级有能力支配城市发展。这就意味着资产阶级不仅凌驾于国家机器之上，而且还凌驾于整个国民之上——整体国民的生活方式、劳动力、文化价值、政治价值以及他们的世界观。所以，产生这种空间的城市和城市过程才是政治、社会和阶级斗争的主战场。因此，探讨城市危机最终也要通过空间生产、空间资本形成与积累、空间资源的冲突和社会运动的实质来认识。

面对西方社会的种种危机、矛盾和冲突，一些学者从马克思主义政治经济学视角出发，尝试对城市危机做出新的理论回应，新马克思主义城市理论也是在这一背景下形成与发展的。在《共产党宣言》中，马克思和恩格斯指出："工人领到了用现钱支付的工资时，马上就有资产阶级的另一部分人——房东、小店主、当铺老板等向他们扑来。"[3] 但是马克思习惯于将分析围绕剥削来展开，将阶级斗争置于理论和政治斗争的中心。在哈维

---

[1] David Harvey, *The Urbanisation of Capital*, Oxford: Blackwell, 1985; and *The Enigma of Capital, And the Crises of Capitalism*, London: Profile Books, 2010; "Brett Christophers, "Revisiting the Urbanization of Capital", *Annals of the Association of American Geographers* 101: 6 (2011), pp. 1 – 11.

[2] 戴维·哈维：《叛逆的城市》，商务印书馆，2014，第43页。

[3] 《共产党宣言》，人民出版社，1997，第23页。

看来，这样的剖析并不全面。资产阶级中的一部分人至少在发达资本主义经济中已经构成了一个依靠剥削而实现积累的巨大利益集团，通过剥削，货币被吸收进入虚拟资本的流通过程，以支撑金融体系所制造的巨大财富。哈维从分析资本主义生产方式入手来揭露资本主义社会城市化的本质及城市问题的根源。同时，他还关注了城市财政危机和城市社会运动等问题，认为城市危机也给城市的政治、社会和文化建设带来巨大冲击，会导致区域和国家的不稳定。

城市危机不仅仅在资本主义国家发生，由于经济一体化和全球网络化的发展，中国也被卷入了全球性城市危机的漩涡。中国自20世纪90年代开始进入了快速的城镇化发展阶段，到目前为止城镇化率已经突破了50%。在过去的20年里，中国的城市发展主要表现为城市的空间不断蔓延，城市基础设施建设不断完善，城市人口不断膨胀。同时，城市发展带来的负面影响也逐渐显现。流动人口的大量增加，带来了社会治安和管理方面的难题，农业资源消失速度惊人，生态环境不断被破坏，环境污染日益严重。在这一过程中，城乡空间的转换悄然发生，"空间再造"如火如荼。当前的城市建设，是以资本积累为主要目标、以利润率最大化为最终目的、以片面的GDP追求为价值追求、以制度公正相对缺陷为前提的空间再造和空间生产，农村居民和城市弱势群体的空间权益始终得不到保障。当代中国城市的空间失配表现在六个"失"上："失地"、"失业"、"失居"、"失保"、"失学"、"失身份"。城市化在改变城市面貌的同时也造成了一部分弱势群体的空间权益真空，高速的城市发展积累了大量的矛盾，加剧了空间发展的不平衡，因而造成了空间发展不平衡与社会不稳定，使中国的城市化面临重重困难。

在城市弥漫着欲望和躁动的30多年中，中国的现代化程度不断提升，但是中国的城镇化却面临着前所未有的挑战：城市发展的欲望被无限放大，城市在不断建设高楼大厦和拓宽马路的同时，城市的历史积淀和传统文化被淹没于繁华的表象世界，城市的人文底蕴被人们的欲望所吞噬。如果城市的引擎装载着欲望的燃料不断行驶，那么在城市发展中必然会释放城市的欲望，不断催化盲目发展的动力。在当前中国的城市规划中，这种不加节制的空间扩展和城市扩容被空前释放，伴随着人对空间认识的加深，空间竞争成为各国和各个城市的主战场，城市盲目的发展和建设造成了欲望的无止境扩张，城市的特色与优势正在丧失，伴随着国际化大都市和城市群的林立，城市建设中功能趋同、目标重复、产业单一、形象重复的问题更加明显。正由于中国城镇化进程中面临着如此多的问题，反思哈维的城市理论，从经济、政治和文化的多重维度思考中国的城镇化，才能趋利避害，走一条既有中国特色又可持续发展的新型城市发展道路。

3. 空间问题显现

伴随着全球化、城市化和网络化进程的深入，时空问题被赋予了新的时代语境和内容。20 世纪 70 年代以后，空间问题开始崛起，并作为一个曾经被忽视的范畴和领域得到了学术界的高度重视，西方社会科学出现了整体的"空间转向"（Space turn）。从福柯的"异托邦"到哈维的"时空压缩"，从列斐伏尔的"空间生产"、索亚的"第三空间"到詹姆逊的"后现代空间理论"，空间一词在全球化的语境中迅速崛起，正深刻地影响和改变着当代西方批判理论的阐述视野。出现这种情况并非偶然，而是有着特定的理论渊源和现实语境。

海德格尔（Martin Heidegger）在 1950 年的一次演讲中就曾指出："时间和空间中的一切距离都在缩小。过去人们要以数周和数月的时间才能到达的地方，现在坐飞机一夜之间就可以到了。早先人们要在数年之后才能了解到的或者根本了解不到的内容，现在通过无线电就可以立即知道了。……人类在最短的时间内走过了最漫长的路程，人类把最大的距离抛在后面，从而以最小的距离把一切带到自己面前。"① 从人类的空间实践看，人类空间的转换也集中在了城市化空间和全球化空间两个方面。

从全球化的视野来看，在现代交通和通信的推动下，空间的障碍被不断克服，人类越来越成为一个整体，这个世界也越来越像一个地球村，资本流动的空间壁垒被消解，各种生产要素实现了在全球空间的高效流动，人类存在的"空间共时性"正成为当代全球化的重要特征。

从城市化的角度看，20 世纪几乎所有的国家都在经历一场城市化进程，无论是发达国家还是发展中国家。大量的人口和资源在城市中集聚，城市已经成为现代经济体系最重要的空间载体，人类正在迈向一个"城市

---

① 海德格尔：《海德格尔选集》（下卷），孙周兴译，上海三联书店，1996，第 1165~1166 页。

化"时代。在这个时代,城市化与资本的关系紧密,城市空间的开发与利用受到资本化的挟制,另外各种异质文化的并存也造就了城市生活的多元性,并使之成为当代各种异质文化的孕育地和各种社会、文化问题交织的场所,这也使许多城市问题远远超越城市本身,城市社会关系的优化也成为一个庞大的系统工程。① 在我们生活的时代,城市空间已经成为工业化和经济增长的重要途径和手段,对城市空间进行研究凸显出重要性和紧迫性。因此,哈维从全球化的时代背景出发,通过揭示资本积累和全球地理空间扩张与重组之间的内在联系来解读全球化的本质,从而构建自己的不平衡发展、全球化和解放政治的相关理论。

二 提供分析城市生活的理论框架

城市本身是一个跨学科的研究领域,其问题域已经渗透到了当代城市生活的方方面面,如何厘清城市生活如此广阔的问题谱系,如何定位城市的社会性和人类实践的城市维度?哈维的城市理论为我们提供了重要的分析框架,这个框架以城市的社会性为基础,以资本与阶级的辩证关系为主线,以城市空间生产、资本城市化和全球化城市为三个主要维度。

首先,城市的社会性是哈维分析城市的重要起点。如前文所述,在哈维的视野中,人类的实践活动不断将物质自然转换为建成环境,实践活动是城市空间变迁和重组的源泉与动力,城市的社会性是哈维阐释包括资本主义在内的人类城市社会的理论基石。

其次,资本与阶级的辩证关系是哈维审视资本主义城市的核心视角,哈维开创了一种城市研究的"资本阐释学"和"阶级分析学",赋予了资本以社会经济内涵,将阶级分析看作解读人类城市社会转变的钥匙。资本对城市的重塑,或者说资本对城市的控制权是资本主义的重要特征,而阶级斗争是打破资本统治的重要方式,两者控制与反控制的斗争构成了当今城市世界的重要特征。

最后,城市空间生产、资本的城市化和全球化城市是哈维城市分析的三个主要维度。其中,城市空间的生产是哈维进行城市分析的第一个维度,哈维以空间发展过程为视角对城市发展的历程进行了探讨,并将城市

---

① 李春敏:《马克思的社会空间理论研究》,上海世纪出版集团,2012,第8页。

作为资本主义发展的必然产物。作为资本主义发展的空间载体，工业城市成为近代资本主义的主要表现形式，哈维将这种城市化看作社会关系的重组与变迁的过程。他重点关注了土地利用和城市地域空间的变化，研究了传统阶层的分化、社区的衰落和城市性的培育等方面的内容，这使哈维的城市研究显示了相当的理论深度。

研究资本的城市化是哈维城市研究的第二个维度，他将资本循环中的空间因素、市场交换、剩余价值形成过程、建成环境的分布、城市居住空间以及城市功能规划等方面作为研究的切入点，对当代人类的城市实践进行了全面的剖析，资本已经成为控制城市发展的决定性因素，因此出现了资本的城市化和城市的资本化的双向互动，这也使人类的城市实践受资本的控制与支配，城市资源的占有、使用、交换和分配都成为满足资本积累的重要手段。哈维的这种分析方式一针见血地揭示了城市的本质，从而为资本批判铺平了道路。

全球化城市是哈维城市研究的第三个维度，资本的全球化已经成为哈维城市分析的现实语境，哈维敏锐地观察到，随着资本主义、网络化和信息化的发展，人类的空间事业不断拓展，城市作为人类实践的主要场域，已经深刻影响了人类经济、政治和文化等诸多领域。在资本全球化的进程中，哈维尤其关注了三个全球化城市的问题：一是对落后民族和国家的空间剥夺问题；二是全球城市过度资本化的问题；三是虚拟资本的恶性膨胀及虚拟资本经济空间的风险问题。这三个问题不仅关系到21世纪的人类社会的重组与变迁，而且对当代人类城市社会的构建有着重要的现实意义。

综上所述，哈维的城市研究提供了分析城市社会的有益框架，这一框架既包括对人类城市社会性的宏观把握，又探析了人类城市空间生产的微观视角，既立足于对资本主义城市的现实观照，又着眼于人类未来城市社会构建的价值论探讨，为我们研究当代城市的发展提供了重要的理论借鉴。

三　提供审视当代人类城市实践的具体方法论

由于时间性向空间性转变是当代人类城市实践的重要变革，除了具体的理论范畴和体系外，哈维还阐释了值得我们深入思考和挖掘的城市分析方法论体系。具体理论易逝，但基本精神永存。哈维的城市理论对马克思空间观的再思考也正是基于对这一方法论体系的考量。

具体来说，我们可以把哈维城市研究的方法论体系概括为以下四个面向：资本的面向、阶级的面向、整体的面向和批判的面向。

第一，资本的面向，体现了哈维对资本主义城市空间生产特征的深刻把握。在哈维的研究视野中，资本积累依靠对空间的组织，资本运动需要不断突破空间的障碍，进而使空间资源成为可以自由取用的"物品"。在这一过程中，资本要不断跨越城市、地区和国家的界限，创造越来越多的生产地点和消费地点，这是资本扩张的本能。当一个地域的利润率出现下降的趋势时，资本就会转而投向其他地方，造成某一地区繁荣而另一地区衰败的双重图景。在这个意义上，哈维指出，创造世界市场的趋势已经现实地蕴含在资本的概念之中。资本对城市的塑造是资本主义空间生产的重要特征，只要资本主义存在，这种特征就会显现并对现实空间实践发生作用。当代资本主义的城市景观虽然出现诸多变迁，但这一特征并未改变，相反资本的逻辑不断被强化，成为理解资本主义全球扩张的一把钥匙。

第二，阶级的面向。阶级分析是正确认识社会现象的阶级本质及其发展规律的重要方法。马克思的阶级分析论最成功之处在于他成功地运用了历史唯物主义的理念，深刻地揭示了阶级只是一个历史概念，与生产发展到一定程度的历史现实相关；阶级斗争的重要结果是导致了无产阶级专政；专政的目的是消灭阶级差异，进而过渡到一个自由平等的无阶级社会。以上是马克思主义关于阶级学说的最核心论点。这一学说揭示了19世纪阶级的本质特点，并揭示了人类社会的重要规律。马克思主义的阶级分析法至今仍是我们分析社会的重要视角，哈维同样运用了马克思的阶级分析观点，向我们展示了信息资本主义社会中的新阶级关系及政治危机，对我们分析当代城市革命问题、观察和研究阶层和社会问题提供了重要的指引。哈维的阶级分析始终围绕着资本主义去地域化的主题展开，将阶级斗争放置于全球地理学层面加以分析，从工人群体社会身份失落、平民阶级内部差异化加深和跨国资本家阶级形成等几个视角向我们展示了当前阶级斗争的多样性和复杂性，最终从反抗全球化的阶级压迫角度出发，为我们提供了克服阶级差异的方法。保持着鲜明的阶级立场和敏锐的观察力是哈维阶级分析的主要特点，因此也成为哈维研究的重要视角。

第三，整体的面向。整体性研究是马克思主义城市研究的重要方法，强调城市研究诸多方面的相互依赖、相互影响、相互构建的统一关系。哈维也延续了这一研究方法，将城市社会的发展演变看作一个整体，这一整体由不同的发展阶段组成，城市的政治、经济、文化和社会发展也是一个密不可分的整体，在城市研究中占有同等重要的地位，任何一方面都不可忽略，也不能用其他方面代替。这种方法是对马克思单纯进行经济批判研究方法的一种超越和延伸。而且在研究中，哈维也关注了普遍性与一般性、原因与结果的相互转化等方面，将对现实城市的审视放置于对人类城市实践的"一般性"把握中，这使他的城市研究既不脱离历史的视角，又与现实紧密联系，把城市当作时间、空间、经济、政治和文化等因素相互建构的实体，从整体的视角把握城市的本质与发展规律。

第四，批判的面向。哈维的城市理论分析始终与他对资本主义的批判相结合，这种思考不满足于一种纯粹的理论建构，而是始终积极地面对资本主义的现实生产实践，尝试对其进行理论释义和现实干预。哈维通过对现实社会的批判实现了哲学观的转变，在对资本主义生产关系的经济学批判和空间批判中丰富了历史—地理唯物主义。哈维的城市批判理论是多维的，涵盖了从资本城市化到阶级关系、资本积累与城市异化到城市的等级化与人的城市生存困境等多个方面。而要消除资本主义城市的矛盾和危机就必须扬弃资本的逻辑。总的来说，哈维后半生的政治经济学研究已经深入了资本主义生产方式的全部现实中，也是在解释资本主义生产关系的规律中，在批判资本及其逻辑所无法克服的内在矛盾中，他实现了对历史—地理唯物主义和政治经济学的双重构建，将哲学的批判理性和具有经验实证性的经济学研究有机地结合起来。在这里，批判的视角使哈维的城市理论彰显出一种价值理性和人性关怀。

第三节　大卫·哈维城市研究与中国城镇化实践

中国的城市始终处于不断发展与变革中，在前后相继的发展之中建设有中国特色的城市始终是中国城市发展追求的终极目标。有很多学者曾反思，当代都市被钢筋水泥所包围，生硬冰冷，面无表情，感觉不到人性的温情与情感的温度。不可否认，在中国城市建设中千城一面问题在当下尤为突出。在各级的城市规划中，我们看到的都是要建设国际化大都市，努力赶超发达国家等字眼，在发展思路上急功近利，在城市建设上贪大求洋，破坏了城市原有的生命节奏与吸引力，更隐没了城市的文化维度，割断了人与城之间的深厚情感，城市成为空洞的经济空间，人的情感隐没于繁忙的工作与生活之间。剖析其深层次原因，是中国的城市规划迷失了真正的方向，中国的建筑缺失了自己的文化品位。简而言之，这是城市规划建设的文化迷失，灵魂缺失。建筑是文化的载体，谋划城市的"成长坐标"，必须注重城市的内在文化肌理，多一些对历史的尊重与敬畏，保留城市风貌的整体性、文脉的延续性，让因地制宜成为遵循，让千姿百态成为追求。在这方面，哈维的城市研究有较高的借鉴价值。

一　大卫·哈维的城市研究对中国城镇化的启示

早在1980年，李铁映、钱学森等人就提出要建立城市科学，开展城市学研究。但从总体上说，城市学在中国还没有成为一门显学，与快速推进的中国城市化实践相比，理论研究相对滞后。当前，中国的城市化进程不断加速，城市的繁荣使发展中的中国发生了天翻地覆的变化。正如美国经济学家斯蒂格利茨所预言的那样，中国的城市化和以美国为首的新科技革命将是21世纪对人类社会影响最重大的历史事件。但是事物的两面性告诉我们，城市化的快速发展所带来的变化也不都是积极的，城市化既可以改变城市面貌和提高人民的生活品质，又可能引发环境污染、住房紧张、人口膨胀、交通堵塞、历史文化遗产丧失、城市个性与特色消亡等城市问题。如果城市搞不好，"拉美现象"、"拉美陷阱"就是最好的反面教材。现在中国城市发展中所暴露出的诸多问题，究其根源都是没有将城市看作有生命的存在，而是把城市进行了碎片化和片段化处理，结果处理不当，带来很多城市病。因此，我们要寻找解决城市发展问题的"药方"，就必须吸收国外的先进理念，从整体和系统中把握城市发展的规律。哈维的城市思想是对资本主义城市危机的反思，对解决中国城市问题有着重要借鉴意义。

第一，哈维的城市理论为我们处理中国新型城镇化进程中的地域发展不平衡问题与空间矛盾提供了有益的思路。伴随着中国的城镇化率突破50%，中国已经进入了城镇化加速发展阶段。但是中国的城镇化不同于西方国家，属于国家政策驱动和市场驱动的"双核"驱动模式。当前，城市的土地城镇化远远快于人口和社会的城镇化，城市空间结构发生重大变化，也给城市带来了种种风险。一方面，城市土地的市场化速度过快，城镇化主要依靠资本驱动，而人口和社会的城镇化相对滞后，导致了城镇化质量不高，社会矛盾愈加突出的社会现象。在哈维看来，资本通过地理扩张和空间重组虽然可以暂时缓解资本的贬值，但是从长远来看，通过向基础设施投资，特别是向运输、通信、教育和科研等方面投资，或者出台计划法和设置管理机构来协调地区性投资，只能暂时缓解过度积累的问题，但却不能从根本上吸收过剩的资本，最终还是会导致经济危机。因此，中国的城镇化建设更要注重城市的可持续发展，处理好人与自然、人与社会的关系，避免城市危机的发生。另一方面，中国城市发展的区域空间不均衡现象十分突出，主要表现在东部沿海发展水平高于内陆，大城市发展水平高于中小城市，城市发展水平高于农村。哈维也关注到了空间发展不平衡问题，虽然他的研究是放眼于全球范围，但是放置于一个国家也同样适用。区域的不平衡发展往往会导致发达的中心地区对边缘地区的剥削，致使发达地区成为资本积累的中心，而边缘地区则成为被掠夺的对象。区域不平衡发展的局面会不断加剧，导致国家的不均衡发展。因此，在制定规划时，中国要控制好大、中、小城市的规模和数量，保证城市间的协调、均衡发展，避免贫富差距过大，促进经济、社会的快速健康发展。

第二，哈维从全球的视野出发，分析了资本流动的特点以及资本积累的模式，对中国在全球分工中取得有利位置提供了参考和方向。当今世界，资本流动早已超越了国家和区域的范围，资本的全球性流动给中国带来了新的机遇，同时也带来了不可预计的潜在威胁。在哈维看来，资本的本性就是生产剩余价值，创造利润，因此它会为了避免过度积累导致的经济危机，将资本输入非资本主义地区，开拓资本积累的新空间，通过利用当地廉价的劳动力和原材料，创造新的剩余价值以维持资本主义的发展。全球化是一把双刃剑，一方面为各国发展提供了更加广阔的空间；另一方面作为资本主义的空间扩展策略，它也将全球生产体系都纳入了资本主义的生产体系中，加大了资本主义对世界的控制。因此，我们也要清醒地认识到，资本主义国家大量资本的涌入，除了为中国的发展提供资金以外，也在无形中剥削和掠夺了中国的空间资源和劳动力。当中国的城市发展到一定程度，不能满足资本积累的需要时，这些资本就会流向更加落后的国家，造成中国城市的衰落。这种情况在资本主义的发展史中屡见不鲜。因此，要在全球化的空间中谋求自身的发展，中国必须要强调自主创新，调整产业结构，发展高新技术产业和高附加值产业，努力改变自身在全球劳动分工空间布局中的不利地位。

第三，哈维关于城市公平与正义的思考为中国城市正义理念的确立与实践提供了重要的思维起点。当前，中国的城镇化还处于低级阶段，并未实现公共服务和社会权益的均等化。公民在空间资源和空间产品的生产、交换、分配和消费中仍存在诸多的不平等、不公正现象，这在以农民工为代表的城市弱势群体中表现尤为突出。从某种意义上来说，中国社会的阶层分化和矛盾正在加剧。因此，积极化解空间资源占有和使用中的紧张关系，合理分配空间使用权，也是我们面临的严峻挑战。哈维在《城市与正义》一书中曾详细地描述了发达资本主义国家空间不平等的社会现象，社区隔离、种族不平等社会问题，严重制约了城市的发展，他提出把空间和地理学原则应用于空间生产和空间资源配置领域，以实现公民空间权益的社会公正与公平。哈维对构建城市的空间正义提出了六点建议，即"减少劳动力剥削、解放受压抑人群、赋予弱势群体权利、消除霸权主义、合理的社会控制、削减社会工程的负面影响"。[①] 这对解决中国城市问题也提供了有益的思考，我们应当在优化空间生产和分配机制方面做出更多努力，使发展的成果惠及全体国民，协调好空间资源关系上的矛盾，促进社会各阶层协调、同步发展。

第四，哈维推崇伦理情感，将地理学融入人类日常生活和俗世立意的思考，为中国发展"以人为本"的城市发展伦理观提供了重要的基础与借鉴。哈维在著作中曾明确指出，自然科学貌似是客观存在，但实际上并不具备伦理的中立性。科学家们都认为，科学的结论是经过实证和经验研究得出的结论，由此可以逃避意识形态的控制，科学的研究方法可以保证还原事实的真相和得出结论的伦理中性与客观性。这种观点在自然科学界普遍存在，在社会科学界也正在蔓延，科研工作者都力图揭示所谓的客观规

---

① David Harvey, "Social Justice, Postmodernism and the City", *International Journal of Urban and Regional Research*, 1992 (16), pp. 588.

律，而摆脱人为因素的控制。然而，这种"自以为是"的姿态本身就显示了某种"伦理"的维度，科学家们无疑走入了"伦理"和"意识形态"概念误区。① 因此，他创造性地提出了"民族地理学"的新论断，认为地理学必须深切观照到人类的日常生活："必须要有群众基础，渗透到日常生活纹理之内，并深深扎根于人民群众意识的泉源之处。"② 正是在这样的"日常生活的纹理"中，他的空间理论充满了人情的温度。在研究方法上，哈维从米尔斯（Charles Wright Mills）那里汲取了重要营养，主张地理学应充分发挥"社会学的想象力"，与社会理论之间形成一种良性的互动，"地理学和社会理论的交叉点，就是新的世界概念和新的积极干预可能性得以结晶成形的关键点"③。哈维的人文地理学思考为中国的城市发展提供了重要的借鉴。改革开放以来，中国的城市发展犹如一列高速列车不断前行，当前城市工作进入了历史的拐点，向更有质量的方向变轨是城市发展的必经之路。"以人为本"的城市实际上就是全社会共同参与治理的城市。城市以人民为中心，人民城市人民建，建好城市为人民。2015 年的中央城市工作会议对公众参与提出四个"共"，即共治共管、共治共享，是公众参与理念在政策要求层面的充分表达。而在政策的落实中，我们更应该将城市融入公民的日常生活之中，真正让人民成为城市的主人。

总而言之，哈维对城市的反思和批判为我们认识城市开辟了新的视角。他突破了空间的狭隘性，将城市纳入社会关系中，将其看作国家和社会发展的能动力量，而不是被改造的对象，这对中国城市发展和现代化建设具有重要的借鉴意义。在中国城镇化建设的过程中，我们既要肯定资本对改造城市面貌的重要性，又不能过度依赖资本驱动，而要更加注重城镇化的质量和可持续发展，维护城市的空间和社会正义，构造健康、协调、生态的城镇化体系。

二 当前中国城镇化发展道路的哲学思考

城市不仅仅是一个承载各种设施的"容器"，也是人类社会关系的

---

① 吴红涛：《现代地理科学的伦理之境——兼论大卫·哈维空间理论的知识界点》，《自然辩证法通讯》2014 年第 2 期。
② David Harvey, *Spaces of Capital*, New York: Routledge, 2001, pp. 116.
③ David Harvey, *Spaces of Capital*, New York: Routledge, 2001, pp. 118.

集中体现。城市既承载着人民对美好生活的向往，也体现着一个国家的社会治理水平和社会发达程度，不能充分满足人们生活和发展需要的城市，不能给人们带来愉悦和满足的空间，就不能称为温馨的家园。城市不仅作为多元要素之一参与构建了各个文明形态，甚至可以说还为这些元素得以共同塑造现代世界提供了最重要的物理空间。因此，在未来的城市建设中，我们不能再延续粗放的城市发展模式，而需要坚守"城，所以盛民也。民，乃城之本也"的发展理念，让人们在城市的生活更加便利、更加舒心、更加美好，让城市充满人性的温情。这需要中国的城市建设坚定地走以马克思主义理论为指导的城市发展之路，走出中国特色的城市发展道路，让城市更加宜居、更聚人心，更有中国气派、中国风格。

（一）城市哲学：哲学在城市社会语境下的具体形态

在工业革命以来，城市成为人类最集中的生活空间，这改变了当代西方哲学的阐述视野，使城市哲学从广义的西方哲学中细化出来，成为认识和研究城市化、全球化和网络化时代的重要手段，成为理解人类生活方式改变与重构的重要视角。很多学者将城市哲学与城市社会学、经济学、地理学、政治学和文化学等多个领域相嫁接，以期获得更为深刻的认识，这方面研究近年来取得了丰硕的成果。正如列斐伏尔、卡斯特、哈维、索亚等城市学家为我们呈现的不同视角的交叉与融合一样，城市哲学已经从对城市问题的基本解读上升为对城市本质的探寻，从不同学科视角剖析当代资本主义城市的哲学意蕴，已经成为当代城市研究的重要组成部分，虽然这种研究模式仍然不够成熟，但是代表着西方哲学未来研究的发展方向——将民族的、历史的、阶级的哲学融合为综合哲学和世界哲学，这既是现代人类哲学发展的根本趋势，也是全球化时代必然的且唯一的归宿。毫无疑问，如果人类在网络化与全球化的当下仍然需要走向某种形式的统一，那么人类哲学必然会走向世界哲学与综合哲学的统一。基于以上认识，在当下构建城市哲学与发展哲学，要从多学科、多视角加以观察，要从城市形成与发展的历史长视角加以梳理，要从全球化与网络化的现实出发，研究城市与经济、政治、文化的多重关系，从整体和综合的角度加以总结和梳理。城市哲学对于指导城市实践和推动城市基础研究的创新，有着普遍的方法论意义。

所谓城市哲学，也就是城市与哲学的深层关联、自觉互动，是人们对诸多城市问题所进行的系统而全面辩证的哲学反思；在具体内容上，城市哲学，是对城市的本质、城市化发展模式、发展方向、发展规律、城市化的意义与价值等问题所进行的哲学沉思。[①] 当前，城市化已经成为引领世界经济发展的重要潮流，代表着当今世界最重大的现实发展问题。城市化过程中出现的各种问题和现象，尤其是深刻改变城市面貌的诸多社会关系，已经影响了城市的发展方向和世界的未来走向。应该说，我们当今的时代已经与城市命运紧密联系，是一个人与城市辩证存在的时代，人的行为改变城市样貌，同时城市也在改变人的意识形态和生活方式。城市问题既是复杂的又是多面向的，这决定了城市哲学不可成为真空的区域，它已经成为哲学在城市社会语境下的具体形态，城市哲学的运用将有效指导城市的理性发展。

无论是从本体论还是意义论的层面看，想要把握城市哲学的发展脉络，都要观察人与城市之间的密切关系，这是"城市哲学何以可能"的核心依据。人生活在城市的建成环境中，因此往往是通过认识城市来认识自己，这是城市化与城市语境下，人对自我认知的最新依据。城市在带给人们更多工作、休闲和愉悦的同时，也深刻地改变了人的生活方式与意识形态。用哈维的方式来理解当今城市，一个很重要的观点是城市给市民带来了深刻的精神危机和阶级冲突，这是我们必须面对而无法回避的问题。人类有能力把握日益膨胀的城市么？城市是不是人类的终极家园？城市能否给人们带来更多的幸福感，能否给人提供精神上的终极慰藉？这诸多问题的存在，要求我们建构一种对城市、城市人进行深切人文关注的城市哲学。[②]

中国的城市化问题已经引起了学界的高度关注，城市化给中国带来高速发展的同时，也埋下了城市危机的种子。因此，当前我们更需要建构一种从城市问题出发，全面揭示城市化规律，厘清中国城市发展具体原则、核心理念的城市哲学。在有中国特色的城市哲学的建构中，我们要始终以

---

① 陈忠：《关于城市的哲学沉思——论城市哲学的建构》，《城市问题》2011 年第 2 期。
② 陈忠：《关于城市的哲学沉思——论城市哲学的建构》，《城市问题》2011 年第 2 期。

中国当下现实的城市问题为出发点，以马克思主义理论为指导，以解决中国城市的突出矛盾为导向，这既是构建中国特色城市哲学的必经之路，也是发展城市学研究的根本目的。

(二) 城市意义的重构：中国城镇化的内在需要

城市意义，是城市研究的基础性问题。在理论意义上的城市意义，就是对城市本质的反思与规范性把握；实践意义上的城市意义，则是在城市历史发展中生成和显现的城市本质。对于什么是城市意义，以及遵循怎样的城市意义的思考在几百年前就已经有了启蒙。历史学家斯本格勒曾说过："一切伟大的文化都是市镇文化，这是一件结论性事实。"[1] 我们可以认为，近五百年来人类取得的长足发展，总是与城市息息相关的，城市的重要价值之一就是可以塑造新的文化与意识形态，这也是人类对城市向往与崇拜的重要原因。城市对文化的塑造力量早在中世纪时期，就已经引起了人们的注意。意大利著名的政治哲学家乔万尼·波特若在《论城市伟大至尊之因由》一书中曾解释了"城市伟大文化"的建构与认知。"何谓城市，及城市的伟大是什么？城市被认为是人民的集合，他们团结起来在丰裕和繁荣中悠闲地共度更好的生活。城市的伟大则被认为并非其处所或围墙的宽广，而是民众和居民数量及其权力的伟大。人们现在出于各种因由和时机移向那里并聚集起来：其源，有的是权威，有的是强力，有的是快乐，有的是复兴。"[2] 他对城市精辟而有力的论述揭示了城市存在的重要意义，虽然不能摆脱对王权价值的认同，但在当时的历史条件下能够发现城市的价值仍然十分不易。在对于如何创造城市伟大文化的方式与途径方面他也说"要把一城市推向伟大，单靠自身土地的丰饶是不够的"[3]。城市的形成与发展，建设与创新，最终要靠一个开放的环境，一个公平的社会，一个自由与包容的思想。

几百年来人类社会的工业化、现代化与城市化历史不断印证了城市意

---

[1] 奥斯瓦尔德·斯本格勒：《西方的没落》，齐世荣等译，商务印书馆，2001，第199页。
[2] 乔万尼·波特若：《论城市伟大至尊之因由》，刘晨光译，华东师范大学出版社，2006，第3页。
[3] 乔万尼·波特若：《论城市伟大至尊之因由》，刘晨光译，华东师范大学出版社，2006，第3页。

义对城市发展的重要性,越来越多的学者参与了这一问题的研究。在芒福德看来,城市是以文化为轴心的综合容器;索亚认为,城市是不同要素的有机聚集体;列斐伏尔与哈维则看到城市是一种人造、人化的综合空间,城市也就是人对空间的具体生产;在科特金看来,城市是一种人所建构起来的新秩序,"城市也代表着人类不再依赖自然界的恩赐,而是另起炉灶,试图构建一个新的、可操控的秩序"。[①] "人类用了 5000 多年的时间,才对城市的本质和演变过程获得了一个局部的认识,也许要用更长的时间才能完全弄清它那些尚未被认识的潜在特性。"[②] 由此可见,人们对城市意义的认识还处于过程中,在不同的时代城市意义也有着不同的内涵与外延。城市与伦理是一个双向构建的过程,一方面城市建筑是具有伦理意识的人所构建的,另一方面,建筑又实践性地构建了人们的生活方向和伦理取向。伦理性是空间构成、生产和转换的最重要基本属性。因此,构建合理的城市空间秩序要将伦理作为意向性的、规范性的、秩序性的因素来考虑。

资本主义城市化已经具有了超凡的广度和复杂程度,它创造了一种以人为中心的"第二自然",随之而来的是通过意识的城市化、空间的生产以及意识形成的不同场所之间特殊的相互关联生产出了一种全新的人性。当我们提到城市社会这一概念时,我们所关注的绝不仅仅是一种城市的空间形态。城市社会归根结底是一种文化象征,是一种价值观、行为准则和社会关系的统一体,这个系统有着自己的演进过程和发展逻辑,因此也就出现了关于意识形态城市化的探讨。有学者提出城市本质上是文化的产物,或者说城市是特定社会关系体系(城市文化)的产物。虽然这种说法有些以偏概全,但是从某种意义上来说也不无道理。因此,当我们讨论中国城市内涵缺失和核心价值观等意识形态问题的时候,我们也应该关注城市意义的构建。

城市的意义是个人和群体性格形成的速记,这种性格的形成不是基于阶级而是基于多元的认同——领土的、性别的、人种的、种族的和更广泛的共同体的概念。这些通常反映了一个特定地方人们相互之间的关系,以及人与城市和国家之间的关系。纵观当今世界,城市已经成了个

---

① 乔尔·科特金:《全球城市史》,社会科学文献出版社,2006,第 5 页。
② 刘易斯·芒福德:《城市发展史》,中国建筑工业出版社,2005,第 2 页。

人经验、实践并对围绕在他们周围的世界转型与结构的总体性做出反应的基本层次。资本主义创造了新的城市，城市创造了复杂的意识，在意识形态无序和盲从中，我们建立了时空的新维度，创建了社会权力及其合法性，统治形式和社会互动方式，通过生产和消费关系延伸出了新的人与自然的关系，人性、市民社会、经济利益、政治生活构成了我们意识的基本维度。近年来，中国的城市化以飞快的速度发展，急剧的城市形态变化产生了群体的新模式，这种变化本身是一种螺旋上升的主题，起始点是静态的空间关系，经过分配、生产和劳动市场、再生产等一系列过程，空间按照城市现实的历史地理需要形成了独特的意识形态，并将意识的变化带入城市空间的运动状态之中。空间的重组会产生相互矛盾的结果，工人阶级成为相对独立的存在，城市中心的去工业化、家庭和工作场所的分离，以及城市发展带来的住宅隔离等，使工人阶级的空间存在发生了巨大变化，家庭、工作场所和生活地之间的纽带被人为切断了，住宅区日常的相互作用的跨阶级模式也不复存在，不同地区的功能分区更加明确，工人阶级的传统格局发生了质的变化。这样的改变使一种不是基于阶级而是共同体的新型意识得以发展，这种意识分割弱化了工人阶级的可能政治性，但是分化了的城市多元化又压倒了资本主义阶级结构的简单性，塑造了多样和多面的城市意识。因此，我们可以认为，新的社会是内在原子化的，这就赋予了阶级意识一种革命的不可能性。在笔者看来，一旦物质和社会关系被地理学制度化和物化，就会成为具有特殊意义和硬度的城市生活的复杂密码。城市符号学强化了这种空间的结构化，并进入意识的城市化进程中。当前，中国的城市意义就是要构建一种"空间—伦理生态"，将伦理精神贯穿于城市空间建设的各个方面，构建以城市意义、城市精神、城市信仰为统领和整合力量的实体空间、社会空间和文化空间。

后 记

从严格意义上来说，大卫·哈维不是一名纯粹的哲学家，也不是一个经济学家、历史学家或者社会学家，很多人将他归类为左翼激进的马克思主义学者。然而在他的著作中，我们发现了对各种各样的哲学问题的回应，也有对经济学、历史学、社会学、人类学等专门化问题的挑战与分析。他为何会涉及如此多的问题，又为何使这些错综复杂的问题得到了合理的回答？那是因为哈维的思想是全方位的，它获得了一个总体，甚至是建构了一个总体。大卫·哈维不是一名经典意义上的哲学家，实际上他极力地想要超越哲学的领域，寄希望于改变生活的性质和社会秩序，而不仅仅是满足于理解和解释它们。大卫·哈维坚持了哲学对一种连贯整体的需要，将时间经验结合起来，要求关于未来的知识和预见。他始终坚持与时俱进的研究方法，用一种交互的（Reciprocal）和反向（Inverse）的发展方式重构当代现实的起源，用历史—地理唯物主义研究城市的演进过程与矛盾。可以说，哈维对城市问题的研究是反思性的，而且涉及了史无前例的论题，这样做并非要质疑当下主流的城市研究成果，而是要将这种研究置于一种新的观点之下。正是因为对城市独树一帜的研究模式，使得他的城市研究具有重要的理论和实践价值。

本书的写作有两个重要的目的。

首先，是解释大卫·哈维城市理论的一些基本概念。哈维从四个主要来源出发提出了这些概念：马克思和恩格斯的主要论述；卢森堡和列宁的城市观点；芝加哥城市学派对城市的认识以及新马克思主义城市学研究的最新成果。他对以上城市理论并非进行混合与折中，而是对哲学、政治经济学和政治学进行了彻底的批判。先驱们的城市视野被民族的和个人的狭隘性所限制，而本书希望向读者展示哈维是如何利用批判的方法扩展和超越了这些观念的。另外，也希望能够表明，他的新观念起源于何处（实践、社会和社会关系、革命等），它们又是如何通过提高层次而被连接起来并形成一个整体的。笔者在本书中已经努力阐明了这一过程和方法。

其次，本书的研究不是从大卫·哈维的著作中挑选某些段落，并将其与作为一门特殊科学的现代观念联系起来，而是努力在这些段落中识别出一种研究的方法和研究领域。笔者反复努力证明，哈维的方法在何种意义上隐含着一个构成或者重构，探索或者创造一个总体的规划，以及建构怎样的未来，以期完整地、立体地呈现他思想的深度和广度。

最后，笔者还要说明和证实贯穿于本书的一个主张：对于理解当今的城市世界，大卫·哈维的思想不仅是充分的，而且是必要的。在我们看来，尽管其基本观念还存在需要补充、完善和说明的地方，但它是所有此类观点的集大成者。他的城市理论是当代国外马克思主义研究的一个重要组成部分，是具有原创性的、富有成效的和不可取代的学术观点，在当代哲学和马克思主义发展史中占有重要的学术地位。

本书是笔者马克思主义城市研究三部曲中的第二部，从接触到空间与城市问题至今已经经历了十年的时间，在这十年中我感谢在研究中为我提供帮助的各位老师和同人。在吉林省社会科学院，我很荣幸地成为一名城市问题的科研工作者。在城市发展研究所，我们创建了关于城市和区域规划与发展和马克思主义城市理论研究两个智库研究方向，创建了吉林省城乡发展研究实验室，在城市和区域发展领域的成绩斐然，也为我本人的发展提供了良好的平台。在研究中，我并没有试图解决已经出现的各种争论，没有寄希望于能够定义一个关于城市和区域研究的全新领域，而是强调，大批地理学家和规划学家所要解决的关键问题，是对批判性城市视角进行实践和政治应用，以此推进中国特色城市化的理论与实践研究，发展有中国特色的城市理论与发展哲学。

最后，我要感谢吉林省社会科学院的各位领导和同事，感谢他们在科研工作中为我提供的指导与支持。感谢我的家人，在我成长道路上给予的包容与鼓励。感谢吉林省社会科学院为本书提供的出版资助，感谢城市发展研究所各位领导和同事长期以来对我的关心和爱护。现在本书虽已完成，但我深知自己的写作与预期的目标有很大差距，只能感叹"虽不能至，心向往之"。由于本人的水平有限，难免会存在疏漏与不足，在城市问题的理解上也存在偏差与片面，挖掘的深度不够，需要今后进一步研究与深化。真诚地期待各位专家、师长的批评、指教。

参考文献

马克思主义经典文献

1. 《资本论》（第1、2、3卷），人民出版社，1975。
2. 《政治经济学批判》，中共中央党校出版社，2013。
3. 《马克思恩格斯选集》（第1、2、3、4卷），人民出版社，1995。
4. 《马克思恩格斯全集》（第1卷），人民出版社，1958。
5. 《马克思恩格斯全集》（第2卷），人民出版社，1958。
6. 《马克思恩格斯全集》（第3卷），人民出版社，1958。
7. 《马克思恩格斯全集》（第12卷），人民出版社，1974。
8. 《马克思恩格斯全集》（第23卷），人民出版社，1972。
9. 《列宁选集》（第1、2、3、4卷），人民出版社，1972。
10. 卢森堡：《资本积累论》，三联书店出版社，1975。
11. 《剩余价值学说史》（《资本论》第4卷），郭大力译，上海三联书店，2009。

译著

1. 爱德华·苏贾：《第三空间——去往洛杉矶和其他真实和想象地方的旅程》，上海教育出版社，2005。
2. 爱德华·苏贾：《后现代地理学》，王文斌译，商务印书馆，2004。
3. 爱德华·苏贾：《后大都市—城市和区域的批判性研究》，李钧等译，上海教育出版社，2006。
4. 大卫·哈维：《希望的空间》，南京大学出版社，2008。
5. 大卫·哈维：《后现代的状况——对文化变迁之缘起的探究》，商务印书馆，2004。

6. 大卫·哈维：《正义、自然和差异地理学》，上海人民出版社，2010。
7. 大卫·哈维：《新帝国主义》，社会科学文献出版社，2009。
8. 大卫·哈维：《巴黎城记——现代性之都的诞生》，广西师范大学出版社，2010。
9. 大卫·哈维：《资本的空间：批判地理学刍议》，群学出版有限公司，2010。
10. 大卫·哈维：《资本之谜：人人需要知道的资本主义真相》，电子工业出版社，2011。
11. 大卫·哈维：《跟大卫·哈维：读〈资本论〉》，上海译文出版社，2014。
12. 大卫·哈维：《叛逆的城市》，商务印书馆，2014。
13. 大卫·哈维：《地理学的解释》商务印书馆，1996。
14. 亨利·列斐伏尔：《空间与政治》，上海人民出版社，2008。
15. 马克·戈特迪纳：《城市空间的社会生产》，江苏凤凰教育出版社，2014。

国内专著及论文

1. 高鉴国：《新马克思主义城市理论》，商务印书馆，2006。
2. 黄凤祝：《城市与社会》，同济大学出版社，2009。
3. 包亚明：《后现代性与地理学的政治》，上海教育出版社，2001。
4. 包亚明：《现代性与空间的生产》，上海教育出版社，2003。
5. 赫曦滢：《历史的解构与城市的想象》，社会科学文献出版社，2015。
6. 赵培：《资本的哲学——马克思资本批判理论的哲学考察》，人民出版社，2014。
7. 唐旭昌：《大卫·哈维城市空间思想研究》，人民出版社，2014。
8. 曼纽尔·卡斯特：《一个跨文化的都市社会变迁理论》，陈志梧译，《国际城市规划》2006年第121期。
9. 曼纽尔·卡斯特：《城市意识形态》，《国外城市规划》2006年第2期。

外文文献

1. David, H., *Social Justice and the City*, The Johns Hopings University

Press, 1973.
2. David, H., *The Limit to Capital*, Basil Blackwell, Oxford, 1982.
3. David, H., *Consciousness and the Urban Experience - Studies in History and Theory of Capitalist Urbanisation*, The John Hopkins University Press, Maryland, 1985.
4. David, H., "The Urbanisation of Capital", in Gregory Derek and Urry John, *Social Relations and Spatial Structures*, The Macmillan Press Ltd, Houndsmills, Basingstoke, Hampshire and London, 1985.
5. Harvey, D., *The Urban Experience*, Oxford UK & Cambridge USA: Blackwell Publishers. 1989.
6. Castells, M., *The Urban Question - A Marxist Approach*, Trans: A. Sheridan, Edward Arnold, London, 1979.
7. Castells, M., *The City and the Grassroots - A cross - cultural Theory of Urban Social Movements*, Edward Arnold, London, 1983.
8. Gündoğan, E., "Conceptions of Hegemony in Antonio Gramsci's Southern Question and the Prison Notebooks", New Proposals: Journal of Marxism and Interdisciplinary Inquiry, Vol. 2, No. 1 (November), 2008.
9. Gündoğan, E., *Marxian Theory and Socialism in Turkey, A Critique of the Socialist Journal Aydinlik*, VDM Verlag, 2009.
10. Gottdiener, M., "Urbanisation, Consciousness and the Limits of Capital Logic", International Journal of Urban and Regional Research, Vol. II, N. 1, 1987.
11. Gottdiener, M., *The Social Production of Space*, University of Texas Press, Austin, 1988.
12. Harloe, M., Introduction, in Captive Cities - Studies in the Political Economy of Cities and Regions, John, Wiley and Sons, Chichester, New York, Brisbane, Toronto, 1978.
13. Marx, K., Capital - A Critique of Political Economy, 3 Vol., Penguin Classics, 1992.
14. Martins, M. R., "The Theory of Social Space in the Work of Henri Lefebvre", in Forrest R. et al. (eds.), *Urban Political Economy and Social Theory*, Aldershot, Gower Publishing, 1982.

15. Massey, D. , "Social Justice and the City: A Review", *Environment and Planning A*, Vol. 6, 229 - 235, 1974.
16. Martindale, D. , "Prefatory Remarks: The Theory of the City" in Max Weber, The City, The Free Press, New York, Collier - Macmillan Ltd. , London, 1996.
17. Paterson J. L. , David Harvey's Geography, Croom Helm London and Canberra, Barnes noble Books, Totowa, New Jersey, 1984.
18. Peet, R. J. , and Lyons, J. V. , Marxism: Dialectical Materialism, Social Formation and the geographic Relations, in Harvey, M. E. , and Hooly, B. P. , Themes in Geographic Thought, Croom Helm, London, 1983.
19. Saunders, P. , Social Theory and the Urban Question, Hutchinson, London, Melbourne, Sydney, Auckland, Johannesburg, 1981.
20. Saunders, P. , and Loyd, J. , "Political Economy and the Urban Question" in Saunders, P. , 1981, Social Theory and the Urban Question, Hutchinson, London, Melbourne, Sydney, Auckland, Johannesburg, 1981.
21. Smith, M. P. , City, State and Market - The Political Economy of Urban Society, Blackwell, Cambridge, 1992.
22. Soja, E. W. , Postmodern Geographies - The Reassertion of Space in Critical Social Theory, Verso, London - Newyork, 1990.
23. Topalov, C. , Capital, History and the Limits of Economics, Book review essay, International Journal of Urban and Regional Research, 7, December, 1983.
24. Lefebvre, H. , (1973), The Survival of Capitalism - The Relations of the Relations of Production, English Trans: F. Bryant, Macmillan Limited, USA, 1976.
25. Lefebvre, H. , (1974), *The Production of Space*, English trans: D. N - Smith, Blackwell, Oxford UK and Cambridge USA, 1998.
26. Lefebvre, H. , *Writing on Cities*. Selected, Translated and introduced by Eleonore Kofman and Elizabeth Lebas, Oxford: Blakwell Publishers, 1996.
27. Lefebvre, H. , *Key Writings* , cited by Stuart Elden, New York: Continuum . 2003.

28. Lefebvre, H. and Kolakowski, Leszek, Evolution or Revolution, In Fons Eldens, *Reflexive Water*: *The Basic Concerns of Mankind*, London: Souvenir Press, 1974.
29. Lefebvre, H., Space: Socail Product and Use Value, In J. Freiberg, ed., *Critical Social Sociology*: *European Perspective*, New York: Irvington Publishers, 1979.
30. Paterson J., L., *David Harvey's Geography*, Croom Helm Ltd., 1984.
31. Low, L. P., "Class, Politics, and Planning: from Reductionism to Pluralism in Marxist Class Analyses", *Environment and Planning A*, V01. 22, 1990.
32. Taylor, P., "Commentary 1", Classics in Human Geography, *Progress in Human Geography*, 16, 1, 71–4, 1992.
33. Pickvance, C. G., "Introduction: Historical Materialist Approaches to Urban Sociology" in ed., C, G. Pickvance, *Urban Sociology*: *Critical Essays*, Tavistock Publications, and London, 1976.
34. Peet, D., "Commentary 2", Classics in Human Geography, *Progress in Human Geography*, 16, 1, 71–4, 1992.
35. Riessmann, L., The Urban Process, Glencoe, III, The Free Press, 1964.
36. Sayer, A., "Radical Geography and Marxist Political Economy: Towards A Re-evaluation", *Progress in Human Geography*, 16, 3, 343–360, 1992.
37. Sayer, A., "Liberalism, Marxism and Urban and Regional Studies", *Environment and Planning*, 1995.
38. Lash, S., The Condition of Postmodernity, Book Reviews, *International Journal of Urban and Regional Research*, 1989.
39. Katznelson, L., *Marxism and the City*, Clarendon Press, Oxford, 1993.
40. Elden, N. Stuart, *Understanding Henri Lefebvre*, London and New York: Continuum, 2004.
41. Gregory, D., *Geographical Imaginations*, Basil Blackwell, Oxford, 1994.
42. Jessop, B., *The Future of the Capitalist State*, Cambridge: Polity Press, 2002.
43. Krugman, P., *Development, Geography and Economic Theory*, Cambridge, Mass. MIT Press, 1995.

附录一　大卫·哈维出版和公开发表的书籍与文章

Aspects of Agricultural and Rural Change in Kent, 1800–1900, PhD dissertation, Department of Geography, University of Cambridge, 1961.

"Locational Change in the Kentishi Hop Industry and the Analysis of Land Use Patterns", *Transactions and Papers*, IBG, 33, 1963.

"Simulation Models", in G. Olsson and O. Warneryd (eds.), *Meddelande fran ett Syposium i Teoetisk Samhallsgeografi*, *Forskningsrapporter fran Kulturgeografiska Instutionen*, Uppsala Universitet, No. 1, pp. 47–48, 1965.

"Theoretical Concepts and the Analysis of Agricultural Land–use Patterns", *Annals*, AAG, 56, 1966.

"Models of the Evolution of Spatial Patterns in Human Geography", in R. J. Chorley and P. Haggett (eds.), *Models in Geography*, Methuen, London, 1967.

"Behavioural Postulates and the Construction of Theory in Human Geography", University of Bristol, Department of Geography, Seminar Paper, Series A, No. 6, 1967.

"Editorial Introduction: The Problem of Theory Construction in Geography", *Journal of Regional Science*, 7 (supplement), 1967.

"Somen Methodological Problems in the Use of the Neyman Type A and the Negative Binomial Probability for the Analysis of Spatial Point Patterns", *Transactions*, IBG, 44, 1968.

"Pattern, Process, and the Scale in Geographical Research", *Transactions*, IBG, 45, 1968.

Explanation in Geography, Edward Arnold, London, 1969.

"Conceptual and Measurement Problems in the Cognitive – behavioural Approach to Location Theory", in K. R. Cox and R. G. Golledge (eds.), *Behavioural Problems in Geography: A Symposium, Northwestern University Studies in Geography*, 17, Evanston, Illinois, 1969.

"Review of A. Pred (1967), Behaviour and Location: Foundations for A Geographic and Dynamic Location Theory, Part I", *Geographic Review*, 59, 1969.

"Social Processes and Spatial Form: An Analysis of the Conceptual Problems of Urban Planning", Papers of the Regional Science Association, 25, 1970.

"Behavioural Postulates and the Construction of Theory in Human Geography", *Geographia Polonica*, 18, 1970.

"Locational Change in the Kentish Hop Industry and the Analysis of Land Use Patterns: Supplementary Note", in A. R. H Baker, J. D. Hamshere and J. Langton (eds.), *Geographical Interpretations of Historical Sources : Readings in Historical Geography*, David and Charles, Newton Abbot, 1970.

"Social Processes, Spatial Form and the Redistribution of Real Income in an Urban System", in M. Chisholm, A. E. Frey and P. Haggett (eds.), *Regional Forecasting: Proceedings of the Twenty – second Symposium of the Colston Research Society*, Butterworths, London, 1971.

"The Role of Theory", in N. Graves (ed.), *New Movements in the Study and Teaching of Geography*, Maurice Temple Sminth, London, pp. 29 – 41, 1972.

"Social justice and Spatial Systems", in R. Peet (eds.), *Geographical Perspectives on American Poverty, Antipode Monographs in Social Geography* No. 1, Worcester, Massachusetts, 1972.

"Revolutionary and Counter – revolutionary Theory in Geography of the Ghetto: Perceptions, Problems, and Alternatives", *Perspectives in Geography*, vol. 2, Northern Illinois University Press, De Kalb, 1972.

"Revolutionary and Counter – revolutionary Theory in Geography of the Ghetto Formation", *Antipode*, 4 (2), 1972.

"A Commentary on the Comments", *Antipode*, 4 (2), 1972.

"On Obfuscation in Geography: A Comment on Gale's Heterodoxy", *Geographical Analysis*, 4, 1972.

Society, the City, and the Space – economy of Urbanism, Association of American Geographers, Commission on College Geography, Resource Paper No. 18, Washington, DC, 1972.

"Review of P. Wheatley, The Pivot of the Four Quarters, A Preliminary Enquiry into the Origins and Character of the Ancient Chinese City", *Annals*, AAG, 62, 1971.

Social Justice and the City, Edward Arnold, London, 1973.

A Question of Method for a Matter of Survival, University of Reading Department, 1973.

"A Comment on Morrill's Reply", *Antipode*, 5 (2), 1973.

"What Kind of Geography for What Kind of Public Policy?", *Transactions*, IBG, 63, 1974.

"Class – monopoly Rent, Finance Capital and the Urban Revolution", *Regional Studies*, 8, 1974.

"Ideology and Population Theory", *International Journal of Health Services*, 4, 515 – 537, 1974

"Population, Resource and the Ideology of Science", *Economic Geography*, 50, 1974.

"Class Structure in a Capitalist Society and the Theory of Residential Differentiation", in R. Peel, M. Chisholm and P. Haggett (eds.), *Processes in Physical and Human Geography: Bristol Essays*, Heinemann, London,, 1975.

"Some Remarks on the Political Economy of Urbanism", *Antipode*, 7 (1), 1975.

"The Political Economy of Urbanisation in Advanced Capitalist Countries: the Case of the United States", in G. Gappert and H. M. Rose (eds.), *The Social Economy of Cities*, Urban Affairs Annual No. 9, Sage Publications, Beverly Hills, 1975.

"The Geography of Capitalist Accumulation: A Reconstruction of the Marxian Theory", *Antipode*, 7 (2), 1975.

"Review of J. Foster (1974), Class Struggle and the Industrial Revolution – Early Industrial Capitalism in Three English Towns", *Journal of Historical Geography*, 1, 1975.

"Labour, Capital, and Class Struggle around the Built Environment in Advanced Capitalist Societies", *Politics and Society*, 6, 1976.

"The Marxian Theory of the States", *Antipode*, 8 (2), 1976.

"Government Policies, Financial Institutions and Neighbourhood Change in U. S Cities", in D. R. Deskins, G. Kish, J. D. Nystuen and G. Olsson (eds.), *Geographic Humanism, Analysis and Social Action: Proceedings Publications of Symposia Celebrating a Half Lentury of Geography at Michigan, Michigan Geographical* No. 17, University of Michigan, 1977.

"Government Policies, Financial Institutions and Neighbourhood Change in U. S Cities", in M. Harloe (eds.), *Captive Cities: Studies in the Political Economy of Cities and Regions*, Wiley, London, 1977. "Communication On Recent Comments by Professor Carter", *Professional Geographer*, 29, 1977.

"On Planning the Ideology of Planning", in R. W. Burchell and G. Sternlieb (eds.), *Planning Theory in the 1980s. A Search for Future Directions*, Centre for Urban Policy Research, Rutgers University, New Brunswick, 1978.

"The Urban Process under Capitalism: A Framework for Analysis", International Journal of Urban and Regional Research, 2, 1978.

"On Countering the Marxism Myth – Chicago Style", *Comparative Urban Research*, 6 (2/3), 1978.

"The Subversion of Tenure on the Homewood Campus", Baltmore Sun 1978.

"Karl Marx and the Boundaries of Academic Freedom", Baltmore Sun, 14 May, K2, 1978.

"Government Policies, Financial Institutions and Neighbourhood Change in U. S Cities", in Harloe M., 1978, Captive Cities – Studies in the Political Economy of Cities and Regions, John, Wiley and Sons, Chichester, New York, Brisbane, Toronto, 1978.

"On Repressive Tolerance", the Progressive, October, 30 – 31, 1978.

"Monument and Myth", *Annals*, AAG, 69, 1979.

"Rent Control and a fair Return" in J. I. Gilderbloom et al, Rent Control: a Source Book, Foundation for National Progress, Santa Barbara, 1981.

And Berry, B. J. L., Discussion, Antipode, 6 (2), 1974.

And Chatterjee, L., "Absolute rent and the Structuring of Space by Governmental and Financial Institutions", *Antipode*, 6 (1), 1974.

And Wolman, M. G., Klugman, L. And Newman, J. S, The Housing Market and Code Enforcement in Baltimore, Baltimore Urban Observatory, Baltimore

"The Spatial Fix: Hegel, von Thuen and Marx", *Antipode* Vol. 13 (3), 1972.

The Limit to Capital, *Basil Blackwell*, Oxford, 1982.

"On the History and Present Condition of Geography: An Historical Materialist Manifesto", *Professional Geographer*, Vol. 36 February, Number 1, 1984.

Consciousness and the Urban Experience – Studies in History and Theory of Capitalist Urbanisation, The John Hopkins University Press, Maryland, 1985.

The Urbanisation of Capital, in Gregory Derek and Urry John, Social Relations and Spatial Structures The Macmillan Press Ltd, Houndsmills, Basingstoke, Hampshire and London, 1985.

"Flexible Accumulation Through Urbanisation: Reflections on Post – modernism in the American City", *Antipode*, 19, 1987.

"Three Myths in Search of A Reality", *Environment and Planning D : Society and Space*, 5, 1987.

"Reconsidering Social Theory: A Debate", *Environment and Planning D : Society and Space*, 5, 1987.

"From Managerialism to entrepreneurialism: The Transformation in Urban governance in late capitalism", *Geografiska Annaler*, 71B, 1989.

The Condition of Postmodernity – An Enquiry into the Origins of Cultural Change, Basil Blackwell, 1989.

The Urban Experience, Baltimore, Md., 1989.

"Between Space and Time: Reflections on the Geographical Imagination", Annals, Association of American Geographer, 80, 1990.

"Author's Response", Classics in Human Geography, Progress in Human Geography, 16, 1, 1992.

The Factory in the City: The Story of the Cowley Automobile Workers in Oxford, edited with Teresa Hayter, Brighton: Mansell, 1993.

Justice, Nature and the Geography of Difference, Blackwell Publisher, 1996.

"Considerations on the Environment of Justice", Paper Prepared for the Conference on Environmental Justice: Global Ethics for the 21th Century, University of Melbourne, Australia, Oct, 1 – 3, 1997.

"The Work of Postmodernity: The Labouring Body in Global Space", Draft Ms. June, would be Publishes in INURA, "Possible Urban World", 1998.

Spaces of Hope, Edinburgh: Edinburgh University Press, 2000.

Megacities Lecture 4: Possible Urban Worlds, Twynstra Gudde Management Consultants, Amersfoort, The Netherlands, The Hague, 2000.

Spaces of Capital: Towards A Critical Geography, New York: Routledge, 2001.

The New Imperialism, Oxford: Oxford University Press, 2003.

Paris, Capital of Modernity, New York: Routledge, 2003.

A Brief History of Neoliberalism, Oxford: Oxford Unversity Press Inc., 2005.

Spaces of Neoliberalization: Towards A Theory of Uneven Geographical Development, Weisbaden: Franz Steiner Verlag, 2005.

The Communist Manifesto, New Introduction Pluto Press, 2008.

The Right to the City, New Left Review, October, 2008.

Cosmopolitanism and the Geographies of Freedom, New York: Columbia, University Press, 2009.

Reshaping Economic Geography, The World Development Report, 2009.

Development and Change, Institute of Social Studies, The Hague. 15 December, 2009

A Companion to Marx's Capital, New York: Verso, 2009.

The Enigma of Capital, and the Crises of Capitalism, London: Profile

Books LTD, 2010.

Rebel Cities: From the Right to the Urban Revolution, Verso: 1 edition, 2012.

A Companion to Marx's Capital, Volume 2, New York: Verso, 2013.

Seventeen Contradictions and the End of Capitalism, Oxford University Press, 2014.

Trams in West Bromwich, Amberley Publishing, 2015.

Beyond Impossible Reform and Improbable Revolution, Jacobin. 1 January 2015.

图书在版编目（CIP）数据

马克思主义视阈中的城市批判与当代价值 / 赫曦滢著 . -- 北京：社会科学文献出版社，2017.9（2023.7 重印）
ISBN 978 - 7 - 5201 - 0394 - 7

Ⅰ.①马… Ⅱ.①赫… Ⅲ.①城市化 - 研究 - 中国
Ⅳ.①F299.21

中国版本图书馆 CIP 数据核字（2017）第 036151 号

马克思主义视阈中的城市批判与当代价值

著　　者 / 赫曦滢

出 版 人 / 王利民
项目统筹 / 任文武　张丽丽
责任编辑 / 张丽丽
责任印制 / 王京美

出　　　版 / 社会科学文献出版社·城市和绿色发展分社（010）59367143
　　　　　　地址：北京市北三环中路甲 29 号院华龙大厦　邮编：100029
　　　　　　网址：www.ssap.com.cn

发　　　行 / 社会科学文献出版社（010）59367028
印　　　装 / 北京虎彩文化传播有限公司

规　　格 / 开　本：787mm × 1092mm　1/16
　　　　　　印　张：20　字　数：328 千字

版　　次 / 2017 年 9 月第 1 版　2023 年 7 月第 3 次印刷
书　　号 / ISBN 978 - 7 - 5201 - 0394 - 7
定　　价 / 68.00 元

读者服务电话：4008918866

版权所有 翻印必究